가족치료 수퍼비전

관계론적 관점

Robert E. Lee · Thorana S. Nelson 공저

이규호 · 김성은 · 민주홍 · 안미옥 · 천연미 · 최연실 공역

THE CONTEMPORARY RELATIONAL SUPERVISOR 2nd ed.

학지사

The Contemporary Relational Supervisor, 2nd Edition
by Robert E. Lee and Thorana S. Nelson

역자 서문

최근 몇 년 사이 우리 사회에서 상담은 예전처럼 낯설지 않으며, 이제는 하나의 전문 영역이자 학문 영역으로 자리를 잡아 가는 현실의 변화를 경험하고 있다. 이러한 변화는 각종 미디어를 통해 상담 장면과 그 효과가 노출되면서 상담에 대한 대중의 인식이 상당히 개선된 사실에 힘입은 바가 크다. 상담이나 정신건강에 대한 사회적 관심도 높아지고, 개인이나 가족의 심리적 · 정서적 문제를 해결하기 위해 상담실을 찾는 사람들이 급증하고 있으며, 상담사 또는 상담가라는 직업 영역의 인기도 높아지는 사실은 상담 영역에 몸담고 있는 사람들에게는 반가운 뉴스라고 할 수 있다.

상담 영역이 부각되면서 가족을 개입 대상으로 삼는 가족치료에 대한 관심도 나날이 증가하고 있다. 가족치료는 상담의 한 분야이지만 그 접근법에서 개인치료와는 다소 차이가 있다. 개인치료는 주로 개인 내면의 문제를 다루고 문제의 해결 방식도 개인 중심으로 접근하는 데 비해, 가족치료는 가족 체계 전체를 고려하는 접근법을 강조한다.

가족은 각각의 구성원 간의 상호작용과 연결을 통해 복잡한 네트워크를 형성하며, 이는 각 개인의 심리적 건강과 행복에 영향을 미친다. 가족치료는 가족 구성원 간의 관계, 의사소통 패턴, 역할 및 기대에 중점을 두며, 가족 체계 내에서의 문제와 해결책을 탐구하는 데 중점을 둔다. 이는 체계론적 관점이라는 독특한 접근을 요구하며, 따라서 가족치료를 수행하는 가족치료자는 이러한 관점을 토대로 가족 전체의 맥락에서 가족원 간의 상호작용이나 관계 역동을 이해하고 이에 개입하는 적절한 지원과 조언을 제공할 수 있어야 한다.

이와 같은 배경에서 볼 때, 가족치료자를 양성하고 훈련하는 과정에서는 개인치료를 수행하는 상담자를 양성할 때와는 다른 전제와 방법론이 필요하다. 이에 따라 가족치료에 토대를 제공하는 체계론적 관점에 기반한 훈련과정의 중요성이 등장하며, 가족치료 사례를 다루는 수퍼비전도 바로 이러한 점들을 고려할 수 있어야 한다는 인식에 이르게 된다. 하지만 그동안 국내의 가족치료 분야에서는 체계론적 관점은 차치하고라도, 기본적인 수퍼비전과 관련된 내용을 담은 책도 흔치 않은 상황이었다. 가족치료 분야에서 출판된 수퍼비전 책은 두세 권에 불과하였고, 본격적으로 체계론적 관점을 표방하고 수퍼비전을 다룬 교재들도 찾아보기 힘든 형편이었다.

이 책의 원래 제목인 『현대 관계론적 수퍼바이저The Contemporary Relational Supervisor』에서도 알 수 있듯이, 체계론적 입장에서 접근하는 가족치료의 독특한 측면에 토대를 두면서 수련생(훈련생)을 지도감독하는 데 있어서 필요한 내용들을 포괄적으로 다루고 있다. 그동안 가족치료 분야에서 훈련생을 지도할 때 참고할 만한 수퍼비전 책에 대한 갈증이 컸던 만큼, 본격적으로 체계론적 관점을 표방하고 가족치료 수퍼비전에 대한 정제된 내용을 다룬 이 책을 찾아냈을 때 역자들의 기쁨은 상당했다. 가족치료자의 온전한 발달은 이론적 지식과 더불어 임상실제에서의 수련을 통해서 제대로 이루어질 수 있기 때문에 수퍼비전의 전 과정에서 도움을 받을 수 있는 심도 있는 정통 교재에 대한 욕구는 가족치료 분야의 그 어떤 영역에 비해서도 크고도 절실했다고 할 수 있다.

이 책은 가족치료 수퍼비전 분야에서 가장 주목받는 두 명의 연구자가 집필한 권위 있는 교과서다. 로버트 리Robert E. Lee는 주요한 커플가족치료 훈련 프로그램을 만들어 내고 미국 주요기관과 정부 위원회에서 활발히 활동하고 있는 가족학 연구자이자 커플가족치료 연구자이다. 또한 토라나 넬슨Thorana S. Nelson은 커플가족치료자, 수퍼바이저, 교육자이며, 미국부부가족치료학회(AAMFT)의 가족치료 수퍼비전 온라인 강의를 구축하고 가르쳐 왔다. 특히 AAMFT에서 수립한 커플가족치료자의 핵심역량Core Competence: CC 개발을 주도하였다. 두 사람 모두 명실공히 가족치료 수퍼비전 분야의 최고 권위자라고 할 수 있는데, 이 책은 바로 이러한 두 사람의 가족치료 수퍼비전에 대한 모든 연구와 실제 경험이 총체적으로 집약되어 있는 역작이라고 할 만하다.

이 책에서는 가족치료 분야에 초점을 맞추어 수퍼비전의 필수 개념, 이론, 모델이 소개되면서, 수퍼비전 과정에서 훈련생으로 하여금 다양한 상황에서 효과적으로 개입하도록 하는 도구와 기술이 실제 사례와 함께 제시된다. 이 책은 가족치료 수퍼비전 영역에서 학문적인 기초 정립과 더불어 실천적인 가이드라인을 제공하는 책 중에서 가장 다듬어지고 수준 높은 내용을 담고 있다고 할 수 있다.

총 4부와 15장으로 구성된 이 책의 내용을 구체적으로 살펴보면 다음과 같다. 제1부는 제1장부터 제4장까지며, 독자들에게 관계론적 관점에서 가족치료 수퍼비전 과정을 이해하도록 돕는다. 제1장에서는 이 책의 전체적 방향성을 제시하면서 가족치료 수퍼비전의 원리와 그 과정에 포함되는 기본요소를 설명한다. 제2장에서는 수퍼바이저와 훈련생과의 관계 특성과 수퍼비전의 목표를 다룬다. 아울러 이 장에서는 가족치료 수퍼비전의 철학에 따른 장기 목표와 단기 목표 설정에서 고민할 것들이 제시된다. 제3장에서는 수퍼비전에 임하는 자세의 준비와 수퍼비전이 행해지는 절차를 다룬다. 제4장에서는 훈련생 선발과 계약, 그리고 훈련생의 성장을 위한 평가 방법과 원칙이 제시된다. 저자들은 이 장에서 특히 어떻게 가족치료 수퍼비전이 훈련자가 아니라 소비자인 훈련생 중심이 될 수 있는가를 피드백에 초점을 두어 가능성을 제시하고 있다.

제2부인 제5장부터 제9장까지는 관계론적 수퍼비전을 실천하는 과정에 대한 내용이다. 제5장에서는 가족치료 수퍼비전의 형식을 면밀히 검토해 본다. 제6장에서는 가족치료 수퍼비전에 대한 주요한 이론적 접근들을 조감한다. 제7장에서는 가족치료 수퍼비전과 관련한 연구 동향을 제시하면서 과학적 수퍼비전의 필요성에 대해 강조한다. 제8장에서 저자들은 가족치료자의 핵심역량을 제시하면서 가족치료 수퍼비전이 초점을 맞춰야 할 영역들을 보여 준다. 제9장에서는 특정 접근법이 제시한 매뉴얼을 따라서 진행된 가족치료 사례를 수퍼비전할 때 고려할 사항들을 다룬다. 이 장의 본문에서는 잘 개발된 치료법의 효과를 보장하는 것이 가족치료 수퍼비전에서 이루어져야 할 임무임을 강조하고 있다.

제10장부터 제13장까지 걸친 제3부는 문화, 법, 윤리 등 가족치료 수퍼비전의 맥락에 대해서 살펴본다. 먼저 제10장에서는 배경, 문화, 자기와 연관해서 가족치료 수퍼비전의 맥락을 살펴본다. 제11장에서는 관계론적 수퍼비전의 법적 측면을 검토한다. 제12장에서는 관계론적 수퍼비전에서의 윤리적 고려사항을 다룬다. 가족치료 수퍼비전의 관계에서 발생할 수 있는 윤리적 실수를 예방할 수 있도록 돕는 내용이지만, 동시에 훈련생이 발달의 단계 속에서 성장하고 있음을 주지시키며 협력적 관계를 형성할 수 있도록 따뜻함을 잃지 말라는 조언을 제공한다. 제13장에서 저자들은 독자들의 초점을 다시 가족치료 수퍼바이저 자신에게 돌려 '자기self'를 돌아보는 것의 중요성을 상기시킨다. 개인적 특징 및 문화 속에서의 자기에 대한 이해와 더불어 자기

를 돌볼 필요성에 대한 설명이 제시된다.

제4부의 첫 장인 제14장에서는 가족치료 수퍼비전에서 겪을 수 있는 문제와 그 해결법을 소개한다. 마지막 제15장에서 저자들은 가족치료 전문가 지망생들이 수퍼비전 철학 진술서를 쓸 것을 제안한다. 우리나라에서는 미국과 달리 이것이 자격 취득 요건은 아니지만, 이 과정을 통해 가족치료 수퍼비전의 철학을 확립하는 것은 우리에게도 충분히 유익한 활동으로 보인다.

한 가지 덧붙일 사항은 이 책에서는 각 장에서 다룬 내용의 학습을 복습할 수 있는 연습문제가 각 장의 마지막에 제시되어 학습의 효과를 높이도록 디자인되었다는 점이다. 앞에서 구체적으로 제시한 본문 내용과 연습문제 등의 구성을 감안해 볼 때, 저자들이 상당히 사려 깊고 신중하게 교재의 내용을 기획하고 독자들에게 실질적으로 도움이 될 수 있도록 고민한 흔적을 발견할 수 있다.

대학에서 가르치면서 동시에 가족치료와 수퍼비전 현장에 몸담고 있는 역자들의 노력이 이 책을 펼쳐 든 독자들에게 조금이나마 도움이 될 수 있다면 그동안 기울인 번역의 노고를 잊고 큰 보상을 받을 것 같다. 역자들이 번역한 장을 구체적으로 밝히면, 제1장, 제6장, 제9장과 제15장은 이규호, 제2장, 제14장, 부록 A 일부는 김성은, 제3장, 제5장, 제11장과 부록 B는 민주홍, 제8장과 제12장은 안미옥, 제10장과 부록 A 일부를 천연미, 그리고 제4장, 제7장과 제13장은 최연실이 번역하였다.

이 책이 가족치료 수퍼비전 현장에서 훈련생을 이끄는 데 최선을 다하는 수퍼바이저들과 성숙한 가족치료자가 되기 위해 부단히 노력하는 훈련생 모두에게 좋은 길잡이가 되기를 꿈꾸어 본다.

2024년 여름

역자 일동

추천사

관계론적 수퍼비전 분야의 최고 전문가인 로버트 리Robert E. Lee와 토라나 넬슨Thorana S. Nelson은 내가 신뢰하는 사람들이다. 오래전부터 이들은 관계론적 수퍼비전과 관련된 일이면 항상 내게 도움을 줬다. 저자들은 이미 충분히 훌륭했던 『가족치료 수퍼비전: 관계론적 관점The Contemporary Relational Supervisor』(Lee & Nelson, 2014)의 초판을 개선했다. 개정판에서 '추가된 것'에 대해 언급하기 전에 먼저 개정판이 어떤 내용을 기반으로 하는지 알아보겠다. 초판에서는 수퍼비전 이론과 실제, 좋은 수퍼비전의 공통 요소, 핵심역량, 수퍼비전 윤리, 매뉴얼 기반(근거 기반) 접근법, 수퍼비전에서 치료자의 자기와 관련한 문제 등 관계론적 수퍼비전의 주요 이슈를 다뤘다.

초판에서, 특히 나는 저자들이 자신들만의 고유한 수퍼비전 철학을 개발하는 부분에서 깊은 인상을 받았다. 내가 버지니아 공대에서 가족치료 수퍼비전을 가르칠 때 이 책의 초판은 필독서였고, 그 결과 학생들은 미국부부가족치료학회(AAMFT)의 수퍼바이저 자격증을 잘 준비할 수 있었다. 이 책은 관계론적 수퍼비전에 적용하기 쉬우므로 학생들은 체계적 수퍼비전에 관한 자신의 이론과 임상을 쉽게 개발하고 전달할 수 있었다. 또한 나는 각 장의 마지막에 제시된 질문으로 수업에서 토론을 진행하기도 했다. 이 질문들은 학생들이 자신의 신념과 발전하는 이론에 대한 문제를 생각하게끔 돕는다(예: "수퍼비전 관계에서 가장 중요한 구성 요소는 무엇이며, 이를 어떻게 촉진할 수 있는가?"). 또한 학생들에게 자신의 경험과 각 장의 내용을 연결하여 개인화할 수 있었다(예: "최고와 최악의 수퍼비전 경험은 무엇이었습니까? 당신은 어떤 수퍼바이저가 되고 싶습니까?").

그리고 최근에 UN 마약범죄사무국의 장기 프로젝트에서 여러 국가의 임상가에게 관계론적 수퍼비전을 소개할 때 찾은 것이 바로 이 책이었다. 물론 개정판은 아직 나오지 않은 때였다. 이 책은 초보 관계론적 수퍼바이저들에게 다양한 관계론적 수퍼비전 모델의 이론과 실제를 설명하는 데 도움이 되었다. 정말 소중한 책이었다.

그렇다면 초판이 나온 지 7년 만에 개정판이 나온 이유는 무엇일까? 저자들이 설명하듯이 부분적으로는 이 분야의 경험적 연구 및 이론의 새로운 물결 때문이다. 이 물결 대부분은 끊임없이 진화하는 가족치료 전문직의 변화에서 비롯된 것이다(저자들이 사용하는 '관계론적 수퍼비전'과 '관계론적 치료'라는 용어가 더 포괄적이고 시대에 더 적합할 수 있다).

또한 이 글을 쓰고 있는 지금 전 세계는 코로나19 팬데믹의 한가운데에 있다. 이 바이러스로 인해 질병, 사망, 경제 붕괴, 실업만 발생한 것이 아니라 관계론적 수퍼비전의 관행에도 변화가 생겼다. 이번 개정판에서 저자들은 원격 의료 및 비대면(컴퓨터 또는 전화) 수퍼비전의 윤리와 실제에 대해 자세히 설명한다. 현재 현장에서는 비대면 수퍼비전에 대한 적절한 표준과 관행을 개발하기 위해 분주하게 움직이고 있는데, 이 책은 임상 및 이론적 측면에서 이를 세심히 다루고 있다.

이번 개정판의 핵심은 초판의 가치를 유지하고 확대하는 것이다. 체계론적 사고, 강점, 협력과 안전에 대한 초점, 수퍼바이저와 수련생 간 동맹의 중요성, 수퍼비전 수련의 발달적 측면에 대한 인식, 성별, 인종 및 기타 맥락적 문제의 중요성, 통합적이고 다양한 이론적 관점, 이런 개념들을 '지나치게 단순하게' 만들지 않으려는 노력 등 내가 존중하는 가치를 이 책에서 담고 있다. 저자들은 관계론적 수퍼비전의 모든 측면에 대해 해박하고 글을 잘 쓰기 때문에, 이 분야의 다른 책과는 달리 장과 장, 주제와 주제 사이에 글의 스타일과 수준이 일관된다. 저자들의 글은 명확하고 매력적이며 포괄적이다.

개정판에서는 수퍼바이저 멘토, 수퍼바이저 후보자, 수련 중인 치료자, 내담자, 외부 환경 등 전체 수련 체계를 포함하도록 관계론 및 체계론적인 요소들을 확장한다. 예를 들어, 이들은 좋은 관계론적 수퍼바이저가 되기 위해서는 먼저 좋은 관계론적 치료자가 되어야 한다고 주장한다. 오늘날에는 2014년보다 양질의 관계론적 치료의 수련을 받을 기회가 더 많아졌고 가족/커플/관계치료를 주요 직업적 정체성으로 받아들일 기회가 더 많아졌기 때문에 이는 결코 사소한 일이 아니다.

가장 인상적인 부분은 저자가 문화, 성별, 인종, 장애, 맥락, 사회적 위치, 교차성을 수퍼비전의 맥락에서 검토함으로써 사회 정의와 조직적 인종 차별에 대해 접근을 확대한 점이다. 저자는 잠재적 편견은 모든 체계 수준에서 발견될 수 있으며, 내부(예: 출신 가족, 이전 교육)와 외부(예: 직업적 기준 및 제도적 인종주의)의 체계가 모두 포함된다고 주장한다. 또한 저자는 수퍼바이저와 치료자 스스로의 성찰, 자기 관리, 공감을 높이고 미세공격에 대처하는 방법을 통해 사회 정의 문제를 보다 명백하게 다루는 수퍼비전 방법을 제안한다. 이러한 부분이 추가된 것은 오늘날 가장 중요한 이슈인 인종, 불공정, 불평등, 인간 존엄성 등의 문제를 해결하려는 우리 사회의 노력을 반영하는 것이기 때문에 매우 중요하다.

이번 개정판에는 실용적인 임상에 대해서도 많이 다루고 있다. 예를 들어, 저자들은 최신 수퍼비전 문헌을 업데이트하고, 수퍼바이저와 수련생 모두의 기대를 반영하는 수퍼비전 계약서를 작성하는 데 훌륭한 아이디어를 제공한다. 또한 표준화된 피드백 방식에 관해서, 그리고 수퍼비전 및 치료 목표를 세우고 임상적 · 윤리적 · 법적 문제를 탐색하는 데 도움을 준다. 미국부부가족치료학회의 공인 수퍼바이저 자격증을 원하는 사람들에게 저자들의 제안은 오래도록 귀중한 것으로 남을 것이며 따라 하기도 쉽다.

요약하자면, 『가족치료 수퍼비전: 관계론적 관점』의 이번 개정판은 보석과도 같다. 관계론적 수퍼비전의 초보와 고수 모두에게 필독서이며, 앞으로도 관계론적 수퍼비전에 관한 책 중에서 내가 가장 좋아하는 책이 될 것이다. 수고하셨다!

가족치료학 명예교수 및 전 부부가족치료학회지Journal of Marital and Family Therapy 편집자
프레드 피어시Fred P. Piercy 박사

참고문헌

Lee, R. E., & Nelson, T. S. (2014). *The contemporary relational supervisor*. New York, NY: Routledge.

Lee, R. E., & Nelson, T. S. (2022). *The contemporary relational supervisor* (2nd edition). New York, NY: Routledge.

저자 서문

우리가 개정판을 왜 냈는지 궁금한가? 개정판이 필요하다고 평론가들이 제안했고, 그들을 신뢰한 출판사가 우리에게 요청했기 때문이다. 비록 『가족치료 수퍼비전: 관계론적 관점The Contemporary Relational Supervisor』의 초판이 출판된 지 7년밖에 되지 않았지만, 커플가족치료의 세계는 크게 변했다. 초판이 나온 시기에는 치료와 수퍼비전에 대한 문헌이 매우 적었고 대부분 개념적인 데 그쳤지만, 이제는 실증적 문헌이 꾸준히 나오고 있다. 그중 상당수는 가족 심리학이 아닌 부부가족치료와 가족학 분야가 차지하고 있다. 커플가족치료는 체계론적 패러다임을 사용하는 사람들뿐만 아니라 다양한 임상가의 임상 활동이 되었다. 단일 개념 모델은 진단 및 치료의 통합 모델들로 보완되고 있으며, 현재 이 치료법을 '관계론적' 혹은 '체계론적'이라고 묘사한다. 이러한 체계론적 개입은 점점 더 다양한 임상가가 더 다양한 환경에서 더 다양한 내담자에게 실행되고 있다. 예전에는 다소 드물고 혁신적이었던 방법(예를 들어, 비대면 사정 · 상담 · 치료 · 수퍼비전)이 COVID-19 팬데믹으로 가속화되어 이제는 주요 서비스 플랫폼이 되었다. 전문가 단체, 인증기관, 그리고 지방정부의 규제 기관들도 이 흐름을 따라가기 위해 분주해지고 있다(Sahebi, 2020의 실용적 토의를 참조).

> 관계론적/체계론적 철학은 부부가족치료가 세상을 보는 틀이다. 이 관점은 개인 간의 상호작용 패턴을 포함하여 관계에 중점을 두며, '왜why' 그런 일이 일어나는가가 아니라 '무슨what' 일이 일어나는지에 초점을 맞춘다[부부가족치료 및 교육 인증위원회Commission on Accreditation for Marriage and Family Therapy Education 인증기준(version 12, 2017, p. 49)의 용어집에서 발췌]

이러한 변화의 바다는 이 책의 모든 장에 영향을 줬다. 우리의 초월적 개념 모델은 관계론 및 체계론의 좁은 범위를 훨씬 넘어선다. 우리는 수퍼바이저와 훈련생뿐만 아니라 수퍼바이저 멘토, 치료자, 내담자와 그들의 환경을 포함하는 교육체계 전체를 개념화에 포함한다. 임상 실습은 점차 사회과학의 응용 분야로 여겨지고 있으며, 이는 후자의 진화를 반영하는 것이라 할 수 있다. 이러한 맥락에서, 우리의 모델은 모든 인간 행동이 단순히 거래되지 않고 생태체계가 지속해서 그 역동을 형성한다는 개념(Bronfenbrenner & Morris, 2006; Lerner, 2018; McGregor, 2011; Overton & Molenaar, 2015)을 수용한다. 우리는 수퍼바이저, 훈련생, 내담자, 훈련환경 및 모든 이해 관계자를 포함하는 훈련체계의 일부인 독자에 대해 이야기한다. 우리는 개념적으로 체계의 모든 역사뿐만 아니라 참여자들이 동시에 경험하는 독특한 맥락도 살핀다. 그리고 각 체계는 상대와 자신의 인생에 계속 적응한다고 간주한다. 이것이 여러분에게 '충격' '귀찮음' '혼란'으로 느껴질지도 모르지만, 사실 우리 모두 같은 입장임을 곧 알게 될 것이다. 임상 장면을 재현한 것은 환상에 불과하다. 그것은 사진이 아니다. 대신, 끊임없이 상호작용하는 수많은 발달 궤적의 순간 이미지에 불과하다.

이 책에서 우리의 임무는 전문적 깨달음을 체계적이고 민감하게 활용하도록 도우면서 여러분에게 있는 인류애의 따뜻한 측면을 강화하는 것이다. 우리의 임무는 이후자의 특징을 포함한다. 왜냐하면 우리 모두는 이론적 통찰과 가족 과학 전통의 숙달을 넘어서, 수퍼비전 및 훈련체계에서 질 높은 수퍼비전을 위해서는 강력한 동맹이 필요하다는 것을 인식하고 있기 때문이다. 즉, 개방적이고 안전한 관계, 개인적 가치관과 세계관, 권력과 특권 및 편견에 대한 논의, 자신의 문화적 인식과 민감도에 대한 검증, 자신과 타인에 대한 개인적이고 비정형적인 지식을 포용하고, 타인에 대한 개방성이 필요하다. 제1저자 리Lee는 이론적 깨달음에 전념하며 이를 촉진하고 있다. 제2저자 넬슨Nelson은 그 부분의 중요성을 인식하면서도 치유의 힘을 갖는 대인관계의 길, 더 정확히 말해서 관점에 관계없이 관계의 치유력에 동등한(또는 더 많은) 비중을 두고자 한다(리는 넬슨에 전적으로 동의하며, 넬슨도 리에 동의한다).

우리는 또한 양질의 수퍼비전이 사회 정의social justice로 시작된다는 데 동의한다. 이를 위해서는 수퍼비전 및 훈련체계에서 강력한 동맹이 필요하며, 이는 개방적이고 안전한 관계, 개인적 및 기타 세계관, 권력, 특권, 편견에 대한 논의, 자신의 문화적 인식과 민감도에 대한 질문, 자기와 타인에 대한 개인적 · 비정형적 지식 수용, 타인과 자신의 독특하고 맥락적인 경험에 대한 개방성이라는 특성을 띤다.

우리가 내놓은 것은 체계적이고 통합적이다. 우리는 관계론적 사고와 페미니즘의 정보에 기반한 포스트모더니즘적 개입을 우선시한다. 우리는 전체 훈련체계에 초점을 맞추며, 그것이 주변 환경 내에서 어떻게 위치하고 상호작용하는지 다룬다. 이를 통해 각 장에서 훈련체계 구성원의 다양성에 찬가를 보낸다. 이는 개인적 경험과 삶에 대한 해석에서 비롯된 다중 현실의 결합을 의미한다. 몇 가지 예를 들자면 성별, 나이, 가족 형태, 성적 지향 및 표현과 같은 렌즈와 경험을 통해 정보를 얻게 되며, 지역이 갖는 성별, 나이, 피부색, 종교, 전문직 멤버십, 서비스 환경, 그리고 민족 유산에 대한 믿음과의 상호작용으로 형성된다. 독자들은 이 새롭고 다양한 최첨단 실천 공간에서 '커플가족치료 성공사례'에 대한 법적 및 윤리적 요구를 지속해서 인식해야 한다. 독자들의 경험과 그로부터 얻은 교훈은 높은 가치가 있다. 이러한 주제와 관련한 질문, 연습, 도전은 지속적 논의를 촉진한다.

우리는 연구와 통찰을 통해 얻은 포괄적이며 최신의 정보에 근거한 방법을 따르며, 권장 사항을 제공하고 전반에 걸친 토론을 장려한다. 또한 임상 훈련 및 임상 서비스가 어디에서, 어떻게, 누구에게 제공되는지와 같은 독특한 성격에 맞추려고 한다.

우리는 독자들이 차세대 최첨단 커플가족치료 수퍼바이저가 되도록 돕는 것을 목표로 한다. 즉, 지식이 풍부하고, 숙련되고, 현실적으로 자신감이 있고, 자신이 '알고 있다고' 생각하는 것에 대해 조심스러우며, 문화적으로 민감하고, 평생교육에 열린 수퍼바이저 말이다. 이를 위해 우리는 수퍼비전을 배우고자 하는 경험이 풍부한 임상가들에게 유용한 책을 쓰려고 했으며, 실천을 위한 출발점일 뿐만 아니라 박사 학생들도 관계론적이고 통합적인 수퍼비전 연구에도 유용한 것을 준비했다.

물론 이 책은 차례로 시작한다. 그러나 이렇게 주제들을 선형적으로 제시하는 것은 수퍼바이저 지망생이 모든 정보(사고방식, 사실, 개념, 실천, 그리고 관심사 등)를 첫 수퍼비전부터 바로 사용하기에 어려울 수 있다. 그래서 우리는 각 장을 다음과 같이 구성했다. 제1장에서는 전체를 다룬다. 왜냐하면 큰 그림을 봐야 하기 때문이다. 그 후 이어지는 장에서도 '큰 그림'을 계속 유지하면서 각 주제를 더 자세히 풀어 나간다. 결국, 다양한 주제를 다루면서 포괄적 장이 구성되었다. 여기에 폭넓고 깊이 있는 중요한 정보가 포함되며, 책의 다른 장뿐만 아니라 현재의 핵심적이고 최첨단 문헌에 대한 풍부한 정보가 있다. 전반에 걸쳐 독자들은 토론에 참여하고 체험적 연습을 하면서 주제에 더 깊이 뿌리내리고, 자신의 내면에 귀 기울이고, 다양한 현실을 경험하는 동안 통찰력을 얻게 될 것이다.

차례

제3부
맥락적 고려사항

제1부
수퍼비전 과정의 이해

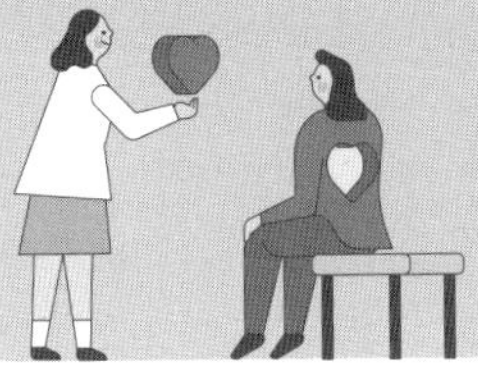

제1장

수퍼비전 과정의 기본 요소

> 수퍼비전은 (항상 그런 것은 아니지만) 일반적으로 같은 직업에서 상급자가 하급자에게, 또는 동료끼리 개입하는 것이다. 수퍼비전 내의 관계는 평가적이고 위계적이며, 시간이 지나면서 확장된다. 수퍼비전의 목적은 수련생의 전문적 기능을 향상하고 내담자에게 제공하는 전문적 서비스를 감시하는 것과 더불어 훈련생이 진입하려는 특정 분야의 직업을 보호하는 것이다(Bernard & Goodyear, 2019, p. 9).

> 관계론적/체계론적 수퍼비전은 학생 수련자가 부부가족치료자의 관계/체계에 대한 철학, 윤리, 관행에 따라 임상 역량을 키우고 전문적 영역에서 성장하도록 돕는 활동이다. 수퍼비전은 심리치료나 교육과 구별된다. 관계론적/체계론적 수퍼비전은 가상으로 진행할 수 있다(Commission on Accreditation for Marriage and Family Therapy Education, 2017, pp. 2–3).

이번 장은 이 책에서 다루는 모든 내용의 기초가 된다. 여기서는 효과적인 커플가족치료(CFT) 또는 관계 수퍼비전의 특징적 요소를 명확히 이해하도록 돕는다. 그리고 교육과 수련을 구분해서 다룬다(Bernard & Goodyear, 2019; Lee & Nichols, 2010). CFT 교육은 지식적 기반을 형성하는 것이다. CFT 수련은 이 지식을 치료 상황에 적용하는 기술을 습득하는 것이다. 부부가족치료 수퍼비전은 훈련을 위한 노력이다. 수퍼비전은 어느 정도의 CFT 교육 이후에 진행하며, 훈련생의 전문적 목표를 위한 훈련생과 수퍼바이저의 동맹에 따라 달라진다. 반대로, 교육은 이러한 동맹이 없어도 진행할 수 있다. 수퍼비전은 훈련생의 치료자로서의 발전뿐 아니라 내담자가 양질의 치료를 받기 위한 감독도 당연히 포함한다. 유능한 치료자는 필요시 공동의 의견을 구한다. 그러나 그건 수퍼비전이 아닌 자문으로 간주한다. 수퍼비전에는 훈련생의 행동에 대한 책임과 의무라는 요소가 있다.

수퍼바이저를 훈련하는 것도 이와 유사하다. 여기에는 교육(지식 습득)과 기술을 구축하는 것이 포함된다. CFT 전문가들은 수퍼비전이 치료와는 다른 활동이므로 전문적인 교육이 필요하다고 믿는다. 이 책은 이러한 훈련의 일부, 즉 교육적인 부분을 다루고 있다. 여기서 우리는 내담자, 치료자, 수퍼바이저, 수퍼비전 멘토(수퍼비전의 수퍼바이저), 관리자 등 수퍼비전 체계의 재귀성을 강조한다. 또한 수련과 수퍼비전은 단순히 사례에 대한 자문이 아니라 훈련생이 치료자로서 성장하도록 돕기 위한 것임을 강조한다. 그러나 체계론을 기반으로 통합적 수퍼비전을 옹호하는 이들과 달리(Todd & Storm, 2014), 우리의 수련 체계 개념은 시간과 발달적 요소를 명시적으로 나타낸다(다음 참조). 우리는 CFT 수퍼비전 훈련이 치료법 훈련과도 다르고 다른 정신건강 분야의 수퍼비전과도 다르다고 본다. 굳이 선택하자면 전자보다는 후자에 더 가깝지만 말이다. 한편, 스톰Storm(2007)이 설명한 것처럼 중요한 차이점이 있다. 첫째, CFT 수퍼바이저는 훈련생이 부부와 치료 중인 부부(동성애 커플 포함)에 대해 지닌 가치와 신념에 더 관심을 기울일 가능성이 크다. 둘째, 부부가족치료의 치료적 동맹은 체계적이고 복잡하므로 부부 관계에 해로울 수 있는 동맹을 막는 수퍼비전이 필요하다. 셋째, CFT 치료자와 수퍼바이저는 CFT에서 나타나는 복잡한 감정 표현에 익숙해져야 한다.

이 책에서는 훈련생의 배경, 발달 수준, 그리고 그것을 포함하는 독특한 생태체계와 관계없이 체계적 치료를 배우려는 치료자를 훈련생으로 간주한다. 여기에는 대학원 재학생과 졸업생, 그리고 체계론적 상담이나 관계론적 상담, 혹은 부부가족상담의 수퍼바이저에게 수련 받는 모든 사람이 포함된다. 또한, 우리는 교육이 대학이나 기타 대학원생 교육 클리닉, 행동과학 연구소, 공공 및 민간 기관, 개인이나 그룹 수련 등 다양한 환경에서 이루어지고 있음을 알고 있다. 이러한 상황은 다면적이며, 우리는 특정 상황에 적용되는 내용만이 아니라 모두에게 일반적으로 적용되는 내용을 제공하려고 노력했다. 또한, 내담자 체계에는 부부가족치료자에게 서비스를 요청하는 개인, 부부, 가족 및 기타 그룹이 포함된다. 수퍼비전 체계에는 내담자, 치료자, 수퍼바이저, 수퍼비전 멘토, 행정 담당자 등이 포함되며, 각 체계의 고유한 생태계와 각 단위의 발달 수준도 고려해야 한다. 이상적으로, 관계론적 상담 수퍼바이저는 치료자를 수퍼비전하면서 이러한 모든 체계적 특징을 고려한다.

이 교재는 전체적으로 발달적 요소를 포함하는 체계론적 개념 모델을 기반으로 한다(Lerner, Agans, DeSouza, & Hershberg, 2014). 수퍼비전은 교육보다 기술 습득에 중점을 둔다. 전체 수련 체계에는 내담자와 그 체계인 치료자, 훈련생 치료자, 수퍼바이저, 수퍼바이저 후보자, 수퍼바이저 멘토, 정신건강 서비스를 제공하는 클리닉 및 기타 기관, 교육 기관, 훈련체계의 다른 부분과 상호 작용이 가능한 기타 기관 등 많은 주체와 하위 체계가 포함된다. 기타 기관에는 법원 및 학술 부서뿐만 아니라 교재의 저자 등도 포함될 수 있다. 체계적 관점에서 보면, 교육 환경에는 다양한 하위 체계 간의 관계도 포함된다. 모든 교육체계가 똑같은 요소(예: 수퍼바이저 멘토)를 포함하는 것은 아니며, 모든 요소가 같은 장소와 같은 수준의 발달 단계에 배치되는 것도 아니다.

왜 발달적 요소가 중요한가? 현대의 수퍼비전 전문가들은 더 이상 수련가와 훈련생 사이의 역학 관계에만 초점을 맞추지 않는다. 대신 그들은 전체 수련 체계를 고려하며, 여기에는 모든 참가자가 처한 상황도 포함된다. 그러나 이 중에서 가장 눈에 띄는 것은 시간의 차원, 즉 수련 체계 각 요소의 발달적 성숙도가 포함되지 않는다는 점이다. 모든 체계(이 경우 수련 체계)의 적응 성과는 가장 미숙한 구성원/단위/참가자의 역량(수준/성향)을 넘어설 수 없다고 가정하는 것이 합리적이라고 생각하기 때문에, 이러한 관점을 고려하는 것이 좋다. 이러한 아이디어는 시간이 지나면서 '자아 분화'와 같은 대인관계 개념으로 나타났으며, CFT가 내담자 가족의 모든 구성원과 함께 만나야 한다는 일부의 지침으로 연결되기도 했다.

> 체계의 한 구성원이 다른 여러 부분을 인식하고 민감하게 반응할 수 있지만, 이러한 인식이 민감하지도 않고 인식도 못 하는 구성원에게 같은 반응을 일으키는 것은 아니다.

가장 좋은 사례는 의견이 일치하지 않는 가족 구성원들을 치료자의 인식론에 동참시키거나 최소한 이해하도록 돕는 것이다. 그러나 적어도 개입을 계획하고 목표를 설정할 때는 참여자의 발달 능력과 각자의 고유한 맥락을 고려하는 것이 좋다.

우리는 독자들이 훈련체계를 복잡한 하위 체계 환경으로 인식하길 바라는데, 하위 체계의 내부와 하위 체계 사이에서 상호작용 역동이 발생하고 이러한 역동은 서로 관련되곤 한다. 예를 들어, 여러 개의 상호작용이 동시에 존재하면서 많은 역기능적 삼각관계가 발생할 가능성이 큰데(Alderfer, 2007), 체계 한 부분의 과정과 패턴은 다른 부분의 과정과 패턴의 동형isomorph일 수 있다(Koltz, Odegard, Feit, Provost, & Smith, 2012와 본문의 제2, 3장 참조). 이는 전체 훈련체계와 하위 체계 간의 상호작용 패턴이 복제되어 각각 다른 패턴에 영향을 미친다는 것을 의미한다. 즉, 훈련생/내담자 체계의 역동은 훈련생/수퍼바이저 하위 체계로 복제될 수 있고 그 반대의 경우도 마찬가지다. 이 점을 강조하는 이유는 동형성이 교육 맥락에서 문제를 해결할 때 핵심적인 개념이기 때문이다.

우리는 앞서 언급한 개념들이 수퍼바이저 훈련과 수퍼비전에 대한 수퍼비전(멘토링)에 필수적이라고 믿는다. 수퍼바이저가 한발 물러서서 수련 체계라는 유기체의 일부인 자신을 관찰하게 되면, 수련 체계에 대한 중요한 통찰력을 얻고 이를 수련 체계에서 활용할 수 있다(Lee, 1999 참조). 실제로 수련 체계를 '하향식'으로 보면, 수퍼바이저가 '수퍼비전'과 '치료'의 과정과 목표를 구성하는 방식은 분명히 훈련생, 내담자, 수퍼바이저, 그리고 치료 및 수퍼비전의 과정에 큰 영향을 미친다. 수퍼바이저가 어떻게 구성하는가는 "치료가 무엇이며 어떻게 이루어지는지, 사람들이 관계 속에서 어떠해야 하는지, 무엇이 '문제'를 만드는지, 다른 사안과 비교해서 문제를 얼마나 중요하게 고려해야 하는지에 대한 모든 사람의 생각"에 큰 영향을 미친다(Lee & Everett, 2004, p. 12). 마찬가지로, 이러한 것에 관한 치료자의 생각을 훈련하는 것은 수퍼비전 과정에 영향을 미친다. 그래서 우리는 이 책을 쓰면서 수퍼비전 과정을 시작할 때 훈련생들과 함께 치료 및 수퍼비전의 내용과 과정에 대한 토론을 제안한다(다음 참조). '알아가기 인터뷰'라고 부를 수 있는 이 토론에서는 서로의 이야기를 주의 깊게 경청하고 구성원, 수퍼비전의 과정, 작업에 관한 이해를 함께 구성하는 과정이 수반된다.

이 교재를 구성하는 핵심 요소는 체계적 사고의 패러다임이다(von Bertalanffy, 1968). 체계적 사고를 하는 사람으로서 우리는 세상을 개인 간의 관계가 상호작용으로 드러나는 복잡한 네트워크로 본다. 체계 내의 한 부분에서 발생하는 변화는 다른 모든 부분에 영향을 미치고, 다시 원래의 부분이 영향을 받는다. 체계는 끊임없이 변화하는 역동, 역할, 상호 작용, 의미로 구성된다. 체계론의 개념에 관해서는 책 뒷부분에서 더 자세히 다룬다.

치료 및 수퍼비전에서의 체계적 사고에는 가치, 태도, 세상을 이해하는 방식의 차이에 대한 인식과 이것이 전문적 업무에 미치는 영향에 대한 인식이 포함된다. 차이에 대한 인식 증가는 사정 및 개입에 정보를 제공하고, 다양한 환경의 다양한 내담자 가족에 대한 서비스를 개선하기 위한 개인적인 노력으로 이어져야 한다. 이는 '문화적 역량' 그 이상의 문제다(제10장 참조). 부부가족치료의 교육과 수련에 이 문제를 포함시키고 지속적으로 관심을 기울여야 한다. 이러한 개별적인 차이는 '계기판'이 되어야 한다. CFT와 관계론적 치료 수퍼바이저는 항상 다양한 현실과 그에 따른 전문적인 사고 및 임상행위에 주의를 기울여야 한다.

수련 체계는 수퍼비전 과정에 대한 체계론적 이해 속에 자리한다. 수련은 훈련생-내담자 체계뿐만 아니라, 수련을 제공하는 기관과 지역사회에 대한 동시적인 책임을 포함해 대규모의 다층적 맥락에서 이뤄진다. 따라서 수퍼바이저의 역할 중 하나는 훈련생이 전문가로서 성장할 수 있도록 돕는 것이다. 한편, 수퍼바이저의 다른 역할은 교사, 코치, 멘토, 관리자(Morgan & Sprenkle, 2007), 게이트키퍼(Baldwin, 2018; Lee & Everett, 2004), 지지자, 감독자, 컨설턴트, 동료, 사회 · 정서적 조절자(Jethwa, Glorney, Adhyaru, & Lawson, 2019) 등이 있다.

따라서 수퍼바이저는 치료 과정을 감독하여 내담자 가족이 충분히 도움을 받고 훈련생이 치료 기술을 배울 수 있도록 한다. 또한, 지역사회, 인증 기관 및 기타 규제 기관, 정신건강 치료 분야의 행정적 요구사항을 모니터링하여 지역사회가 최상의 서비스를 보장하지는 못하더라도 적어도 위험에 빠지지 않도록 보호한다.

수련 과정 시작하기

이 책은 경험적 및 이론적 문헌에 탄탄하게 기반을 두고 있으며 독자들은 이러한 접근에 주목하게 될 것이다. 그러나 이 책은 실용적 수준의 교재이며 CFT 수퍼비전 학습자를 위한 입문서다. 박사과정 학생과 수퍼비전을 학문으로 공부하는 사람들은 부족함을 느끼고 관련 문헌을 더 많이 접하고 싶어질 수 있다.

실질적으로, 수퍼바이저 수련자가 거쳐야 하는 첫 단계는 수퍼바이저로서 수퍼비전에 대한 자신의 철학, 즉 수퍼비전에 대한 신념, 수퍼비전의 목적, 책임과 행동에 대한 자신의 생각 등을 인식하는 것이다. 이러한 비전은 훈련생 자신은 물론 훈련생이 속한 더 큰 수련 체계의 단위와 지역사회 등 훈련생이 의무를 지는 대상에 맞게 조정되어야 한다.

로버Rober(2010)는 신규 훈련생이 "내면의 목소리가 내는 화음에 귀 기울이는" 과정을 제시했다(pp. 158–159). 자기 인식 연습을 통해 훈련생은 내담자의 과정에 대한 자신의 생각(경청), 들은 내용 처리하기(내담자의 이야기 이해하기), 내담자의 이야기와 관련된 자신의 경험에 집중하기, 치료 과정 관리하기의 네 가지 영역에서 자신에 대해 더 잘 알게 된다. 수퍼바이저도 이와 유사한 과정을 거치면 훈련생과의 관계 측면에서 매우 유익할 것이다.

이제 수퍼바이저 후보자는 훈련생을 수퍼비전 과정에 참여시킬 준비가 되었다. 수퍼비전의 목적과 목표, 수퍼비전 과정에서 중요한 것에 대한 자기 생각(수퍼바이저의 기본 철학)을 되짚어 본 후, 다음 단계로 훈련생과 인터뷰를 시작하되, 어떤 훈련생이 치료, 수퍼비전, 치료자로서의 자기에 대해 '아는 것'을 특권화하는지 주의하자. 신규 훈련생은 임상 경험이 없으므로 치료에 대해 '알지' 못한다고 주장할 수 있다. 그러나 그들은 치료의 목적에 대해 알고 있으며 상급자 및 교수와 함께 일한 경험이 있을 것이다. 따라서 수퍼비전 과정에서 도움이 되는 것과 해가 되는 것에 대한 감이 있으며, 어떤 치료자가 될지 생각하고 있다. 이러한 문제 중 일부는 태도와 스타일과 관련 있고, 일부는 작업의 메커니즘, 수퍼바이저와 훈련생에 대한 기대치와 관련된다. 어떤 수련은 CFT의 특정 이론적 모델을 그대로 따른다. 따라서 수퍼비전은 대부분 교육생이 해당 이론적 모델에 대한 구체적인 접근법을 배우도록 돕는다. 수퍼바이저가 자신의 치료 방향과 관계없이 훈련생이 자신만의 접근법을 개발하도록 돕는 수련도 있다.

숙련된 훈련생은 오랫동안 수퍼비전을 받아왔으며, 수련 수준과 임상 경험에 따라서 수퍼비전이 매우 도움이 되는지, 혹은 그렇지 않은지 명확히 알고 있다(Anderson, Schloss-berg, & Rigazio-DiGilio, 2000; Drake Wallace, Wilcoxon, & Satcher, 2010; Hildebrandt, 2009; Johnson, 2017 참조). 또한 저자들은 모든 훈련생이 수퍼바이저, 교사, 코치, 부모 등 권위자와의 이전 경험을 바탕으로 수련에 대한 기대가 좋아지기도 하고 나빠지기도 한다는 것을 알게 되었다. 따라서 다음에 제시되는 것들을 가지고 수퍼비전 과정을 시작하는 것이 좋다.

알아가기 인터뷰

알아가기 인터뷰의 목표는 훈련생이 지금까지의 인생, 특히 학습 상황에서 얻은 교훈을 명시하는 것이다. 이러한 방식으로 수퍼바이저는 대다수 훈련생이 첫 회기 또는 새 회기를 시작할 때 겪는 불안을 안전하게 끌어내어 해결할 수 있다. 이러한 접근법은 공감을 일으킨다. 바람직한 일이 일어날 확률을 높이고 바람직하지 않은 일의 확률을 낮추는 것이 이상적인 목표라고 할 수 있다. 수퍼바이저와 훈련생이 공동으로 구성하는 이 접근법은 취약성에 직면했을 때의 안전감, 훈련생과 자신에 대한 수퍼바이저의 개방성, 훈련생과 수퍼바이저 간의 상호존중을 배양하고 업무 관계의 중요성을 강조하기 위해 고안된 것이다.

수퍼바이저와 훈련생이 서로에게 갖는 기대치

수퍼바이저와 훈련생의 의견이 일치하지 않는 경우, 스타일이나 기대의 차이 또는 현재의 체계와 관련된 '부담' 때문인지 살펴볼 수 있다. 이는 긍정적인 성장을 가로막는 장벽이 될 수 있으므로 고려해야 한다(효과적인 수퍼비전을 가로막는 장벽은 제14장과 관계론적 수퍼비전 체계의 문제해결 및 실질적 처리, 그리고 피드백 중심 수퍼비전을 설명하는 제4장에서 자세히 다룬다). 교육 환경에서 수퍼바이저와 훈련생이 서로에 대해 기대하는 바가 얼마나 명확하고 양립할 수 있는지는 중요하다. 즉, 수퍼바이저에 대해서 수퍼바이저가 갖는 기대와 훈련생이 갖는 기대가 양립할 수 있는가? 훈련생에 대한 양쪽의 기대가 조화를 이루는가? 이러한 기대의 차이를 인식과 인지를 통해 탐구해야 한다. 그렇지 않으면 훈련생들은 수퍼비전에서 요구되는 암묵적인 사항을 이행한다고 믿다가 기대만큼 보상받지 못할 가능성이 크다. 이러한 경험을 하면서 겪는 감정은 학습에 심각한 장애가 될 수 있다.

결혼 계약에 관한 클리프 세이거Cliff Sager(1994)의 고전적 연구에서 발췌한 이 연습은 훈련생과 수퍼바이저 모두에게 매우 유익하며, 개인 및 집단 수퍼비전에서 모두 사용할 수 있다. 수퍼바이저와 훈련생은 각각 종이를 세로로 반을 접는다. 왼쪽에는 수퍼바이저가 '수퍼바이저로서 나 자신에게 기대하는 모든 것'을 나열한다. 오른쪽에는 수퍼바이저가 '내가 훈련생에게 기대하는 모든 것'을 나열한다. 훈련생은 '훈련생으로서 나 자신에게 기대하는 모든 것'과 '수퍼바이저에게 기대하는 모든 것'이란 두 개의 목록을 작성한다. 그런 다음 훈련생과 수퍼바이저의 목록을 비교한다. 세이거는 이를 통해 '내가 ~을 하면 상대는 ~을 하게 된다'라는 일련의 암묵적 계약이 성립되는 것을 관찰했다. 수퍼바이저는 '내가 수퍼바이저로서 (왼쪽의 일)을 하면, 훈련생은 (오른쪽의 일)을 하게 된다.'라고 생각할 수 있다. 훈련생은 자신이 왼쪽에 작성한 것을 수행하면 자신이 오른쪽에 작성한 것을 얻게 된다고 기대할 것이다. 이런 일이 일어나지 않으면 양쪽 모두 최선을 다해 노력했지만, 상대방이 만족스럽지 않다고 느낄 수 있기 때문에 좌절감과 소외감이 생길 수 있다.

훈련생이 경험한 최고와 최악의 수퍼비전에 대한 앤더슨Anderson과 동료들(2000)의 설문조사에 따르면, 일부 훈련생이 성장 과정 속에서 겪은 불안이나 다른 훈련생과 겪은 삼각관계 등 부정적인 경험을 제시할 수 있지만 대다수 훈련생은 합리적이고 상당히 타당한 기대를 품는 것으로 나타났다. 훈련생이 보고한 유익한 경험은 수퍼바이저가 훈련생의 성장에 관심을 기울이고 이론적 및 기술적 지침을 주는 긍정적인 의사소통과 격려가 있는 개방적인 수퍼비전 분위기와 관련이 있었다. 수퍼바이저와의 부정적인 경험으로는 지속적인 말 끊기와 산만함, 부정적인 평가, 약점과 단점 강조, 간접적이고 회피적인 스타일, 서로 다른 관점에 대한 관용 부족 등이 있었다. 알아가기 인터뷰를 통해 훈련생의 과거 경험에 대해 명시적으로 인식하고 이해하면 유익한 대화를 시작할 수 있다. 참가자들은 대인관계 기술의 중요성을 상기하면서 본론으로 들어가게 된다. 바람직한 최종 결과는 교육체계 참여자 모두가 현재의 수퍼비전 관계에 적절한 수준의 안전을 이해하고 함께 만들어 가는 것이다.

물론 수퍼바이저와 훈련생이 건설적인 관계를 맺기란 쉽지만은 않다. 이는 관계에 얼마나 많은 선택권이 개입되어 있는지 등 여러 가지 요인에 따라 달라진다. 수퍼바이저와 훈련생의 관계는 즉각적인 유대감부터 지나친 침묵이나 불화에 이르기까지 다양한 양상을 보일 수 있다. 두 가지 극단 모두 훈련 관계에 어려움을 줄 수 있다(제14장 참조). 수퍼바이저 또는 훈련생에 대한 만성적인 이상화, 수퍼바이저에 대한 훈련생의 의존성 또는 수퍼바이저의 과도한 통제는 훈련생의 전문적 성장과 자율성을 저해할 수 있다. 수퍼바이저나 수퍼비전 과정을 신뢰하지 않는 훈련생은 지시를 구하거나 따르지 않을 수 있으며, 결국 되는 대로 치료할 가능성이 있다. 훈련생이나 수퍼비전 상황을 신뢰하지 않는 수퍼바이저는 훈련생의 자신감을 약화시킬 가능성이 크다. 한편, 목표와 기대치를 서로 충분히 논의하고 합의한 수퍼바이저의 다음 목표는 수퍼바이저 자신의 치료 방식과 훈련생의 목표를 통합하는 것이다. 그 후, 수퍼바이저와 훈련생은 수퍼비전 과정에서 이러한 목표와 기대치를 재검토하고 필요에 따라 조정하고 수정할 것을 권장한다.

역설적이게도 이러한 과정 중에 협업이 이루어지지 않아도 융합은 일어나고, 수퍼바이저들은 교육체계의 성공을 위해서 수퍼바이저가 정한 타협할 수 없는 기본 규칙을 따라야 한다고 주장한다. 그러나 일부 기본 규칙은 훈련생의 학습과 성장에 필요한 맥락적 구조를 제공한다. 이는 안전하면서도 업무 지향적이다. 기본 규칙을 뒷받침하는 근본적인 근거는 효과적인 수퍼비전에는 구조와 치료동맹이 모두 필요하다는 것이다(Bordin, 1979; Enlow, McWhorter, Genuario, & Davis, 2019 그림 참조). 즉, 목표를 공유하고 목표에 대한 작업을 지원하기에 충분한 관계여야 한다. 수퍼바이저의 철학 때문에 수퍼바이저가 훈련생보다 더 높은 위치에 있는 상황에서도 수퍼바이저와 훈련생 간의 상호 '화합'(Holloway, 2016)이 있어야 수퍼비전은 성공할 수 있다. 예를 들어, 기본 규칙 중 하나로 훈련생이 수퍼비전에 대한 어려움을 이야기할 의무를 부여할 수 있다. 훈련생이 이를 준수하면 목표와 과정을 함께 구성하게 된다. 훈련생이 이를 준수하지 않으면 명시적 또는 암묵적으로 규칙을 조정하거나 수퍼비전 관계가 종료되는 새로운 과정이 이어진다. 어느 쪽이든 새로운 체계는 함께 만들어낸 것이다. 마찬가지로 훈련생의 기대치 중 일부는 타협할 수 없을 수도, 수퍼바이저의 기대치와 양립할 수 없을 수도 있고, 그 반대일 수도 있다. 이러한 비호환성이 존재하는 경우, 관계는 상황에 따라 결정된다(예: 제한 사항 또는 의무 사항을 설정하기). 당사자들이 충분히 좋은 목표와 규칙에 합의하지 못하면, 어느 정도의 개입 없이는 효과적인 교육이 이루어질 수 없다. 이 문제에 접근하기 위한 몇 가지 아이디어도 이 책에 제시되어 있다.

관계론적 치료의 수퍼비전에 관한 상호의존적 기본 원리

긍정적인 학습에 필요한 맥락은 교육체계의 모든 구성원이 충분히 인지하고 자유롭게 헌신할 수 있는 일관되고 합리적인 구조로 구성된다. 어느 정도 위계적이고 수퍼바이저가 지시적이어야 할 때가 있더라도 임상 수련은 명백한 협업 과정을 통해 가장 잘 이루어진다. 위계의 정도에 상관없이 관계론적 치료의 수퍼비전 환경은 모든 수련 요소 간의 상호의존적 노력의 산물인이 문헌 전반에 나타난다. 이상적인 수련 체계에서 수퍼바이저는 지속적으로 체계를 모니터링하며 기본 구조의 이상 유무를 확인하고, 일시적 이상이 있는 경우 효과적으로 문제를 해결한다. 여러 세대에 걸쳐 수퍼바이저와 훈련생은 이러한 기본 구조를 검증했고, 실제로 위계적이고 협력적인 자세가 모두 필요함을 알 수 있다(Holloway, 2016; Selicoff, 2006). 그 내용은 다음과 같다.

학습에 안전한 장소

가족 과학은 인간 기능의 규범적 또는 긍정적 측면에 초점을 맞춘다는 점에서 임상 과학과 다른 경우가 많다. 가족 과학적 개입은 일반적으로 '결함 감지'가 아닌 건강 모델을 사용한다(가족 사정에 관해서는 Nelson, 2019; Walsh, 2012 참조). 이는 강점에 초점을 맞추는 비병리적 방향성이다. 그렇다면 잠재적으로 '긍정적인' 방향성, 즉 병리화하지 않고 강점에 초점을 맞추는 방향성이 수퍼비전 관계에 도입되면 어떤 일이 일어날까? 관리, 한계 설정 및 평가의 역할과 양립할 수 있을까? 즉, 훈련생이 잘하고 있으므로 '안내하기sheperding' 정도가 필요하다는 가정(예: 해결중심 수퍼비전; Thomas, 2013)과 훈련생이 효과적인 치료를 잘 모르기 때문에 수퍼바이저가 부족한 부분을 찾아내어 개선하는 것이라는 가정이 어느 정도까지 양립할 수 있는가? 독자들이 알게 되겠지만, 이 주제에 대한 의견은 연속선상에 있다. 그러나 훈련생이 자신의 실수만 보는 현미경 아래 있다고 느끼지 않으면서도 내담자에게 해를 끼치지 않도록 주의 깊게 보살피는 맥락에서 상호의존적이고 효과적인 수퍼비전을 해야 한다는 것이 우리의 신념이다.

수퍼비전은 안전한 학습의 장이어야 한다. 즉, 수퍼비전 관계는 서로를 존중하고, 역량에 기반하며, 업무 중심적이어야 한다(Schanche, Hjeltnes, Nielsen, Stige, & Stiegler, 2019의 훌륭한 그림 참조). 실수와 오해는 일어나게 마련인데, 한편으로는 임상과 수련의 내용 및 과정을, 다른 한편으로는 훈련생의 자아를 탐구할 기회가 된다. 즉, 훈련생은 처벌이나 놀림을 당할까 걱정하지 않고 자신이 인지한 실수를 꺼내고 논의할 수 있는 안전감을 느껴야 한다. 또한 훈련생이 고의로 실수하여 내담자에게 해를 끼치지 않는다는 가정과 훈련생과 수퍼바이저가 실수를 세심하게 다룰 것이라는 확신 속에 훈련생이 치료 기술과 스타일을 실험할 수 있어야 한다. 수퍼바이저는 실수를 임상 수련의 자연스럽고 당연한 요소로 간주하여 정중하게 논의해야 한다. 마찬가지로, 훈련생과 수퍼바이저 모두 민감한 자아를 건드릴 수 있는 주제를 편안하게 제기할 수 있어야 한다. 실수나 더 큰 이슈(예: 학대하는 부모 내담자와의 대화에서 겪는 어려움)를 무시하는 것은 현재의 치료뿐만 아니라 훈련생과 수퍼바이저 모두의 성장에도 방해가 된다.

퀸Quinn(1996)은 치료를 마치면서 부부들에게 가장 가치 있었던 것이 무엇인지 물었다. 그들은 '발견하게끔 하는 분위기'와 '알아가는 기쁨', '대인관계'를 꼽았다. 또한 치료자가 잘 경청하면서도 필요할 때 개입하여 방향을 제시해 주기도 했다며 답했다. 이러한 질적 연구 결과는 앤더슨과 동료들(Anderson et al., 2000)이 발견한 '최고' 및 '최악'의 수퍼비전이 갖는 특성과 일치한다. 따라서 우리는 훈련생과 수퍼바이저 간의 상호관계도 신뢰, 개방성, 취약성 다루기, 양질의 교육에 대한 헌신으로 이뤄져야 한다고 본다. 우리는 훈련생이 최고의 치료자가 되고 싶어 수퍼비전을 받는다고 보며, 따라서 치료와 또는 수퍼비전에서 겪는 어려움을 토론할 수 있어야 한다고 생각한다. 이러한 가정이 충족되지 못하면 수퍼비전 관계에 치명적인 결함이 있을 가능성이 크다.

동시에 수퍼바이저는 훈련생의 안전에 대한 우려 때문에 수퍼바이저의 손발을 묶어서는 안 된다는 점을 명심해야 한다. 저자들은 모두 새로운 모험과 비판을 피하는 방어적이고 불안하며 예민해 보이는 훈련생들을 만난 경험이 있다. 훈련생들은 너무 친절하고 다정하게 대하려고 하다가 제대로 된 수퍼비전을 하지 못했던 수퍼바이저를 언급하곤 했다. 어떤 이들은 호감을 사려는 수퍼바이저와 비판을 두려워하는 훈련생의 비생산적인 상호관계를 묘사하기도 했다.

효과적 치료를 할 수 있다는 실제적인 자신감을 얻기 위해서는 격려와 도움이 필요하지만, 훈련생들은 종종 "강점에 집중하는 것은 좋지만, 내가 잘못하고 있는 것을 알고 싶습니다."라고 말하곤 한다. 수퍼바이저에 따라 이러한 태도를 보이는 경향이 있으며, 수퍼비전 과정을 새로 시작할 때 이러한 스타일에 대해 논의하는 것이 유용할 수 있다. 예를 들어, 수퍼바이저는 훈련생에게 누구나 실수를 할 수 있음을 알려 줄 수 있으며, 이에 대한 논의는 더 나은 치료와 수퍼비전으로 이어질 수 있다. 수퍼바이저는 일반적으로 신규 훈련생에게 수퍼비전은 대부분 편안하고 유익하며 실험적일 때도 있지만, 필요시에는 수퍼바이저가 지시적일 수 있다고 알려 준다. 수퍼바이저나 훈련생의 실수에 대해서도 논의한다. 나중에 필요한 경우 훈련생에게 이 내용을 상기시키고 "이번이 그런 상황입니다."라고 알려 준다. 수퍼비전의 시작부터 이러한 상황을 예측하면 실수가 발생하거나 수퍼바이저가 지시적일 때 훈련생이 편안하게 대처할 수 있다. 예상된 일인 것이다. 그 후에 이어지는 대화는 훈련생을 인격적으로

나 치료자로서 비판하는 것이 아니라 학습의 정상적 과정으로 간주한다.

수퍼바이저의 역할 중에서 평가 영역은 훈련생에게 두려움을 불러일으키곤 한다. 따라서 훈련생의 기대치와 수퍼바이저의 스타일이나 전문적 업무 사이의 불일치를 살펴보는 것이 현명하다. 물론 수퍼바이저와 훈련생의 의견이 서로 다르거나, 경청하지 않는 것처럼 보이거나, 들은 내용을 적절하고 효과적인 행동으로 옮기지 않는 경우가 있을 수 있다. 저자들은 이런 경우 실수의 이유가 다양하다는 것을 인정하고, 문제를 찾는 기술뿐만 아니라 지적할 때의 친절한 말투가 부정적이거나 중립적일 때보다 더 효과적이라는 사실을 발견했다.

이때, 훈련생이나 수퍼바이저의 현재 또는 과거의 관계와 경험에 기반한 왜곡은 방해물이 될 수 있다. 이러한 문제는 즉시 해결해야 하며, 그렇지 않으면 감독 환경이 양쪽 모두에게 안전하지 않을 수 있다. 현재의 문제를 해결하고, 훈련생과 수퍼바이저의 문제를 탐색하고, 이들의 관계를 심화하는 데 대화가 매우 유용하다. 두려움과 불신이 아닌, 협력의 분위기를 만들 수 있다(Sharpless & Barber, 2012의 '교정적 정서 경험'의 논의 참조).

초보 수퍼바이저는 종종 평가자 역할에 대해 불안해한다(예: Lee & Nelson, 2014). 물론 훈련생은 공식적 평가가 필요하지만, 수퍼바이저는 훈련생이 수련 과정 내내 승인을 구한다는 사실을 인식해야 한다. 수퍼바이저의 공식적 · 비공식적 평가자 역할과 관리자 역할은 자동으로 권력의 불균형을 초래한다(Green & Dekkers, 2010 참조). 수퍼바이저의 권력이 훈련생에게 불편함이나 고통을 유발하기도 하지만, 수퍼바이저는 때때로 힘든 일을 기꺼이 해야 할 때가 있다. 여기서 말하는 것은 권력 남용이 아니다. 성적을 부여하고, 필요한 사람에게 진행 상황이나 문제를 보고하고, 한계를 설정하거나, 유쾌하지 못한 의무(예: 적절한 진행 노트를 적시에 작성하고, 수퍼비전을 준비하며, 내담자가 있는 다른 훈련생을 위해 클리닉에 늦게까지 남아 지원을 제공하는 등)를 하는 등 수퍼바이저의 적절한 역할을 이야기하는 것이다. 때때로 수퍼바이저는 기본 역량이 충족될 때까지 훈련생의 활동을 제한하거나, 훈련생에게 상담받도록 하거나, 훈련생에게 치료 활동을 멈추도록 조언하거나, 심지어 내담자나 다른 사람을 보호하기 위해 훈련생을 '해고'해야 할 필요를 느낄 수도 있다. 수퍼바이저는 좋은 일을 하기 위해 고통을 감내해야 할 수도 있는 것이다. 인터뷰에 응한 훈련생들에 따르면(Green & Dekkers, 2010; Murphy & Wright, 2005), 수퍼바이저의 권한을 긍정적으로 사용하면 훈련생과 협력하는 분위기가 조성되고 수련에 대한 방향 감각이 길러진다.

이러한 분위기가 조성되면 어려운 상황이 발생했을 때 훈련생을 안전하게 보호할 수 있다. 그렇지 않으면 사소한 문제나 실수도 관리하기가 매우 어렵게 된다.

훈련생들에게 안전감에 필요한 수퍼비전의 기본 규칙을 물어보면, 저자의 경험상 훈련생들은 몇 가지를 제시할 텐데, 자기 존중(기술을 가진 치료자 훈련생으로서, 한 인간으로서), 환경 존중(서류 작성 및 전문적 활동과 수련 기관의 규칙 등), 타인 존중(내담자, 동료, 행정 및 수퍼바이저 등) 등은 모두 존중의 범주에 속한다. 훈련생과 수퍼바이저를 위한 네 가지 구체적인 규칙은 다음과 같다.

- 비밀 유지: 수퍼비전(개인 또는 집단) 회기에서 말한 내용은 수퍼비전 계약에서 합의한 경우를 제외하고는 비밀을 유지한다.
- 세심하고 존중하는 경청: 타인의 말, 감정, 신체 언어에 주의를 기울여 타인의 이야기를 존중하고, 다양성에 대한 인식, 즉 문화와 이론적 차이 외에도 삶의 경험과 의사 결정의 차이에 대한 인식을 함양한다.
- 미세공격microagression에 대한 경계(Sue, 2010/2020): 동료 치료자나 수퍼바이저에 의한 무시와 꾸짖음은 협력 관계를 약화한다. 집단 수퍼비전의 수퍼바이저와 훈련생은 치료 훈련을 기억하고 비난보다는 의사소통 기술에 집중하는 것이 좋다. "완전히 만족하지 못하는 것 같은데, 무슨 의구심이 드나요?" "그렇게 해서 원하는 방향으로 치료가 진행되었나요?" "어떤 식으로 다르게 할 수 있었을까요?" "그 대신에 어떻게 할 수 있을까요?"
- 질문하지 않거나 대답하지 않고 '건너뛸 권리'를 훈련생에게 허용한다. 대답하지 않거나 참여하지 않는 자유를 통해 훈련생은 현재 상황을 생각하고 학습을 촉진하기 위해 공간과 시간을 확보할 수 있다. 응답을 강요하면 교육생이 코너로 몰려 안전하다고 느끼지 못할 수 있다.

에머슨Emerson(1999)은 다음과 같이 말했다. "가족 간에 개선이 필요한 부분으로 가장 빈번하게 나타나는 문제 중 하나는 구성원 간의 개인적인 경계가 부족하다는 것인데, 수퍼비전 과정에서 학생의 경계가 무시되는 경우가 있다. 학생들은 모든 것을 공개하고, 어떤 비판에도 개방적이며, 거절할 권리 없이 모든 제안을 실행해야 한다. 이런 경우에는 훈련생이 안전감을 느끼지 못하는데, 참여하지 않을 자유가 보장되어야만 참여할 자유도 보장된다는 역설 때문이다. 건너뛸 권리는 오히려 훈련생이 더 많은 위험을 감수할 수 있는 안전한 환경을 조성한다."(pp. 6-7)

경험 많은 수퍼바이저 집단에 따르면, 훈련생이 안전하고 지지받는다고 느끼려면(그리고 배우려면) 수퍼바이저는 행정, 사례관리, 치료자에게 균형 잡힌 관심을 기울여야 하며(White & Russell, 1995), 때로는 훈련생이 현재나 과거의 일을 처리하게끔 돕기 위해 시간을 할애해야 한다. 물론 이것이 패턴화되면 수퍼바이저는 수퍼비전 관계의 잠재적 위반으로 간주하고 처리해야 한다.

CFT 수퍼바이저가 자신의 직업윤리 행동 원칙과 실천을 명확히 준수한다면 이러한 우려는 대부분 해소된다. 미국부부가족치료학회 윤리강령(AAMFT, 2015a)은 임상 실천뿐만 아니라 교육 및 수퍼비전을 다룬다. 수퍼바이저는 비밀 유지, 개인정보 보호, 훈련생 역량에 대한 요구사항을 존중해야 한다. 학생과 훈련생을 착취하는 것은 경고 사항이다. 훈련생을 착취할 가능성이 있고 교육체계의 개방성과 행동 유연성을 저해할 수 있는 이해관계에 민감해야 한다. 수퍼비전 과정을 시작할 때 수퍼바이저 윤리 지침을 훈련생과 함께 검토하는 것이 중요하다. 잠재적인 부정행위에 대한 문제를 명시적으로 개방하면 훈련생은 수퍼바이저를 더 깊이 신뢰하게 되고, 우려 사항을 더 빨리 공개하게 되며, 이후 수련에서 훈련생과 수퍼바이저뿐만 아니라 내담자에게도 닥칠 수 있는 재앙을 예방할 수 있다.

하지만 훈련생에게도 권력이 있으며(Murphy & Wright, 2005) 이 권력이 오용될 수 있다는 것도 분명한 사실이다. 이 점을 모든 당사자가 인식해야 한다. 훈련생들은 내담자, 수퍼비전, 수퍼바이저, 자신의 학습에 도움이 될 수도 있고 해가 될 수도 있는 강력한 권력 기반을 형성한다. 훈련생은 자신의 만족도와 수퍼바이저의 역량에 대한 인식을 관리자에게 설명함으로써 수퍼바이저를 평가하곤 한다. 이러한 평가는 수퍼비전을 개선하거나 부적절한 행동과 관계를 보고하거나 수퍼바이저에게 상처를 주는 데 사용된다. 교육체계 내에서 인정 욕구를 가진 사람은 훈련생만이 아니다. 수퍼바이저에게 매력이나 전문성 등에 대한 인정 욕구가 있으면 수퍼바이저는 문제 상황에서 훈련생에게 권한을 이양하고, 훈련생은 수퍼바이저의 안녕감을 책임지게 된다. 또한 훈련생은 수퍼바이저뿐만 아니라 내담자, 체계, 자신의 학습, 수퍼비전에 위해를 가할 수 있는 정보를 공개하지 않을 권한이 있다. 수퍼비전은 모두에게 안전한 공간이어야 하기 때문이다.

효과적인 수퍼비전은 공유된 목표와 목표를 유지하는 관계에 기반한다

심리치료의 효과에 관한 연구 결과의 핵심은 내담자 가족에게 변화에 대한 동기가 있고(예: Baucom & Crenshaw, 2019; Tremblay, Wright, Mamodhoussen, McDuff, & Sabourin, 2008) 치료자와의 관계가 양립할 때 심리치료가 가장 효과적이라는 것이다. 실제로 인적 서비스, 비즈니스, 제조 등 상담에 관여하는 사람은 성공의 주요 요건이 상호 목표, 라포(유대감), 수용이 가능한 과제라는 것을 알고 있다. 가족치료에서 이에 대한 가장 현대적인 설명은 모건Morgan과 스프랭클Sprenkle(2007)의 공통요인 수퍼비전 모델에서 찾을 수 있을 것이다. 이 모델에서 치료적 개입의 효과는 치료적 관계를 향상하는 개념화 및 과정과 직접적으로 관련된 것으로 간주한다. 치료자와 내담자 관계는 목표를 공유하고, 목표 달성을 위한 과제에 대해 합의하고 목표 달성을 위한 작업을 충분히 지원하는 관계를 통해 시너지 효과를 얻을 수 있다. 오늘날 유창한 글을 쓰는 사람들에게는 미안하지만, 이것은 새로운 내용이 아니다. 에드워드 보딘Edward Bordin(1979)은 수년 전에 이를 명시적으로 언급한 바 있다. 치료동맹을 위해서는 내담자 가족들이 다섯 가지 영역에 동의해야 한다. 내담자 가족은 치료자의 인격, 이론, 기법, 제안된 결과, 치료적 유대감에 공감할 수 있어야 한다. 이 내용을 요약하면, 완전한 치료동맹은 수퍼바이저, 치료자, 내담자(및 그들의 중요한 타인)가 상호 합의한 유대감, 목표, 과제 수행을 지시하는 계약이다. 하위체계의 CFT 수련 맥락에서도 마찬가지다. 수퍼바이저와 훈련생이 목표와 방법에 대한 합의를 포함하여 만족스러운 관계를 맺는 것은 중요하다. 또한 독자들은 훈련 기관, 서비스 제공 기관, 지역사회 및 내담자 가족의 가치와 목표에 주의를 기울일 필요성을 인식하게 될 것이다(다음의 '상황별 차이' 참조).

치료동맹이 기본적으로 목표를 공유하고 그 목표에 대한 작업을 지원할 수 있는 관계의 문제라면, 수퍼비전의 본질적인 초점은 수퍼바이저와 훈련생 간의 관계여야 한다. 스터너Sterner(2009)는 정신건강 상담사를 대상으로 설문조사를 실시하여 수퍼바이저와의 치료동맹, 업무 만족도, 업무 관련 스트레스 간의 연관성을 살핀 바 있다. 스터너의 연구 결과에 따르면, 좋은 치료동맹은 높은 업무 만족도와 낮은 업무 스트레스와 관련이 있다. 분명한 것은 관계를 지속적으로 살피고 발전시켜야 한다는 것이다. 이상적으로는 동형화isomorphism(제2, 3장 참조)를 통해 훈련생이 내담자 가족에게도 이와 똑같이 하도록 유도해야 한다. 수퍼바이저는 이를 명확히 설명해야 한다.

치료와 마찬가지로 수퍼비전에서도 수퍼바이저는 협력 관계에서 새로운 문제를 감지할 때마다 즉시 그 문제에 집중해야 한다. 동맹 관계를 맺지 않고 수퍼바이저는 아무것도 할 수 없다. 수퍼바이저에게는 항상 동맹 관계가 최우선이다. 그러나 관계만 중요하다는 뜻으로 받아들여서는 안 된다. 치료 기술을 배우는 것도 중요하다!

수퍼비전은 개인 및 상황별 차이에 대한 인식을 증진해야 한다

이 책은 독자들이 문화적인 다양성/감수성/역량 및 의식 함양 활동에 참여한 적이 있다고 가정한다. 독자들은 가치 있는 접근방법과 그렇지 않은 접근방법이 있다는 것을 알 것이다. 또한 같은 문화적 집단 내에서의 다양성이 집단 간의 다양성 못지않음을 보여 주는 실증연구가 있다(예: Willie & Reddick, 2010). 저자들이 독자들에게 이를 한 번 더 증명해 보라고 제안하는 것은 아니다. 그러나 현대 CFT 임상에서는 실제적 경험과 의미 구성에서 '다름'을 예상하고 인식하는 것의 시의성과 시급성을 강조한다는 사실을 강조하고자 한다.

팰리콥Falicov(1995)은 CFT가 사회적 현상을 단순화하면서 두 가지 오류, 즉 ① 근본적으로 "모든 사람은 똑같다."라고 주장하는 것과, ② 문화적 고정관념으로 다른 사람들을 보려는 오류를 조심해야 한다고 경고했다. 현대의 훈련생들은 세상을 바라보고 행동하는 방식을 형성하는 영향, 경험, 방향성(교차성)의 독특한 조합물이며, 이것들이 가치관과 정체성에 영향을 준다는 사실을 인식해야 한다. 또한 정체성은 역동적이고 유동적이며, CFT 수련 체계를 포함한 다양한 맥락에서 형성된다. 정체성은 개인의 발달 단계와 삶을 둘러싼 환경에 따라 변화한다(Bronfenbrenner & Morris, 2006; Lerner, 2018 참조).

우리는 치료자와 수퍼바이저가 목표 달성을 위한 자원이 될 수도 있고 장애물이 될 수 있는 내담자의 상황을 고려하지 않은 채 온갖 종류의 가정과 고정관념에 너무 쉽게 사로잡히지 않을까 우려한다. 수퍼비전에서는 이러한 차이로 인해 종종 발생하지만 무시되는 권력 차이가 임상 활동의 부실과 전문성 개발 부진의 원인이 된다. 문화적, 인종적, 성적 지향 및 기타 차이와 관련된 윤리 및 법적 요인 외에도 치료는 본질적으로 인간 활동이며, 내담자와 훈련생의 삶에 영향을 미치는 여러 요소를 가능한 한 체계적으로 이해하는 데 주의를 기울이는 것은 존중의 기본적인 요구사항이다.

훈련생과 수퍼바이저 간의 차이점, 그리고 수련 환경과 그보다 더 큰 사회 간의 차이점도 고려해야 할 중요한 사항이다. 철저한 수퍼바이저는 자신의 필요를 인식하고 맥락 속에서 자기 자신을 이해하며, 중요한 임상 측면에서 훈련생을 돕고, 유리한 지점에서 수련 환경과 자신의 역할을 보는 눈이 있다. 결과적으로, 치료와 수퍼비전 교육, 그리고 전문가로서의 평생 학습 목표는 치료와 수련 체계 전체에 걸쳐 개인의 차이에 대한 주의, 수용, 존중을 담아야 한다.

관계론적 개입은 점점 더 다양한 직업적 맥락에서 이루어지고 있다. 사설 상담센터, 대학원의 상담센터, 공공 및 민간 기관 또는 가정에서 이뤄질 수 있다. 의료, 법률, 교육 기관에서도 발생할 수 있는 것이다. 임상 자격증을 취득하기 위한 대학원 교육 또는 대학원 졸업 후 수련 과정의 일부일 수도 있다. 자발적일 수도 있고 법령(치료자 자격 회복을 위한)에 따른 것일 수도 있다. 부모가 학교에 방문할 때, 학교 복도에서, 가족이 차에서 식료품을 내리거나 페인트 칠을 돕는 등 비전통적 형태로 개입할 수 있다. 수퍼비전은 일주일에 한 번 이상, 한 달에 한 번 이상, 심지어 1년에 한 번 이상 공식적인 장소나 자동차 실내처럼 덜 공식적인 장소(물론 신뢰할 수 있는 장소)에서 진행될 수 있다. 수퍼바이저는 다양한 치료 및 수퍼비전 환경의 기회와 제약을 이해하며 훈련생의 학습을 최적화할 때 최적의 기능을 수행할 수 있다.

이론과 투명성이 책임감 있는 수련 및 치료의 근간이 된다

일부 뛰어난 가족치료자(예: Minuchin & Fishman, 1981)는 성숙한 관계적 심리치료를 '예술', 즉 교육과 경험이 풍부한 치료자에게서 무의식적으로 흘러나오는 유익한 개입이라고 설명한다. 이러한 은유를 사용하여 수퍼바이저는 일종의 감독 또는 안무가로서 기본을 가르치며 인터뷰를 연습시키면서 시작한다. 그런 다음 열정적이고 감상하는 멘토의 역할로 이동하여 결국 동료의 관계로 마무리된다.

우리의 경험에 따르면, 이런 종류의 수련은 불안한 훈련생과 일부 수퍼바이저 초년생에게는 매우 환영받지만, 너무 단순하고 위험이 잠재되어 있다. 수퍼비전은 많은 것을 읽고 경험하고 다양한 관계론적 치료법의 공통요인을 이해하는 숙련된 가족치료자에 의해 제공되기도 한다(예: Midori Hanna가 선별한 공통 요소, 2019 참조). 이련 치료자는 자신과 내담자 사이에 일어나는 일의 흐름을 무의식적으로 따라가게 되어, 자신이 무엇을 하고 있는지, 왜 하는지 쉽게 설명하지 못한 채 치료를 진행할 수 있다. 이러한 관점을 수퍼바이저가 수퍼비전에 결합하면 훈련생은 자신이 무엇을 왜 하는지 의식하지 않은 채 치료법을 배우게 된다. 안타깝게도 숙련된 치료자는 너무 많은 경험이 있고 많이 알기 때문에 치료에서 직관적이 되어 의식적으로 명확하게 짚고 넘어가지 않을 수 있다. 훈련생들은 대가 치료자의 개입과 통찰력에 놀라곤 하지만, 어떻게 그들을 모방해야 할지는 알지 못한다. 이들에게 뛰어난 치료는 신중하게 계산된 방법론이라기보다는 예술에 가깝게 느껴질 뿐이다. 순간순간의 치료에 너무 집중한 나머지 체계적이고 철학적인 큰 그림(확장된 가족, 훈련체계를 포함한 더 큰 맥락)과 관계적 치료 접근법이 사라지는 주먹구구식 지시나 수퍼비전을 하게 될 수 있다. 실제로 정신역동학을 지향하는 한 동료는 개인적 의사소통을 관찰하면서, "의식하지 않으면 무의식이 현재 상황을 꾸며 내는 기회가 된다."라고 한 바 있다.

이와 정반대되는 수퍼바이저의 마음가짐을 권장하고 싶다. 수퍼바이저는 의식적이고 명시적으로 점과 점이 어떻게 연결되는지 설명하기 위해 기본적인 교육과 훈련을 제공해야 한다. 오래전에 니콜스Nichols(1975)가 권고했듯이, 수퍼바이저는 상담을 녹음한 것을 반복 또 반복해서 멈춰 가면서 치료자에게 무엇을 왜 하고 있는지 물어야 한다. 이 절차는 변화에 대한 철학과 치료적 접근법과 관련된 자기인식 능력 개발을 위해 필요하다. 훈련생은 자기의 생각과 행동에 대해 이론에 바탕을 둔 합리적인 근거를 제시하고 명확히 설명할 수 있어야 한다. 모든 개입은 상황적 뉘앙스와 장단기 목표, 즉 '심리치료의 구조' 측면에서 사려 깊고 능동적으로 이루어져야 한다(Sperber, 2015; Wetchler & McCollum, 1999). 이 과정은 힘들고 반복적이며 오랜 시간이 걸릴 수 있다. 즉, 훈련생은 현대의 체계적 및 관계적 치료의 개념을 배우고, 자기의 삶과 치료 및 수퍼비전의 역동에서 이를 볼 수 있어야 하며, 치료 목표와 치료자로서의 발전의 측면에서 이러한 개념의 함의를 생각할 수 있어야 한다(예: Niño, Kissil, & Apolinar Claudio, 2015; Niño, Kissil, & Cooke, 2016 참조). 이 역동적인 과정은 수퍼바이저들에게 동형적이며, 다음 장에서 자세히 설명하고자 한다.

이론이나 잘 고안된 교육 철학에 일관되게 충실한 처방적prescriptive 수퍼비전은 이러한 필수적 결과를 달성하는 가장 좋은 방법이다. 관계론적 수퍼바이저는 실용적으로 선택한 접근법이나 한 가지 모델로 시작할 수 있다. 이는 일반적으로 자신의 치료 모델과 어떤 식으로든 연결되어 있고, 관계에 쉽게 적용되며, 가족체계와 CFT의 필수적인 특징을 강조한다. 이러한 이유로 우리 저자 중 한 명(Lee)은 체계적 사고에 익숙하지 않은 훈련생이 있을 때 콜라핀토(Colapinto, 1988)가 업데이트한 구조적 가족치료(Minuchin, 1974) 모델로 수퍼비전을 시작하는 것을 좋아한다. 그는 이 모델을 가족치료와 수련의 "PB & J"(역자 주: 땅콩버터와 젤리peanut butter and jelly의 첫 글자를 딴 것으로, 고정적이고 필수적 요소를 가리킴)라고 부른다. 훈련생이 이 접근법을 배우고 가족(개인이 아니라)을 내담자로 인식하게 되면 훈련생과 수퍼바이저의 필요에 따라 다른 모델을 추가하거나 대체할 수 있다.

물론 교육 환경이 다양하기 때문에 수퍼바이저는 각자 다른 선택을 할 수 있다. 많은 수퍼바이저가 포스트모던, 공통요인 또는 증거 기반 치료법을 기반으로 접근할 것이다. 어떤 모델이나 접근법을 선택하든 그 선택이 고정된 상태로 유지되지 않는다. 수퍼비전의 이론적 토대는 발달적이고 역동적이다. 훈련생의 치료 경험에 따라 경험을 쌓고, 새로운 자료를 읽고, 워크숍과 교육에 참석하면서 치료 모델은 진화할 수 있다. 또한 시간이 지나면서 더욱 통합적으로 발전할 가능성이 높다(Lebow, 1997a, b; Lee & Everett, 2004; Morgan & Sprenkle, 2007 참조). 자신이 시작하고자 하는 접근법을 명확히 파악한 대학원생이나 중 · 고급의 수련을 받기 위해 통합적 접근법을 따르려는 대학원 훈련생과 함께하는 수퍼바이저는 운이 좋은 사람이다. 운이 좋지 않아 자신의 치료적 철학과 접근법을 파악하지 못한 훈련생과 함께하는 경우, 수퍼바이저는 체계적 철학에 대한 개요와 한두 가지 CFT 접근법의 개념적 기반부터 시작한다. 마찬가지로, 수퍼비전 접근법도 한두 가지 아이디어로 시작하여 시간이 지나면서 더욱 통합적으로 발전할 것으로 기대할 수 있다. 어쨌든 요점은 치료자와 마찬가지로 수퍼바이저도 훈련생에게 철학과 접근법을 명확하게 표현해야 한다는 것이다.

훈련체계에 정보를 제공하는 이론적 모델이나 접근법이 무엇이든, 관계론적 치료 수퍼바이저들은 치료자가 내담자 가족에게 무엇을 왜 하는지 알려 주는 투명한 치료가 그렇지 않은 치료보다 더 오래 지속된다는 것을 알고 있다(Blow & Karam, 2016). 마찬가지로 관계론적 치료 수퍼바이저들은 수퍼비전의 투명성이 훈련생에게 유용하다는 것을 인식하고 있다. 따라서 수퍼바이저는 훈련생에게 전반적으로 어떤 일이 일어나고 있는지, 수퍼비전 및 치료 목표에 도달하기 위한 단계를 설명하고 논의할 뿐만 아니라 수퍼비전에서 이러한 행동을 보여 준다. 예를 들어, 혼란스러운 가족에 대한 구조적 기술을 배우도록 돕는 수퍼바이저는 수퍼비전에서 적극적으로 경계를 설정하는 방법을 보여 줄 것이다. 이를 통해 훈련생이 자신의 치료에서 동일한 행동을 할 확률을 높인다. 또한, 투명성은 치료와 수퍼비전의 공동목표 설정과 좋은 관계를 촉진하여 동맹 관계를 강화하는 효과도 기대할 수 있다(Blow & Sprenkle, 2001; Blow, Sprenkle, & Davis, 2007; Friedlander, Escudero, & Heatherington, 2006; Hargrave & Pfitzer, 2011; Johnson, Wright, & Ketring, 2002; Sprenkle & Blow, 2004, 2007). 수련은 합리적이고 명시적이며 필요한 경우 협상할 수 있는데, 모든 당사자가 서로 명확하고 개방적일 때 수련은 훨씬 더 효율적이다.

수퍼비전은 집중적이고 관계적이어야 한다

가족치료 전문가를 위한 수퍼비전의 핵심은 가족체계 학문의 정교화, 가족치료 전문가로의 사회화, 전문적 성숙의 배양이라는 통합된 세 가지 발달적 결과를 추구한다는 것이다(Lee & Nichols, 2010). 이 책의 저자들은 학생과 대학원 훈련생들이 배우는 체계적 치료와 관계적 치료를 분명히 선호하며, 이러한 편향은 이 책에서 분명하게 드러날 것이다. 일부 근거 기반 치료는 그 핵심이 체계적이지 않거나 체계적 패러다임 내에서 체계적으로 적용될 수 있는 보다 '전통적인' 선형적 기반을 사용할 수 있다. 마찬가지로, 관계적 수퍼비전은 비체계적 치료 접근법에 매우 적합할 수 있다. 이러한 수퍼비전은 치료자의 발달을 목표로 훈련생과 수퍼바이저, 훈련생과 내담자 간의 관계에 초점을 맞추고 있다. 따라서 수퍼비전은 치료 사례를 콘텐츠로 사용하지만, 치료 과정, 수퍼비전 과정, 훈련생-내담자 관계, 훈련생-수퍼바이저 관계, 치료자로서 훈련생의 발달에 더 중점을 둔다.

효과적인 가족치료에는 관계와 관계 속 개인을 치료하는 데 전문적이고 체계적으로 내재된 지식과 기술이 필요하다. 개인 심리치료와 달리 '내담자'는 개인, 부부, 가족 또는 기타 관계적 집단일 수 있다. 실제로는 소위 '내담자가 포함된 관계'를 내담자라고 말하곤 한다. 개입과 윤리적 판단이 이러한 사실로 이뤄지고 결정에 영향을 미치기도 한다. 많은 정신건강 전문가가 가족치료를 선호하지만, 더 나아가 저자들은 독자들이 CFT의 인식론에 공감하고 개인뿐만 아니라 가족 및 더 큰 체계와 함께 일할 때 체계적 사고를 할 수 있기를 기대한다. 미국부부가족치료학회(AAMFT)의 임상 펠로우 회원 자격을 갖는다는 것은 자신을 일반적인 '심리치료사'로 보는 대신 이러한 사고방식으로 정체성을 갖는 것이다.

CFT 수퍼비전의 초점은 치료에서 체계적이고 관계적인 기술을 습득하는 것이다. 현재 효과적인 치료법에는 체계적이거나 관계적이지 않은 치료법도 많이 있다. CFT 대학원 프로그램은 교수진과 학생을 모집할 때 CFT라는 직업에 대한 헌신과 체계적 사고, 학문적 업적 등을 고려하여 교수진과 학생을 선발한다. 따라서 CFT 프로그램의 학생들은 체계적인 개념에 초점을 맞추지만, 이러한 개념적 범위를 벗어나 체계적이지 않은 증거 기반 요법에 접근할 수도 있다. 후자를 CFT 교육 및 훈련의 주요 초점으로 삼는 것은 현명하지 않으며, 비체계적 개입(예: 인지 행동 개입)을 살필 때는 체계적 맥락 내에서 적용하고 통합해야 한다. 또한, 개인적 경험에 따르면 동일한 프로그램 내에서 개별 치료와 관계 치료가 제공될 때 학생들은 장점, 과정, 결과 및 윤리적 의사 결정과 관련하여 혼란을 겪게 되며, 특별히 요구하지 않는 한 체계적 초점을 유지하기 어렵게 될 때가 많다. 또한 일부 대학원 프로그램은 증거 기반 접근법에만 초점을 맞추고 있다. 이 책의 저자들은 대학원에서 구조적 치료(Minuchin, 1974), 전략적 치료(예: Watzlawick, Weakland, & Fisch, 1974), 보웬 치료(Bowen, 1978)와 같이 명확한 체계적 치료에 대한 교육이 이루어지길 선호한다. 만약 이와 같은 것이 이루어지기 어렵다면, 체계적 사고의 틀로 접근하는 것이 중요하다고 생각한다.

커플가족치료의 수련과 감독은 기관, 연구소 또는 개인 실무에서 이루어지는 개인에 초점을 맞춘 것과 다르다. 심지어는 지시적인 매뉴얼 기반 가족 개입에 초점을 맞춘 교육과 수퍼비전과도 다르다. 하지만 그렇다고 해서 이러한 환경에서는 관계적이고 체계적인 수련과 수퍼비전을 무시해도 된다는 의미는 아니다. 체계적 인식론은 모든 인간 행동을 바라보는 매우 가치 있고 강력한 렌즈다. 이는 매우 특별한 깨달음을 제공한다.

우리가 이를 강조하는 이유는 CFT 훈련생을 고용하는 많은 기관이 체계적인 지향성을 갖지 않기 때문이다. 이러한 환경에서 DSM 진단과 개인치료와 같이 현대적인 정신건강 실무의 실제적인 요구에 민감하게 대응하면서도, 커플 및 체계를 동시에 치료하는 것이 더욱 의미 있는 상황이라면 수퍼바이저는 체계적 관점을 유지하는 노력을 기울여야 한다. 이 교재가 감독자들에게 이 중요한 CFT 과업을 수행하는 데 도움이 되기를 바란다.

CFT 사명 선언문에 따르면 수퍼바이저는 자신이 CFT여야 하며, 가르치고 수퍼비전하는 범위의 한계를 정해야 한다. 우리가 대학원에서 수퍼비전 과목을 가르칠 때, 학생들은 자신의 전문가 역할을 제한하는 대신 훈련생들이 희망하는 역할을 묻는 등의 방식으로 협력자가 되어야 한다고 이야기하곤 했다. 이 평등하고 협력적인 접근은 미래의 수퍼바이저들이 수퍼비전의 방향, 목표, 과정, 평가를 설정할 때 권력을 남용하게 될까 하는 염려에서 벗어나는 데 도움이 된다. 그러나 신규 훈련생들은 지시의 필요성에 대해서도 분명히 강조하고 있기에(Anderson et al., 2000), 수퍼바이저는 지시와 협력적인 토의의 균형을 유지해야 한다. 또한 수퍼바이저는 지역사회와의 암묵적인 계약이 있다. 즉, 훈련생들에게 상당한 권력과 특권(예: 비밀 유지, 상담실 문을 닫고 시작하기와 그리고 일부 지역이 부여하는 시민권을 제한할 수 있는 권리 등)이 부여된다면, 지역사회는 훈련생들이 특정 기술과 지식, 전문적 판단력을 반드시 요구한다. 따라서 유능하고 윤리적인 관계론적 치료는 CFT 수퍼비전에서 역점을 두는 것이라 할 수 있다.

요약하면, CFT 수퍼바이저에게는 명확한 임무에 대한 서면 계약이 필요하다. 이 계약은 수퍼비전 과정의 초점이 체계적 맥락에서 이루어지며, 관계적 치료에 집중되고 특정한 절차(롤모델링 포함)로 구성될 것을 명시한다. 이렇게 하면 가족 체계론의 발전, CFT 전문가 집단으로의 진입, 그리고 전문가적 성숙이라는 세 기둥에 큰 가능성을 제공한다.

잘 정립된 정신건강 전문 영역들이 있다. 각 영역은 다른 영역의 지식과 치료법을 일부 포함한다. 그럼에도 불구하고 전문적 정체성은 특정 분야의 사실, 신념 및 개입의 핵심이 다차원적으로 결합된 산물이다(Nichols & Everett, 1986). 교육자와 수퍼바이저의 역할 본보기는 다면적이다. 그것은 CFT로서 생각하고 행동하는 것의 총합이라 할 수 있다. 따라서 체계론적 패러다임에서 치료하는 관계론적 CFT에 대한 수퍼비전은 CFT가 제공하는 것이 바람직하며 심지어 훈련생이 CFT가 아닌 사람에게 수퍼비전을 받아야 하는 경우에도 CFT가 제공하는 것이 이상적이다. 핵심은 훈련생이 임상 및 전문 업무를 체계적으로 파악하여 상황에 기반한 개입을 계획하고 적용할 수 있도록 돕는 것이다. 또한 동형성isomorphism의 개념은 수퍼바이저가 훈련생과 함께 CFT로서 생각하고 행동할수록 훈련생이 내담자 가족에게 정체성을 반영할 가능성이 커짐을 시사한다.

수퍼바이저가 내담자를 치료하는 것이 아니다

수퍼바이저가 두어야 할 적절한 초점은 치료자-내담자 하위체계와 훈련생의 치료자로서의 발달이다. 내담자 체계에 직접 임상 서비스를 제공하는 것은 훈련생의 역할이며, 수퍼바이저의 역할은 훈련생이 그렇게 할 수 있도록 안내하는 것이다. 만일 수퍼바이저가 훈련생을 통해 치료를 수행하려 한다면 이런 일은 일어나지 않을 것이다. 리Lee와 에버렛Everett(2004)은 일부 수퍼바이저가 불필요한 지시를 하거나 실습생을 통해 치료하려는 것을 발견했다. 이는 훈련생이 특정 치료기법과 그 결과를 경험하도록 돕는 방법일 수 있다. 또한 수퍼바이저가 내담자 가족에게 다양한 책임을 전가하는 것을 두려워하거나(결국 바람직하지 않은 결과는 수퍼바이저에게 궁극적인 책임이 있음), 자신의 지식과 임상 기술을 과시하고 싶은 유혹을 느끼거나, 훈련생을 구해야 할 필요성을 느끼거나, 훈련생의 기술 개발에 초점을 맞추고 수련이 진행될수록 수퍼바이저 개입을 줄이는 발달적 수퍼비전 관점을 놓친 것일 수 있다. 또한 불안한 치료자가 치료 책임을 수퍼바이저에게 전가하거나 구조되기를 원하는 것일 수도 있다. 그렇지만 이렇게 되면 훈련생이 전문적 및 개인적 성장에 중요한 어려움을 경험하지 못하며, 이로 인해 내담자와 본인에게 충분히 좋은 결과를 얻지 못한다. 수퍼바이저는 훈련생을 준비시키고 성장을 촉진하되, 수련체계 내의 모든 사람이 모호함과 불확실성으로 어려움을 겪더라도 훈련생이 클라이언트 가족을 치료하도록 허용해야 한다. 이 책의 제2저자(넬슨Nelson)는 내담자 복지, 가족의 안전, 잠재적 위험이 없는 한 치료자는 수퍼바이저가 아니라 훈련생이라는 점을 훈련생에게 알려 준다. 초기 수련은 나중보다 더 많은 코칭이나 훈련이 필요할 수 있으며, 일부 수퍼비전에는 공동 치료가 포함될 수 있다(가능하면 실습생이 직접 치료를 수행해야 한다). 어쨌든 가능한 한 빨리, 그리고 최대한 많이, 수퍼바이저가 배경에 머물면서 훈련생이 기술을 늘리고 실수를 할 수 있도록 허용하고 나중에 이에 대해 논의할 때 훈련생의 학습이 진전된다.

치료자가 되는 것은 발달의 과정이다

야심 찬 전문 CFT를 위한 교육 및 훈련은 결과에 기반한다. 초보자는 적어도 관계의 개념을 배우고, 임상 상황과 자신의 삶에서 이를 인식하고, 치료를 계획, 실행, 평가할 수 있어야 한다(Lee & Everett, 2004). 그러나 이 장의 앞부분에서 살펴본 바와 같이, 이 커리큘럼은 가족체계론 학문, CFT 전문직으로의 사회화, 전문적 성숙도 배양이라는 CFT 교육의 세 가지의 초월적 측면을 중심으로 조직된 더 큰 교육적 사명 안에서 이루어진다. 이 의제는 석사과정의 훈련 및 교육에서 시작되지만, 대학원 및 평생 교육을 통해 심화되고 전문가의 직업 생애 동안 계속될 것으로 예상된다(Lee & Nichols, 2010).

수퍼비전은 예측할 수 있는 단계를 통해 발전한다. 커플가족치료 훈련생은 초보자부터 베테랑까지 다양하다. 숙련된 훈련생도 특정 문제, 임상 집단, 치료 모델, 개입 기법, 치료 환경에 대한 노출과 성공 경험이 다양하다. 이들은 알아야 할 것, 알고 싶은 것, 배울 수 있는 것에서 차이가 있다. 따라서 수퍼비전 접근법은 수퍼바이저, 훈련생, 임상 환경, 맥락, 관심사, 경험적 요구, 치료 목표 및 역량과 같은 내담자 요인에 따라 달라진다. 수퍼비전 철학은 이러한 복잡성을 처리하는 데 가장 효과적이다.

AAMFT는 미국부부가족치료의 실천을 위한 광범위한 핵심역량 개발을 지원했다(MFT; AAMFT, 2004; Nelson et al., 2007; Northey & Gehart, 2019; 부록 B). 이 역량의 목록이 매우 길지만, '치료에 대한 입장'과 같은 영역과 '개념적', '지각적', '실행적' 기술과 같은 하위 영역으로 구성되어 있다. 노테이와 게하르트(Northey & Gehart, 2019)는 본질과 의도를 유지하면서 MFT 핵심역량을 관리하기 쉬운 목록으로 압축했다. 이 역량은 훈련생이 독립적인 면허를 취득할 준비가 될 때까지 각 역량의 숙달을 목표로 하는 대학원 교육 및 수퍼비전의 가이드 역할을 한다. 훈련생과 수퍼바이저는 목록을 사용하여 현재 기술 수준을 평가하고 단기 및 장기 목표의 달성을 위해 계획할 수 있다. 따라서 훈련생의 발달 단계와 상황에 따라 다양한 수준의 역량이 도입되고 학습된다.

셀라노Celano, 스미스Smith, 카슬로Kaslow(2010)가 역량 목표를 위해 제안한 영역은, ① 내담자의 어려움에 대한 체계적 공식화, ② 체계적인 치료 관계 보장, ③ 원가족의 문제 이해, ④ 재명명, ⑤ 부정적 상호작용 관리, ⑥ 응집력 및 의사소통 구축, ⑦ 재구조화, ⑧ 증거기반 CFT 접근법의 이해와 적용이다. 이러한 역량은 모두 개입 역량과만 관련이 있다는 점에서 AAMFT 핵심역량(AAMFT, 2004; Nelson et al., 2007)과는 다르다. 이 사고방식에 동의하지 않는 수퍼바이저도 있겠지만, 치료자 역량에 접근하는 방법을 제공하며 독자들이 수퍼비전 목표와 아이디어를 구조화하는 데 도움이 될 수 있다. 물론 이 목록이 수퍼바이저의 역량을 결정하기도 한다.

CFT 훈련의 초기 단계는 일반적으로 대학원 프로그램에서 상당히 교훈적인 교육으로 시작한다. 초기 훈련생의 수퍼바이저는 독서 과제를 주고 간접적인 방식이지만 실질적인 치료 방향을 제시한다. 예를 들어, 수퍼바이저는 "이 가족을 치료하려고 할 때, 무엇부터 시작하면 좋을까요? 그리고 무엇을 배우고 싶습니까?"라고 질문할 수 있다. 이렇게 하면 훈련생은 자신의 치료업무와 학습에 모두 집중할 수 있다. 그러나 훈련생이 기본적 치료에 현실적 자신감을 느끼게 되면, 수퍼바이저의 지시가 줄어들면서 '치료자의 자아가 성장하는 공간'이 생기게 된다(Nichols & Lee, 1999). 수퍼비전 기간이 끝날 무렵에 수퍼바이저는 특정 기술과 역량에 덜 집중하는 대신 동료로서 멘토링 역할과 전문성 개발 및 지속적인 교육과 수련의 계획을 세우는 데 더 많이 관여할 수 있다.

교육에 대한 발달적 접근법은 제3장과 제6장에서 더 자세히 설명하지만, 관계적 또는 체계적 아이디어와 훈련의 발달적 측면은 이 책 전반에 걸쳐 다루고 있다. 관계적 치료의 수퍼바이저는 현황판에 발달적 측면을 표시하여 특정 환경 내에서 훈련생, 내담자 가족, 훈련생의 역량 및 요구와 관련하여 자신이 생각하고 행동하는 것이 적절한지 지속해서 점검해야 한다.

연습

1. 가장 좋았던 수퍼비전과 최악의 수퍼비전은 무엇이었는가? 어떤 수퍼바이저가 되고 싶은가?

2. 수퍼바이저로서 자신에 대해 기대하는 바는 무엇인가? 훈련생에 대한 기대는 무엇인가? 훈련생으로서 어떤 기대가 적절하고 어떤 기대가 부적절하다고 생각하는가? 여러분의 기대와 훈련생의 기대가 충돌하는 상황을 어떻게 처리할 것인가(또는 이미 그렇게 하고 있는가)? 이러한 생각에 영향을 미친 맥락적 요인은 무엇인가?

3. 훈련생이 체계론적 개념들을 학습하는 것을 어떻게 돕고 평가할 수 있는가?

4. 훈련생이 임상과 수퍼비전 맥락에서 실수, 약점, 우려를 드러내고 논의할 수 있는 안전한 수퍼비전이 되기 위해 어떤 조치를 할 수 있는가? 어떤 규제를 둘 수 있는가?

5. 수퍼비전의 기본 규칙에는 어떤 것이 포함될 수 있는가?

6. 이 글을 통해 일관된 수퍼비전 철학을 개발할 수 있기를 바란다. 당신의 철학을 짧은 문단으로 요약해 보자. 수퍼비전의 목적과 수퍼바이저의 주요 역할은 무엇이라고 생각하는가? 현황판에 뭐라고 적겠는가?

7. 과정별 목표: 수퍼비전에 대한 개인 철학을 작성할 준비를 위해 핸드북에서 평가에 필요한 부분을 복사한다. 이 부분(마지막 부분을 제외)을 문서에 제목으로 복사하여 글을 구성한다. 그런 다음, 학기에 따라 이 교재의 진도가 나가면서 세부 사항을 채우고, 수정하고, 마지막에 교수자 또는 멘토에게 완성본을 제출한다.

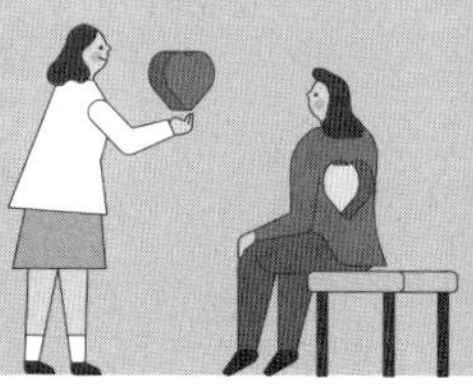

제2장

체계론적 수퍼비전 관계, 역할 및 목표

훈련체계 내에서 수퍼비전 관계

과거에 한 정신분석가(Bordin, 1979)는 치료자와 내담자 사이의 '작업동맹', 즉 목표와 과업 및 유대에 대한 상호 합의의 중요성을 강조하였다. 이 의견은 현재 치료에서 공통요인 접근이라는 것으로 발전하였다(예: Norcross & Wampold, 2011; Wampold, 2010). 치료적 과정에서 작업동맹의 중요성(실은 중심적 위치)에 대한 경험적 타당성이 아직 과학적으로 평가되지 않았으나, 모든 치료에서 치료적 공통요인은 다양한 치료 모델에서 옹호되는 독특한 개입 방식보다 치료 결과에 더 많은 영향을 미치는 것으로 여겨지고 있다(Norcross & Wampold, 2011).

공통요인 지형에 관한 과학적 설명과 타당화를 기다리고 있으나, 모든 치료 교육자가 치료자와 내담자 간의 관계가 치료의 성공에 상당한 부분을 차지한다는 점을 심각히 고려하는 것은 사려 깊어 보인다. 또한 커플가족치료 분야에서 치료자-내담자 관계는 좀 더 복잡한데, 이는 치료에 오지 않은 사람들을 포함하는 내담자 체계에 있는 사람들과 치료자와의 관계도 고려해야만 하기 때문이다(Lee & Nelson, 2014; Sprenkle, Davis & Lebow, 2009).

최근에는 초점이 확대되어 수퍼바이저와 훈련생 간의 관계에도 공통요인의 역할이 고려되고 있다. 이는 훈련생과 수퍼바이저가 공통 목표를 가지고 좋은 작업동맹을 형성할 때 수퍼비전이 효과적이라는 가정에 기초한다(Karam, Blwo, Sprenkle & Davis, 2015). 전체 훈련 과정에 공통요인 사고를 포함하는 것에 대한 제안이 있었고(Karam et al., 2015), 몇몇 커플가족 훈련 프로그램에 소개되어(D'Aniello & Fife, 2017)

훈련생들에게 인정받았다. "이 훈련에 대한 참여자들의 반응은 대단히 긍정적이었고, 공통요인 학습이 어떻게 그들의 자신감, 커플가족치료 모델에 대한 이해, 개념적 능력과 임상 실천을 향상하는지가 강조되었다"(Fife, D'Anniello, Scott, & Sullivan, 2018, p. 191).

수퍼비전 목적에서 보면, 치료자–내담자 관계(유대)는 공유된 목표와 이러한 목표(과업)를 향한 충분한 지지작업에 의해 상승 작용한다. 훈련체계로 확장하면, 효과적인 훈련은 수퍼바이저, 훈련생, 내담자 가족이 다섯 영역(상호수용, 이론, 기법, 제안된 결과 및 치료적 유대)에서 합의하는 정도까지 향상될 것이다. 이는 이 다섯 가지가 모두 완벽해야만 한다는 것이 아니라, 모든 참여자가 이 요소를 의식하게 되면 이득을 얻을 수 있음을 의미한다. 이러한 공동의 관심에서 임상과 수퍼비전 요소의 협상을 촉진하기에 충분히 좋은 작업 관계가 발전할 것이다.

이러한 제의는 수퍼비전과 치료실(예: Anderson, Schlossberg & Rigazio-Digilio, 2000)과 더 큰 환경에 관한 경험적 연구 결과와 완전히 일치한다(Lee, 2009). 일화 증거 또한 아주 많다. 수퍼바이저들이 모인 곳에서, 마지못해서 하는 훈련생들에게 잠재적으로 유용한 이론적 접근을 강력히 권고하는 헛된 시도에 관한 이야기들과 어떻게 사회성이 부족한 동료들이 훈련생들을 소외시키는지에 대한 이야기가 많이 나온다. 예전에 커플가족치료 분야가 아닌 다른 분야의 수퍼바이저가 이 책의 제2저자(넬슨Nelson)에게 "우리가 훈련생들에게 하라고 한 것을 하게 만드는 방법"에 관해 질문하였다. 만약 목표가 수퍼바이저가 훈련생들을 통해 치료하는 것이 아니라, 훈련생들이 독립적인 치료자가 될 수 있도록 돕는 것이라고 하면, 이러한 진술은 훈련생과 수퍼바이저와의 좋은 작업 관계에 반하는 것이고, 성공적인 수련을 방해한다.

수퍼비전 훈련체계의 구성 요소

전술한 내용에 비추어 봤을 때, 수퍼바이저, 훈련생, 내담자는 물론 그들이 포함하는 사회체계는 상호의존성에 있어서 조화를 이뤄야 하고, 훈련생이 배우는 이론적 접근, 치료와 수퍼비전에 대한 공통 목표 및 목표에 도달하는 최고의 방법에 관해 합의해야 한다. 또한, '좋은' 수퍼비전 관계를 구성하는 다른 요소에 대한 전문가 의견(예: Kaiser 1992, 1997에서 제안된 의견)을 전체 훈련체계로 확장한다면, 수퍼바이저와 그들의 훈련생들은 물론 다른 참여자들도 서로에게 책임을 져야만 한다. 즉, 명시적으로 계약된 합의를 기꺼이 준수해야 한다. 물론 훈련생은 자신을 문제로부터 보호하기 위해 수퍼바이저에게 의존할 수 있어야 하며 내담자도 마찬가지로 치료자에게 의존할 수 있어야 한다. 또한 교육 및 서비스 환경과 내담자 가족의 복지는 체계 전체의 책임의 흐름에 따라 달라진다. 대부분 상황에서 이는 수퍼바이저에게서 시작되며 이 가정은 역사적으로 민사소송에서 받아들여졌다(제11장 참조).

치료자의 자기, 수퍼바이저의 자기

우리는 커플가족치료자들이 치료와 수퍼비전에 긍정적 · 부정적 방식으로 영향 미치는 원가족 요소, 유산, 편견, 미해결 과제 및 가치에 대해 인식할 것을 권유한다. 이러한 역동은 '치료자의 자기' 혹은 '역전이'라고 불린다(예: Aponte & Ingram, 2018; Aponte et al., 2019). 커플가족치료와 커플가족치료 수퍼비전의 체계적이고 상호적인 특징 때문에 수퍼바이저는 자신의 맹점과 가치 및 신념에 대해 알아야만 한다. 이러한 것들은 치료는 물론 수퍼비전에도 영향을 미친다.

또한 좋은 수퍼바이저는 그들이 한 부분인 수련 체계 내에서 자신의 위치와 역동에 대해 인식해야만 한다. 수퍼바이저는 초보 훈련생들에게 지혜를 물려줘서 그들이 '작은 나'가 되게 해야 한다는 생각을 버려야 할 필요가 있다. 칭찬을 곁들이며 훈련생들이 수퍼바이저를 흉내 내는 시도를 해 보는 것은 효과적이지 않으며, 오히려 당황스러울 수도 있다. 훈련생들은 저만의 고유의 성격이 있고, 관계에 고유하게 기여한다. 우리는 치료적 접근은 대가 치료자나 수퍼바이저를 흉내 내는 것이 아니라 관점들의 통합임을 이해하는 정도까지 훈련생의 자산을 인정해야 한다. 이는 근거 기반 치료 모델에도 적용된다. 어떤 두 명의 치료자도 똑같은 방식으로 하나의 이론적 접근을 실행하지 않고, 수퍼바이저가 치료에 대한 훈련생들마다의 스타일과 원하는 접근을 지지할 때 훈련생들에게 더 도움이 된다.

신뢰

수퍼비전 관계에는 신뢰가 있어야만 한다. 훈련생들은 수퍼바이저가 자신들에게 가장 유리하게 행동한다고 신뢰할 수 있어야만 한다. 수퍼바이저는 훈련생들이 수퍼비전에서 정직하게 기꺼이 말할 것이라고 믿고, 그들이 지시를 실행하고 지시에 대한 우려를 토론할 것임을 신뢰해야 한다. 과거에 상대적으로 신참 수퍼바이저였던 제2저자 넬슨에게 친밀한 관계에서 폭력을 재경험한 커플에 대하여 조언을 요청했었던 훈련생이 있었다. 넬슨은 할 수 있는 한 노력했지만, 그녀는 상세 사항을 기억하지는 못했다. 훈련생은 넬슨에게 이 사례를 수퍼비전을 받기 위해 가지고 오지 않았다고 했는데, 왜냐하면 수퍼비전을 엉망으로 만들고 싶지 않았기 때문이었다. 궁극적으로 이는 훈련생과 넬슨이 신뢰하는 관계가 아니었음을 의미하고, 이와 관련해서 작업하는 것은 넬슨의 책임이었다. 신뢰는 변화가 요구될 때 융통성이 내장된 명확한 수퍼비전 계약을 통해 향상될 수 있다. 그러므로 수퍼바이저와 훈련생의 관계는 성공적인 수퍼비전을 위해 최우선시되어야 한다는 것을 재차 강조한다.

권력과 위계

체계론 지향의 수퍼바이저들(예: Green & Dekker, 2010; Lee & Nelson, 2014)은 권력과 위계에 대해 명확해야 한다고 하였다. 수퍼바이저는 훈련생과 다중관계를 맺는데(예: 행정적 · 임상적 · 교육적 · 정치적), 각 상황에서의 권력을 남용하지 말아야 한다. 수퍼비전 초반부터 이러한 역할과 관계를 명확히 하고, 경계와 적절한 행동을 협상하는 것은 훈련생과 수퍼바이저가 잠재적으로 착취하거나 혼란을 경험하지 않도록 해준다.

다음으로, 우리는 위계를 고려해야만 한다. 수퍼비전과 관련된 다양한 역할과 관계와 함께, 위계는 수퍼바이저와 훈련생이 원하는 이론적 모델 그리고/혹은 접근에서 명시된 관계의 중요한 부분이다. 치료처럼 수퍼비전은 위계적일 수밖에 없다. 수퍼바이저는 훈련생의 행동에 대한 책임이 있다. 그러므로 내담자의 복지감과 수퍼바이저의 자격은 위험에 처할 수 있다. 수퍼바이저에 대한 제재와 과실 소송은 드물지만, 그럼에도 불구하고 수퍼바이저는 치료적 결과와 훈련생의 행동에 대한 윤리적 책임이 있다. 수퍼바이저 후보생, 특히 포스트모던 철학적 관점의 후보생은 훈련체계에서 위계를 인정하는 것에 대해 불편감이 있고, 위계를 깨부수기 위해 최선을 다한다. 수퍼비전의 개인적인 철학과 발달적 요인에 따라 훈련체계는 극단적으로 위계적부터 온전히 협동적까지의 범위에 있을 수 있다. 그럼에도 불구하고, 수퍼바이저의 윤리적 · 법적 책임 때문에 수퍼바이저는 어느 정도의 위계를 인정해야만 한다. 셀리코프Selicoff(2006)는 포스트모던 수퍼바이저가 상황에 따라 위계와 협동 간에 균형을 잡아야 한다고 하였다. 우리는 위계와 협동이 상호 배타적이지 않고, 상황과 철학이 요구하는 바에 따라 상보적일 수 있다고 믿는다.

수퍼비전에서 공통요인

수퍼바이저는 이러한 역할들로 인해 다중 역할과 임무를 갖는다. 공통요인 지향은 이 모든 복잡성 내에서 통합과 편안함을 허용하는 유익함을 제공할 것 같다. 예를 들어, 모건Morgan과 스프렌클Sprenkle(2007)은 수퍼비전의 공통 요인에 대한 도식을 개발했다. 세 가지 주제에는, ① 임상적 역량 대 전문적 역량에 대한 수퍼비전을 강조, ② 특정 임상 사안 대 일반적 주제에 초점, ③ 지시적 관계 대 협동적 관계가 포함된다. 강조의 차원(임상적 역량 대 전문적 역량)과 초점(특정 주제 대 일반 주제)을 결합하여, 모건과 스프렌클은 코치(임상/특정), 교사(임상/일반), 관리자(임상/일반), 멘토(전문가/일반)라는 수퍼바이저의 네 가지 중복 역할을 확인하였다. 이 네 가지 역할은 수퍼바이저의 지시적/협동적 스타일과 수련생의 발달 단계 내에서 결합될 수 있다. 이 모델은 다양한 수퍼바이저 역할의 여러 측면을 논의하기 위한 출발점이 될 수 있다. 독자는 자신의 역할을 다른 방식으로 개념화하는 것을 선호할 수 있다. 예를 들어, 웅거Ungar(2006)는 "지지자(수련생에게), 수퍼바이저, 사례 컨설턴트, 훈련가/교사, 동료 및 옹호자(내담자 및/또는 수련생 모두를 위한)"와 같은 다른 역할들에 관해 썼다(p. 61).

일부 조합은 다른 조합보다 우리에게 덜 위계적인 역동을 제시하는 것 같다. 우리는 수퍼바이저가 일반적으로 선호하는 수퍼바이저 스타일이 있다고도 믿지만, 또한 이러한 네 가지 요소가 종종 발달적이고 구체적인 사례의 맥락에서 유동적으로 통합된다고 믿는다. 협력적 수퍼바이저는 때때로 지시가 필요하다고 생각할 수 있다(예: 아동 학대 의심 신고 또는 훈련생의 결정적인 실수를 개선). 그리고 지시적인 수퍼바이저는 때로는 동료적 관계를 지향하면서 훈련생을 멘토링할 것 같기도 하다. 모더니즘 관점을 가진 많은 수퍼바이저는 숙련된 임상가로서 지시적 위치에서 교육을 통해 훈련생들이 명시적 개념과 개입에 대해 배우도록 돕는 전문가 역할을 선호한다. 포스트모더니즘이나 후기 구조주의 관점을 선호하는 다른 수퍼바이저들은 보다 협동적이고 훈련생 중심 접근법을 사용한다(예: Bobele, Biever, Hassan Solorzano, & Bluntzer, 2014). 이러한 모든 관점은 수퍼비전에 대한 개인적인 철학에서 비롯되어야 하고, 방어될 수 있어야 한다. 중요한 것은 수퍼바이저와 치료자가 효과적인 수퍼비전에 대한 자신의 신념에 대해 인식함으로써 수퍼바이저와 훈련생 관계가 지지적이고 단절되지 않도록 해야 한다는 점이다. 즉, 개입은 수퍼바이저와 훈련생의 맥락에 영향을 받는 수퍼비전 관계와 훈련체계의 맥락 내에서 설정된 목표에서 나온다. 현대의 초점은 주로 모건과 스프렌클(Morgan & Sprenkle, 2007)은 연구에 설명된 역할에 맞춰져 있지만, 독자는 훈련생의 발달 궤적 내에서 서로 다른 시점에서 전면에 나오는 하나 혹은 그 이상의 추가적 역할을 고려할 수 있다(예를 들어, Barker & Chang 2013; Ungar, 2006을 참조).

코치

수퍼바이저는 훈련생이 치료실에서 행해야 하는 특정 역량이나 기술, 특히 행정관리 역량을 배우도록 코칭하는 데 참여한다. 좋은 코치는 신뢰할 수 있는 성과 평가를 바탕으로 격려하고 방향을 제시한다. 좋은 코치는 신뢰할 만한 성과 사정에 기초하여 방향을 제시하고 지지한다. 그들은 훈련생들에게 기술을 가르치고 전략에 협력하며 해를 끼치지 않도록 보호한다.

교사

교사로서 행동할 때, 수퍼바이저는 훈련생이 체계적 개념, 다양한 치료 접근에서의 개념, 적절한 개입의 통합 및 개입과 사례관리에 대한 적절한 실행에 대해 배울 수 있도록 돕는다. 교사는 또한 훈련생들을 정기적으로 평가하고, 훈련 기간의 마지막에 미래의 작업을 위한 유용한 피드백을 제공한다.

행정가

때로 커플가족치료 수퍼바이저는 관리행정가로도 활약한다. 이는 자격 인증과 면허를 받는 데 도움을 주는 역할, 기관의 고용주 또는 훈련생이 업무 시간과 개인 시간을 관리하고, 적절한 사례 메모와 보고서를 작성하고, 임상시간과 수퍼비전 시간을 추적하는 것을 돕는 역할 등에서 나타난다('임상적'과 '행정적' 수퍼바이저의 역할에 대해서는 Kilmer & Cook, 2014를 참조).

멘토

멘토링은 상호 신뢰와 존경에 기초한 비공식적인 관계 역동이다. 대부분 멘토링은 치료자로서 훈련생의 발달 초기보다는 후반부에 이뤄질 것 같다. 멘토링에는 종종 역할 모델링을 포함하는데, 특히 전문적 지도와 전문가로서의 발달, 다양한 하위문화의 구성원으로서의 전문적 여정과 관련된 뉘앙스, 계속교육continuing education 기회에의 참여와 참여 장려 및 조직 업무 참여와 관련해서 그러하다.

동형이론

동형이론(제3장 참조)의 문제로서 긍정적인 직업 관계에 가장 초점을 두고, 훈련생은 내담자 가족과도 동일한 작업을 할 것이다. 수퍼바이저는 이에 대해 명시적일 수 있다. 치료에서와 마찬가지로 수퍼비전에서도 수퍼바이저는 훈련생과의 작업 관계에서 문제를 감지할 때마다 즉시 그것에 초점을 두어야 한다. 그렇지 않으면 치료자와 내담자의 관계도 어려움을 겪게 된다. 훈련생과 수퍼바이저 간의 건설적인 작업 관계가 없으면 훈련생이 반응적이지 않을 수 있고, 신뢰도가 낮을 수 있다. 결과적으로 이는 임상적 성장을 방해하고 내담자에게 해로울 수 있다. 다시 말하지만, 수퍼비전과 치료에서 작업 관계가 항상 우선되어야 한다.

작업동맹이 기본적으로 합의된 목표를 향한 작업을 지원하는 관계의 사안이라고 했을 때, 치료자가 내담자와의 관계에 지속적으로 초점을 맞추는 것처럼, 수퍼바이저의 주요 목적도 훈련생과의 관계이어야만 한다(Knobloch Fedders, Pinsof & Mann, 2004; Pinsof, 1994, 1995). 수퍼바이저와 훈련생 간의 관계는 항상(긴급 상황 제외) 최우선이 되어야 한다. 수퍼비전의 이러한 측면을 무시하면 이론적 접근이나 특정 개입과 같은 수퍼비전의 다른 측면이 효과가 없게 된다. 예를 들어, 만약 수퍼바이저와 훈련생 간의 관계에 신뢰가 없다면 치료자의 자기 사안은 효과적이지 않을 것이다. 임상 관계를 지속적으로 모니터링하고 육성해야 하는 것처럼 수퍼비전 관계도 그렇다.

수퍼바이저의 다른 중요한 역할

수퍼바이저의 역할은 훈련생과의 관계를 통해서도 발달하고, 수퍼바이저가 커플 가족치료 분야와 지역사회와 갖는 관계에서도 발달한다. 예를 들어, 첫 번째 그리고 가장 중요한 역할은 적절한 고객 돌봄을 보장하는 것이다. 또한 훈련 환경이 훈련생의 법적 요구 사항이나 한계를 받아들이지 않을 때 수퍼바이저는 훈련생을 옹호하는 역할을 할 수도 있다. 마찬가지로 수퍼바이저는 훈련생의 역량을 신중하게 평가함으로써 이 직업의 문지기 역할을 한다. 이를 위해서 적절한 기술을 발달시킬 수 없는 것처럼 보이는 훈련생이 다른 수퍼바이저나 다른 직업을 찾도록 도와야 할 수도 있다. 이는 수퍼비전 관계를 종료하거나 교육 프로그램 그리고/혹은 면허 위원회에 비윤리적이거나 불법적인 행위에 대해 알리는 것을 의미할 수도 있다(자세한 논의는 Russell, DuPrce, Beggs, Peterson, & Anderson, 2007 참조).

기능이 손상된 치료자와 작업하기

수퍼바이저는 훈련생이 개인적인 문제로 직업적 기능을 잘 수행하지 못할 때 조치해야 한다. 미국부부가족치료학회AAMFT의 『가족치료매거진Family Therapy Magazine』 2010년 7월/8월호(제9권, 4호)에서는 기능이 손상된 치료자의 문제를 집중적으로 다뤘다. 수퍼바이저는 훈련생의 안녕과 훈련생이 내담자에게 서비스를 제공할 수 있는 능력을 예리하게 인식해야 한다. 동시에 수퍼바이저는 훈련생이 자기 돌봄의 중요성을 이해하고, 내담자와 작업할 수 있다는 유능감을 발달시키고, 직업적 기능을 제대로 수행하지 못하거나 타협해야 할 때 내담자의 사례를 관리하기 위한 계획을 마련하도록 훈련생을 도와야만 한다(Thomas, F. N., 2010)

수퍼바이저 멘토

이 내용을 설명하기 위해서는 수퍼바이저 멘토에 대해 먼저 간략하게나마 논의해야 한다. 미국부부가족치료학회(2014)는 수퍼바이저 후보자가 승인된 수퍼바이저Approved Supervisor: AP가 되기 위해서 과거에 수퍼비전의 수퍼비전이라고 불리던 수퍼바이저 멘토링을 받도록 요구하고 있다. 승인된 수퍼바이저 멘토 자체를 위한 특별한 훈련 과정은 없다. 그러나 그들은 경험이 풍부한 미국부부가족치료학회의 승인을 받은 수퍼바이저이어야 한다. 수퍼바이저 후보자는 수퍼비전 훈련 과정의 일부로 승인된 수퍼바이저에게 멘토링을 받아야 한다. 이 멘토링은 수퍼비전 훈련 과정 동안 수퍼바이저 후보자를 광범위하게 조력하고, 수퍼바이저 후보자가 훈련생을 수퍼비전할 때와 동일한 방식으로 코칭하여 이들에게 도움을 제공하는 역할을 한다. 이는 수퍼바이저로서 후보자의 발달에 초점을 두고, 전 발달 과정에서 후보자와 작업하고(선별, 계약, 교육, 평가, 전문성 등), 개입, 문제해결, 윤리 및 법적 문제, 다양성 등에 대해서 작업하는 것을 포함한다. 수퍼바이저가 훈련생을 통해 치료하지 않는 것처럼, 수퍼바이저 멘토도 수퍼바이저 후보자를 통해 수퍼비전(또는 치료)을 수행하지 않는다.

수퍼바이저 멘토는 수퍼바이저 후보자에게, 수퍼바이저와 수퍼바이저 후보자가 치료자 훈련생에게 제공하는 것과 동일한 맥락을 제공한다. 이 관계에는 합의된 세부 사항이 포함된 계약이 있어야 하고, 기밀이 유지되어야만 하며, 치료보다 수퍼비전(실시간 관찰 그리고/또는 녹음의 원자료를 통해 가능한 한 많이)에 초점이 맞춰져야 하고, 수퍼바이저 후보자의 개인 수퍼비전 철학Philosophy of Supervision 문서의 수정(항상 수정됨)을 승인하고(이 책의 제15장 참조) 미국부부가족치료학회에서 승인된 수퍼바이저 지정에 응시하는 과정에서 후보자를 돕는 것이 포함되어야만 한다.

수퍼비전에서 실질적 처리

수퍼바이저로서 우리는 훈련생을 격려하고, 가르치고, 코치하고, 멘토하고, 옹호하고, 책임을 묻는다. 또한 우리는 항상 훈련생들이 배우도록 돕는 것과 그들을 위해 해야 하는 것을 구별하면서 이러한 서로 다른 역할에 수반되는 다양한 업무에 대한 이해를 발전시켜 나간다. 우리는 암묵적이거나 명시적인(또는 암묵적으로 명시될 수 있는) 계약, 대화, 규칙을 통해 훈련생들과 명확한 경계를 설정한다. 우리는 전문적이고 적절한 개인적 경계를 유지하고, 그들의 작업과 치료자로서의 그들을 평가하며 나아가 그들의 내담자, 지역사회, 현장 또는 그들이 해를 입을 위험에 처해 있다고 여길 때 개입한다.

우리는 방금 수퍼바이저의 역할에 대해 논의했다. 이러한 역할과 역할의 조합 내에서 다양한 수퍼비전의 목표가 있다. 우리는 독자들이 수퍼비전의 목표에 대해 사고할 때 수퍼바이저 역할에 대한 아이디어가 더 명확해질 것이라고 확신한다. 수퍼바이저가 기능이 손상된 치료자와 작업하는 방법에 대한 자세한 내용은 제8장을 참조하라.

수퍼비전의 목표

수퍼바이저와 훈련생 모두의 스타일에 맞는 작업동맹 내에서, 각각은 미국부부가족치료학회(AAMFT, 2004; Nelson et al., 2007, 부록 B)의 핵심역량에 나오는 기술의 향상을 포함해서, 적절한 수퍼비전의 방향과 목표에 대한 아이디어를 가지고 있다. 관계 선호도와 합의에 따라, 목표는 이상적으로 수퍼바이저와 훈련생 간에 협상되고, 아마도 훈련 맥락에 따라 어느 정도 결정될 수 있다. 목표는 정부 및 인증 기관의 요구 사항, 수퍼바이저의 이론적 방향, 수퍼비전 철학과 발달 수준, 훈련생이 배우는 이론적 접근법에 의해 영향을 받을 수 있다. 또한 목표는 훈련생의 발달 능력에 따라 달라진다. 따라서 목표는 일반적으로 유동적인데, 신입 훈련생에 대해서는 좀 더 구체적이고 기본 기술을 익히는 것에 맞춰지지만, 임상 훈련이 진행됨에 따라 좀 더 일반적이고 전문가적 지향을 갖게 된다. 물론 근거 기반 교육 환경에서는 목표가 매우 구체적일 수 있다.

장기 목표

당연한 것처럼 보이지만, 수퍼비전의 주요 목표는 유능하고 자신감 있고 합법적이며 윤리적인 치료자를 양성하는 것이어야 한다는 점을 분명히 말하고 싶다. 특정 기술이나 치료 모델보다 치료자의 인격을 강조하는 접근법에서도 윤리적이고 전문적이며 유능한 치료자가 요구된다. 이러한 목표는 또한 치료자의 자기(제13장 참조) 치료자의 철학이나 일반적인 세계관(예: 모더니스트, 사실주의자, 후기구조주의자), 치료자 훈련생이 소중히 여기는 가치와 같은 더 큰 맥락에서 해석되어야 한다. 실제에 관한 생각과 치료에 대한 훈련생의 지향은 최적의 전문가적 발달을 위해 조화를 이루어야 한다(Fear & Woolfe, 1999). 훈련생의 다른 발달적 측면, 예를 들어 훈련생들의 가치와 세계관이 윤리와 윤리적 의사 선택(제2장)과 문화(제10장)에 대한 입장에 어떻게 영향을 미치는지에 관한 내용도 이 책에서 논의된다.

첫째, 우리는 맥락적 목표가 중요하다고 말하고 싶다. 여기에는 안전한 수퍼비전 맥락이 포함되는데, 이러한 맥락은 훈련생과 수퍼바이저가 중요하고 때로는 민감한 정보에 대해 서로를 신뢰하게 한다. 수퍼비전 맥락은 명확해야 하는데, 이는 계약을 통해 촉진될 수 있다. 또한 수퍼비전 맥락은 유연해야 하는데, 필요할 때 수퍼바이저가 시간을 낼 수 있어야 하고, 훈련생이 발달하고 상황이 발생할 때 변화가 일어날 수 있도록 해야 한다(Thomas, F. N., 2010). 우리는 수퍼바이저가 훈련 상황에서 훈련생들에게 체계적이고 관계론적인 치료를 이해할 수 있도록 돕고, 또한 개인이나 부부 및 가족에 대한 맥락적 요인을 고려하도록 돕는 것이 중요하다고 믿는다.

훈련생의 임상 역량, 전문가적 성장과 개인적 성장 및 자신감 수준 향상에 더해서, 목표는 종종 내용보다는 과정에 맞춰져야 한다. 예를 들어, 훈련생은 내용보다는 과정을 '보고', 중시하는 것을 배워야만 한다. 즉, 체계론적 훈련 내에서, 수퍼바이저는 임상 사례 내에서, 훈련생과 내담자 간, 훈련생과 다른 전문가 간, 훈련생-수퍼바이저 관계, 전체 수련 맥락 내에서 상호작용 패턴(Watzlawick, Weakland & Fisch, 1974 참조)에 주의를 기울인다. 하지만 수퍼바이저가 상대적으로 경험이 없거나 특정 임상 문제(예: 섭식장애)에 대한 전문가이거나 내담자의 상황이나 그들이 훈련생에게 문제라고 여기는 것(아마도 훈련생의 치료자의 자기 요인으로서)에 과도하게 관심을 둘 때 내용에 초점을 두게 된다.

수퍼바이저는 치료자가 특정 이론적 접근법 내에서 기술을 발전시키도록 도울 때, 혹은 수퍼바이저의 전반적인 패러다임이 개인적 · 인과적이기보다 관계론적 · 체계론적일 때 과정에 더 많은 관심을 기울이는 경향이 있다. 수퍼비전의 개인적 · 선형적 맥락은 훈련생과 수퍼바이저를 사례나 수퍼비전 내용으로 끌어들일 수 있다. 이러한 상황에서 수퍼바이저는 훈련생이 임상과 훈련 환경 내에서, 그리고 일반적으로 자신에 대해 유연하게 볼 수 있도록 돕는다(예시를 위해서 Lee, 1997 참조).

물론 수퍼바이저가 어떤 때에는 내용을 다루는 것이 적절하다. 예를 들어, 치료자가 특정 임상 상황(예: 가족과 섭식장애)에 대해 학습함으로써 유익을 얻을 수 있는 경우, 수퍼바이저의 전문 지식이 내담자 복지를 위해 분명히 필요한 경우(예: 치료 시작 전 물질 해독의 필요성), 또는 훈련생의 행동이 임상 또는 훈련 과정을 방해하고 있는 경우(예: 내담자와 권력 다툼하기) 등이 그런 때이다. 그러나 동형이론 관점에서 우리는 치료자가 임상 체계 내에서 내용보다는 과정에 초점을 두는 것과 마찬가지로 수퍼바이저가 수퍼비전에서 역동적 상호작용의 과정과 패턴에 초점을 두는 것이 중요하다고 믿는다. 우리는 수퍼바이저가 과정에 초점을 맞추고 과정 수준에서 훈련생이 사고할 수 있도록 격려할 때, 치료자가 비록 특정 전문 지식이 없더라도 수많은 어려움을 안고 있는 내담자와 함께 작업할 수 있는 좀 더 효과적이고 효율적이며 다재다능한 치료자로 배출될 것이라고 믿는다.

역량을 발달시키기

수퍼바이저의 중요한 장기 목표는 역량 있는 치료자를 양성하는 것이다. 단기 목표는 부부가족치료에서 요구되는 서로 다른 역량에 초점을 두는 것일 수 있다. 예를 들어, 미국부부가족치료학회의 핵심역량(AAMFT, 2004; Nelson et al., 2007; 부록 B 참조)에는 커플가족치료자를 위해 요구되는 역량 목록이 제시되어 있다. 보기에 부담스럽지만, 체계론적 치료자와 수퍼바이저는 영역과 하위 영역 간의 패턴은 물론 그들이 이미 통달했거나 잘하고 있는 영역을 빠르게 파악한다. 이러한 역량은 내담자와의 면접 중에 사용되는 미시적 기술에서부터 계속교육과 직업의 발전까지 포함한다.

이론에 기초한 치료를 발달시키기

우리는 커플가족치료 수퍼비전의 핵심적 목표는 수련생이 치료에 대한 명확하고 통합된 접근법을 발달시키는 것이라고 믿는다. 많은 커플가족치료 프로그램은 대학원생들이 선호하는 치료 접근법을 발견하고, 명확하게 하는 것을 돕는 소위 변화 프로젝트에 대한 이론Theory of change projects을 요구한다(Nelson & Prior, 2003). 대학원생 훈련생의 수퍼바이저는 이러한 기회가 있거나 없었던 훈련생을 위해 이러한 아이디어 중 일부를 사용할 수 있다. 우리는 이러한 명확한 접근법을 갖는 것은 훈련생과 수퍼바이저가 어떻게 임상 결정을 내리고, 어떻게 치료를 평가하고, 언제, 어떻게 훈련생의 이론 및/또는 기술 레퍼토리를 확장하는지에 대한 아이디어를 제공함으로써 수퍼비전을 향상시킨다고 믿는다.

어떤 접근법은 다른 접근법보다 더 효과적일 수도 있고 그렇지 않을 수도 있다(Sprenkle, Davis, & Lebow, 2009; Wedge, 1996의 토론 참조). 사실 내담자 가족의 관점과 치료자의 관점은 서로 다른 접근을 통합하기도 한다. 예를 들어, 하그레이브Hargrave와 핏처Pfitzer(2011)는 전자가 원가족 작업을 제공하고 후자는 해결중심치료를 제공했던 성공적인 공동치료 상황을 설명했다. 그러나 "치료는 성공했지만, 치료자로서 우리가 함께 일하고 서로의 아이디어를 통합하려고 애쓰면서 기술이 뒤섞인 것처럼 느껴졌습니다"(p. 5). 이러한 대가 치료자와 수퍼바이저는 "치료적 관계의 요소, 치료 과정에서 치료자의 자신감과 명확성 및 특정 치료 기회들을 다루는 것"(p. 6)이 핵심적이지만, 이러한 핵심적인 치료적 공통요인은 치료자가 임상 상황을 조직하고 이해하고, 다양한 장 · 단기 결과를 고려하며, 적절한 개입을 유연하게 제공하는 치료자의 능력에서 시작된다는 것을 관찰했다. 따라서 치료자는 치료가 가장 효과적으로 되기 위해서 적절하고 명확한 개념적 지도를 갖추고 있어야 한다.

수퍼비전과 치료

수퍼비전 목표에서 논란이 되는 측면 중 하나는 수퍼바이저가 훈련생의 개인 생활에 얼마나 깊이 관여해야 하는가이다. 우리는 이것이 수용 가능하고, 수퍼바이저의 철학에 따라서 임상 혹은 수퍼비전 작업에 영향을 미치는 훈련생의 개인 생활 측면을 탐색하는 것이 적절하다고 믿는다. 그러나 우리는 또한 임상에 부정적인 영향을 미칠 수 있는 훈련생의 해결되지 않은 개인적 문제는 치료를 통해 이득을 얻을 수 있고, 이는 훈련생의 개인 생활과 직업 생활이 진보하게 하여 훈련생에게 도움이 된다고 믿는다. 일부 수퍼바이저 또는 수퍼비전 맥락에서는 훈련생에게 개인 치료를 요구할 수도 있다. 그러나 역량 기반 맥락에서 우리는 바라는 행동에 초점을 맞추고 훈련생과 협력하여 이러한 역량을 발전시킬 방법을 찾는 것이 중요하다고 믿는다. 그들과 수퍼바이저가 함께 장벽을 알아내면, 그들은 개인 또는 가족치료를 포함하거나 포함하지 않을 수도 있다.

원가족과 치료자의 자기 철학을 가진 수퍼바이저는 좀 더 광범위한 작업이 수퍼비전 맥락에서 적절하다고 믿고, 어떤 이들은 수퍼비전보다는 치료의 맥락이 적절하다고 믿는다. 미국부부가족치료학회(AAMFT, 2015a)의 윤리강령은 다음을 명시한다.

> 4. 2 부부가족치료자는 현재 자신의 학생들과 수련생에게 치료를 제공하지 않는다.

그러나 분명히 '치료를 제공한다'는 다양한 방식으로 정의될 수 있고 정의되어 왔다. 보웬 치료(Bowen, 1978)는 치료자의 자기분화에 대한 광범위하고 집중적인 작업을 요구한다. 따라서 보웬의 코칭은 치료 훈련의 일부로 적합하다. 우리는 보웬의 코칭이 치료인지 아닌지에 대해 논쟁하고 싶지 않다. 그것은 다른 곳에서 할 수 있는 논의이다. 그러나 윤리강령은 몇 가지 지침을 제공한다.

4. 1 수퍼바이저 역할을 하는 부부가족 치료자는 학생과 수련생들에 대한 자신의 영향력 있는 위치를 인식하고, 그들의 신뢰와 의존성을 이용하지 않는다. 그러므로 치료자는 전문적인 객관성을 손상시키거나 착취의 위험을 증가시킬 수 있는 조건과 다중관계를 피하기 위해 모든 노력을 기울인다. 상황이나 여러 역할로 인해 손상이나 착취의 위험이 존재하는 경우 치료자는 적절한 예방 조치를 취한다.

우리는 같은 훈련생에 대한 보웬 코칭과 치료 수퍼비전의 동시 진행은 다중관계를 구성하므로, 훈련생을 착취에서 보호하기 위해 적절한 주의를 기울여야 한다고 주장한다. 또한, 우리는 수퍼비전 계약은 치료자의 개인 생활과 관련된 수퍼비전의 목표와 한계에 대해 명시적이어야 한다고 강하게 믿고 있다.

평가

부부가족치료 수퍼바이저는 훈련생, 훈련생의 내담자 및 대학원 프로그램, 실습현장/기관 또는 대학원 환경 등을 포함하는 훈련생의 맥락에 책임이 있고, 나아가 임상 전문가로서 훈련생들의 능력과 발달을 주기적으로 평가하는 것에 책임이 있다. 이 책의 후반부에 수퍼바이저가 훈련생의 역량과 독립적으로 치료를 실천할 준비가 되어 있는가에 대해 형성 평가(과정 중)와 총괄(종료) 평가를 할 수 있는 몇 가지 형식과 과정을 간략하게 설명하였다.

문지기 역할

수퍼비전의 중요한 목표와 수퍼바이저의 역할은 대중(내담자뿐만 아니라 타인)과 직업을 보호하는 것이다. 따라서 우리는 성장하는 역량과 문지기 역할을 평가하는 것은 이 목표를 향해 나아가는 과정에서 수퍼바이저의 중요한 역할이고, 훈련생의 행동이 치료에 영향을 미치기 때문에 때로는 훈련생에게 무슨 일이 일어나는지에 대한 광범위한 탐색이 필요하다고 믿는다. 문지기 역할은 훈련생이 다른 직업을 찾게 하는 결과를 낳기도 하지만, 훈련생을 분야에서 나가게 하기보다 분야에 있게 하고 부부가족치료 직업에서 성장할 수 있도록 적절하게 돕는 데 더 적합하다. 러셀Russell과 동료들(2007)은 부부가족치료 교육인증위원회COAMFTE에서 인정한 부부가족치료 프로그램 교수진을 조사해서 문제가 있는 훈련생의 행동과 프로그램이 이 문제를 처리하는 방식에 대해 파악하였다. 조사 결과는 흥미로웠고 상황에 따라 다르지만, 좀 더 면밀한 수퍼비전, 좀 더 조심스러운 사례 할당, 읽을 자료의 할당, 치료 중단 요구, 프로그램 밖에서 상담을 받는 것의 권장 등이 포함되었다. 우리는 커플가족치료 프로그램에서 사용되는 정책과 절차가 여러 대학원 과정과 대학원 이후 맥락에서 쉽게 적용될 수 있다고 믿고, 수퍼바이저가 수퍼비전 계약과 절차에 그런 아이디어를 포함할 것을 권장한다.

단기 목표

수퍼바이저의 철학에 따라 장기 목표는 특정 치료 접근법의 숙달에서 치료자의 성장까지 다양할 수 있다. 단기 목표는 수퍼비전에 대한 목표 협상과 계약부터 특정 임상 기술에 대한 것까지 다양할 수 있다. 우리는 수퍼바이저와 훈련생이 단기 및 장기 목표뿐만 아니라 해당 목표를 향한 진행 상황을 평가하기 위한 전략을 명확히 할 것을 제안한다.

수퍼비전의 첫 번째이자 가장 실용적인 목표에는 훈련생과 수퍼바이저 간의 관계를 수립하기, 훈련생이 배우고 실습할 이론적 접근법을 명확히 하기, 수퍼바이저의 접근을 설명하여 양립 가능성과 적합성을 평가할 수 있게 하기, 수퍼바이저와 훈련생의 장·단기 목표를 탐색하기, 수퍼비전 계약과 규칙을 정하고 역할을 명확히 하기 등이 포함된다. 이러한 목표가 충족되면, 수퍼비전은 훈련생과 수퍼바이저 모두에게 즐겁고 교육적인 맥락으로 성공할 가능성이 더 커진다. 그렇게 되면 협업 과정을 통해 또 다른 목표를 더 쉽게 결정할 수 있다.

안전한 장소로서 수퍼비전

가장 중요한 초기 목표 중 하나는 교육을 실시할 수 있는 안전한 장소로 수퍼비전을 확립하는 것이다. 미국부부가족치료학회(AAMFT, 2015a) 윤리강령에 따르면, 수퍼비전 관계는 수퍼바이저와 훈련생이 정의하고 둘 다 동의한 경우를 제외하고는 기밀 관계이다. 체계론적 치료는 치료와 내담자에게 긍정적이고 부정적인 영향을 미치는 치료자의 요소를 인정한다. 따라서 훈련생은 때로는 수퍼바이저와 개인 문제를 논의해야 하며 수퍼바이저가 이러한 정보와 과정을 존중한다는 확신이 들어야만 한다. 이는 치료에서 확립된 것과 유사한 신성한 신뢰이다. 그러나 어떤 면에서는 이것은 더 신성하다. 즉, 훈련생은 개인적 자기의 발달과 임상 발달과 관련해서 수퍼바이저를 신뢰하고, 내담자의 복지와 경력에 대해서도 신뢰한다.

제2저자(넬슨)는 상담 실습에서 치료자의 정신건강과 자기 관리에 대해 논의하던 중 2년차 학생에게 안도의 한숨을 쉬게 한 적이 있었다. 나는 치료자가 인간으로서 겪는 삶의 변화와 도전에 대해 때로는 좋게, 때로는 나쁘게 이야기하고 있었다. 그는 "우리가 괜찮은 치료자가 되기 위해 결혼 생활이 완벽할 필요는 없다는 뜻인가요?"라고 말했다. 나는 만약 그렇다면, 그리고 이혼한 치료자가 부부치료를 할 수 없다면 치료자는 거의 없거나 전혀 없을 것이라고 그를 안심시켰다. 한 수준에서는 그는 이것이 단순히 실습수업의 일부라고 말했다. 하지만 다른 수준에서 그는 내가 그의 의심이나 개인적인 상황을 비웃거나 판단하지 않을 것을 믿었다. 치료자로서 그의 역량은 개인적인 상황에 달린 것이 아니라, 그가 상황을 어떻게 처리하는지, 그리고 신뢰할 수 있는 수퍼비전을 통해 그것을 어떻게 배웠는지에 달려 있다. 만약 수퍼비전이 그러한 것들에 관해 이야기할 수 있는 안전한 장소가 아니었다면, 그는 특히 치료 중이나 개인 생활에서 강렬하거나 스트레스가 많은 시간 동안 자신의 감정을 관리하는 방법을 결코 배우지 못했을 것이다.

수퍼비전은 또한 훈련생이 아이디어를 탐색하고, 자신이 하는 일에 대해 의문을 제기하며, 위험을 감수하고, 실수를 보고할 수 있는 안전한 장소여야 하며, 훈련생들은 수퍼바이저가 그들을 유능한 치료자로 성장하게 하고, 내담자의 행복을 보호할 수 있도록 지속적으로 도울 것이라는 점을 신뢰할 수 있어야 한다. 좋은 치료는 컴퓨터로 수행될 수 있는 로봇 활동이 아니다. 특히 체계론적 · 관계론적 치료에는 개념을 이해하고, 해당 개념의 패턴과 증거를 치료에서 확인하고, 내담자의 체계에 대한 맥락 정보를 포함하는 방식으로 개입하는 능력이 필요하다. 이는 복잡하고 때로는 복합적인 노력이고, 학습을 통해 아이디어, 행동 및 해당 행동의 결과를 탐색할 수 있어야만 한다. 훈련생들은 이를 수용하고, 때로는 필요하다는 것을 믿어야만 한다.

작업동맹 수립

수퍼바이저와 훈련생 간의 작업동맹은 여러 요인에 따라 시간이 지나면서 발전하고 변화한다. 수퍼비전은 친밀한 과정이며 신뢰 관계는 훈련생과 수퍼바이저가 수립한 다른 모든 목표 성취를 촉진한다. 치료에 여러 가지 방법이 있는 것처럼 이를 수행하는 방법도 여러 가지가 있다. 그러나 우리는 가능한 한 빨리 기본 규칙과 기대치를 명시하는 것이 중요하다고 믿는다. 그 외에도 현명한 수퍼바이저는 신중하게 듣고,

우려 사항을 확인하고, 필요에 따라 역량을 가르치고, 종종 어려운 사례를 통해 새로운 기술을 지도하고, 경험이 풍부한 멘토로 봉사함으로써 훈련생과 신뢰할 수 있는 관계를 유지한다.

수퍼비전 내에서의 목표

앞의 모든 사항은 수퍼비전의 장기, 단기 목표 측면에서 매우 중요하다. 수퍼비전 내에서의 목표도 중요하다. 수퍼바이저는 상황을 평가할 때 다음에 무엇을 해야 할지 자신에게 질문해야 한다. 이것은 명확하고 즉각적으로 해결되어야 하는 안전 문제인가? 이것은 훈련생이 다른 방식으로 개입해야 하는 상황인가(그/그녀의 치료 철학에 따라), 아니면 다른 개입을 해야 하는 상황인가? 수퍼바이저는 개입을 통해 어떤 결과를 원하는가? 이러한 질문에 대한 답변은 수퍼바이저가 어떤 역할을 수행할지, 따라서 어떤 개입을 사용할지 결정하는 데 도움이 된다. 개념에 대해 논의하는 것은 가르치는 역할을 요구한다. 훈련생이 경계 만들기를 실천하는 것에 대해 곰곰이 생각하도록 하는 것은 코칭 개입이다.

지속적으로 이뤄지는 피드백

훈련생과 수퍼바이저를 위한 피드백은 안전망에 대한 지식과 신뢰의 분위기를 조성하는 데 도움이 된다. 훈련생을 위한 피드백은 훈련생들이 내담자들에게 하는 것이 도움이 되는지를 이해하는 데 도움이 되고, 수퍼비전에도 도움이 된다. 수퍼바이저를 위한 피드백은 수퍼비전에서 훈련생에게 효과가 있는 것과 효과가 없는 것을 이해하는 데 도움이 된다. 피드백이 지속적으로 이뤄지면, 문제를 일으키거나 내담자에게 잠재적으로 해가 되기 전에 도전적이거나 섬세한 이슈를 좀 더 쉽게 다룰 수 있다.

연습

1. 당신이 생각하기에 수퍼비전 관계에서 가장 중요한 요소는 무엇이고, 당신은 어떻게 그것을 증진시킬 수 있는가?

2. 당신은 수퍼바이저로서 얼마나 지시적 혹은 협력적이라고 생각하는가? (1~5등급: 1=지시적, 5=협력적) 당신은 현재 어느 정도 위계적인가 혹은 앞으로 그렇게 될 것 같은가?

3. 다양한 종류의 훈련생이 지니는 결함에 대해 어떤 종류의 제재가 적절하다고 생각하는가? (Russell et al., 2007 참조)

4. 수퍼비전의 장 · 단기 목표는 무엇이고, 당신은 우선순위를 어떻게 정할 수 있는가?

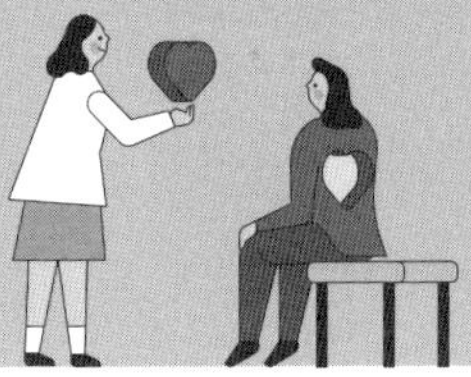

제3장

시작하기: 준비 및 절차

이 장에서는 참여자의 다양성과 관련된 교육, 수련, 경험별로 나누어 수퍼바이저의 역할에 대한 전반을 다룬다. 또한 수퍼비전의 발달적 측면, 일반 교육 및 수련 요건, 수련 이슈, 수퍼비전의 기본 과정에 대해서도 논의한다. 수퍼비전의 기반으로써 사례를 시작하는 데 있어 훈련생을 위한 최소한의 방법minimalist way을 끝으로 이 장을 마무리한다.

교육, 수련, 경험

교육과 수련 그리고 경험을 구분하는 것은 유용하다. 교육은 지식의 전달이다. 수련은 개입을 수행하는 데 이러한 지식을 어떻게 적용할지를 가르치는 것이다. 커플 가족치료는 응용 가족과학인 동시에, 현대 가족생활의 자료, 이론, 다양한 임상 인구clinical populations에게 적용하는 데 기초가 되는 실증적 근거에 있어 임상가가 뒤처지지 않을 것을 요구한다고 저자들은 믿는다. 경험이란 묘하다. 어떤 이들은 다양한 10년의 경험을 했을 수 있고, 또 어떤 이들은 10년간 1년의 경험을 했을 수 있다. 유용한 경험은 성장을 수반한다(Nichols & Everett, 1986의 고전적 토론 참조).

맥락, 직업력, 인식론epistemology, 권위에 대한 태도, 개인적인 맥락, 경험과 같은 다양성에 대한 많은 관찰은 또한 수퍼바이저와 수퍼비전이 이루어지는 기관을 설명한다. 수퍼바이저들은 개성이 있으며, 종종 문화라 불리는 그들만의 교육, 수련 및 실습환경practice setting 역시 개성을 가지고 있다. 수퍼바이저와 그들의 환경 모두는 지식의 본질에 대해서, 그리고 전수, 감사audited, 시행에 있어 보수적일 수도 있고 개방적일 수도 있다. 대개 서로는 서로를 반영하고 강화한다.

참여자의 다양성

훈련생은 상당히 다양하다. 어떤 이들은 교육과 수련에 열심이다. 다른 이들은 모험적인 것에 대해 양가적일 수 있다. 어떤 이들은 심리학이나 다른 학부 프로그램에서 오기도 하는데, 이들에게 있어 심리 치료 또는 체계적 사고에 대한 교육과 수련은 첫 경험이다. 어떤 이들은 사회 복지, 상담이나 심리학과 같은 다양한 심리 치료 분야의 경험이 있고 심지어 자격을 갖춘 이들일 수도 있다. 어떤 이들은 현대 커플가족치료 또는 체계 개념에 대해 충분히 수련된 이들일 수도 있지만, 또 어떤 이들은 정신역동적, 구조적, 전략적, 보웬 등을 포함하는 주요 커플가족치료 모델처럼 보다 역사적인 접근법을 수련받은 이들이다. 실로, 내담자를 보는 렌즈는 유연할 수도(다중 실재를 인식함) 혹은 초점이 더 고정적일 수도 있으며, 과학적으로 비판적(증거 기반 이론)일 수도 혹은 더 개념적/이론적일 수도 있고, 단일 이론적일 수도 혹은 통합적일 수도 있다. 마지막으로, 모든 당사자는 권력과 권위에 대한 그들 고유의 삶의 경험뿐 아니라 그들의 수련 프로그램에 의해 영향을 받는다.

수퍼비전의 발달적 측면

자료에 따르면 훈련생은 각자의 수련 수준에 따라 서로 다른 것을 원하고 기대한다(Lee & Nelson, 2014 참조). 초보자는 치료가 무엇인지에 대한 큰 그림을 찾고자 하며 높은 수준의 방향성을 원하고 기대한다. 입문 수준을 넘어서고 나면, 보다 상급 훈련생은 방향성보다는 전문성 개발과 기술skill과 관련한 지원을 더 찾는다. 마지막으로 베테랑 치료사는 상담적 관계를 더 추구한다(상급 훈련생의 수퍼비전은 제10장에서 논의할 것이다).

많은 초보 훈련생(대개 대학원생이지만 모두 그런 것은 아님)은 심리 치료, 특히 관계론적 치료relational therapy에 대한 오리엔테이션을 필요로 한다. 이들은 '치료therapy'와 '상담counseling'의 차이점에 대해 어느 정도의 개인적 이해를 가질 필요가 있다. 예를 들어, 전자는 실질적 변화를 의미하는 반면, 후자는 '조언'을 의미한다. 치료와 상담 사이의 역할과 목표에 있어서의 이러한 차이는 종종 새내기 치료자에게 혼란을 준다. 많은 이는 미디어의 정신건강 및 관계 '전문가'를 통해 정보를 얻는다. 허용된 치료 회기 수와 기관에서 정한 프로세스들(현실 지향적, 문제 중심적), 제3자 지급인third-party payers의 규제, 그리고 긴 대기자 명단으로 인해 조언의 제공과 일시적 해결 시나리오는 강화될 수 있다. 비록 이러한 개입은 치료사와 내담자가 '일을 진행'하도록 돕기 위한 것이지만, 경험이 없는 치료사는 변화에 대한 책임을 내담자가 아닌 자신에게 전가할 수 있다.

퀸Quinn, 내지래디Nagirreddy, 로레스Lawless, 베이글리Bagley(2000)의 연구에서 치료 참여자들은 커플 치료 과정 이후 디브리핑을 했다. 여기서 그들은 가장 도움이 되었다고 생각한 네 가지 요소를 언급했는데, 분위기, 치료사와의 사회적 관계, 치료사의 경청 능력 및 과정이 수렁에 빠졌을 때 개입하여 방향을 제시하는 능력이었다. 이 연구의 어떤 참가자도 받은 조언given advice을 언급하지 않았다. 이 연구는 20년도 전의 연구이지만, 로이드-해즐렛Lloyd-Hazlett과 포스터Foster(2014)에서도 유사한 결과가 보고되었다.

제2장에서 지적했듯이, 수십 년 동안 임상가와 사회과학자들은 시간이 지남에 따라 발달되는 치료적 동맹의 중요성을 강조해 왔다. 즉, 목표, 방법과 작업 관계에 있어 치료자, 내담자, 의미 있는 타자 간에는 상호 합의가 있다는 것이다. 또한 제2장에서 우리는 체계적 관점, 즉 동일한 동맹(공동의 목표와 이러한 목표에 대한 작업에 도움이 되기에 충분한 좋은 관계)이 수퍼바이저-훈련생 관계를 특징짓는다는 점을 강조했다.

교육 및 수련 요건

오리엔테이션 기간이 지나면, 훈련생은 먼저 치료의 기본 도구를 배우고(교육) 이를 철저히 연습(수련)해야 한다.

적극적 경청

기본적인 치료 기술 중 가장 중요한 것은 능동적인 경청이다(설명은 Rothwell, 2010 참조). 칼 로저스Carl Rogers(2003)의 중요한 연구에서 비지시적 치료에 대한 그의 고전적인 프레젠테이션은 내담자에게 변화에 대한 책임을 부여하며 좋은 치료적 경청의 가치를 주장한다는 점에서 훈련생에게 매우 도움이 될 수 있다.

수퍼바이저와 훈련생은 또한 관계 이슈, 정동 관리affect management, 문제해결 전략에 대한 민감성을 알고 가르칠 필요가 있다. 커플과 가족 구성원은 이러한 것들의 유용성을 알고 일상생활에서 사용한다(예: Fincham, Stanley, & Rhoades, 2011). 앞의 리허설이 진행되고 치료 개입 전반에 걸쳐, 훈련생은 훌륭한 인터뷰 기술의 중요성을 인식해야 한다. 내담자가 자신이 "우울하다"고 말하면, 기민한 인터뷰어라면 내담자가 자신을 그렇게 묘사할 때 그것이 무엇을 의미하는 것인지 물어봄으로써 좋은 정보를 얻을 수 있다. 그들이 "우울하다"는 것을 말해 주는 무슨 일이 일어나고 있는가? "우울"은 어떤 모습인가? 어떤 느낌인가? 내담자는 스스로에게 무어라 말하고 있는가? 그들은 무엇을 하고 있는가? 다른 이들은 무엇을 하고 있는가? 덜 우울할 때 그들은 무엇을 하는가? 우울하지 않을 때 그들은 무엇을 할 것인가? "우울"을 동반하거나 동반하지 않을 때 다른 사람과의 상호 작용 패턴은 어떤 모습인가? 인터뷰 기술은 이론 기반 치료theory-informed care의 맥락 안에서 형성된다. 즉, 인터뷰 질문은 훈련생이 배우고 있는 치료 접근법과 내담자가 이러한 질문에 어떻게 반응하는지에서 나온다.

초보 치료사는 또한 내담자의 좋은 성찰의 힘과 존중의 진가를 인정할 필요가 있다. 예를 들어, 내담자가 타인의 조언을 듣고 다른 의견을 구하는 경우 훈련생은 "무엇이 최선인지 마음을 정하는 데 힘든 시간을 보내고 있는 것 같네요. 그것에 대해 말씀해 주세요."라고 응답할 수 있다.

건설적 목표 설정

초보 치료사는 그들의 수퍼바이저와 마찬가지로 건설적인 목표 설정에 전문가가 되어야 한다. 즉, 그들의 전문적인 노력은 주의 깊어야 할 뿐만 아니라 효과적인 행동이 되도록 해야 한다. 목표는 현실적이며 관찰 가능하고 쉽게 측정할 수 있는 긍정적인 행동으로 구성된다(Nelson, 2019 참조).

체계적 사고

많은 훈련생과 일부 관계론적 수퍼바이저는 체계적으로, 더 구체적으로 말해 생태체계적 맥락에서 생각하지 않는다(예: Bronfenbrenner & Morris, 2006; Bubolz & Sontag, 1993; Lerner, 2018). 그들의 교육 및 수련 배경과 그들이 수련하는 환경은 의학적 · 심리학적 모델에 의해 영향을 받는다. 이 두 모델 모두에서 기능장애는 개인 내부에 존재하며, 사회적 요인에 의해 더욱 악화될 수 있다. 의학적 모델은 신체 또는 뇌 안의 물리적 조건에 의해 생성된 것으로 추정되는 증상을 진단하고 치료한다. 심리적 모델은 성격 특질traits에 중점을 둔다.

이와는 대조적으로, 관계론적 모델relational model은 문제를 개인 내부에 있는 것으로 보지 않는다. 그보다는 서로 다른 사회적 환경과 관계는 문제가 있는 생각, 감정, 행동 및 상호 작용을 개선함으로써 바람직하거나 바람직하지 않은 생각, 감정, 행동, 상호 작용 역동의 가능성을 높인다. 대부분의 훈련생은 한두 번 정도 꼬리표(예: "그녀는 적대적이다", "그는 야망이 있다", "그는 AD/HD가 있다")가 붙은 적이 있기에, 인과관계의 관계적 모델을 탐색하고 그 아이디어를 자신에게 적용하는 것은 재미있고 해방감을 줄 수 있다. 훈련생은 '예외를 추구'하는 방법, 즉 개인이 어떤 환경에서 바람직하거나 바람직하지 않은 행동을 더 보이거나 덜 보이는지 그리고 누구에게 보이는지 묻는 방법을 배운다. 이른바 특질을 개인 내적으로 특성적이거나 병리적이라기보다는 실제로는 특정 상황에 따른 것으로 봄으로써 맥락과 호혜성의 중요성에 대해 배우고 바람직하지 않은 상황은 예방하고 더 바람직한 상황은 향상시키는 데에 이러한 통찰력을 어떻게 사용할 것인가를 배운다.

일단 훈련생이 관계론적 치료가 독특하고 가치 있는 것을 제공한다는 것, 즉 체계적 관점을 가지고 있다는 것을 발견하면 대부분은 그것을 받아들인다. 그들은 그 관점이 현명하며 역량을 강화해 준다는 것을 알게 된다. 따라서 내담자와의 첫 만남에서 체계적 관점을 전달하고 지속적으로 이를 길러 나가야 한다고 설득하기에 용이하다. 예를 들어, 그들은 내담자에게 첫 회기에 파트너 혹은 온 가족을 데려오라고 조언할 수 있다. 훈련생들은 내담자의 체계 안에 있는 다른 사람들이 제시된 관심사에 대해 어떻게 생각하는지 또는 어떻게 반응하는지에 대해 질문할 수 있다. 그들은 꼬리표를 붙이는 사람이나 상황에 대해 물어볼 수 있다. 이러한 오리엔테이션은 치료사와 고객과 함께 다른 사람들을 '방에in the room' 배치한다. 그들은 직장, 학교, 교육, 민족성, 종교 등 내담자 체계의 삶에 있는 다른 요소에 대해 질문할 수 있으며, 이러한 요소가 내담자의 삶에서 어떻게 작용하는지 혹은 현재의 어려움에 어떠한 영향을 미치는지 질문할 수 있다.

우리는 훈련생들에게 내담자들 앞(또는 내담자 파일 폴더의 표지)에 체계적으로 가족 관계를 스케치할 수 있도록 빈 종이를 놓고, 가계도처럼 그들의 내담자가 해당 정보를 활용함으로써 초기 인터뷰를 수행하도록 하는 것이 좋은 교육pedagogy이라고 생각한다. 이는 특정 회기에서 달성해야만 하는 것이라기보다는, 맥락적 조망을 전달하는 단순하고도 그래픽적인 회기 노트를 작성하는 것을 말한다. 그들의 더 큰 생태체계 환경 내에서의 가족 관계를 스케치하는 다이어그램은 훈련생과 인터뷰 대상자 모두가 체계적인 렌즈를 통해 사물을 이해하도록 격려하는 방법이다. 이에 훈련생은 사례 발표를 다이어그램으로 작성해야 할 수도 있다.

마지막으로, 관계 사정 및 개입에서 가장 유용한 구성은 무엇인지 고려해야 한다. 훈련생은 사회적 집단의 역동과 특성을 파악하고 그들의 인식을 가이드하는 개념적 도구가 필요하다. 초기 학습 목표에 도달하고 나면, 수퍼바이저는 학생들에게 톰Tomm(1984)의 순환 질문에 대한 고전적인 자료를 읽게 하고 플루리다스Fleuridas, 넬슨Nelson과 로젠탈Rosenthal(1986)의 예시적 교육 모형illustrative teaching model을 살펴보도록 할 수 있다. 체계적 관계에 대한 정보를 끌어내는 순환 질문의 진가를 인정하고 철저하게 연습시킬 필요가 있다. 순환 질문은 가족들로 하여금 스스로를 그저 식별된 환자identified patient의 관점에서가 아니라 체계적으로 볼 수 있도록 도와줄 수 있으며, 그 결과 가족은 자발적으로 변화할 수도 있다(Penn, 1982; Selvini Palazzoli, Boscolo, Cecchin, & Prata, 1980; Tomm, 1984).

체계 혹은 체계적 사고는 자연스럽게 오지 않는다. 커플가족치료는 개인에서 벗어나 자신이 위치한 체계 패턴으로 지각과 의미 구성의 초점을 옮겨야 한다. 리Lee와 에버렛Everett(2004)은 이를 달성하기 위한 유용한 개발 로드맵을 제시했다.

체계적 사고는 체계적 관계와 역동을 파악하기 위한 기초적인 구조적 개념을 제공한다. 시간이 지남에 따라, 많은 주요 커플가족치료 이론이 이에 이바지해 왔다. 이들 중 일부는 정점에 도달했다가 이제는 더 이상 사용되지 않게 되기도 했으나(Lee, Nichols, Nichols, & Odom, 2004 참조), 다른 일부는 시간이 지나도 살아남았다. 커플가족치료자는 이에 대해 알아야 한다. 수퍼바이저는 그들과 다른 이들이 필수적인 체계적 개념으로 무엇을 고려하는지에 대한 표를 구성하기를 원할 수도 있다. 이는 부부가족치료협회 자격위원회(Association of Marital and Family Therapy Regulatory Boards, 2020)의 국가 면허 시험National Licensing Examination의 변경 사항에 따라 그들과 훈련생에게 적합하다고 생각하는 방향에 맞춰 업데이트할 수도 있다. 우리는 아래와 같은 체계적 개념이 필수적이라고 생각한다. 이 개념들은 반세기에 걸쳐 관계론적 치료사와 연구자들에게 가치가 있음이 입증되어 왔다.

- **체계 및 사이버네틱 개념**: 전체성wholeness, 항상성homeostasis, 부적 및 정적 피드백, 1차 및 2차 변화first and second order change, 순환성circularity, 재귀성recursivity, 호혜적 영향reciprocal influence, 개방 및 폐쇄 체계, 형태발생morphogenesis, 동결과성equifinality. 훈련생과 함께 활용하는 자세한 설명은 베카Becvar와 베카Becvar(2012), 미도리 한나Midori Hanna(2019), 라이트Wright와 레아히Leahey(2009), 그리고 이 책의 제8장을 참조하라.
- **구조**: 체계, 하위체계, 계층, 동맹, 경계, 삼각화
- **체계 사정 도구**: 적극적 경청, 순환 질문, 다중 현실multiple realities, 프레임, 맥락 및 다양성 탐색, 공동 구성co-construction.

칼드웰Caldwell과 클락스톤Claxton(2010)은 베카와 베카(Becvar & Becvar, 2017)과 같이 훈련생이 체계 개념을 학습하는 것을 돕는 방법의 예시를 제공한다.

치료 접근법의 발달

치료 및 수퍼비전 학습의 가장 중요한 과업 중 하나는 자신만의 접근법을 발달시키는 것이라 생각한다. 커플가족치료에는 많은 단일 모델(예: Bowen, 1978; Minuchin, 1974)과 통합적 접근법(예: 구조적/전략적, Stanton, 1981), 그리고 증거 기반 접근법(예: 정서중심치료, Johnson, 2008)이 있다. 우리는 먼저 하나의 이론을 활용하다가 이후에 점차 확장해 나가는(예: 구조적 접근법으로 시작한 다음 이후 다세대적 접근법을 추가하는) 경우에 초보자의 혼란이 적다는 것을 발견했다. 우리는 치료사가 수퍼바이저의 접근법을 배우든지 혹은 자기 스스로 선택하든지 간에, 중요한 것은 훈련생이 자신의 접근법을 명확하게 설명할 수 있고 이를 실제 임상 작업에 적용할 수 있는 것이 중요하다는 것을 발견했다.

비타Bitar, 빈Bean과 버뮤데즈Bermudez(2007)는 근거 이론 파일럿 연구에서, 궁극적으로 활용한 커플가족치료에 있어 치료의 선택에 영향을 미치는 두 영역, 즉 개인 및 전문 영역에 대해 기술했다. 개인 영역에 있어 떠오른 주제에는 성격 요인, 개인적 철학, 원가족, 자신의 치료 및 결혼이 포함되었다. 전문적 · 맥락적 요인에는 학부 수업, 대학원 수련, 내담자, 전문성 개발과 임상적 정교함이 포함되었다. 수퍼바이저가 자신의 수퍼비전 철학을 발달시키고 명확화하는 과정에서 이와 같은 요인들을 고려하는 것은 잠재적 유용성이 있어 보인다. 나아가서 이러한 개념화는 이론적 발달의 과정을 통해 훈련생을 지도하는 수퍼바이저에게 상당히 도움이 될 수 있다.

수퍼바이저는 훈련생이 치료에 대한 개인적인 생각을 발달시키는 데 좀 더 적극적이기를 원할 수도 있다. 피어시Piercy와 스프랭클Sprenkle(1986, 1988)은 훈련생이 자신만의 접근법을 개발할 때 고려해야 할 몇 가지 매우 중요한 질문을 제시했다. 나아가 넬슨Nelson과 프라이어Prior(2003)는 커플가족치료 대학원 프로그램에서 변화 프로젝트 이론에 관한 연구를 수행했다. 그들은 학생들이 자신만의 접근법을 배우고 명확화하는 데 사용한 탐구영역과 과정들에 대해 제시했다.

넬슨과 그녀의 학생들(부록 A)은 결혼 및 가족 치료 모델 차트를 개발했다. 완전하지는 않지만, 이 자료에는 이른바 '전통적인' 체계적 접근법과 두 가지 포스트모던 접근법(내러티브 및 해결중심) 및 두 가지 통합적 접근법(정서중심치료와 가트만 기법 치료)이 제시되어 있다. 이러한 차트는 접근법의 중요한 리더, 가정, 개념, 치료의 목표, 치료사의 역할, 사정의 내용, 개입, 변화를 바라보는 방식, 치료 종료를 결정하는 방법, 치료자의 자기self-of-the-therapist에 대한 관점, 접근의 평가뿐 아니라 중요하고도 유용한 자료들을 제시한다. 이러한 차트가 훈련생뿐만 아니라 변화와 치료에 대한 자신의 생각 모두에 유용하다는 것이 확인되고 있다. 치료자는 접근법의 가정을 교차 점검할 수 있다. 이 차트는 국가 부부가족치료 시험공부에도 유용할 수 있다. 마지막으로, 수퍼바이저와 훈련생은 차트 중 하나를 복사해서 접근법의 세부 사항은 생략한 뒤 이를 활용하여 커플 및 가족 치료에 대한 자신의 접근법을 설명하고 명확히 할 수 있다.

시작의 실제

관계론적 치료를 처음 접하는 개인을 수퍼비전하는 사람들이 고려해야 할 몇 가지 이슈가 있다.

스크리닝: 수퍼비전에서 임상 경험을 위한 준비

예비 수퍼바이저는 인지적 · 정서적 · 행태적 측면에서 치료실에 있을 수 있도록 준비된 훈련생을 기대하고 제공받을 권리가 있다(Nichols & Everett, 1986). 이러한 능력은 충분한 경계, 사회적 판단, 자기 관찰 및 자기 통제로 특징되는 개인적 성숙의 기능이다. 이것은 모든 수퍼비전에서 중요하지만, 특히 초기 수퍼비전 회기가 치료를 실시간 관찰하는 것이 아닌 경우 매우 중요하다.

예비 수퍼바이저는 또한 훈련생이 관계론적 치료의 기본 도구, 즉 치료가 무엇인지에 대한 일반적인 개요, 적극적 경청 기술과 기본적인 체계적 구성에 대한 이해를 하고 있다고 기대할 권리가 있다. 이러한 것들은 커플가족치료 특유의 도구이다. 예비 훈련생은 기본적인 체계적 개념을 정의하고 수련 집단, 자신과 가족, 현장 및 비디오 녹화 임상 발표에서 이를 볼 수 있어야 한다.

준비된 비상시 계획(즉, 몇 가지 주제를 들자면 화재, 위험한 날씨 및 잠재적으로 위험한 내담자 상태 등의 경우에 어떻게 해야 할지에 대한)을 갖고 있는 것은 유용하다. 이와 비슷하게 수퍼바이저는 자기, 타인, 혹은 시민의 의무와 관련한 잠재적 위험성을 사정하기 위한 체크리스트를 제공하거나 훈련생에게 제공하거나 이를 함께 개발할 수 있다(제14장 참조). 이러한 관리적 장치는 수련 체계의 구성원이 압박을 받을 때 중요한 방향성을 주는 동시에 감정을 관리하는 데 도움을 준다. 또한 빠른 접근 및/또는 문서화가 중요할 때 계약, 정책 및 절차 매뉴얼에 있어서 매우 중요하다.

수퍼바이저, 교육 기관과 커뮤니티를 위해 필요한 보호

때로 수퍼바이저는 임상적 압박을 받거나, 누군가 불법 행위를 했다고 주장하거나, 진행 상황을 평가해야 할 때가 있다. 이러한 경우, 관련 당사자는 어떤 일이 일어났는지와 이에 대한 합리적 이유를 판단할 수 있는 자료에 접근해야 할 필요가 있다. 법률 고문은 대개 "기록되지 않은 것은, 존재하지 않는 것이다."라고 말한다. 적절한 문서 패키지는 수퍼바이저, 훈련생 및 수련이 이루어지는 기관을 보호한다. 공식적 정책과 절차 매뉴얼이 있는 경우에는 훈련생은 해당 사항을 읽고 이해하고 수락해야 하며 서명과 날짜를 통해 이러한 것을 이해하고 있음을 확인해야 한다. 문서 패키지와 기타 행정적 요구 사항은 이 장의 뒷부분에서 다룰 것이다. 그러나 수퍼비전 과정을 시작할 때에는 수퍼비진 계약과 진행 기록이라는 두 가지가 요구된다.

수퍼비전 계약

계약서는 수퍼바이저와 훈련생 모두의 기대와 의무를 명시하는 서면 문서이다. 이는 수련 기관뿐만 아니라 양 당사자를 보호한다. 이러한 계약서에는 수퍼바이저와 훈련생이 서명하고 날짜를 기입해야 한다. 계약은 훈련생과 수퍼바이저 모두에게 기대하는 바와 책임이 무엇인지 알리는 역할을 할 뿐만 아니라, 위기 상황에서 수퍼바이저에게 연락하거나 수퍼비전이 조기에 종료될 경우의 결과와 같은 특정 상황에서 취해야 할 행동을 예상하는 데에서도 유용하다. 날짜가 있는 서명을 붙여 계약과 계약서에 명시된 내용을 문서화한다.

수퍼비전 계약은 경우에 따라서는 협의된 관련 당사자들에 의한 일방향적 진술일 수 있다. 이러한 계약은 시의적절해야 하는데, 수퍼바이저와 치료자의 발달 정도를 기반으로 하며 수퍼비전과 치료가 실행되는 환경의 가치와 규범에 의거해야 한다. 그러므로 조직과 법적 윤리강령 및 실행 기준, 전자 통신, 기록 보관 및 서비스 제공을 관리하는 법적 요구 사항(제11, 12장 참조)과 같은 윤리 및 법적 규제 체계의 최신 요구 사항을 포함하게 된다.

이러한 필수 요구 사항 외에도 다음은 수퍼비전 계약의 기본 요소이다(대부분 Bernard & Goodyear, 2019; Thomas, J. T., 2010; 집단 수퍼비전과 관련된 고려 사항에 대해서는 Smith, Cornish & Riva, 2014 참조).

- 수퍼바이저의 배경: 수련, 면허, 치료 및 수퍼비전 자격
- 수퍼비전의 방법: 계약서에는 수퍼비전의 매커니즘이 특정되어야 함. 집단 혹은 개인여부, 사례 발표, 녹음 또는 실시간 보기. 원자료(실시간 보기, 녹음, 사례 노

트)에 대한 접근을 제공하는 메커니즘, 요구되는 분량, 원자료를 사용하지 못할 때의 제재를 확실히 하는 것은 매우 중요함

- 비밀보장 정책: 수퍼비전 과정에서 공개된 정보에 어떤 상황에서, 누가 접근할 것인지, 어떤 종류의 정보가 기밀로 유지될 것인지에 대한 정책
- 재정 이슈 및 정책
- 임상 및 수퍼비전 시간뿐만 아니라 임상 및 수퍼비전 노트의 문서화 요구 사항
- 수퍼비전의 위험과 이점
- 수퍼비전 목표와 수퍼비전의 빈도 및 검토 방법
- 평가 도구와 절차: 임상 대 절차적 평가의 차이, 종합평가뿐 아니라 형성평가, 평가 임상적 대 행정적 평가 차이, 종합적 평가뿐만 아니라 형성적 평가, 평가 진전에 대한 기준, 다양한 수준의 평가의 결과
- 계약 기간 및 해지 기준
- 치료 및 윤리강령을 수행하기 위한 주/지자체 요구 사항 지식에 대한 기대
- 수퍼바이저 접근성 및 연락처 정보
- 수퍼바이저에게 제공하는 사항에 대한 합의
  - 내담자와의 분쟁이나 치료의 교착 상태
  - 내담자, 동료 또는 타인(예: 내담자의 가족)에 의한 비윤리적 행위 진술
  - 불만 또는 소송의 위협
  - 즉각적인 조치가 필요한 정신건강 응급 상황
  - 고위험 상황 및 내담자가 자살 생각, 제스처, 시도 또는 상당한 시도이력이 있는 경우 또는 폭력의 이력, 폭력 성향 또는 위협이 있는 경우
  - 관행에서 고의로 벗어났거나 일반 규칙, 표준, 정책 또는 실제의 예외상황
  - 의심되거나 알려진 임상적 또는 윤리적 문제
  - 우발적이든 아니든 치료의 맥락을 벗어난 고객과의 접촉
  - 의심되는 학대나 방임 또는 다른 전문가에 의한 윤리적 위반과 관련된 가능한 보고 의무와 같은 법적 문제
- 윤리적 고려 사항: 계약서에는 수퍼비전을 관리에 대한 전문 윤리강령이 명시되어 있음. 전문 커플가족치료, 사회 사업, 심리학 및 상담 강령 간에는 겹치는 부분이 많음. 그러나 중요한 차이점이 있음(예: '내담자'를 관계 대 개인으로 상술). 계약서에는 또한 훈련생의 내담자에게 그들의 치료자가 누구에 의해 수퍼비전되

고 있는지에 대해 들었다고 명시되어 있음. 수퍼바이저는 다중 관계 관리와 같이 특정 맥락에 필요한 항목들을 지정하고자 할 수 있음
- 훈련생을 위한 치료에 대한 요구 사항 혹은 권장사항. 비용에 대한 부분과 제대로 이루어지지 않을 경우의 결과
- 수퍼비전이 중단될 수 있는 상황과 그 방법에 대한 설명. 이 부분은 특정 상황하에서 수퍼바이저가 수퍼비전 종료의 이유를 후속 수퍼바이저 또는 자격 위원회에 보고할 수 있음을 설명하기에 좋은 곳임
- 적정 절차: 책임, 방법, 재정적 · 윤리적 행동 및 평가 이슈와 같은 상기의 주제 중 일부는 의견 불일치를 초래할 수 있음. 따라서 계약은 수퍼바이저와 훈련생 간의 불일치가 있을 시 어떻게 공정하게 탐색될 수 있는지 설명해야 함

토마스Thomas(2007)는 수퍼비전 계약에서 필수적이라고 생각하는 여러 영역을 언급했다. 이 목록은 앞의 목록보다 짧지만 기본 사항을 잘 다루고 있으며 일부 수퍼바이저에게 더 적합할 수 있다.

- 수퍼바이저의 배경
- 수퍼비전 방법
- 수퍼바이저의 책임 및 요구 사항
- 훈련생의 책임
- 잠재적 보충 요구 사항(예: 읽기 자료 또는 과제, 필요한 경우의 개인 치료, 의학적 문제에 대한 사정, 약물 사용 또는 정신건강 문제)
- 비밀보장 정책
- 수퍼비전의 문서화(시간, 유형 및 내용)
- 재정 정책
- 위험과 이점
- 평가(기준 및 과정)
- 항의 절차 및 적정 절차
- 전문성 개발 목표
- 보증(시간 확인, 우려 사항을 다른 사람에게 알리기 위한 조건)
- 수퍼비전 계약의 기간 및 해지

다른 사람들과 마찬가지로 토마스는 계약에 가능한 한 많은 것을 포함시키는 것이 나중에 수퍼비전 과정에서의 충돌을 방지한다고 강조한다.

치료 회기의 문서화

최소한 초기 단계 훈련생을 위한 수퍼비전 계약서에는 원자료에 대한 접근이 요구되어야 한다. 이는 일방경을 통한 실시간 관찰, 실내 관찰, 오디오 또는 비디오 녹음, 일부 장소에서는 내담자 차트를 통해 이루어질 수 있다. 계약서에는 또한 해당 회기의 훈련생과 수퍼비전 회기의 수퍼바이저에 의한 포괄적인 진행 상황에 대한 기록이 요구되어야 한다.

수퍼바이저는 특히 안전관련 이슈(내담자, 치료자, 타인, 기관 또는 지역사회)와 관련된 수퍼비전 또는 임상 사건을 기술하도록 동기화되어야 한다. 이러한 메모는 사건, 의사결정의 근거(윤리적 의사결정 절차에 대한 우리의 생각에 대해서는 제12장 참조), 무엇을 했으며 하지 않았는지, 그리고 그 이유는 무엇이며 교정 단계remedical steps를 왜 중단해도 되는지(즉, 문제 상황이 더 이상 존재하지 않는다고 의사결정할 수 있는 근거)에 대해 기술한다.

수퍼비전의 형태

인가 또는 규제 기관이 수퍼비전과 독립적 치료를 시행하는 데 필요한 학위나 면허에 요구되는 수퍼비전의 종류와 양을 지정하는 것이 관례다(예: Sturkie & Paff-Bergen, 2000 참조). 이러한 사항은 변경될 수도 있다. 그러나 수퍼바이저와 해당 기관은 수련생의 질문에 대한 책임이 있다. 따라서 수퍼바이저는 훈련생이 무엇을 하고 있는지 손수 볼 수 있는 수단이 필요하다. 실시간 수퍼비전이 가장 논리적인 방법이겠지만, 이는 종종 실용적이지 않다. 따라서 훈련생에게 충분히 고지를 하고 치료자료에 접근하기 위한 수퍼바이저의 요구사항을 엄격히 준수하도록 해야 한다. 수련생은 이러한 규칙을 준수하지 않으면 수퍼비전 관계 종료의 근거가 된다는 점을 충분히 교육받아야 한다.

또한 수퍼바이저가 자료를 사용하려는 방법에 대한 정보도 훈련생에게 제공해야 한다. 수퍼바이저가 사례 노트에서 무엇을 찾고 어떤 종류의 피드백을 기대하는지,

수퍼바이저가 녹음으로 수퍼비전하는 방법 또는 수퍼바이저가 실내나 일방경 혹은 폐쇄회로 기술을 통해 어떻게 실시간 관찰이 일어날지를 포함한다. 실시간 관찰에 대한 정보에는 상담을 위해 치료실에 전화를 걸거나 치료자가 컨설팅을 위해 치료실을 떠나도록 요청하는 상황이 포함되어야 한다. 이 중 대부분은 수퍼바이저의 수퍼비전에 대한 개인적인 철학에 따라 일부 형성되며 일부는 수련 세팅에 따라 결정될 수 있다.

수퍼비전의 기본 과정

수퍼바이저가 체계적인 과정을 따를 때 수퍼비전은 쉽게 진행되며 어려움도 적다. 여기에는 일반적으로 수퍼비전에 대한 훈련생의 목표, 훈련생이 선호하는 치료 접근법, 그리고 수퍼비전이 궁극적인 결정된 목표를 향해 원활하게 이동할 수 있도록 훈련생과 수퍼바이저 사이에 충분한 적합성이 있는지 여부를 결정하기 위한 인터뷰가 포함된다.

수퍼비전은 체계 개념, 커플가족치료 원리 및 기본 인터뷰 기술에 대한 입문이 될 수 있는 좋은 교육을 따르도록 한다. 수퍼비전은 응용 가족 과학 과정의 수련 부문이다. 훈련생은 먼저 가족과 관계 역동에 대해 배운 다음 수퍼바이저가 이러한 자료를 효과적으로 사용하도록 코치한다. 만약 훈련생이 수퍼바이저에게 필요한 지식 기반을 갖추고 오지 않게 되면, 수퍼바이저가 이를 제공하거나 훈련생이 이 부분에 대한 추가 교육을 받도록 요구해야 한다. 공공 기관 수퍼바이저는 인사 담당자가 커플가족치료 대학원 교육 프로그램 졸업생이 아닌 갓 졸업한 학사 학위 소지자, 일반 상담사 및 치료자를 채용할 때 종종 이러한 상황에 처한다.

기본 가족 치료 기술 프로젝트BFTS project(예: Figley & Nelson, 1989, 1990; Nelson & Figley, 1990; Nelson, Heilbrun, & Figley, 1993; Nelson & Johnson, 1999)에서 넬슨과 그녀의 동료들은 부분적으로 톰Tomm과 라이트Wright의 초기(1979) 작업을 기반으로 다섯 가지 영역의 목표와 활동을 식별하였다. 이 영역에는 개념적 · 지각적 · 실행적 · 평가적 · 전문적 기술이 포함된다. 훈련생은 기본 개념(예: 삼각화, 호혜성, 계층 구조)을 포함하는 지식을 기반으로 시작하고 인터뷰 및 내담자 가족 관찰을 통해 자료를 수집한 다음 이러한 개념과 인식을 사용하여 치료실에서 개입을 실시하게 된다. 이 체계적 방식으로 이 과정 전반에서 훈련생을 아끼는 것은 모든 영역에서 이들의 학습을 돕는다.

전문 기술의 배양은 수퍼비전 전체에 걸쳐 구성된다. 그렇더라도 초보 훈련생을 위한 다음 논리적 단계는 미리 결정된 목표와 치료자 기술과 치료 성과를 위한 기준을 평가하는 것이다. 이와 관련하여 미국부부가족치료학회의 핵심역량Core Competencies(미국부부가족치료학회, 2004; Nelson et al., 2007; 부록 B)은 유용하며 많은 환경에서 필요하다. 핵심역량은 치료 접수, 내담자 체계 사정, 치료 계획 결정 등 내담자와의 임상작업 과정과 관련하여 합리적이고 논리적인 목표를 제공한다. 핵심역량은 수퍼바이저에게 수퍼비전 및 이에 대한 평가를 수행하기 위한 상식적이고 체계적인 과정을 제공한다. 노테이Northey와 게하르트Gehart(2019)는 핵심역량 항목을 더 적은 수로 압축하였기에 일부 수퍼바이저와 훈련생에게는 더 유용할 수 있다.

사실상 모든 예비 수퍼바이저는 선호하는 진행방식에 대한 나름의 이해를 가지고 있다(Anderson, Schlossberg & Rigazio-DiGilio, 2000; Hicken, 2008; Hildebrandt, 2009). 모든 예비 수퍼바이저는 한때 수퍼비전의 소비자였으며 이러한 경험을 기반으로 자신의 역할에 대한 자신만의 생각을 가지고 있다(Anderson et al., 2000). 그들은 도움이 되는, 무관심하고 불쾌감을 주는 경험이 무엇이었는지 안다. 이러한 기억 중 일부는 수퍼바이저의 성격, 사회적 교양, 권력과 권위에 대한 태도, 이론 및 기타 편견, 교육적 방법 및 수단, 작업 습관과 관련이 있다. 예비 수퍼바이저는 수퍼비전 과정과 수퍼비전 과정에서 자신의 역할에 대해 생각할 때 이러한 통찰력을 인식하고 처리하는 것이 매우 중요하다는 것을 알게 된다. 그들이 수퍼비전에 대해 이미 알고 있는 것을 인식하는 것은 그들을 덜 불안하게 만들고 방향 감각을 제공하며 수퍼비전의 자기성찰을 위한 첫 단계이다.

초보 학생의 수퍼바이저는 일반적으로 훈련생이 치료에 대한 불안으로 시작하며, 비록 수퍼바이저에 따라 다르지만 평가적인 의견을 인식하는 것에 매우 민감하다는 것을 알게 된다. 실제로 그들이 "괜찮게 했나요?"라고 물을 수도 있지만, 그들의 근본적인 질문은 치료자가 되는 그들의 역량에 대한 수퍼바이저의 의견과 관련이 있다. 모든 것이 순조롭게 진행된다면, 수련 팀은 시간이 지남에 따라 점점 더 적절한 치료자의 자율성을 볼 것이다. 자율적 실제practice는 교육체계의 가장 중요한 목표이므로, 이것이 일어나지 않는다면 이를 인식하고 어느 부분에서 일어나지 않는지에 대해 답해야 한다. 이것이 발생하지 않는 부분을 인식하고 해결해야 한다. 그러나 수련 체계는 성급한 독립에는 주의를 기울여야 한다. 이것은 일반적으로 수퍼바이저가 너무 많은 훈련생과 기타 책임을 가지고 있거나, 기관이 새로운 임상 작업을 맡거나, 훈련생의 성격이 개입되거나, 수퍼바이저가 훈련생이 잘하기를 지나치게 열망할 때 발생한다.

수퍼비전과 치료가 모두 만들어진 사회 체계라는 것을 인식하는 것이 유용할 수 있으며 따라서 다음과 같은 두 가지 모두에서 동일한 유익한 역동이 많이 발견될 수 있다.

① 상호 목표와 촉진적 관계를 가진 견고한 작업동맹이 있음. 내담자의 긴급 상황을 제외한 모든 상황에서 수퍼바이저의 우선순위는 각 훈련생과의 관계와 그들이 작업하고 있는 목표임
② 내용보다는 과정에 집중함
③ 훈련생의 발달적 성장에 중점을 둠
④ 교육체계의 모든 부분에서 체계적인 수련을 인지함
⑤ 자료, 개입과 성과에 대한 체계기반 개념화와 의사소통은 일차적 공유된 목표임
⑥ 다중 실제에 대한 민감성과 수용성이 있음
⑦ 과정이 수렁에 빠지는 게 아니라면 충고를 적극적으로 경청, 다른 이에게 감사하는 성향, 발견의 흥미진진한 분위기, 사회적 관련성의 특징이 있음. 이렇게 되면 지시는 사람들이 문제를 해결하는 데 도움이 될 수 있음
⑧ 집단과 관계 과정이 지속적이기에 모든 참가자가 인지적 · 정서적 및 행동적으로 상담실에 머물 수 있음
⑨ 수퍼바이저와 훈련생은 항상 당면한 문제에 대한 개입을 연관시킬 수 있음(예: "저는 우리 관계에 대해 물어봐요. 왜냐하면 우리가 순조로운 팀으로 일하지 않으면 고객과의 작업에 영향을 미치기 때문이에요.")
⑩ 좋은 인터뷰 테크닉은 지속적으로 강조되고 개발됨
⑪ 참여자들이 상호적이고 효과적인 목표 설정에 참여함
⑫ 구성원의 영향, 신념, 행동 및 변화에 대한 적절한 책임성을 가정하는 동시에 지속적으로 호혜성과 재귀recursion를 찾음
⑬ 두 집단 모두 그들이 포함된 더 큰 훈련체계로부터 상담을 받고 사용할 수 있는 적절한 경계를 가짐

치료와 수퍼비전은 전자는 전문적인 성장에 몰두한다기보다는 체계적 기능장애를

확인하고 치료하는 데 일차적 관심이 있다는 점에서 다르다. 물론 수퍼바이저는 훈련생이 관심을 가져야 하는 영역을 주시하지만 그들의 초점과 목표는 일반적으로 훈련생을 위한 임상 자원을 육성하는 데 더 집중되어 있다. 실제로, 수퍼비전 관계는 이상적으로는 동료애로 귀결되며(Nichols & Everett, 1986), 이는 치료의 목표는 아니다.

동형이론isomorphism의 이론적 구성은 중요한 수련 체계 역동이다. 동형이론은 때때로 수련 하위 체계 전체에 걸친 병렬과정parallel prosesses이라고 잘못 특징지어지기도 하고, 사회적 모델링으로 축소되기도 한다(White & Russell, 1997 및 Koltz, Odegard, Feit, Provost, & Smith, 2012의 토론 참조). 적어도 동형화는 수퍼비전과 치료에 있어 패턴화된 역동의 중첩을 보인다. 따라서 만약 수퍼비전이 훈련생에게 지시적 패턴을 사용하면 훈련생은 내담자에게 지시적일 가능성이 높다. 만약 수퍼바이저가 적극적인 경청을 하고 명확히 하는 질문을 하지 않으면, 치료 역동도 동일할 가능성이 높다. 관찰, 설명 및 개입이 체계적이지 않은 수퍼바이저의 훈련생은 내담자과 함께 더 '개별적'으로 성장할 가능성이 있다. 훈련생과의 성공에 대한 수퍼바이저의 욕구가 수퍼비전을 지배할 때, 훈련생의 치료 회기는 내담자와 '차이를 만들' 욕구가 지배하게 될 것이다. 만약 내담자 체계가 불안이나 혼돈으로 특징지어지면, 치료 및/또는 수퍼비전에서 이 패턴이 반복될 수 있다. 이 외에도 다른 예도 많다. 동형이론은 인증과정으로도 확장될 수 있다. 예를 들어, 저자들은 모두 미국부부가족치료학회 산하 미국부부가족치료학회 교육 위원회의 커플가족치료 수련 프로그램 현장을 방문했다. 우리는 커플가족치료 수련 센터가 실질적인 가족 또는 커플 치료를 하지 않는 많은 상황을 발견했다. 그들은 접수, 진단, 개입을 대부분 개인과 작업했고 항상 체계적인 관점을 바탕으로 작업하는 것은 아니었다. 이러한 점이 수퍼바이저의 주의를 끌면, 다음 해에는 커플 및 가족 회기에 비해 개인 회기의 빈도가 감소했다. 또한 개인 회기는 다른 가족 구성원과 내담자의 맥락을 고려하여 더욱 체계화되었다.

사례를 시작하는 최소한의 방법

모든 최고의 수련 세계에서는 초기 사례는 최소한의 도전과 가장 높은 성공 확률을 약속하는 사례여야 한다. 다음은 저자들이 사용하는 두 가지 시나리오이며, 각각은 훈련생의 치료 접근법을 기반으로 한다.

① 훈련생은 "왜 여기에 오셨나요why are you here?"라는 질문으로 시작한다. 그런 다음 훈련생은 능동적 경청을 한다. 이번 회기와 향후 회기에서, 열악한 사회적 기술이 생산적인 상호작용에 장애가 되는 것을 막는 정도까지 훈련생이 개입한다. 그런 다음 내담자는 그 행동을 주의가 필요한 문제로 식별하고, 그에 대해 작업하고 다음으로 넘어간다. 나중에는 내담자가 듣지 않았거나 들었지만 조치를 취하지 않은 경우 적절한 커플가족치료 접근법을 사용하여 상황을 해결한다.

② 훈련생이 "왜 여기에 오셨나요?"라는 질문으로 시작한 후에는 훈련생은 적극적 경청을 한다. 적절한 시간이 지나면 훈련생은 "약속을 요청한 이후로 무엇이 더 좋아졌나요?", "일이 잘 풀릴 때, 선생님(모두)은 무엇을 하고 있나요?", "당신이 지키고 싶은 것은 무엇인가요?", "모든 것이 해결되면 선생님과 다른 이들에게 어떤 변화가 생길까요?", "이 회기가 시간을 할애할 가치가 있다는 것을 어떻게 알 수 있을까요?"와 같은 기초적 해결 중심의 일련의 질문(De Jong & Berg, 2013)을 한다.

도입 질문이후에 발생하는 모든 시나리오의 방향은 치료에 대한 명확한 접근법과의 연결에 의해 가장 잘 결정된다. '직감fly by the seat of the pants'이라는 관행으로 치료를 시작하는 것은 치료자를 위한 효과적이고 효율적인 수련으로 좀처럼 이어지지 않는다. 사실, 두 번째 저자의 수련 프로그램에서는 초보 치료자에게 내담자와의 생애 첫 회기에는 단 세 가지 지침만 주어졌다. ① 오세요show up. ② 최소한 한 가지는 질문하세요Ask at least one question. ③ 아무거나 던져 보지 마세요don't throw up. 실시간 수퍼비전을 통해 초보 치료자는 내담자에게 해를 끼치지 않고 당황하지 않으면서 첫 번째 회기를 살아서 통과할 수 있다는 확신을 가질 수 있다.

시작은 수퍼바이저와 훈련생이 동의할 때 가장 잘 진행된다. "치료를 어떻게 시작하고 싶어요? 내담자와의 첫 인터뷰에서 목표는 무엇인가요?"와 같은 질문은 수퍼바이저가 사례 시작부터 치료를 지시할 때보다 수퍼비전이 더 잘 될 가능성이 높다.

연습

1. 교육, 수련 및 경험에 대한 우리의 정의와 차이점에 동의하는가? 당신의 생각은 어떻게 다른가?

2. 커플가족치료의 기초로 제시한 우리의 아이디어 외에 수퍼비전에 포함하고 싶은 다른 아이디어는 무엇인가?

3. 당신의 치료 및 수퍼비전 작업에서 가장 중요한 체계 개념은 무엇인가? 훈련생이 체계적 사고 감각을 발달하도록 어떻게 돕겠나?

4. 좋은 수퍼비전 계약을 위해 어떤 이슈가 필수적이라고 생각하는가? 이러한 계약을 어떻게 개발하고 제공할 계획인가? 훈련생이 계약을 위반하는 경우 그 결과는 무엇인가?

5. 좋은 출발을 하기 위해 수퍼비전에서 필수적이라고 생각할 수 있는 다른 요소는 무엇인가?

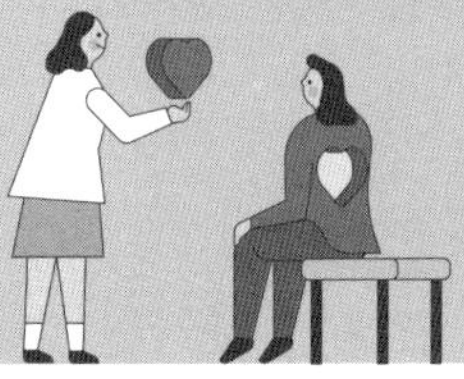

제4장

선별, 계약, 핵심역량, 평가와 피드백 중심의 수퍼비전

처음부터 시작하는 것은 대개 가장 좋은 출발점이다. 그러나 (수퍼비전과 같은) 새로운 기술을 배울 때나 (커플가족치료의 수행과 같은) 역량을 가르칠 때는 종종 끝에서부터 시작하는 것이 현명할 수 있다. 성공적인 성취는 어떤 모습일까? 우리가 성공했는지 어떻게 알 수 있을까? 그리고 우리가 올바른 길로 가고 있다는 것을 어떻게 알 수 있을까? 우리는 치료에서 성공한다는 것이 어떠한지를 알고 있다. 그것은 어떤 식으로든 명백하게 변화를 위한 어떤 목표와 관련된다. 수퍼비전도 마찬가지이다. 비록 치료에서처럼 변화가 대개 역기능이나 불행과 관련되지 않지만, 수퍼비전에서의 목표는 치료자가 초보자에서 점점 더 유능한 치료자로 변화하는 것이다. 따라서 이 장의 대부분은 제2장에서 논의한 목표와 관련된다.

수퍼비전의 목표는 장기(예: 훈련생이 유능한 치료자이자 윤리 전문가가 되도록 돕는 것)와 단기(예: 잠재적으로 어려운 주제를 탐색하기 위한 안전한 공간을 만드는 것, 훈련생이 기본적인 인터뷰 기술을 개발하도록 돕는 것, 체계론적 인식론을 배양하는 것)를 모두 포함한다. 몇 가지는 모든 또는 대부분의 관계론적 치료에서 활용되는 일반적인 목표이다. 하지만 다른 것들은 훈련생, 수퍼바이저, 훈련 환경 또는 치료 접근에 따라 달라지는 독특한 목표다. 따라서 독자들은 명확한 역할과 목표를 포함하는 개인적 수퍼비전 철학을 개발하고 분명히 한 후에 이 장을 다시 읽어 보는 것이 중요하다. 이 역할과 목표는 선별 및 평가 장치와 절차를 개발하는 방법을 안내할 것이다. 덧붙여, 당신의 목표와 아이디어에 대한 평가도 훈련생의 역량과 수퍼비전 과정을 평가함에 따라서 변화할 가능성이 있다.

선별

관계론적 치료 수퍼바이저는 수퍼비전 경험을 시작할 때, 훈련생의 기술, 역량, 잠재력을 평가하는 것이 현명하다. 여기서의 목적은, ① 수퍼비전 관계가 적절한지 결정하는 것과, ② 어떤 순서와 어떤 방식으로, 어떤 기술과 역량에 대해 추가적인 개발을 요구할 수 있는지 결정하는 것이다. 선별은 또한 치료에 대한 철학적인 접근, 바람직한 목표, 작업방식 및 개인적인 적합성 측면에서 수퍼바이저와 훈련생 사이가 '잘 맞는지' 결정하는 것을 포함해야 한다. 이 항목을 놓치고 있다면, 일반적으로 수퍼바이저는 훈련생이 다른 수퍼바이저를 찾도록 도와주는 것이 좋다. 만약 그것이 불가능하다면, 훈련생과 수퍼바이저는 내담자와 나머지 훈련체계를 포함한 모든 사람에게 최대한 이익이 되도록 진행하는 방법에 대해 신중한 대화를 나누어야 한다.

진전을 평가하는 데 유용한 도구, 장치와 과정은 선별에도 똑같이 사용될 수 있다. 사전 및 사후 평가는 필요로 하는 학습에 대한 정보와 수퍼비전을 이끄는 데 쓰이는 문서를 제공한다. 이 문서는 또한 진전을 입증하고, 교정조치를 정당화하며, 수퍼비전 관계를 종료하는 데에도 사용될 수 있다(제14장 참조).

철학

결정적으로 중요한 영역의 역량을 위해 신입 훈련생을 선별하거나 평가하는 것에 부가해서, 수퍼바이저와 훈련생이 자신의 치료 철학과 수퍼비전 철학에 대해 이야기하는 것이 중요하다. 일부 수퍼바이저들은 특정한 치료적 접근만을 배우는 훈련생들을 지도감독하기를 원한다. 대부분의 경우, 이러한 치료 모델에 따른 수퍼비전은 그들이 치료에서 특수하게 수행하는 개념, 방법과 일치한다. 현재 훈련 프로그램에서 가장 두드러진 모델로는, 정서중심치료(Johnson, 2019), 단기전략 가족치료(Szapocznik & Hervis, 2020), 다세대치료(예: Boszormeni-Nagy & Spark, 1973; Bowen, 1978, 1985), 해결중심 단기치료(예: De Shazer et al., 2007; Nelson, 2019), 통합체계론적 치료(Pinsof et al., 2018) 등이 있다. 물론 다른 치료 모델들도 있다.

이러한 경우, 수퍼바이저와 훈련생 모두 치료 모델이 자신에게 적합한지 초기에 알 필요가 있다. 훈련생이 단일한 또는 통합된 접근을 배우도록 도울 수 있고, 또 기꺼이 돕고자 하는 수퍼바이저는 훈련생의 작업 능력을 결정하기 위해서 훈련생이 지닌 목표를 이해해야 한다. 예를 들어, 어떤 수퍼바이저는 해결중심치료를 편하게 지도감독하지만, 다세대치료는 그렇지 않을 수 있다. 훈련생은 자신의 원가족 역동과 치료자로서의 자기self-of-the-therapist라는 요인에 더 초점을 맞추고 싶을 수 있다. 그렇다면 수퍼바이저는 훈련생이 이를 수행하도록 도울 수 있고 또 기꺼이 돕고자 하는가?

수퍼바이저와 훈련생은 또한 일반적인 수퍼비전 철학과 관련해서도 그들이 서로 '잘 맞는지' 결정해야 한다. 발달적 관점에서는 신입 훈련생들이 지시적이거나 위계적인 관계에서 이익을 얻는다고 제안하지만(앞의 장들 참조), 수퍼바이저의 전반적인 철학이 중요하다. 수퍼바이저와 협력적인 관계를 원하는 훈련생은 일반적으로 위계적 · 지시적인 수퍼바이저와 잘 어울리지 못할 것이며, 그 반대의 경우도 마찬가지이다. 셀리코프Selicoff(2006)는 수퍼바이저들이 협력적인 수퍼비전 방식과 위계적인 수퍼비전 방식 사이 어딘가에서 적합한 지점을 찾도록 요구했고, 포스트모던 관점에서는 수퍼바이저들이 수퍼바이저 역할의 이러한 측면에 대해 이것 아니면 저것을 택하는 접근보다는 양자를 모두 취하는 접근을 수용하도록 장려했다.

관계론적 치료와의 일반적 적합성

우리가 최선을 다하더라도, 예비 훈련생이 개인치료, 관계론적 치료, 또는 우리와 함께 작업하는 것에 적합한지 선별하는 것을 항상 잘 결정할 수 있는 것은 아니다. 이러한 종류의 잠재력 또는 역량에 대한 선별은 미국부부가족치료학회American Association for Marriage and Family Therapy의 핵심역량Core Competence(AAMFT, 2004; Nelson et al., 2007; 부록 B; 다음에서 논의됨) 혹은 다른 데에서 목록화된 수많은 역량보다 주관적일 가능성이 크다. 이 목적을 위해, 수퍼바이저는 관계론적 치료자로서 그 사람의 잠재력에 대한 자신의 주관적인 감각을 사용해야 한다. 그러나 우리는 수퍼바이저들에게 첫인상이나 성격이 잘 맞는다는 것을 기반으로 누군가를 너무 빨리 판단하지 말라고 충고한다. 많은 수퍼바이저는 그들 자신은 특정한 훈련생이 중요한 기술을 개발하도록 돕지 못했지만 다른 수퍼바이저들은 그렇게 할 수 있었던 경험을 가지고 있다.

가치

훈련생과 수퍼바이저가 서로의 가치를 공유하지는 않더라도 받아들일 수 있는 것이 중요하다. 그러나 특정한 수퍼비전 관계를 배제하는 어떤 영역들이 있을 수 있다. 이러한 영역들에는 임신 또는 임신에 대한 권리, 섹슈얼리티, 성적 표현, 심지어 자신의 미래를 스스로 결정할 수 있는 인간의 권리에 대한 가치가 포함될 수 있다. 그러한 영역들에 대한 진심 어린 논의는 훈련생과 수퍼바이저 모두에게 유익하며, 문헌뿐만 아니라 윤리강령에 대한 정밀한 조사를 포함해야 한다(예: Caldwell, 2011). 그러나 노골적인 충돌이 일어나면 훈련생들이 수퍼바이저에게 정보를 알려 주지 않거나 건설적인 진전이 일어나기 전에 수퍼바이저가 과도하게 판단하게 되는 상황이 발생할 수 있다. 가치들과 그것들이 어떻게 발전하는지에 대해 호기심을 가지고 토론하는 것이 대립보다 더 효과적이다.

실질적 사안들의 처리

다시, 이는 명백해 보일 수 있지만 선별하는 대화에는 수퍼비전에 관련되는 실질적 사안들의 처리와 훈련생 및 수퍼바이저가 이에 동의하는지에 대한 내용이 포함되어야 한다. 수퍼비전 비용, 회의 일정, 수퍼비전 형식, 목표 설정, 수퍼비전 평가와 훈련생의 진전 상황, 비상시 절차 등에 대한 명확한 기대는 훈련생과 수퍼바이저가 수퍼비전 관계를 진행하기에 충분한 합의가 있었는지를 결정하는 데 도움이 될 것이다. 이 과정 동안 대학원 프로그램이든, 기관이든, 혹은 면허 요건이든 간에 이러한 훈련 환경들에 대한 기대와 요구사항이 명확해야 하고 동의가 이루어져야 한다. 이뿐만 아니라 수퍼비전 양식에 대한 이해(제5장 참조), 그리고 수퍼비전과 비밀보장에 대한 어떤 진술이 내담자의 처치문서에 대한 고지된 동의에 포함될 것인지에 대해서도 마찬가지이다.

계약

우리는 제3장에서 수퍼바이저 계약에 대한 구체적인 사항을 상세히 논의했다. 그러나 선별하기라는 이 점에서는, 수퍼비전의 목표, 절차 및 그 실용성을 서면 형식으로 갖추는 것이 유용하다. 이는 훈련생과 수퍼바이저가 수퍼비전 관계가 자신에게 적합한지 결정하는 데 도움이 될 뿐 아니라 평가 또는 수리를 위하여 참조할 문서를 제공하는 데 도움이 된다. 일정을 잡지 못했거나, 정기적인 수퍼비전을 못하게 되는 비상사태가 일어나거나, 또는 전반적으로 수퍼비전이 미흡하다는 이유로 불만을 제기하거나 심지어는 화를 내는 것과 "우리는 매주 만나기로 동의했습니다."로 시작하는 대화를 갖는 것은 매우 다르다. 계약은 또한 (한 학기나 1년 등) 시간을 기준으로 할지, 훈련생이 특정한 역량이나 명시된 수준에 도달하는 것을 기준으로 할지, 심지어는 받아들일 수 없는 평가 상황에서도 할지와 같이 계약을 변경하거나 수퍼비전 관계를 끝낼 때의 기준을 구체화할 수 있다. 세부 사항과 무관하게, 이러한 사안들에 대한 명확성은 수퍼바이저와 훈련생의 관계가 두 사람 모두에게 적합한지 결정하는 데 큰 도움이 될 수 있다.

핵심역량

관계론적 치료 수퍼비전의 주요 목표는 유능한 치료자를 만드는 것이다. AAMFT는 훈련생과 수퍼바이저를 '유능한 치료자'라는 목표로 인도하기 위해 부부가족치료 핵심역량 목록(이하 CC로 칭함: AAMFT, 2004; Nelson et al., 2007; 부록 B)의 개발을 지원했다. 이 목록은 일반적으로 석사과정 졸업 후 약 2년이 지난 시점에서 자격증을 취득하고, 수퍼비전에서 독립한 치료를 할 준비가 된 치료자를 설명하기 위해 설계되었다. 그런데 많은 사람이 CC가 학생들에게는 불가능하다고 우려를 표명해 왔는데, CC가 대학원에서 숙달되도록 설계되지 않았다는 사실을 잊은 것 같다.

노테이Northey와 게하르트Gehart(2019)는 핵심역량의 축약 목록을 제공했다. 이 축약 목록은 원래 목록에 기반을 두고 있지만, 항목들이 더 적기 때문에 교육자와 연구자가 목표를 설정하고 훈련생들의 진전을 평가하는 데 더 쉽게 사용할 수 있다.

사실상 목록에 있는 항목 대부분은 대학원생으로서 훈련받는 기간에는 도입 정도만 나루며, 나미지는 대학원 졸업 이후의 수퍼비전과 훈련에 초점을 두었다. CC는

6개의 영역(처치에 대한 허가Admission to Treatment, 임상적 사정과 진단Clinical Assessment and Diagnosis, 처치 계획과 사례관리Treatment and Case Management, 치료적 개입Therapeutic Intervention, 법적 이슈Legal Issues, 윤리와 기준Ethics and Standards, 연구와 프로그램 평가Research and Program Evaluation로 나뉜다. 처치에 대한 논리적 접근으로 시작하고, 맥락적 요인 또는 다양성 요인을 포함한 이 영역은, 또다시 개념적Conceptual, 지각적Perceptual, 실행적Executive, 평가적Evaluative, 전문적Professional 기술이라는 하위영역으로 나뉜다(Nelson & Johnson, 1999 참조). 핵심역량은 126개 항목으로 구성된 위압적인 목록이지만, 대부분의 관계론적 치료자와 수퍼바이저가 그 목록을 보는 데 어느 정도 시간을 들이면, 영역, 하위영역, 항목들이 갖춘 논리를 쉽게 평가할 수 있다. 그런 다음 그들은 역량 영역과 향상에 초점을 두어야 하는 ('성장해야 할 사항들growing edges') 영역과 같은 패턴들을 보기 시작한다. 이러한 패턴들은 후속적으로 수퍼비전 과정을 안내하는 데 사용될 수 있다. 역량 영역은 다른 영역의 학습을 향상하는 데 활용될 수 있다.

수퍼바이저들은 치료 훈련생들을 수퍼비전에 선별하기 위한 지침으로 목록 자체를 사용할 수 있다. 많은 사람이 잠재적인 훈련생들에게 각 항목 또는 수퍼바이저가 목적을 이루기 위해 중요하다고 생각한 항목에 대해 평가를 요청하는 간단한 리커트 유형 척도를 사용한다. 특정한 점수를 받을 만한 세부 사항에 대해서, 훈련생들의 생각이 포함된 대화가 이어질 수 있다. 수퍼바이저는 현재의 훈련생 또는 잠재적인 훈련생을 평가할 정보를 찾도록 하는 질문을 고안할 수 있다. 이 접근은 결정적으로 중요한 영역(아마도 프로파일 그림으로 표시될 것이다.)에서 훈련생의 역량을 전반적으로 파악하고, 방향을 결정하는 데 도움이 될 수 있다. 이 사정은 또한 특정 훈련생과 수퍼바이저가 잘 짝지어졌는지 밝힐 수 있다. 수퍼바이저가 심각히 우려하고 있는 경우, 그 문서화된 정보는 훈련 맥락에서 다른 사람들(훈련생 자신, 다른 수퍼바이저, 교수진 및/또는 관리자)과의 대화에 사용하여 조치 과정을 결정할 수 있다. 그러나 핵심적으로 CC 선별은 특정 역량 또는 역량 영역의 개발을 위한 수퍼비전 계획을 결정하는 데 도움이 되어야 한다.

일부 수퍼바이저는 선별 지침 또는 수퍼비전 지침으로 핵심역량의 전체 목록이나 노테이와 게하르트(Northey & Gehart, 2019)의 항목조차도 사용하기를 원하지 않을 수 있다. 이 경우, 우리는 수퍼바이저가 그들의 상황에 더 적합한 다른 목록을 사용하거나 자신만의 목록을 개발할 것을 권장한다. 그러한 목록에는 최소한 치료에 대한 특정한 접근, 정신병리학, 윤리 및 적절한 법에 대한 기본적인 이해, 훈련 프로그램의 요건과 기관 정책에 대하여 체계론적 사고 및 개념과 같은 중요한 영역에 대한 훈련생의 지식이 포함되어야 한다.

평가

우리 중 많은 사람이 우리 자신이 평가 기준이나 관련 과정에 대한 지식을 갖추지 못한 채로 다른 사람을 평가하거나 평가당한다는 사실을 알고 있음을 발견했다. 이것은 관계론적 치료의 수퍼비전 맥락에서 불공평할뿐더러 얼토당토않은 일이 될 수 있다. 수퍼바이저가 자신이 얼마나 협력적이라고 믿는가와 상관없이, 수퍼비전에는 중대한 서열적 특성이 있으므로, 이는 불공평하다. 수퍼바이저들은 훈련생들의 경력이나 일상적인 삶의 측면에서 권력을 가지고 있다. 그들은 또한 훈련 맥락과 더 큰 공동체뿐만 아니라 훈련생의 내담자들에게도 책임이 있다. 게다가 그들은 주나 행정구역, 그들의 전문직에 대한 의무가 있다. 이에 대한 명확성이 부족하면 평가과정에 대해 명시적으로 언급할 수 없는 훈련생을 곤경에 빠뜨릴 수 있다.

우리가 치료자의 역량을 사정하기 위한 평가 도구에 대해 광범위하게 쓸 수 있다면 좋을 것이다. 선별 도구에 대해 언급한 내용이 바로 여기에 적용되며, 동일한 도구들이 사용될 수 있을 것이다. 우리는 다음에서 몇 가지를 논의한다. 그러나 페로사Perosa와 페로사Perosa(2010)가 관찰한 바와 같이, 우리는 하나의 분야로서 미흡한 상태에 있으며, 치료자의 역량을 결정하기 위하여 타당도와 신뢰도를 갖춘 더 근사한 도구와 과정을 개발할 필요가 있다. 경험에 따르면, 다음에서 논의된 사항 중 일부는 수퍼바이저와 다른 사람들이 훈련생을 평가하는 데 도움이 되었다. 그러나 대부분의 수퍼바이저는 아마도 앞에서 언급한 도구 한 가지를 수정하여, 독특한 상황에 적합한 자체적인 장치와 방법을 개발할 가능성이 크다. 그러한 장치는 관찰할 수 있고 특수하며, 구체적이고 측정할 수 있으면서도 현실적인 훈련생을 위한 목표를 반영시킬 수 있어야 한다(훈련생 또는 수퍼비전 목표에 유용하다고 생각되는 잘 형성된 내담자 목표에 대한 자세한 논의는 Nelson, 2019를 참조하라).

형성평가

형성평가는 훈련생의 기술과 직업적 정체성을 개발하는 '과정 중에' 발생한다. 즉, 정기적이든 비정기적이든 간에 수퍼바이저는 수퍼비전 관계를 시작한 이후나 가장 최근의 평가 이후 얼마나 진전을 보였는지 훈련생이 평가할 수 있도록 한다. 이러한 평가는 유연한 기준선을 제공하거나 수퍼비전 계획을 수정하기 위한 의견들을 다룸으로써 수퍼비전에 도움이 된다. 잘 개발된 영역이 배경으로 물러나고, 새로운 영역이 전경으로 주목받을 수 있다. 이것은 훈련생들이 자기를 '숙달된' 치료자들(그것이 무엇을 의미하든 간에)과 비교하여 측정하는 상황보다는 발달적 맥락에서 본인의 진전을 스스로에 대해 측정하거나 비슷한 발달 수준에 있는 치료자들과 비교해 측정하는 도중 가장 잘 발생한다. 형성평가는 또한 훈련 중 중요한 단계를 표시하고 문서화하는 맥락에서 수행된다(Miller, 2010). 이는 수퍼비전 과정을 알리고 역량이 입증된 것을 축하하는 역할을 한다.

형성평가는 훈련생의 사례 보고를 듣거나 치료 기록을 관찰하거나 듣고, 치료가 발생할 때 관찰하는 것과 같은 지속적인 방식으로 이루어질 수 있다. 실제로 우리는 수퍼비전의 주요 목적 중 하나는 이러한 종류의 평가가 모든 수퍼비전 과정에서 사려 깊은 방식으로 발생하는 것이라고 믿는다. 우리는 수퍼비전 진행 상황에 대한 노트가 수퍼바이저들이 자신의 평가를 더 잘 인식하도록 한다고 믿는다. 이러한 노트는 훈련생과의 토론을 촉진하고 개입이나 토론 주제를 기록할 뿐만 아니라 수퍼바이저로서의 자신에 대한 관찰을 알려 준다. 슈어Schur(2002)는 심지어 수퍼바이저들이 순간순간마다 자신이 내린 결정에 대해 생각하고, 수퍼비전에서 무엇을 할지에 결정에 도달하는 과정과 방법에 대해 반성할 수 있는 특별한 방법에 대해 저술하였다. 이는 훈련생의 치료 행동을 평가할 때 그들의 개인적인 생각과 감정, 그에 따른 자기들의 결정과 행위를 인식하는 것이 유용함을 시사한다. 이러한 재귀적 과정은 수퍼비전에 영향을 줄 수 있는 훈련생의 발달 단계, 이전에 보여 준 기술 그리고 현재의 기술과 어려움을 염두에 두게 하며, 필요한 경우 시정 조치를 취하게 한다.

밀러Miller와 동료들(Miller, 2010; Miller, Linville, Todahl & Metcalfe, 2009)은 내담자 맥락 밖에서 진행 상황을 훈련생이 보여 주고 수퍼바이저가 평가하는 데 도움이 되는 객관적으로 구조화된 임상 연습Objective Structured Clinical Practices: OSCE의 사용에 대해 논의했다. 역할극은 보여 줄 특정한 역량을 구체화하도록 설정되며, 이 과정에서 수퍼바이저는 훈련생이 그 역량이나 기술을 연습하는 것을 관찰한다. 이러한 관찰 평가는 채점기준표를 사용하여 점수를 매기거나 평가할 수 있으며(예: Gehart, 2017), 역량 또는 진행 상황의 문서화, 다음 수퍼비전 부분에서 중점을 둘 영역에 대한 아이디어, 후속 수퍼바이저/대학원 프로그램/또는 행정 관리자에게 진행 상황의 보고, 수퍼바이저와 훈련생 간 토론 영역 등을 포함하는 다양한 목적에 도움이 된다. 로체스터 대학교의 가족치료 교육자들(Le Roux, Podgorski, Rosenberg, Watson, & McDaniel, 2011)은 훈련생들을 발달적으로 적절하게 평가하기 위해 그들만의 OSCE(로체스터 OSCE)를 개발했다. 수퍼바이저와 훈련생이 대학원 졸업 이후의 장면에서 역량을 평가하는 OSCE의 방식을 사용할 가능성은 비교적 낮은데, 이 과정은 내담자로서의 행위자를 요구하기 때문이다. 이는 현장, 비디오 또는 오디오 자료가 훈련생의 역량을 평가하는 데 가장 중요하다는 것을 시사한다.

스팍스Sparks와 동료들(Sparks, Kisler, Adams, & Blumen, 2011)은 성과평가척도Outcome Rating Scale: ORS(Miller, Duncan, Brown, Sparks, & Claud, 2003)와 성과관리Outcome Management: OM라고 불리는 과정에서 쓰는 다른 간단한 도구를 사용한다. OM 사용은 훈련생이 내담자에게 배우는 독특한 방식을 제공하는데, 내담자들이 적절한 척도에 피드백을 채워 넣는다.

특정한 치료나 역할극 상황의 맥락에서 훈련생의 진행 상황과 치료 행동을 평가하는 것에 부가해서, 지필검사paper-and-pencil instruments는 각자 다른 기술 발달 단계에 있는 훈련생을 평가하는 데 사용될 수 있다. AAMFT 핵심역량 또는 노테이와 게하르트(Northey & Gehart, 2019)의 축약판을 사용하는 한 가지 방식은 각 역량에 리커트 척도를 부착하는 것이다. 예를 들어, 게하르트(Gehart, 2017)는 핵심역량에 기반해서 교재 전체를 작성했으며, 각 장은 서로 다른 기술 세트에 초점을 맞췄다. 그 장들에는 핵심역량 목록을 사용하여 훈련생을 평가하는 방법이 포함되어 있다.

넬슨Nelson과 존슨Johnson(1999)은 막 교육을 받기 시작한 가족치료 학생에게 초점을 맞춘 넬슨과 피글리Figley의 기본 가족치료 기술에 관한 연구들(Figley & Nelson, 1989, 1990; Nelson & Figley, 1993)을 활용하여, 기본기술평가도구Basic Skills Evaluation Device: BSED를 개발하였다. 이 도구는 기본적인 가족치료 기술을 개념적(지식 기반), 지각적(지식을 관찰된 행동과 연결), 실행적(치료에서 치료자가 수행하는 것), 평가적(치료자로서 치료와 자신을 모두 평가) 및 전문적(수퍼비전, 윤리, 보조 전문가와의 작업) 기술로 응축한다. 각 영역은 그 안에 상당한 특수성을 가지고 있지만, 전체 기본기술 목록(예:

Figley & Nelson, 1989) 또는 핵심역량 목록보다 훨씬 짧다.

수퍼바이저와 훈련생은 BSED 또는 자체적으로 개발한 유사한 도구를 사용하여, 특정 기술이나 항목보다 광범위한 영역의 역량을 포착할 수 있다. 자세한 내용은 주석에 추가될 수 있다. 이 책을 읽는 독자들에게 훈련생들이 진전됨에 따라 그들을 평가하는 다양한 방식을 탐색하고 실험하며, 그들 자신의 작업에 가장 잘 맞는 다양한 방식을 평가할 것을 권장하는 바이다.

예를 들어, 우리 중 한 명(Lee)은 상급 훈련생들이 미리 결정된 수퍼비전 과정의 목표들을 구체화하게 했다. 이러한 목표들은 우선순위가 매겨지며, 각각은 관찰할 수 있는 행동 측면에서 신중하게 정의된다. 목표는 10점 척도가 나란히 표시된 각 워크시트에 순위대로 기록된다. 그러고 나서 훈련생들은 그들이 그 당시 자신이 도달했다고 지각하는 척도 위에 점수를 표시한다. 추수 토론에서 그들은 한 특성에서의 진전이 어떤 것인지 그리고 무엇이 그들이 진전을 이루고 있다는 것을 말해 주는지 질문을 받는다. 수퍼비전 과정이 끝날 때, 그들은 다시 자신을 평가하고 그들의 평가에 따른 영향에 대해 논의한다(예: "충분히 좋다" "작업이 더 필요하다" 등).

종합평가

리Lee의 사례에서 알 수 있듯이, 훈련생의 진전을 평가하는 모든 형성적인 방법은 종합평가로도 활용될 수 있다. 종합평가는 사전에 결정된 수퍼비전 과정이 끝날 때 훈련생의 성공 수준을 결정하기 위한 문서를 제공함으로써 더 공식적인 경향이 있다. 이는 기관에서 한 학기나 훈련 기간이 끝날 때, 대학원 프로그램이 끝날 때, 또는 자격증이나 독립적으로 진행한 치료 실습에서 훈련생의 적합성을 평가하는 하나의 방법이 될 수 있다. 이 경우에서, 평가에 대한 근거로 삼을 문서가 포함되는 것은 더욱 중요하다. 그러나 추가 훈련 또는 존재할 수 있는 어려움을 개선하기 위한 권고사항들도 포함될 수 있다. 이러한 권고사항들은 동일한 수퍼비전 체계에 의해 사용될 수 있다. 이는 또한 후속 수퍼바이저나 훈련 맥락에서도 사용될 수 있다.

수퍼비전에 대한 평가

수퍼바이저에게는 적절한 훈련 평가 절차를 사용해야 한다는 책임과 더불어 훈련생이 수퍼비전을 평가하기 위해 사용할 수 있는 절차를 개발하는 중요한 책임도 있다. 수퍼비전을 평가하기 위해 개발된 양식과 절차를 연구하거나 사용하는 것에 부가해서, 최선의 평가는 수퍼비전을 시작하면서 개발되며, 이는 수퍼바이저와 훈련생이 합의한 기준에 기초한다. 이러한 기준은 수퍼비전을 위해 제시된 목표와 관련되어야 하며, 서면으로 작성된 수퍼비전 계약서에 기준과 목표를 향한 진행 상황을 평가하는 방법이 수립되어야 한다. 윌리엄스Williams(1994)는 훈련생이 수퍼비전 경험과 다양한 요인에 대해 받은 도움을 평가할 수 있는 수퍼비전 피드백 양식Supervision Feedback Form을 개발했다. 이 양식에 대한 정보는 수퍼바이저가 특정한 훈련생, 특정한 실천 또는 전체에 대한 수퍼비전을 섬세하게 조정하는 데 도움이 될 수 있다.

수퍼바이저에게는 수퍼비전 기술을 향상시키고 훈련생들에게 더 도움이 될 수 있도록 그들의 수퍼비전을 평가하는 명시적인 방법이 필요하다. 어떤 훈련생에게는 진전을 가져오고 도움이 되는 수퍼비전이 다른 훈련생에게는 도움이 안 될 수 있다. 수퍼바이저가 이를 눈치챌 수 있는 유일한 방법은 훈련생이 그것을 설명할 방법을 가지고 있고 그렇게 하는 것이 안전하다고 느끼는 것이다. 훈련생들은 수퍼바이저들에게 수퍼비전 내용과 과정에 대한 형성적이고 종합적인 피드백을 제공함으로써 이 과정에 도움을 줄 수 있다. 이러한 방식으로, 수퍼비전 체계는 새로운 목표를 수립하는 것뿐만 아니라 수퍼비전 목표를 수정하기 위한 정보를 제공함으로써 관련된 모든 사람에게 이익이 되도록 과정을 수정할 수 있다.

임상 훈련과 수퍼비전의 다양한 단계를 거친 훈련생들은 경험을 인정받음으로써 발달적으로 변화할 필요가 있다. 그들의 경험에 대한 피드백은 수퍼바이저들이 훈련생들의 역량 수준, 발달 단계, 학습 요구와 더 잘 일치하도록 자신의 수퍼비전 방식을 상당히 바꾸는 데 도움이 될 수 있다.

피드백 중심의 수퍼비전

훈련체계에서 나온 피드백은 지난 15년 동안 급격히 증가했다. 근래 인기를 끌고 있는 것은 과정 관찰과 내담자와 치료자의 소망을 통해 수집한 비공식적 자료들이다. 오늘날에는 공통적인 치료요인, 특히 치료동맹에 대한 관심이 두드러졌기 때문에 온건한 변화가 있었다. 즉, 행동 건강 교육자와 훈련자는 이제 이론적 모델을 구축한 사람의 목소리와 함께 소비자의 목소리에도 특권을 주고 있다.

명확성을 위해, 소비자 피드백은, ① 공식적 분류체계 또는 내담자 진술에 의해 지정된 표출 문제에 초점을 맞춘 형식적인 포괄적 척도상의 내담자 점수나, ② 다소 비공식적이고 간략한 설문조사와 훈련체계 내 재귀적 대화('확인하기')를 장려하기 위한 개방형 질의에 대한 답변 중 하나로 분류될 수 있다. 자문의 성격은 수퍼바이저, 치료자, 내담자 단위의 관심사에 특권을 부여할 수 있다. 이를 통해 훈련팀은 회기 전, 회기 중, 회기 후 또는 처치 과정 중 다른 시간에 내담자에게 자문할 수 있다.

체계적이고 표준화된 피드백 체계

훈련체계의 목표, 촉진자 그리고 장벽을 일상적이고 일관성 있게 추적하기 위해 신중하게 다듬고 표준화시킨 내담자 자체 보고 체계가 개발되었다. 이 체계는 특징적으로 AAMFT 핵심역량인 치료동맹의 구성요소를 포함한다. 일반적으로 '체계론적 내담자 피드백 체계systematic client feedback systems'라고 불리는 변화성과 관리체계에 대한 파트너PFCOMS와 변화에 대한 체계론적 치료목록STIC의 두 가지 예가 다음에 설명되어 있다.

변화성과 관리체계에 대한 파트너(PFCOMS)

PFCOMS는 지속적이고 발전적이며 체계적이며 통합된 학문 프로그램의 최신판이다(Duncan, Miller & Sparks, 2004; Sparks et al., 2011; Sparks & Duncan, 2018). 처음부터 그 목표는 다음과 같다.

> 처치 실패를 예방하기 위한 시간을 허용하여, 임상가를 대상으로 추적되지 않는 내담자에 관해 경고하기 위한 유효하고 실현이 가능한 선택안을 개발하는 것이었다. 이 체계의 특징은 내담자의 목소리와 관련된 협력적 해석의 가치를 평가하고 지속적인 치료적 대화에 점수를 통합하는 것이다(Sparks & Duncan, 2018, p. 800).

이는 커플과 가족들에게 광범위하게 사용되어 왔다. 이 도구는 처치 전반에 걸쳐 지속적으로 내담자의 진전을 모니터링하기 위하여, AAMFT 핵심역량에 부합하는 통계적으로 강력한 내담자 변화 측정을 채택했다(Sparks et al., 2011). 사실, 이 도구를 검토하는 것은 실시간 수퍼비전 회기에 필수적이다. 규준 데이터를 통해 훈련체계는 치료가 정상적으로 진행되지 않는 경우와 내담자가 중도 하차할 위험이 있는 경우를 인식할 수 있다. PFCOMS(Ostergard, Randa & Hougaard, 2020)를 사용한 18개의 과정 · 성과 연구의 최근 메타분석에 따르면, 그 전반적인 영향은 약간 유익했다. 그러나 그들의 메타분석 과정은 비판을 받았다(Duncan & Sparks, 2019). 따라서 PFCOMS의 효능성에 대한 추가 사정이 필요할 수 있다.

변화에 대한 체계론적 치료 척도(STIC)

그 개발자들은 변화에 대한 체계론적 치료 척도The Systemic Therapy Inventory of Change 혹은 STIC(Pinsof et al., 2018)을 "여러 관계와 기능 영역에 걸쳐 변화를 사정하는 최초의 도구로, 개인, 커플과 가족의 치료에 사용할 수 있다."(Zinbarg & Goldsmith, 2017, p. 2)라고 설명했다. 그것은 원래 연구 도구로서 가치가 있을 것으로 기대되었다. 하지만 그 개발자들은 또한 그것이 수퍼비전 도구로서 목표 설정과 상담의 질 관리에도 사용이 가능하다고 생각했다. 다만 STIC이 치료동맹을 탐색하거나 치료자들에게서 응답을 구하지 않았다는 점에는 유의해야 한다. 대신 그 도구는 가족 단위 내에 있는 내담자들의 관계에 존재하는 강점과 취약점에 초점을 맞추고 있다.

포괄적인 지필 설문지로 시작된 것이 시간이 지남에 따라 정교한 웹 기반 설문지와 보고 체계로 발전했다. 실제로, 수련생들은 회기 사이에 내담자를 대상으로 STIC 설문조사를 진행하여 수퍼비전 회기에 그 결과를 가져오도록 요구되었다. 이러한 결과는 수련생의 초기 사정, 사례개념화와 처치 계획에 대해 알아보기 위해 사용되었다. 그 자료는 또한 내담자의 진전 상황을 모니터링하고, 치료를 종결하는 데 도움이 될 것이다.

STIC 측정을 완수하고 그들의 치료자들에게 그들이 치료에서 얼마나 진전을 이루었는지에 대한 피드백을 제공한 내담자들은 STIC 측정을 완료하지 않거나 치료자에게 피드백을 제공하지 않은 내담자들보다 최적의 성과를 더 많이 얻을 것으로 기대된다. 이 정보는 치료자들이 치료에 변화를 가져와 치료가 더 유익하도록 할 것이다. 이 가설은 무작위임상실험(Zinbarg & Goldsmith, 2017가 보고함)을 거쳤으며, 대단하지는 않지만 통계적으로 유의미한 지지를 받았다. 치료자와 관련하여(McComb, Diamond, Breunlin, Chambers, & Murray, 2018 참조), 가장 경험이 적은 훈련생들은 STIC이 제공하는 구조 때문에 STIC을 높이 평가했다. 그러나 치료자들이 경험이 많을수록 그들은 이 체계가 그다지 유용하지 않다고 평가했다.

'확인하기'

내담자 피드백 노트Client Feedback Note: CFN(Haber, Carlson, & Braga, 2014)는 아주 정교하지는 않지만 내담자와 '확인하기checking in'의 예시를 보여 준다. 각 회기가 끝난 후, 내담자는 감정, 학습, 문제와 소망을 다루는 다음과 같은 네 가지 질문을 받는다. **이번 회기에 대해 어떻게 느끼세요? 무엇을 배우셨어요? 무엇이 좋지 않으셨어요? 무슨 일이 일어났으면 좋았을 것 같으세요?**와 같은 질문들이다. 물론 훈련 형식이 실시간 수퍼비전인 경우, 수퍼바이저가 또한 그 회기에 참여하여 치료자를 대신해 내담자와 확인하기를 할 수도 있다(Dwyer, 1999).

일반적으로 말해서……

더 광범위한 내담자 피드백 메커니즘과 관련하여, 그들이 처해 있는 환경과 훈련생들이 기본적으로 달성하고자 하는 것에 따라 특정한 훈련체계의 목표가 다양화될 수 있다는 점을 고려하는 것이 좋다(Jensen Oanes, Karlsson, & Borg, 2015; Tilden et al., 2021). 전문가 동료들과 훈련생들은 이러한 도구들의 우선순위를 정하는 정도에 차이가 있을 수 있으며, 이는 직접적으로 적용의 일관성과 관련이 있다(McComb et al., 2018). 신입 훈련생들은 포괄적인 척도들에 긍정적인데, 이는 사례를 개념화하고 처치 계획을 수립하는 데 그 정보가 도움이 되기 때문이다. 그러나 이러한 척도들은 수련생의 전문적 경험에 대한 함수관계를 이루며 점점 더 인기가 없어지는 것으로 보인다. 경험이 더 많은 훈련생은 개인적인 전문적 성장 문제에 수퍼비전 시간을 투자하기를 원한다(예: Stoltenberg & McNeill, 2010; Tilden et al., 2021). 결과적으로, STIC과 같은 정교한 내담자 중심 도구 사용을 통한 협력은 시간이 지남에 따라 일반적으로는 중단된다. 예를 들어, 과정에 특수하게 따르는 보다 간단한 심리측정학적 내담자 피드백 도구들은 치료동맹과 변화 동기를 지속적으로 사정하는 것을 목표로 하고, 긍정적인 치료성과와 경험적인 관련이 있는 것으로 확인되었는데(Owen, 2012; Whipple et al., 2003 참조), 이 도구들은 더 광범위한 훈련체계 범위에서 포괄적인 체계(PFCOMS, STIC)보다 선호될 것이다. 이들을 선택한 대다수의 수련생이 제기한 한 가지 우려 사항은 포괄적인 도구가 집단형식의 수퍼비전에서 실천되기에는 너무 많은 시간과 주의가 필요하다는 것이었다(Stoltenberg & McNeill, 2010).

요약하자면 회기 이후 진행되는 설문조사가 사용자 친화적이라면, 더 정확히 말해 간결하며, 완료하기 쉽고, 수련생의 관심사를 대상으로 하며, 성과와 관련하여 안면타당도와 경험타당도를 모두 갖출 경우, 일관성 있게 사용될 가능성이 더 크다는 것을 전문가 문헌연구가 제시하고 있다. 실제로 새피타Sapyta, 리머Riemer와 비크먼Bickman(2005)은 치료자를 위하여 내담자에게 피드백을 얻는 다양한 방법의 효능성을 비교했다. 그 결과, 그들은 새로운 정보를 포함하고 있고, 출처가 신뢰성을 가지고 있으며, 당면한 사례와 관련하여 시기적절한 피드백이 이뤄지는 방식이 가장 유용하다는 것을 발견했다. 더욱이 정확도가 높고 치료자들의 실제 행동을 다루기 때문에, 피드백은 부정적이기보다는 긍정적이다.

독자들은 앞서 설명한 바 있는 피드백 유도 수퍼비전 방법의 초점이 내담자들이 제공해야 하는 것임을 알게 된다. 즉, 치료에 대한 정보를 제공하고 바람직한 과정을 유지할 그들 자신의 의견이나 이론적 전문가로서의 의견에 대한 것이다. 그 저자들은 이러한 지침을 수퍼비전 관계로 확장하는 것이 합리적이라고 생각한다. 사실, 그들은 내담자에 대해 얻은 요인들이 치료자와 수퍼바이저에게도 핵심적이라고 믿는다. 그것은 주요 모델, 공통 치료요인 또는 원하는 성과의 모음에 대해 구체화시킨 것이다. 현재의 기술적 비유를 빌리자면, **체계 피드백**은 훈련체계에 존재하는 모든 구성원이 바라보는 계기판의 중심 표제가 되어야 한다. 또한, 어떤 수준에서 어떤 일이 발생할 경우, 그 일은 훈련체계에 침투하고 결국에는 완전히 정착해 모든 당사자가 그것에 적응 · 통합하게 될 것이라고 가정하는 것이 합리적이다.

결론적 사고

그래서 우리는 끝에서 시작하여 시작에서 끝났다. 즉, 목표, 형성평가 및 종합평가 사이의 재귀적 관계는 본질적으로 체계론적이며, 따라서 치료와 수퍼비전 사이, 수퍼비전과 훈련체계의 다른 영역 사이에서 동일 구조를 갖춘다. 우리는 독자들이 그들의 수퍼비전 과정에서 융통성을 발휘하여 훈련생(그리고 수퍼바이저)이 발전함에 따라 발생하는 불가피한 변화를 수용할 수 있도록 권장한다.

연습

1. 훈련생 선별을 위해 당신이 중요시하는 요인은 무엇인가? 누군가를 훈련생으로 받아들이거나 받아들이지 않기로 결정할 때, 당신은 어떤 기준을 사용하는가? 어쩔 수 없이 배정 받았지만 치료자로서 염려할 점이 있는 훈련생들과 어떻게 작업할 것인가?

2. 핵심역량을 살펴보고, 하나의 영역과 하위영역만 선택하라. 당신은 그 영역의 역량에 대해 신입 훈련생을 어떻게 평가할 것인가?

3. 당신과 훈련생이 철학적으로 잘 맞는지 결정하기 위해 어떤 것들을 살펴볼 것인가?

4. 당신이 가지고 있는 가치들 중에서 훈련생과 충돌할 수 있는 것은 무엇이라고 생각하는가? 그런 상황에서 당신은 어떻게 작업할 것인가?

5. 이 장에 기초하여, 형성평가와 종합평가에 관한 수퍼비전 계약에 어떤 것들을 포함시킬 것인가?

6. 당신의 수련생이 당신의 수퍼비전에 대해 말해 주고 평가해 주었으면 하는 것은 무엇인가? 그것이 전체 훈련체계(즉, 당신, 수련생, 내담자, 그리고 당신들 모두가 속해 있는 다양한 맥락에 영향력 있는)에 걸쳐 어떤 방식으로 도움이 될 것이라고 기대하는가?

제2부
관계론적 수퍼비전의 실제

The Contemporary Relational Supervisor

제5장

수퍼비전 형식 자세히 살펴보기

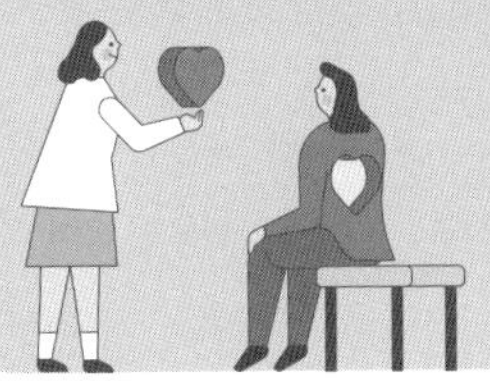

수퍼비전은 교육 클리닉, 기관 혹은 개인 사무실에서도 이루어질 수 있다. 방에서 전화나 인터넷을 사용해서 이루어질 수도 있다. 또한 서면 교신(실시간 혹은 이메일)이 될 수도 있다. 또한 같은 장소 혹은 원거리에서 면대면 교류를 할 수도 있을 것이다. 이러한 각각의 형식에는 고유한 방식과 윤리적 · 행정적 · 법적 고려사항이 있다. 다음에서는 이에 대해 살펴볼 것이다. 그렇지만 이 모든 형식은 근본적으로 1대1 혹은 집단 수퍼비전이라는 두 가지의 형식과, 이름하여 실시간 수퍼비전 대 기록된 실시간 자료 혹은 사례 발표의 회상적 방식이라는 두 가지의 수퍼비전 방법으로 나뉜다.

개인 및 집단 접근법: 장점과 단점

1대1 수퍼비전은 면대면으로 앉거나 일방경 뒤에서 수퍼바이저가 내담자와 함께 있는 훈련생을 본다는 점에서 목가적으로 보일 수 있다. 이는 개인 트레이너나 코치와의 사적이고 맞춤화된 안전한 관계를 보여 준다. 그럼에도 불구하고, 전문 커플가족치료 인증기관은 개인 수퍼비전을 한 명의 수퍼바이저와 한 명 내지는 두 명의 훈련생으로, 집단 수퍼비전을 한 명의 수퍼바이저와 8인 미만의 훈련생으로 정의한다(Commission on Accreditation for Marriage and Family Therapy: COAMFTE, 2017). 훈련생은 내담자를 만나는 주마다 적어도 한 시간의 수퍼비전을 받아야 하고, 최소 요구사항인 100시간 중 적어도 50시간은 관찰 가능한 자료를 사용해야 한다. 치료적 집단이 공동치료conjoint theorapy(예: 사회 실험실social laboratory, 누군가의 이슈는 보편적이라는 것 등에 대한 발견: Yalom, 2005 참조)와는 상이한 성장의 기회를 제공하는 것처럼, 집단 수퍼비전은 1대1 개인 수퍼비전과 비교하여 서로 다른 기회와 도전을 제공한다고 여겨진다(Mastoras & Andrews, 2012). 비록 수련 상황이 무엇을 할 수 있는지와 무엇을 하는지를 제한하지만(Lee, Nichols, Nichols, & Odom, 2004), 대부분의 사람은 '최적의 기준gold standard'은 개인과 집단 수퍼비전, 실시간과 회상적 접근을 혼합해 사용하는 것이라는 리Lee와 에비렛Everett(2004)의 견해에 동의할 것이다. 개인과 집단 수퍼비전 형식의 상대적인 강점과 우려사항은 다음에 서술되어 있다.

'개인' 수퍼비전

수년 전, 일부에서는 역설적이게도 '개인' 수퍼비전이 반드시 개인(한 명의 수퍼바이저와 한 명의 훈련생)일 필요가 없다고 제안했다. 즉, 훈련생 두 명이 포함될 수 있다는 것이다. 두 번째 훈련생의 존재는 소집단을 형성하게 되고 이는 수퍼비전 과정의 역동을 변화시킬 것이기에, 한 명 이상의 훈련생이 포함된 경우를 '1대1dyadic 수퍼비전'이라 논하는 것은 좋은 생각이 아닌 것 같다. 우리는 결혼 및 가족치료 교육 인증위원회와 많은 주에서 개인 수퍼비전을 한 명의 수퍼바이저와 한 명 혹은 두 명의 훈련생이라 정의해 오고 있다는 점에 주목한다(COAMFTE, 2017). 이 장에서 우리는 '1대1' 수퍼비전을 한 명의 수퍼바이저와 한 명의 훈련생으로 정의한다. 1대1 수퍼비전은 유의한 방식으로 실시간과 회상적 수퍼비전 경험을 향상시킬 것으로 기대된다.

학습을 위한 사적이고 안전한 장소

1대1 수퍼비전은 훈련생에 대한 관심을 극대화한다. 이는 한 개인의 고유한 수련욕구에만 초점을 맞춘다. 시간과 에너지를 여러 참여자와 각자의 사례량에 따라 나눌 필요가 없다. 또한 훈련생은 동료 청중이 없기 때문에 안전하다고 느낄 수 있으며 자신을 다른 사람과 비교하는 경향이 덜할 수 있다. 더욱이 초보 훈련생들은 사례에 적용할 수 있는 이론, 사정, 개입 등에 있어 다중관점으로 인해 혼란스럽다고 종종 불평한다. 1대1 수퍼비전은 수련공간 내의 목소리 수를 줄이고 수퍼바이저는 각 훈련생의 고유한 수련욕구와 학습 스타일에 집중할 수 있다. 1대1 수퍼비전의 상대적인 프라이버시는 평가적 이슈, 대인 간 역동, 치료자의 자기성찰과 전문적 이슈에 대한 보다 개방적이고 심오한 성찰을 촉진할 수 있다. 동시에 수퍼바이저는 사적인 세팅에서 훈련생을 지지하거나 도전과제를 주는 데 더 자유로움을 느낄 수 있다.

안식처

일부 훈련생에게 1대1 수퍼비전은 배움을 위한 장소일 뿐만 아니라, 회복할 수 있는 안식처이기도 하다(Holloway, 1995 참조). 이는 훈련생이 의구심이 드는 것에 대해 표현하고, 감정을 분출하고, 새로운 통찰력을 얻고, 에너지를 새롭게 할 수 있는 조용하고 양육적인 공간이 될 수 있다. 조용한 성찰에 도움이 되는 이런 종류의 안전한 환경은 수퍼비전 관계에서 무엇을 배울 수 있는지에 초점을 맞추는 수퍼비전에 특히 유용할 수 있다.

몇 가지 제한점

반대로, 1대1 수퍼비전이 주는 잠재적인 이점은 덜 바람직한 측면도 동반할 수 있다. 프라이버시가 있는 1대1 수퍼비전의 경우 배움을 위한 안전한 장소를 의미하는 듯하지만, 훈련생은 그렇게 경험하지 못할 수도 있다. 프라이버시는 관계와 권력의 차이를 강렬하게 경험할 수 있음을 의미할 수 있으며, 개인과 직업적 자아 사이의 경계가 흐려질 수 있고, 이를 지켜보는 사람도 없다. 수퍼바이저의 주의를 끄는 다른 훈련생이 없기에, 상황에서 벗어나거나 지나쳐 버릴 여지없이 참여해야 한다는 점에서 일부 훈련생들은 1대1 수퍼비전을 덜 안전하다고 느낄 수 있다. 불쾌한 감정을 숨기는 것은 더욱 어렵다. 훈련생들은 압도된 느낌을 받거나 수퍼바이저에게 과의존하게 될 수 있다. 실로 수퍼비전 관계의 잠재적 강도는 파트너 간 문제적 공모collusion로 이어질 수 있다(Anderson, Schlossberg, & Rigazio-DiGilio, 2000; Nichols & Everett, 1986). 예를 들어, 특히 불안하고 의존적인 훈련생은 수퍼바이저에게 보호반응을 이끌어 낼 수 있다. 이러한 보호는 수퍼비전 관계와 치료적 관계 사이의 경계를 모호하게 하는 동시에 전문적 성장을 저해할 수 있다.

수퍼바이저는 젠더, 사회문화적 측면 평가와 관련된 태도와 권력 차이에 극도로 민감해야 하고 미세공격microaggressions에도 주의해야 한다(Sue, 2010/2020). 수퍼바이저는 첫 번째 만남부터 작업동맹에 대한 지속적인 관심을 배양해야 한다. 우리는 수퍼바이저들이 훈련생과의 첫 만남부터 잠재적인 문제를 명시적으로 예측하고 어떻게 처리할 수 있는지 상호 고려하기를 제안한다.

집단 수퍼비전

집단 수퍼비전은 1대1 수퍼비전에 대해 제기된 많은 우려에 대한 대안적 요소를 제공할 수 있다. 집단 수퍼비전은 덜 사적이며 수퍼바이저와 훈련생 간의 관계 강도는 여러 개인에 걸쳐 분산되어 희석될 수 있으며, 훈련생과 수퍼바이저 모두는 집단 지지를 이용할 수 있다(Riva & Cornish, 2008; Smith, Riva, & Cornish, 2012). 집단 수퍼비전은 그 자체로 중요한 수련자원이다. 사실, 집단 수퍼비전 방식에 많은 이점이 있기 때문에 특히나 훈련센터 외부에서 사용이 감소하고 있다는 것은 놀라운 일이다(Lee et al., 2004).

집단 접근법의 경제

재정적으로나 개인의 에너지와 시간 측면에나 집단 수퍼비전은 경제적이다. 재정적 측면에서 사적으로 계약한 수퍼비전의 시간당 비용은 참여 훈련생이 나누어 지불할 수 있다. 수퍼바이저가 기관, 학교나 기관에 소속된 경우 동시에 여러 개인에게 수퍼비전을 제공해서 기관 자원을 극대화할 수 있다. 개인을 집단에서 수련하는 것은 다른 중요한 절약도 가능하게 한다.

훈련생은 직간접적인 방법으로 배운다. 비록 초점이 한 개인 훈련생에게 있을지라도, 집단 주변에 있는 사람들을 포함하여 비참여자들은 관련된 많은 것을 발견한다. 양가적 초보 상담자들ambivalent recruits은 다양한 개념화, 교훈적인 설명 및 지침, 역할 모델링을 살펴보고 습득한다. 동시에 집단 과정으로써 어떻게 분위기나 안전이 탐색되는지를 볼 수 있다. 주변부 구성원은 생산적인 상담 과정이 어떻게 구성되는지 이해하게 될 수 있으며 점차 집단 내로 더 들어오게 될 수 있다.

집단의 초점이 아닌 개인은 늘 간접적으로 이익을 얻을 수 있다. 예를 들어, 그들은 다른 훈련생의 경험을 통해 미리 배우게 됨으로써, 향후 자신에게 어떤 일이 일어났을 때를 대비할 수 있다. 집단의 다양한 관점에 노출되는 것은 전문적인 사회화뿐만 아니라 치료 및 비판적 사고 학습에도 도움이 된다. 무언가를 성취하는 데는 여러 가지 방법이 있다는 체계적 개념인 등결과성은 집단 수퍼비전에서 매우 분명해진다. 이러한 설정은 도움이 될 수 있는 많은 아이디어에 모두가 접근할 수 있도록 한다.

훈련생뿐만 아니라 수퍼바이저도 집단접근법의 경제성을 높이 평가한다. 앞에서 언급한 것처럼 집단 구성원은 서로의 경험에서 직간접적으로 배우기 때문에 교육, 지원 및 감사 전부를 수행할 필요가 없다. 구성원들은 서로의 작업에 대해 논평하고 다른 사람을 가르치면서 그들이 알고 있는 것을 명확히 하고 강화한다. 이는 자신의 사례에 대한 질문에 답하고 다른 집단 구성원과 상의함으로써 이루어진다.

이러한 과정은 집단 구성원에서의 전문적 정체성과 자신감을 구축하도록 하며, 수퍼바이저가 항상 모든 일에 대해 전문가일 필요도 없다. 더욱이 수퍼바이저들은 자신이 지원의 유일한 또는 주요 원천이 될 필요가 없다는 것을 알게 된다. 건설적인 집단에서는 구성원들이 서로를 돌본다. 사건에 대해 상담하고, 고민을 들어주고, 안아주고, 현실을 확인해 주고 유머를 제공한다. 이 과정에서 참여자들은 자신의 '개인적' 문제가 사실 어느 정도 보편적이라는 것을 발견하는 교정적 감정 경험corrective emotional experiences을 하게 된다. 그들은 자신의 전문 업무, 교육 및 수련 경험, 많은 전문적 및 개인적 역할에 있어 종종 충돌하는 요구에 대해 동일한 관심과 어려움을 가지고 있음을 발견한다.

배움을 위한 풍부한 환경

경제적 효과 외에도 집단 수퍼비전은 수련 경험에 풍부함을 제공한다(Bernard & Goodyear, 2009; Holloway, 1995; Proctor, 2000; York, 1997; 수퍼비전 수업 및 대학원 수퍼비전 참가자의 구두 보고서 및 워크숍). 이것의 가장 중요한 측면은 수련과정에 정보를 제공하는 다양성의 수준일 수 있다. 훈련생은 일반적으로 개인적으로(그리고 아마도 직업적으로) 다양하며 종종 서로 다른 전문성 개발 단계에 있다. 그들은 각각 많은 임상 사례를 가져오며, 이러한 사례는 훈련생의 개념화나 사례를 다루는 방식과 마찬가지로 서로 다르다. 또한 구성원들은 다양한 임상 환경에서의 실제를 보여 줄 수 있다. 집단 구성원 간의 다양성은 맥락, 치료 접근법 및 의미에 대한 다양한 관점을 제공함으로써 모든 구성원의 학습을 향상시킨다.

수퍼비전 집단이 앞서 언급한 요소들과 관련하여 동질적이어야 하는지 여부에 대해 현장에서는 오랫동안 논쟁이 있어 왔다(예: York, 1997). 다중 실재에 대한 인식은 이 논쟁을 무의미하게 할 수 있다. 저자들은 집단 구성원들 사이에는 항상 차이가 존재하기 때문에 집단은 동질적일 수 없다고 주장한다. 집단은 다양한 개인이 자기 자신과 작업을 다른 사람에게 개방하는 혼합적 환경을 제공한다. 이러한 경험은 책에서 얻을 수 없는 맥락적 문제에 대한 통찰력을 제공한다. 훈련 시스템은 가치, 스타일, 개념화, 정서 및 테크닉의 차이에 대한 인식과 수용을 증가시킴으로써 강화된다.

집단에 서로 다른 구성원을 포함하는 경우, 베테랑은 새로 온 이들에게는 희망과 지원의 중요한 원천이 될 수 있다. 베테랑은 한때 불안한 초심자였지만 지금은 자신감 있는 프로이다. 즉, 그들의 전문적 역량은 사회적 · 전문적 도구와 실제에서의 치료 및 인생 계획의 성공을 기반으로 한다.

사회 실험실

집단은 구성원이 경험하고 집단 과정에 의해 형성되어 치료자로서 자신과 자기 자신에 대해 더 많이 배우는 사회적 실험실이다. 그들은 사회적 · 치료적 기술을 직접 배울 수 있다. 구성원들은 서로 어떻게 일을 하는지, 나아가 어떻게 대인관계를 맺고 다양한 관점을 받아들일 수 있을지에 대해 물어볼 수 있다. 그들은 보고 들은 것을 그대로 행할 수 있다. 역할극을 통해 치료적 의사소통, 체계적 둔감법과 체계적 인터뷰를 연습할 수 있다. 집단은 건설적인 도전과 사회적 지원을 보여 주는 데에도 좋다. 구성원은 권위와 씨름하고, 의심과 두려움을 표명하고, 가설과 인식을 테스트하고, 전략을 계획할 수 있다.

집단은 또한 치료자로서 자신에 대해 배우고 과거 경험이 현재 치료에 어떤 영향을 미치는지 배우는 훈련생에게 종종 도움이 된다. 치료자로서의 자기 경험 작업self-of-the therapist work은 훈련생들이 서로를 안전하다고 느끼고, 서로 친절하게 대면할 수 있으며, 원가족이나 다른 경험의 무수한 잠재적 의미와 치료에 미치는 영향을 탐구할 때 수행될 수 있다.

안식처

수퍼비전 집단 내 맴버쉽은 회복을 돕고 새롭게 한다고 이야기된다(Holloway, 1995). 직업적 · 개인적 의무에 의해 얇고도 넓은 멤버쉽의 훈련생들은 수퍼비전 집단에 정기적으로 참여함으로써 제공되는 사회적 지지와 전문적 네트워킹에 대해 감사하다고 이야기했다. 그들은 공통된 사명감과 관심을 보고하고, 수퍼비전 회기에서 자신감이 나오고 자극을 받는다고 말한다. 그들은 듣고 있다고 느꼈고 이를 통해 자신의 강점이 상기되고 또 새로운 아이디어도 받았을 것이다(Lee, Eppler, Kendal, & Latta, 2001).

이점을 극대화하는 방법

훌륭한 집단 수퍼비전의 핵심은 작업동맹을 형성하고 유지하면서 집단 과정을 주의 깊게 모니터링하고 유지 · 관리하는 것이다. 수퍼바이저는 즉각적이고 장기적인 목표, 이를 달성할 가능성이 가장 높은 전략, 그리고 집단이 주요하고 풍부한 자원이 되는 방식에 대해 상호 합의를 얻음으로써 이를 성취한다. 수행과정 중 수퍼바이저는 훌륭한 의사소통 및 인터뷰 기술의 모범을 보이고, 장애가 발생하지 않는 한 집단이 이 작업을 수행하도록 한다. 그런 다음 수퍼바이저는 자신의 역할을 통해 집단이 건설적인 과정에 있어서의 장애물을 식별하고, 이러한 장애를 기회로 인식하고 이에 어떻게 대처할지 계획을 세우도록 돕는다.

이것이 되고 나면, 수퍼바이저는 다시 관찰하고 듣는 위치로 돌아간다. 수퍼비전 집단은 훈련생이 자신들이 선호하는 치료 스타일이나 접근법에 대하여 대화하고 다른 훈련생의 이야기를 들어 도움을 받을 수 있는 이점이 있는 매우 좋은 장소이다. 그러나 건설적인 집단 과정의 구축과 유지, 즉 학습에 유리한 환경과 관련하여, 수퍼바이저는 집단 치료에 대한 고전적인 논문(Yalom, 2005)을 검토하고, 특히 훈련생이 전문적인 성숙을 개발하도록 돕는 과정과 이론 · 개입 및 평가에 중점을 두는 데 있어 과정을 활용하는 것이 좋다.

주의 사항

1대1 접근법과 마찬가지로 집단 수퍼비전에도 제한점이 있다. 첫 번째는 제한된 시간과 하나의 사례 혹은 훈련생에게 줄 수 있는 세부적인 연속성이다. 개인별로 시간을 배분해야 할 필요가 있을 수 있다. 일부 집단은 각 회기마다 다른 훈련생과 다른 사례에 중점을 둔다. 그러나 시간과 에너지를 공평하게 분배하려는 시도를 압도할 수 있는 비상 상황(예: 사례 또는 훈련생의 위기 또는 집단 프로세스의 주요 문제)이 있다.

경우에 따라 한 사례 혹은 열성적인 한 명의 구성원이 집단을 점유하도록 허용되는 경우도 있다. 이는 구성원 및/또는 수퍼바이저가 암묵적으로 이를 허용하기 때문일 수 있다. 예를 들어, 한 구성원이나 한 가지 사례에 집중하면 다른 사람을 노출하지 않는 데 도움이 될 수 있다. 시간이 지남에 따라 집단의 모든 구성원은 집단에 집중하고 집단에서 상호 작용하는 특권과 책임을 모두 짊어질 수 있어야 한다.

또 다른 우려는 일부 집단에서 발견되는 안전의 결여이다. 비밀 보장은 일부 상황에서 지속적인 위험이 될 수 있다. 동료 집단 구성원은 경쟁적이거나 공격적이며, 미세하게 차별적이거나 적대적 혹은 요구적이고 의존적일 수 있다. 이에 하위 집단이 형성될 수 있다. 훈련생은 집단에서 문제를 제기하는 것을 피하기 위해 수퍼바이저에게 개인적으로 상담을 요청할 수 있다.

집단 수퍼비전의 사용은 수퍼바이저와 훈련생이 특히 집단 프로세스에 참여하는 정도에 있어 함께 분위기를 설정할 때 가장 효과적일 수 있다. 집단 수퍼바이저는 또한 많은 수퍼비전 과업에도 참여해야 하는데, 그 구체적 내용으로는 발달에 적합한 사례 상담, 이론과 평가 및 기법의 통합, 정서적 인식 증가, 자기 평가 기술 습득 및 사회적 지원의 배양, 사회 학습, 전문인으로서의 사회화가 있다.

개인 및 집단 접근법의 혼합

일부에서는 1대1 및 집단 접근법을 혼합하지 않는다. 훈련생은 둘 중 하나에만 참여한다. 그렇게 하지 않으면 훈련생이 문제가 발생한 곳에서 문제를 해결하는 대신 한 상황에서 다른 상황으로 문제를 가져올 것이라는 것이 그 근거이다. 비록 환경은 무엇을 제공할 수 있는지를 제약하지만, 이제는 교육자, 훈련가, 훈련생은 원하는 것은 무엇이든 할 수 있는 기회가 주어지면, 한 훈련생 집단에 대한 1대1 및 집단 수퍼비전의 최적 비율에 대해 자유롭게 생각한다.

만약 훈련생이 두 가지 접근법 모두에 노출되면, 수퍼바이저는 훈련생이 두 방식 사이를 오갈 수 있는 최선의 방법을 고려한다. 예를 들어, 1대1 수퍼비전에서 처리되는 개인 문제는 집단 세팅(허가하에)으로 가져와 이를 여기에서 작업한다는 것을 알려야 할 수 있다. 마찬가지로, 수퍼바이저는 집단 세팅에서 제기된 문제가 1대1 작업에서 발생한 정보를 어떻게 다루는지 모니터링해야 한다. 수퍼바이저 팀이 두 가지 수퍼비전 형태에 배치된 훈련생과 함께 작업하는 경우 수퍼바이저는 상담 및 피드백을 위한 프로토콜을 개발하여 책임감 있게 훈련 정보를 공유하고 훈련생들이 삼각화에 빠지지 않도록 해야 한다.

실시간 및 회고적 접근법: 장점과 단점

실시간(또는 '직접') 접근법

민법 판례와 많은 주의 법령이나 상식에 따르면, 수퍼바이저는 한편으로는 훈련생의 치료에 대한 직접적인 지식을, 다른 한편으로는 훈련생이 계발 중인 임상 자원에 대해 직접적인 지식을 가져야 할 의무가 있다. 수퍼바이저는 훈련생의 행동과 훈련생 사례의 결과에 대해 책임을 진다. 따라서 그들은 내담자와 회기에서 일어나는 일에 대한 지식을 가지고 있어야 한다. 더욱이, 최대의 효과를 위해서 수퍼바이저는 훈련생의 보고서에만 의존하는 대신 사례의 실제를 구성construct해야 한다. 치료자는 다양한 이유에서 어떤 것에는 집중하고 다른 어떤 것은 집중하지 않거나 최소한으로 다룬다. 치료자와 수퍼바이저는 자신, 내담자 및 상호 작용을 보는 방식이 다르며, 이 점이 치료에서 중요하다고 생각하는 것과 보는 것에 영향을 미친다. 현재까지 실시간 수퍼비전이 다른 형태의 수퍼비전보다 더 나은 치료 결과를 제공한다는 증거는 없지만(Bartle-Haring, Silverthorne, Meyer, & Toviessi, 2009; Tanner, Gray, & Haaga, 2012), 수퍼비전 의무를 충족한다는 것 외에도 실시간 접근법이 교육 시스템에 제공할 수 있는 것이 많다는 데에는 이견이 없다.

수퍼비전 교육 워크숍에서 참가자들은 실시간 수퍼비전을 하고 싶기는 하나 일방경을 위한 자원이 없다고 말한 바 있다. 또 다른 사람들은 실시간 수퍼비전을 위한 대체 방법(폐쇄 회로 보기, 공동 치료, 치료 시스템이 있는 방에 앉아 있기)을 즉시 제시했다. 안전하고 보완이 확보된 인터넷 플랫폼을 사용하여 수퍼바이저는 치료실이나 인터넷 회기에 원격으로 '존재'할 수 있다.

전통적인 실시간 수퍼비전의 일반적인 형식은 수퍼바이저가 일방경 뒤에(또는 폐쇄 회로 기술이 적용된 TV 모니터 앞에) 앉아서 전화나 이어폰 혹은 태블릿 PC(Machua, Johnson & Moro, 2015)나 혹은 기타 통신 장치(이러한 장치의 비밀보장에 유의)를 통해 호출하거나, 상담을 위해 치료실에서 치료자를 호출하는 것이다. 그들은 일반적으로 회기 계획에 대한 사전 및 사후 토론을 하고 회기를 보고하며 피드백을 제공한다. 이러한 의사소통 방법이 치료자의 행동에 미치는 즉각적이고 유지되는 상대적 영향력은 아직까지 불확실하다(Probst et al., 2018; Thurber, 2005 참조). 또한 훈련생과 수퍼바이저가 실시간으로 진행하는 수퍼비전에는 매우 다양한 형식이 있다. 예를 들어, 챙Chang(2010)과 로우Lowe, 헌트Hunt와 시몬스Simmons(2008)는 반영팀reflecting teams과 실시간 관찰 훈련방법에 대해 설명한 바 있다. 이러한 접근법을 통해 사례를 광범위하게 다른 관점에서 개념화할 수 있으므로 여러 관점에 대한 풍부한 논의가 가능하다.

실시간 접근법의 상대적 이점

수퍼바이저와 훈련생은 실시간 수퍼비전에 있어 다음과 같은 이점이 발생한다는 데 동의한다(저자가 진행한 워크숍 및 원탁회의 참가자; Jordan, 2000; Woodside, 2000).

① 실시간 수퍼비전 병행 요법: 행동 지향적이며 '바로 지금 여기에서 일어나고 있는 일'에 초점을 맞춘다. 피드백은 즉각적이다. 수퍼비전은 시간이 지남에 따라 자료가 왜곡되거나 잊혀지기 전에, 바로 인지된 데이터를 포착할 수 있다. 수퍼바이저와 훈련생은 또한 훈련생이 회고적 수퍼비전에서 간과할 수 있는 미묘한 부분에 즉각적으로 접근할 수 있다. 훈련생은 사례를 진행하면서 비교적 즉각적인 수정 피드백의 이점을 얻는다. 게다가 수퍼바이저는 임상 작업에 즉각적이고 세심한 주의를 기울일 때 신뢰를 얻는다.

② 수퍼바이저는 즉각적인 상황에 대해 훈련생에게 질문하고 훈련생의 접근법을 다루거나 혹은 다른 접근법을 제안하거나 공동 개발할 수 있다. 이를 통해 훈련생은 행동의 약간의 변화만으로도 이로 인해 발생하는 치료의 변화를 경험할 수 있다.

③ 수퍼바이저는 내담자가 책임감 있고 충분한 보살핌을 받고 있다는 점에 안심할 수 있다. 필요한 경우 훈련생이 잠재적인 안전 또는 법적 문제를 인식 및 탐색하고 위기에 적절하게 개입하도록 도울 수 있다.

④ 현실적으로 불안하고 노하우가 부족한 초보 훈련생은 실시간 및 회기 후 임상 및 정서적 지원에 감사할 수 있다. 그들은 수퍼바이저가 가까이 있다는 사실에서 위안을 얻을 수 있다. 그들은 종종 회기 중간 휴식을 기대한다. 이 휴식 시간은 '타임아웃'을 제공하고 감정이나 막다른 상황을 처리하는 방법에 대한 조언과 같은 추가 지침을 얻을 수 있는 기회를 제공한다.

⑤ 훈련생과 수퍼바이저는 함께 임상 평가를 기반으로 중재 실행의 즉각적인 효과

를 관찰한다.

⑥ 수퍼바이저의 건설적인 관찰은 훈련생의 비현실적인 목표, 자기 폄하, 수퍼바이저에게서 기대되는 비난 등에 대한 해독제가 될 수 있다. 더욱이, 이를 관찰하는 다른 훈련생들은 그들이 '거울의 양쪽 모두'에서 일어나는 것을 보고 배울 수 있다. 대리 학습은 강력할 수 있다(Truax, Shapiro & Wargo, 1968 참조).

이러한 이점은 책임감 있고 생산적인 수퍼비전에 매우 중요하다. 그러나 다음과 같은 단점도 있다.

① 실시간 수퍼비전은 훈련체계의 모든 구성원(수퍼바이저, 훈련생, 내담자 및 관리자)의 수행 불안performance anxiety에 기여할 수 있다.

② 아마도 훨씬 더 중요한 것은 훈련체계의 '지금－여기'의 존재가 수퍼바이저로 하여금 치료에 더 적극적이 되도록 유혹하게 되어 훈련생의 자신감과 스스로 해결을 해 나가는 훈련 목표를 약화시킬 수 있다는 것이다. 또한, 내담자과 그들의 치료자보다 더 많은 관찰 가능한 이들의 존재는 훈련생과 내담자 간의 관계를 희석하거나 다른 문제들로 이어질 수도 있다.

③ 실시간 자료에만 집중하면 실제 훈련체계가 산만해질 수 있다. 예를 들어, 단일 회기에 초점을 맞추는 것은 더 큰 임상적 그림을 보는 시각을 저해할 수 있다(Wetchler & McCollum, 1999 참조). 더욱이 재생이 불가능하다는 점에서 훈련생과 수퍼바이저는 중요한 문제나 단서를 놓칠 수 있으므로 향후 검토가 제한될 수 있다. 또한 즉각적인 회기에서 실시간 문제에 초점을 맞추면 내담자 체계에 대한 보다 포괄적인 평가를 비켜 갈 수 있다. 미세한 기술 개발이 때로 훈련생의 이론 개발과 전문적인 성장보다 우선할 수 있다.

④ 전통적인 실시간 수퍼비전을 위한 시설은 대부분의 대학원 실습 환경(예: 가정, 개인 사무실 및 많은 기관)에 없다.

⑤ 실시간 수퍼비전은 수퍼바이저가 전체 시간을 관찰하는 데 시간을 소비하고, 또 다른 시간을 그 사례를 다루는 데 소비해야 한다. 다른 책임 외에 많은 수의 훈련생이나 큰 사례를 수퍼비전하는 데는 적합하지 않다. 게다가 내담자, 치료자, 수퍼바이저의 역동성에 대해 숙고할 시간이 충분하지 않으면 훈련체계 전반에 걸쳐 역기능적 패턴을 반복해 동형화isomorphic replications할 가능성이 높아진다.

분명히 실시간 수퍼비전의 이점은 무시할 수 없다. 일부 수퍼바이저는 공동 치료가 불가능할 경우 공동 치료를 제공하는 수단으로 이를 권장한다(DeRoma, Hickey, & Stanek, 2007; Romans, Boswell, Carlozzi, & Ferguson, 1995; York, 1997). 물론 공동 치료는 그 자체의 역동적인 문제도 가져온다. 특히 파트너가 동등하지 않고 한 사람이 권위의 우위에 있을 때 그렇다(Falke, Lawson, Pandit, & Patrick, 2015의 공동 치료에 대한 논의 참조). 이러한 훈련체계는 공동 치료 자체를 실시간으로 또는 사후에 검토함으로써 도움이 될 수 있다.

어떤 방법(실시간, 폐쇄 회로, 웹캡 등)을 사용하든 화면의 이미지에는 가능한 한 공동 치료자와 내담자가 모두 포함되어야 한다.

교훈

이러한 중요성에도 불구하고 실시간 수퍼비전은 점점 시행이 덜 되고 있다(Lee et al., 2004). 이는 아마도 동시대 상황에서의 물적 · 경제적인 측면에서 수반되는 어려움, 그리고 실시간 관찰을 중요하게 생각하는 주요 커플가족치료 이론(예: 구조적 및 전략적)의 쇠퇴로 인한 것이다. 더욱이 많은 훈련생의 최고 혹은 최악의 수퍼비전 경험은 실시간 수퍼비전에서 일어나는 듯하다(Wark, 2000). 지난 30년 동안 수퍼바이저와 훈련생(Anderson et al., 2000; Boston, 2010; Carpenter et al., 2012; Liddle, 1988; Storm, 2000a; White & Russell, 1995)은 지속적으로 건설적인 관찰을 제공했다. 실시간 수퍼비전을 최대한 활용하는 방법에 대해 설명한다. 물론 이러한 관찰은 모든 수퍼비전 상황에 적용된다. 우리의 개인적인 경험과 문헌에 따르면 이는 다음과 같은 황금률로 요약될 수 있다. 수퍼바이저와 훈련생은 훈련생이 내담자와 관계를 맺는 방식으로 서로 관계를 맺어야 한다.

① 무엇보다도 수퍼바이저와 훈련생은 훈련체계 전반에 걸쳐 동형이론의 존재를 기본적으로 이해하고 인정해야 한다. 수퍼바이저와 훈련생 사이에 일어나는 일은 훈련생-내담자 및 내담자+중요한 타인의 하위 체계의 패턴과 유사할 가능성이 높다.

② 수퍼바이저는 훈련생의 말을 적극적으로 경청하고 검증해야 하며, 훈련생과 그들의 사례에서 진행되는 상황에 대해 정서적 · 인지적으로 연결 상태를 유지해야 한다. 수퍼바이저는 자신의 불안과 불확실성에 대해 높은 관용을 갖고 있어야 하

며, 자신의 필요를 훈련생 및 내담자의 요구와 분리할 수 있어야 하고 유연해야 한다. 다시 말하지만 훈련생은 치료를 제공하고 수퍼바이저는 훈련생에게 수퍼비전을 제공한다. '피트 크루pit crew[1]로서의 수퍼바이저' 비유를 생각해 보라.

③ 특히 다른 훈련생과 아마도 내담자가 지켜보는 가운데 실시간 환경에서 비평을 제공하는 것이 모든 당사자에게 도움이 되거나 혹은 모든 당사자에게 파괴적일 수 있음을 인식해야 한다. 그 과정(일이 어떻게 이루어지는가)은 말하는 것보다 훨씬 더 유동적일 수 있다. 따라서 수퍼바이저는 인격적이고 공손하며 겸손해야 한다. 그들은 수퍼비전 실수를 인정하고, 좋은 목표 설정(현실적, 긍정적, 관찰 가능한 등; Nelson, 2019 참조)에 참여하고, 구체적인 제안을 제공하고, 즉각적이고 장기적인 관점에서 제안의 이유를 설명해야 한다. 수퍼바이저들은 또한 피드백을 요청해야 한다. 요컨대, 그들은 치료적 환경의 구축을 촉진하고 참여하고 있음을 이해해야 한다. 수퍼바이저는 훈련체계 전체에서 불안의 징후를 식별하는 데 있어 전문가여야 하며, 너무 높은 수준의 불안은 학습 및 수행에 방해가 될 수 있음을 이해해야 한다. 무례한 비판도 마찬가지이다.

④ 수퍼바이저는 훈련생에게 전문성 개발에 맞지 않는 일이 무엇인지 이해해야 하고 이를 수행하도록 요구해서는 안 된다.

회고적 접근법

회고적 접근법은 가장 일반적으로 사용된다(Lee et al., 2004). 그러나 이 접근법은 또한 가장 과소평가되기도 했다(McCollum & Wetchler, 1995). 이러한 접근법에는 일반적으로 비디오 및 오디오 테이프를 통한 실시간 자료의 검토, 사례 메모 검토 또는 치료자의 사례 보고서를 기반으로 하는 상호작용이 포함된다.

오디오 및 시청각 녹음

실시간 데이터는 오디오, 비디오 또는 디지털 녹음을 통해 제공될 수 있다. 오디오 녹음은 흥미로운 정보를 제공한다. 예를 들어, 시각적 단서에 의해 무시될 수 있는 미묘한 감정적 뉘앙스를 발견하는 데 사용될 수 있다(예: Nichols & Everett, 1986). 또한

1) 역자 주: 상서리 자동차 경주에서 매우 빠르게 수리를 하는 집단

다른 접근이 불가능한 환경에서 수퍼바이저가 실시간 데이터에 접근할 수 있도록 해 준다. 16년 전 조사 당시(Lee et al., 2004) 모든 미국부부가족치료학회 승인 수퍼바이저의 53%가 적어도 일부 시간 동안 오디오 녹음을 사용하고 있었다.

고해상도의 시각적 이미지와 선명한 음성을 사용하는 시청각 녹음도 선택 가능한 녹음 방법이다. 자료는 명확하게 보거나 들을 수 없으면 유용하지 않다. 이미지에는 훈련생을 포함하여 치료실에 있는 모든 개인이 포함되어야 한다.

분명히 시청각 기록에 기반한 수퍼비전은 실시간 수퍼비전과 매우 유사하지만 실시간 수퍼비전에는 없는 몇 가지 장점이 있다. 예를 들면 다음과 같다.

① 수퍼바이저와 훈련생은 치료가 일어나는 곳에 동시에 접근할 필요가 없다. 또한 녹음을 통해 원거리 수퍼비전을 더 쉽게 할 수 있다. 또한 훈련체계의 일정에 맞게 또는 특별한 시간이 필요한 경우 충분한 고찰과 토론을 제공하기 위해 치료 녹음 검토를 할 수도 있다.

② 시청각 기록은 시간을 절약해 준다. 전체 회기를 전부 검토할 필요가 없다. 수퍼비전 회기 전에 회기의 특정 부분, 예를 들어 흥미로운 행동 패턴, 명백히 중요한 결정적 순간, 상승이나 정체 지점 등 훈련생이나 수퍼바이저가 집중하고 싶은 모든 부분을 지정할 수 있다.

③ 시청각 녹음은 참여자가 원래 잊고 있거나 최소화했던 순간이나 역동을 제시함으로써 회상을 돕고 편견을 수정하는 데 사용할 수도 있다. 훈련체계가 신체 언어 및 비언어적 상호 작용과 같은 시각적 자료에만 집중할 수 있도록 오디오를 음소거할 수 있다. 또한 시청각 기록은 나중에 탐색할 수 있도록 시간을 멈췄다가 후에 다시 자세히 조사하는 데도 사용할 수 있다. 반대로 저속촬영time-lapse photography[2]으로 사용되는 합성 녹화는 몇 달간의 치료를 요약할 수 있다.

④ 시청각 녹음을 통해 훈련생은 자신의 행동을 볼 수 있다. 수퍼바이저와 훈련생은 내담자뿐만 아니라 유창성 부족, 어조 변화, 신체 언어 및 상호 작용 패턴과 같은 훈련생의 행동 단서를 볼 수 있는 기회가 주어진다. 훈련생이 자신의 어깨 너머로 자신을 관찰하고 관찰할 수 있을 때, 그 자신과 수퍼바이저는 치료자의 자기 문제를 상호 식별하고 탐색할 수 있을 뿐만 아니라 상호작용 재귀(즉, 내담

2) 역자 주: 캡처 주기를 연속된 프레임의 주기보다 훨씬 더 낮춰 촬영하는 기법

자와 훈련생이 서로에게 지속적으로 단서를 제공하여 그들의 상호작용을 어떻게 형성하는지)를 추적할 수 있다.

⑤ 수퍼바이저는 녹음을 사용하여 특수훈련 또는 임상 문제를 강조하는 치료 회기 부분에 선택적으로 집중할 수 있다. 예를 들어, 시청각 녹음은 선택된 임상 사건이나 내담자 유형과 함께 공통적인 행동을 발견함으로써 치료자가 개인적·전문적 역할을 반영하는 데 도움이 될 수 있다. 실제로 시청각 녹음은 실제의 확인을 위해 사용될 수 있다. 왜냐하면 시청각 녹음은 재생을 제공하고 회기의 감정적 과정에서 거리를 둘 수 있기 때문에, 훈련생은 회기 동안 사건의 측면을 선택적으로 기억한다는 것을 발견할 수 있다. 그들은 또한 잘 되었다고 생각했던 일이 잘 되지 않았거나 그 반대임을 발견할 수도 있다.

⑥ 훈련생은 개인적·훈련적 요구 사항을 충족하기 위해 시청각 녹음을 검토할 수 있다. 시청각 기록은 개인이나 집단의 다른 훈련생들에게 대리 학습을 제공하는 데 사용될 수 있다. 또한 많은 이가 발견한 것처럼 내담자들도 자신의 회기에 대한 시청각 녹음을 검토함으로써 이익을 얻을 수 있다.

⑦ 그러나 기록물을 어떻게 검토하고 누구에 의해 저장, 파기 및 운송될지에 대한 명시적인 서면 규칙과 감사 절차가 필요하다. 내담자의 비밀보장은 철저해야 하며(법률에서 요구하거나 허용하는 경우는 제외) 내담자에게 녹음이 어떻게 사용되는지와 비밀보장을 위한 안전 절차에 대해 알려야 한다. 하나 이상의 기관에서 훈련생이 집에서 자신의 녹음을 보도록 허용한 뒤, 임상장면 바깥에서 잃어버리는 딜레마에 직면했다. 녹음의 표식에는 개인 식별 정보가 포함되어서는 안 되며 녹음은 자물쇠와 열쇠가 있는 안전한 장소에 보관해야 한다. 인터넷 클라우드 서비스 또는 외장 하드 드라이브를 사용하는 스토리지는 암호화하여 보호해야 한다. 장기 보존(다음 참조)하거나 특정 목적을 위해 보관하지 않는 한 모든 녹음은 사용 후 효과적으로 파기해야 한다.

⑧ 만약 보존되는 경우, 시청각 기록은 장기에 걸쳐 참조하거나 반복적으로 검토하여 패턴을 탐색할 수 있고, 다른 훈련생에게 예시를 제공하며 훈련생 및/또는 내담자의 성장에 대한 문서화가 될 수도 있다. 보안 문제는 여전히 남아 있으며 보관 기간에 관계없이 모든 기록은 보안 및 비밀보장을 위해 보호되어야 한다. 보관된 기록은 적절한 내담자 및 기관 검토 위원회의 승인을 받아 연구에 사용할 수 있나. 저자 중 한 명(넬슨)은 훈련생이 자신의 중재 및 행동에 대한 체크리

스트를 개발하고 치료 회기의 기록을 보고 코딩하는 것과 관련된 여러 석사 논문 프로젝트를 지시한 바 있다(Withers & Nelson, 2015). 이 정보는 치료자로 하여금 이 정보를 사용하여 자신의 작업에 대한 아이디어를 검토하고 관찰한 패턴을 기반으로 접근법을 결정하는 데 사용되었다(증거 기반 실습).

사례 회기를 기록하는 다양한 방법을 위한 기술이 호황을 누리고 있으며, 단순하고 작은 녹음기부터 안전한 네트워크 서버나 클라우드에 데이터를 저장하는 정교한 시스템에 이르기까지 범위가 넓어졌으며, 이를 통해 관리자는 기록물에 접근할 수 있는 모든 컴퓨터에서 볼 수 있다. 이 새로운 기술의 잠재적 소비자는 먼저 법률 및 정보기술 고문과 상의해야 한다. 이는 무엇보다도 비밀보장과 비밀유지특권과 관련된 문제이다. 대부분의 주에서는 면허 또는 관련 법령에 이 특권을 포함한다. 따라서 위반은 범죄 행위이며 민사 소송의 주된 근거이기도 한다(제11장 참조). 미국부부가족치료학회(AAMFT, 2015a)의 최신 윤리강령은 비밀보장이 유지되고 안전하며 사용자가 적절한 절차 및 요구 사항에 대한 교육을 받는 한, 전자 기술의 사용을 허용한다. 가장 최근의 미국부부가족치료학회 승인 수퍼바이저 지정 표준 핸드북(AAMFT, 2014)은 또한 동일한 윤리강령을 사용하는 수퍼비전 및 수퍼비전 멘토링을 위한 기술 사용과 관련하여 미국부부가족치료학회 위원회에서 승인한 최근의 변경 사항을 반영하고 있다. 일부 주에서는 특정 상황에서 전화 및 인터넷 기술 수퍼비전의 사용을 허용하기 시작했다(기술 지원 또는 원격 수퍼비전에 대한 자세한 내용은 다음 참조).

전자적 활용에 대한 주의 사항 외에, 실시간 수퍼비전을 지원하기 위해 제공되는 많은 지침, 즉 사회적 기술, 지원 및 혜택 등은 회고적 수퍼비전에도 적용된다. 이러한 기본 사항 외에도 수퍼바이저와 훈련생이 수퍼비전 맥락에서 녹음을 어떻게 사용할 것인지 논의할 때 바람직한 결과를 가져올 확률이 높아질 수 있다. 훈련생과 예비 수퍼바이저는 녹음 내용을 검토할 때 훈련생 자신이 가장 자주 제기하는 특정 질문을 통해 정보를 얻을 때 불안감이 덜해진다고 말했다.

훈련생은 때때로 내담자에게 회기가 녹음될 것이라고 알리는 것이 불편하다고 느낀다. 그러나 미국부부가족치료학회 윤리강령은 물론 많은 주 및 지방 법률에 따라 충분히 고지된 동의가 필수적이다. 이 사항에 대한 논의는 치료자에게 안도감을 줄 수 있으며(Protinsky, 1997), 특히 그 논의에 내담자가 포함되는 경우에는 더욱 그렇다. 어떤 경우에도 이 논의는 신뢰와 진실성을 바탕으로 이루어져야 한다. 따라서 우려 사항을 표명하고 해결할 수 있도록 치료와 수퍼비전을 모두 안전한 장소로 만드는 것이 도움이 된다.

무엇을 기록해야 하는지에 대한 정책은 매우 명확해야 한다. 어떤 경우에는 모든 회기를 기록해야 한다. 또 어떤 경우에는 훈련생이 녹음할 회기를 결정할 수도 있다. 수퍼바이저는 시간이 지나고 사례 상담을 편안하게 하기도 하지만, 훈련생이 논의하고 행동 과정으로 결정한 내용을 관찰할 수 있도록 다음 회기를 녹음하기를 원할 수 있다. 어떤 경우든, 요구 사항은 훈련생에게 명확하게 제시해야 한다.

수퍼바이저는 훈련생의 학습 이슈와 관련된 녹음 부분을 찾게 된다. 그러나 수퍼바이저는 자신의 관찰력과 능력을 사용하여 훈련생이 자신의 결함을 감지하고 자신을 의심하는 경향에 대응한다. 수퍼바이저가 훈련생이 잘했다고 느끼는 사례를 묻는 것도 좋다. 수퍼바이저는 또한 자신의 이러한 기능을 방어적이고 순진한 훈련생에게 도전거리를 주는 녹음의 부분을 다시 보거나 중요한 질문을 제기하는 데에도 사용해야 한다.

수퍼바이저는 녹음이 사용되는 방식을 변경할 수도 있다. 때때로 전개되는 녹음을 보고 매 순간의 역동에 대해 질문할 수 있다. 치료가 어려운 상황에서는 녹음을 중지하고 훈련생이 그저 앉아서 고찰하고 생각과 감정을 공유하도록 할 수도 있다. 또한 훈련생에게 방금 본 것을 이론이나 진행 중인 평가 및 치료 계획과 연관시키도록 요청할 수도 있다. 예를 들어, 퀸Quinn, 내지레디Nagirreddy, 로레스Lawless와 배이글리Bagley(2000)는 녹음을 사용하여 수퍼비전 회기에 내담자를 참여시키는 혁신적인 방법을 개발했다. 그들의 방법은 훈련생이 치료에 참여하는 동안 내부적 과정을 발견하고 반영하도록 돕기 위한 것이다. 녹음이 어떻게 사용되든, 수퍼바이저는 녹음을 요구해서는 안 되며 포괄적인 방식으로 사용해서는 안 된다(Todd, 1997). 그렇게 하는 것은 수퍼비전 계약 위반, 중요한 데이터의 손실이자 수퍼바이저의 신용에 대해 잠정적 손상을 일으킬 수 있다.

훈련생은 일반적으로 비디오 녹화에 대해 양가적임을 인정했다(예: Routon, 2018). 그들은 자신의 전문적인 성장에 대한 기록된 증거에 흥분한다. 그러나 그들은 수퍼비전에 사용되는 평가 요소에 대해 걱정한다. 결과적으로 훈련생은 수퍼비전 회기 전에 회기를 녹음하거나 녹음을 북마크하는 것을 '잊을' 수 있다. 녹음이 수퍼비전의 요구 사항인 경우, 녹음이 없는 경우 수퍼바이저는 이를 학습 문제의 한 지표로 간주하는 것이 유용할 수 있다. 훈련생에게 도전을 제공하지 않고 수퍼바이저가 그들과 공모할 수도 있다(Todd, 1997). 아마도 이러한 상황은 양측 모두 피곤하거나 주의가 산만해졌을 때 일어날 수 있다. 혹은 그것은 훈련생과 그들의 수퍼바이저 또는 훈련 체계의 다른 사람들 사이의 다른 서로 얽힌 역동interlocking dynamics의 문제일 것이다. 어떤 경우든 이러한 상황은 탐색될 필요가 있다.

사례 발표

실시간 자료에 대한 접근의 중요성에도 불구하고, 구두와 서면 사례 검토가 수퍼비전에 대한 현대적 접근법에서 가장 자주 사용되었다(Lee et al., 2004 참조). 사례 검토는 전통적으로 축어적 회기 메모, 구조화된 진행 메모, 전체 사례 요약 또는 구조화되지 않은 구두 보고서를 기반으로 한다. 이러한 접근법의 인기는 다음과 같은 점에서 쉽게 이해할 수 있다.

① 이 방법은 매우 경제적이다. 사례 발표 방식에는 특별한 장비나 세팅이 필요하지 않다. 대면으로 이루어질 수도 있고 통신을 통해 할 수도 있다. 이를 통해 수퍼바이저는 많은 수의 훈련생과 사례를 최신 상태로 유지할 수 있다.

② 사례 발표는 일반적으로 더 큰 임상 사례의 맥락 내에서 특정 회기를 살펴보는 것을 수반한다(예: Wetchler & McCollum, 1999). 마찬가지로 중요한 것은 다양한 수퍼바이저가 설정한 모수parameters 내에서, 사례 발표는 아마도 수퍼바이저가 요구하는 구조화된 형식을 통해 훈련생에 의해 구성된다는 것이다. 따라서 한편으로 사례발표에는 특정 이론이 강조되거나 무시되는 역동을 포함하여, 가족치료 이론을 현재 자료에 적용하며 논의될 수 있는 환경이 있다.

③ 한편, 치료자로서의 자기 변수를 탐색할 기회도 있다. 예를 들어, 수퍼비전 팀은 무엇이 이야기되고 있고 무엇이 이야기되고 있지 않은지, 어떤 질문을 했고 어떤 질문을 묻지 않았는지, 어떤 이론과 기술이 다른 것보다 치료자에게 더 편안해 보이는지에 주의를 기울일 수 있다. 이러한 대화는 성별, 민족 및 계층, 성, 권력, 폭력 및 종교와 관련한 논의로 들어가는 통로가 될 수 있다. 아마도 이러한 모든 요소(상황적 이슈 및 사례 내용을 통한 이론)에 대한 인식과 통합의 증가는 훈련생의 통합적 치료 모델 개발에 정보를 제공할 것이다.

④ 사례 발표 접근법은 치료 과정 자체에 가장 방해가 적다. 훈련생은 그 자신으로서 내담자와 함께한다. 훈련생이 자기충족적self-sufficient 임상가가 되려면 이 부

분이 중요해 보인다.

⑤ 훈련생은 사실 이후에 사례를 구성하고 제시하기 때문에, 치료 회기에서 수행 불안이 적을 수 있다. 그들은 좋은 것, 나쁜 것, 추한 것을 보고 평가하는 청중과 함께 치료현장에 있지 않다.

⑥ 동시에 그들은 그들 자신뿐이기에, 언급된 경우를 제외하고는 자신의 해석보다는 내담자의 언어와 보고서를 사용하는 정확한 사례 노트를 작성하는 방법을 배워야 한다.

⑦ 마지막으로, 사례 발표 접근법의 일부 측면은 초심자에게 특히 유용하다. 이러한 접근법은 훈련생이 회기의 세부 사항과 과정에 주의를 기울이고 개입에 대한 자신의 생각과 근거를 제시하도록 한다. 종종 사례 발표 개요와 구조화된 진행 기록을 사용하여 초보자가 임상 현장과 개입을 구성하는 능력을 얻을 수 있도록 돕는다. 이러한 종류의 구조는 개인이 실시간 또는 녹화된 회기에 대한 단순한 검토와는 다른 방식으로 생각하고 성찰하도록 한다.

회고적 사례 발표에 대한 주의 사항

이러한 접근법을 사용하는 수퍼바이저의 가장 큰 염려는 훈련생이 구성한 내용과 회기의 과정에만 의존한다는 것이다. 법원에서 수퍼바이저의 책임과 대부분의 주의 법령을 고려할 때 이는 엄청난 취약점이다. 훈련생이 아무리 성실하게 노력한다 하더라도 사례를 소급 보고하는 과정에서 중요한 세부 정보가 손실될 수 있다. 더욱이, 사례 발표 접근법은 치료자의 글쓰기 및 언어 기술에 크게 의존한다. 마지막으로, 작성된 내용의 유효성은 회기와 작성된 과정노트 사이에 경과된 시간과 반비례할 수 있다. 회기 후 하루 이상 지난 후에 작성된 과정 노트는 상당히 허구적일 수 있다.

훈련이 주로 사례 발표를 기반으로 할 때, 기술 훈련보다는 이론적 개발과 개념화, 치료에 적극적으로 참여하는 훈련생의 생각과 느낌에 더 많은 관심을 기울일 수 있다. 수퍼바이저와 훈련생은 개입의 개념화뿐만 아니라 전달에 대해 창의적이어야 한다.

회고적 방법의 사례 발표 접근법에서는, 문서 패키지(접수 및 과정 메모, 사례 요약)는 회기에서 실제로 발생하는 것보다 우선한다. 그러나 이러한 문서가 아무리 상세하더라도 이 장에 설명된 모든 요구 사항, 즉 치료에 대한 충분한 고지된 동의, 비밀보장특권이 지켜진 의사소통과 그 제한점, 식별 가능한 정보, 안전한 보관 및 운송이라는 조건이 충족되어야 한다. 과거에는 훈련생이 치료실 밖에서 사례 파일을 잃어

버리는 일이 드물지 않았으며, 이 중에는 심지어 사례 파일로 가득 찬 서류가방도 있었다. 이러한 문제는 디지털 파일 및 저장소에 의해 어느 정도 개선되기도 하지만 내담자와 훈련생의 비밀유지를 보호하기 위해 주의를 기울여야 한다.

현대적 변화: 새로운 관심

비공식적 동료 수퍼비전

야심찬 치료자들은 자신의 작업과정을 돕고 내담자를 더 잘 이해하며 격려를 구하고자 동료와 타인에게 비공식적 수퍼비전을 찾는 경우가 많다(Farber & Hazanov, 2014). 이렇게 하는 이유는 이러한 대화가 안심과 확인, 여타의 정서적 지원을 위한 시의적절한 자원이 되기에 그렇다. 이는 수퍼바이저와 내담자 모두에 대한 불안, 의심, 우려, 수치심, 강한 반응 등을 내보일 수 있는 안전한 장소를 제공한다. 또한 학생이나 수련중인 치료자로서의 삶, 다중 역할로 인한 복잡한 문제들, 직업적 여정에 대한 생각과 느낌에 대해 자유롭게 이야기할 수도 있다. 비공식적 수퍼비전을 비판하는 사람들은 이를 훈련생이 커플가족치료 수퍼바이저의 예상되는 부정적인 반응을 희석시키거나 피하고, 그렇게 함으로써 이러한 문제를 함께 해결함으로써 얻을 수 있는 잠재적인 성장 경험을 얻지 못하게 하는 유혹적인 방법이라고 본다. 다른 이들(Coren & Farber, 2019; Farber & Hazanov, 2014 참조)은 내담자의 프라이버시에 관한 윤리적 지침을 준수하는 경우라면 비공식적 수퍼비전이 임상 기술을 향상시키는 유효한 경로라고 본다. 이들은 이러한 상의가 훈련 프로그램에 명시적으로 통합될 수도 있다고 제안한다.

원격(전자) 수퍼비전

전화tele-, 원거리distance-, 테크놀로지 지원technology-assisted 등의 수많은 접두사로 구별되는 다양한 원격 혹은 전자적 전문서비스가 있다. 예를 들어, 원격 의료tele-health, 원격 치료tele-therapy, 원거리 치료distance therapy, 테크놀로지 지원 등이 있다. 경우에 따라 접두사 뒤에 공백이 오거나 하이픈(-)이 있는 경우도 있다. 때로는 서비스 이름과 구분되지 않는 경우도 있다. 그러나 이러한 모든 표식은 "원격 전화, 화상 회의, 이메일, 텍스트, 인스턴트 메시징 및 소셜 미디어 등 양방향 전자 의사소통을 통한 동시적 혹은 비동시적 진단, 평가, 컨설팅, 개입과 수퍼비전이라는 커플가족치료 실제의 범주를 의미한다"(AMFTRB, 2016, p. 8). 따옴표에 포함되지 않은 경우 '원격'은 다음에서 사용되는 용어이다.

수퍼비전과 관련하여, 두 가지 다른 상황에 대해 이야기 할 필요가 있다. 첫 번째는 해외 등에서 원격 서비스를 수행하는 치료자를 수퍼비전하는 사람들과 관련된다. 두 번째는 원격 회의를 통한 수퍼비전 제공이다. 두 경우 모두 고려해야 할 몇 가지 기본 주의 사항이 있다.

예를 들어, 처음부터 원격 치료와 원격 수퍼비전 모두 동일한 결함이 있다는 것을 인식하는 것이 중요한다. 이러한 방식은 종종 모든 전자 의료 거래의 보안을 향상시키는 것을 목적으로 하는 1996년의 연방 건강보험정보 이전 및 책임에 관한 법률 Health Insurance Portability and Accountalbility Act: HIPAA의 프라이버시와 비밀유지를 위한 요구사항에 부합하지 않는다.

이 경우 원격 형식은 특정 훈련체계의 모든 구성원이 신중하게 사용해야 한다. 상황적 맥락과 성격 특성으로 인해, 치료자와 수퍼바이저는 순간적으로 서두르거나 산만하거나 다른 이유로 자동반사적으로 일을 처리할 수 있다(Davis, Deblaere, Hook, & Owens, 2020 참조). 이러한 경향 때문에 훈련체계 참여자가 예상되는 모범 사례실습에 참여하는 것이 유익할 수 있다.

예를 들어, 회기의 모든 참가자가 잠시 시간을 내어 각 회기를 예상하여 원격 형식의 특성을 고려하는 것이 중요하다(예: Sahebi, 2020; Wrape & McGinn, 2019 참조). 모든 당사자는 자신이 점유하는 공간이 도청으로부터 안전하고 주의를 산만하게 하는 소리와 광경이 없는지 확인해야 한다(Brunelli, 2019). 또한 카메라와 마이크가 주의를 산만하게 하거나 유해할 수 있는 것, 예를 들어 우는 아이, 개 짖는 소리 또는 키보드 타이핑처럼 무시될 수도 있으나 마이크에 의해 증폭되는 모든 것을 잘 들어야 한다. 마지막으로 참여자는 식별 가능한 특징이나 가치를 지닌 물건 등이 없는 중립적인 배경 앞에 위치해야 한다.

비밀이 보장되어야 하는 회의에 외부인의 침입이 일어날 수 밖에 없기에(Lorenz, 2020), 효과적 방어야말로 최선의 공격일 수 있다. 따라서 원격 수퍼비전 및/또는 치료를 사용할 때, 신중한 훈련체계의 구성원은 최신 버전의 소프트웨어를 실행하고 있는지 확인한다. 이러한 앱 중 가장 인기 있는 앱의 개발자는 발견되는 보안 위험을 지속적으로 해결하고 있다.

모든 원격 수퍼비전 회기에 대해 참가자는 회의의 호스트를 지정해야 한다. 이것은 일반적으로 수퍼바이저가 되며 해당 개인의 컴퓨터와 화상 회의 소프트웨어는 호스트가 "대기실"을 만들고 모니터링할 수 있도록 해야 한다(Jayarajan, 2020). 대기실을 사용하면 의도한 당사자만 회의에 참석할 수 있다. 호스트의 컴퓨터 화면도 "호스트 전용"으로 설정해야 한다. 이렇게 하면 주 컴퓨터 내에 완전히 포함된 네트워크가 생성된다(VMware Workstation 3.2, 2020 참조). 마지막으로 참가자는 각 회기에 대해 고유한 암호를 사용하는 것을 고려해야 한다. 이 암호는 특정 회기가 시작되기 직전에 전송되며 훈련체계의 모든 구성원은 자신의 인터넷 링크와 코드를 외부인과 공유하지 않는다는 데 동의해야 한다.

조금 더 구체적으로: 원격 치료 수퍼비전

지난 20년 동안 전자 원격 행동 건강 서비스electronic remote behavioral health services에 대한 제공이 꾸준히 증가했다(AMFTRB, 2016; Cravens Pickens, Morris, & Johnson, 2019; Haberstroh, Barney, Foster, & Duffey , 2014). 그러나 피킨스Cravens Pickens와 동료들(2020)은 기하급수적으로 사용이 확대되고 있음에도 불구하고 공인된 커플가족치료 훈련 프로그램이 훈련생에게 원격 치료 경험을 제공한 적이 거의 없으며 훈련 프로그램의 형식과 내용에 거의 주의를 기울이지 않았다는 사실을 발견했다. 이와 동일한 관심의 결여는 전문문헌도 그렇다. 지난 10년 동안 원격 치료에 대한 이따금의 발표는 특정 사회 문화적 맥락으로 제한되었으며, 치료의 메커니즘과 그 결과에 대한 설명은 전반적으로 설명적이고 일화적이었다(예를 들어, Wrape & McGinn, 2019). 수퍼바이저가 원격 치료의 수행을 훈련하고 수퍼비전해야 하는 경우, 그들은 어떤 행동이 치료 목적인지, 이러한 행동이 취할 수 있는 다양한 형태는 무엇이며 충실하게 수행될 경우 어떤 결과가 예상되는지에 대해 알아야 한다(참조: Increasing the Probability of Positive Results, 9장). 또한 콜드웰Caldwell, 비쇼프Bischoff, 데릭-팔룸보Derigg-Palumbo와 리베르트Liebert(2017)가 관찰한 것처럼 원격 개입의 결과가 사정되고 보고될 때, 주로 커플, 가족, 혹은 다른 사회적 단위가 아닌 개인을 설명하는 결과에 초점을 맞춘다.

일반적으로 특정 학술 팀(가장 주목할 만한 것은 커플가족치료의 Blumer, Hertlein & VandenBosch, 2015와 전문적 상담의 Trepal, Haberstroh, Duffey & Evans, 2007)을 넘어

서, 여러 커플가족치료 분야의 발표된 학문적 목소리는 원격 치료 분야의 핵심역량을 기술하는 것과 관련한 시급성을 제시하지 않고 있다. 이러한 점은 공인된 커플가족치료 프로그램 및 부부가족치료 국가 시험(AMFTRB, 2019)의 기초가 되는 잘 확립된 커플가족치료 핵심역량(AAMFT, 2004; Nelson et al., 2007; 부록 B)과는 크게 대조적이다.

따라서 명확하게 관찰 가능한 행동을 가진 변수로 구성된 집중적이고 명시적인 체계에 기반한 모형이 없는 경우, 원격 치료 제공과 관련하여 경험적 기반의 작업을 통해 정보를 얻을 수밖에 없다. 이 글의 저자는 상식 수준의 정보 이외의 다른 것을 제공하는 데 어려움을 겪고 있는데, 즉 자격을 갖춘 야심 찬 수퍼바이저라면 일반적인 치료 요인으로 간주되는 것에 대한 정보를 바탕으로 감사하고 발견을 유도하며 해결 중심의 입장을 취해야 한다(예: 치료동맹). 그런 다음 얻은 사례는 특정 역량과 결과를 연관시키는 검증 가능한 모형으로 이어질 수 있다.

원격으로 이루어지는 치료의 수퍼비전과 원격으로 수행되는 수퍼비전은 복잡할 수 있다(Heinlen, Welfel, Richmond, & Rak, 2003 참조). 방식을 따져 보자.

수퍼비전을 받는 치료자는 내담자와 스마트폰, 태블릿, 랩톱 또는 데스크톱 컴퓨터와 같은 여러 비디오 통신 장치를 사용할 수 있다. 이러한 장치에서 그들은 예를 들어 페이스타임FaceTime, 스카이프Skype, 줌Zoom, 고투미팅GoToMeeting과 우부ooVoo와 같은 많은 화상 회의 응용 프로그램 중 하나를 사용할 수 있다. 이러한 응용 프로그램 중 다수는 같은 방에 있지 않은 가족 구성원이나 집단 수퍼비전을 위한 집단 형식을 허용한다. COVID-19 팬데믹 당시 커플가족치료가 전자 장비를 사용하여 지리적으로 분리된 거주지에 있는 가족 구성원에게 원격 화상 회의 화면을 통해 회기를 제공할 수 있다는 것은 불가능한 일이 아니었다. 이러한 서비스는 동시에 수련자와 비디오 장치로 연결된 수퍼바이저에 의해 관찰될 수 있다. 더욱이 치료자, 가족구성원, 수퍼바이저가 서로 다른 국가나 주에 거주할 수도 있다.

일반적으로 수퍼비전 관련 업무에 적용되는 연방 및 지역의 필수요건은 서비스가 제공될 당시에 내담자가 위치한 지역에 따른다. 그러나 자신을 포함하여 다양한 형태의 기술 지원 서비스 제공에 종사하는 수퍼바이저는 전반적으로 안전한지를 확인해야 할 책임이 있다. 이러한 상황의 복잡성을 감안할 때 신중한 원격 수퍼바이저는 적절한 법률 담당자(예: 미국부부가족치료학회의 Associate Counsel, 2020)와 함께 훈련체계의 복잡성을 검토한다.

비록 원격 치료의 효과적인 제공을 위해 널리 보급된 역량은 없으나, 여러 정부 및 전문 기관은 공공복지를 보호하는 각자의 임무를 위한 지침을 작성하고 공표했다.

현재 훈련생의 원격 치료 제공을 수퍼비전하는 수퍼바이저와 수퍼바이저가 되고자 하는 사람은 휴즈Hughes(2000)의 주의 사항을 검토하고 다음 문서를 숙지해야 한다.

- 원격 치료 실제 규제지침Guidelines for the Regulation of Remote Therapy Practice(AMFTRB, 2016)
- 부부 및 가족 온라인 치료의 모범 사례(Caldwell et al., 2017)
- 원거리 전문 서비스를 위한 표준(NBCC, 2016)

원격 수퍼비전

원격 수퍼비전은 결혼 및 가족 치료자 훈련 개발, 수퍼바이저의 성과 평가, 면허 범위 내에서 엄격한 법적 및 윤리적 기준 보장을 목적으로, 위에서 설명한 동시 혹은 비동시적 양방향 전자 통신을 통해 면허 있는 수퍼바이저가 수퍼비전을 하는 것을 말하며, 이는 결혼 및 가족 치료의 전문성을 향상시키기 위한 수단으로 사용된다. 원격 치료와 달리 원격 수퍼비전은 30년 넘게 주 규제 위원회에서 논의되어 왔다. 지금처럼, 다양한 면허 위원회에서는 대면 수퍼비전을 요구한다. 인구가 적고 지리적으로 멀리 떨어진 지역에서 수퍼비전을 받은 임상 시간을 확보하려는 야심 찬 커플가족치료는 이에 어려움이 있다고 주장했다. 그들은 규제 위원회와 전문 조직이 전화를 통한 수퍼비전을 허용하기를 원했다. 시간이 지남에 따라 기술이 발전하고 지역 회의에서 비공식적인 대화를 통해 일부 사람들이 화상 회의(예: Skype)를 사용하고 있음을 알 수 있었다. 또한 저자들은 실제로서의 원격 치료에는 전문 기술이 필요하고 원격 치료에 익숙한 사람의 수퍼비전이 필요하다고 생각한다.

그러나 외딴 지역에서도 주 수퍼비전 요구 사항을 충족해야 하는 실질적인 필요성에도 불구하고, 주 규제 위원회는 수퍼비전이 취해야 하는 형식에 대한 해석 규칙을 눈에 띄게 변경하지 않았다(AMFTRB, 2016). 2020년 4월 저자와의 개인적인 대화에 따르면, 규제 위원회의 이사는 대부분의 미국 주 규제 위원회가 수퍼비전 경험 시간을 쌓으려는 예비 수퍼바이저가 몇 시간 상당의 원격 수퍼비전을 제출할 수 있도록 허용했다는 것을 발견했다. 더욱이 COVID-19 팬데믹의 긴급 상황으로 인해 사실상 미국의 모든 주에서 다양한 정도의 원격 수퍼비전을 비공식적으로 수락했다. 수퍼비전은 이러한 추세가 팬데믹 이후에도 계속될 것으로 예상했지만, 원격 수퍼비전 시간의 정도와 형식은 각 규제 위원회에 따라 다르다. 또한 발표된 연구(예: Hertlein, Blumer, & Mihaloliakos, 2014)에서 많은 원격 치료에 비전문적 치료가 포함되어 있으며 이 부분이 규제 과정의 중요성을 강조한다는 점을 지적했다.

지금까지 미국의 정부 규제 기관은 원격 수퍼비전에 대한 각각의 표준을 설정하지 않았다. 이러한 발전을 예상하여, AMFTRB(2016)는 규칙의 모델을 발표했다.

① 치료자는 다른 모든 기술 지원 서비스와 동일한 기준에 따라 수퍼비전해야 한다. 원격 수퍼비전은 대면 세팅에서와 동일한 적절한 실행 기준을 따라야 한다.
② 수퍼비전에서 기술을 사용하기 전에 수퍼바이저는 해당 기술의 사용에 능숙해야 한다. 수퍼바이저는 모든 전자적 수단을 통해 전송되는 모든 정보의 비밀보장을 보호하고 능력을 유지하기 위해 필요한 예방 조치를 취해야 한다.
③ 원격 수퍼비전에 사용되는 통신 유형은 수퍼비전하는 서비스 유형, 내담자 및 수퍼비전 대상의 요구 사항에 적합해야 한다. 원격 수퍼비전은 관련 관할권의 수퍼비전 요구 사항을 준수하여 제공한다. 치료자는 수련자와의 대면 접촉에 관한 주 위원회 요구 사항과 수련자가 서비스를 제공하는 모든 내담자에 대한 직접적인 지식의 필요성을 구체적으로 검토해야 한다.
④ 수퍼바이저는 다음을 수행해야 한다. 첫째, 전문적, 지적, 정서적, 신체적 필요를 고려하여 원격 수퍼비전이 훈련생에게 적절한지 결정한다. 둘째, 원격 수퍼비전과 관련된 잠재적인 각각의 위험과 이점을 수련자가 알 수 있도록 한다. 셋째, 통신 매체의 보안을 보장한다. 넷째, 관련 기술을 사용한 적절한 교육, 훈련 또는 수퍼비전 경험 후에만 원격 수퍼비전을 시작한다.
⑤ 수련생은 원격 수퍼비전과 관련된 위험과 책임을 인식해야 한다. 수퍼바이저는 수련생에게 이러한 위험과 위험을 최소화하기 위한 수퍼바이저와 수련생의 책임에 대해 서면으로 조언해야 한다.
⑥ 수퍼바이저는 현재 또는 이전 수퍼바이저와의 성적 접촉에 관한 관련 관할권의 법령 및 규정을 알고 있어야 한다.
⑦ 커뮤니케이션은 동시적 혹은 비동시적일 수 있다. 기술은 기존의 대면 수퍼비전을 강화할 수도 있고 혹은 독립형 수퍼비전으로도 사용할 수 있다. 수퍼바이저는 특정 상황에서 특정 수련생을 위한 기술 선택의 잠재적인 이점과 제한 사항을 알고 있어야 한다.

(AMFTRB, 2016, p. 18)

이 내용은 가이드라인으로 간주되어야 한다. 실질적인 문제로서 각 주의 규제 위원회와 전문 기관은 궁극적으로 해당 관할권에 대한 표준을 공포할 것이다. 원격 수퍼바이저는 이러한 정의와 규칙을 알고 준수해야 하며 치료자와 내담자가 있는 곳의 규칙이 우선순위를 가지며 이를 따라야 함을 인식해야 한다.

사헤비Sahebi(2020)는 전 세계적인 COVID-19가 전체 훈련체계에 걸쳐 불확실성과 불안을 증가시켰다는 것을 관찰했다. 결과적으로 이전에는 참여자 안전의 안전장치로 간주되었던 이러한 체계에 대한 불신이 커질 가능성이 높다. 수퍼비전 관계는 임상 훈련의 필수 기반이기 때문에 "수퍼바이저는 작업동맹을 지원하기 위해 모든 노력을 기울여야 한다……. 따뜻함, 요청 시의 지원, 수련생이 직면할 수 있는 문제에 대한 공감, 적절하고 사려 깊은 자기 공개를 포함한 진정성, 적절한 경우의 유머, 전 세계적 유행병 속에서 체계적인 치료자로 훈련을 통해 얻은 학습 기회에 대한 낙관적 관점을 제공해야 한다."(p. 94).

원격 수퍼비전에 대하여 마지막으로 할 말은, 모든 내용은 소비자의 복지와 관련이 있다는 것이다. 이러한 정책의 중요성을 인정하는 동시에 원격 수퍼바이저에게는 이러한 치료법을 적용하는 핵심역량과 이를 수퍼비전하는 핵심역량을 구성하는 이론 및 행동에 대한 명시적인 지식도 요구된다. 원격 치료가 광범위하게 제공되면서 행동 건강 분야에서는 이러한 핵심역량을 설명하고 구체적인 치료의 실제를 가능한 한 결과와 연결하는 효율성 연구를 수행해야 한다는 의무가 생겼다. 후자의 연구에는 다양한 사회문화적 맥락에서 대면 모델과 서로 다른 원격 치료로 얻은 결과를 비교하는 것이 포함될 수 있다. 사용의 정도는 추가적인 독립 변수가 될 수 있을 것이다.

연습

1. 수퍼바이저에 대한 개인적인 철학에 비추어, 여러분이 선호하는 수퍼바이저의 접근법은 무엇이며 그것을 선호하는 이유는 무엇인가? 여러분의 맥락을 고려할 때, 어떤 접근법이 가능한가? 그리고 이러한 접근법을 어떻게 사용할 것인가?

2. 치료자 보고서를 수퍼비전용으로만 사용하는 것에 대해 일부에서는 우려를 제기한다. 치료자는 기억, 이론과 기타 경험을 통해 보고서를 걸러 낼 수 있다. 수퍼바이저에게 좋게 보이려고 거짓말을 할 수도 있다. 여러분이 사례 컨설팅을 이용하거나 이용을 고려하고 있다면, 이러한 고민에 대해 어떻게 생각하며 이를 어떻게 다룰 예정인가?

3. 전화, 오디오 또는 비디오 녹음의 전송, 웹캠 사용 등 수퍼비전에서 다양한 전자 기술의 사용에 대한 여러분의 개인적 선호와 신념은 어떠한가? 어떤 다른 가능성을 생각할 수 있는가?

4. 수퍼비전 양식에 대해 어떤 연구가 수행되기를 원하는가?

제6장

수퍼비전 접근법

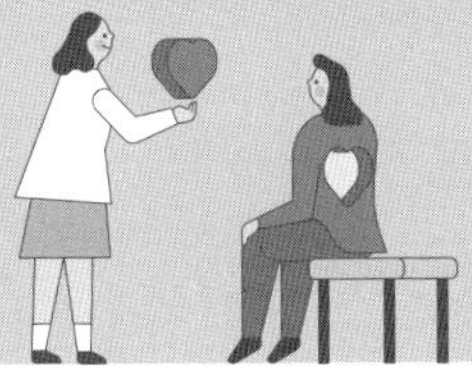

수퍼비전은 위계적이어야 하는가, 협력적이어야 하는가? 지시적일 것인가, 호기심을 자극할 것인가? 초점을 치료자의 역량 강화에 맞출 것인가, 치료자의 자아에 맞출 것인가? 미국부부가족치료학회(AAMFT, 2014) 공식 수퍼바이저 핸드북에는 수퍼바이저 후보자들이 수퍼비전 진술서에 자신의 수퍼비전 모델을 명확하게 설명하도록 되어 있다. 이 책에서는 수퍼비전 방법을 가르치려는 것이 아니라, 수퍼비전 접근법에 대한 다양한 아이디어를 제시하여 학습자가 자신의 관점과 입장을 확인하고, 명확히 표현할 수 있도록 한다. 저자들은 가족체계 학문의 정교함 향상, 가족체계 전문가 집단으로의 진출, 전문적 성숙도 배양이라는 세 가지 초월적 목표에 초점을 맞추고 있다(Lee & Nichols, 2010). 이러한 목적을 달성하기 위해 우리는 수퍼바이저가 훈련생과 함께 일할 수 있는 최선의 방법은 자신의 치료 또는 수퍼비전 철학에 집중하기보다는 훈련생 중심적이고 협력적이어야 한다고 본다. 훈련생, 수퍼바이저, 내담자, 제시된 문제, 환경, 이론적 접근법 등 변수가 너무 많기 때문에 수퍼비전 철학은 획일화할 수 없다. 또한, 우리 저자들은 체계적 사고자이기에 유능한 치료나 수퍼비전의 방법은 한 가지가 아니라는 등결과성을 믿는다. 다른 사람들은 또 다른 관점을 가질 수도 있겠지만 말이다.

우리 두 저자의 관점은 체계적이고 발달적인 틀 속에서, 수퍼바이저의 강점과 역량을 강조하며, 특정 수퍼비전 내용이나 임상적 문제보다는 수퍼비전과 치료의 과정에 초점을 맞춘다는 점에서 서로 유사하다. 그렇다고 해서 우리가 수퍼바이저와 치료자가 자신의 경험을 바탕으로 지시하거나 정보를 제공하거나 전략을 제안하면 안된다고 주장하는 것은 아니다.

특히 삼각관계와 불안의 측면에서 보웬 가족체계치료(Bowen, 1978)의 영향을 받기도 하고, 구조적 가족치료(예: Minuchin, 1974)의 영향을 받아 부모가 자녀를, 치료자가 치료 회기를, 수퍼바이저가 수퍼비전을 책임지는 것이 일반적으로 좋다고 생각하는 점에서 저자들은 비슷한 입장이다. 두 저자 모두 해결중심(예: De Jong & Berg, 2013; Thomas, 2013)의 접근을 높이 평가한다. 그러나 효과적인 수퍼비전은 훈련생의 이론에 대한 유창성, 치료 기술 습득, 치료자로서의 자아 표현에 중점을 두어야 한다고 생각한다(White & Russell, 1995의 델파이 연구 참조).

우리는 다음에서 모건Morgan과 스프랭클Sprenkle(2007)의 문헌 검토에 따라 다양한 수퍼비전 방향에 대해 논의할 것이다. 우선은 다양한 모델이 역사적으로 어떻게 제시되었는지 살펴본다. 두 번째로 통합적 관점에서 이들을 고려한다(예: Lebow, 1987의 개념적 논의). 세 번째로 발달적 · 사회적 역할 및 기타 접근법 등 모건과 스프랭클(Morgan & Sprenkle, 2007)이 제공한 것을 다룬다.

본보기로서의 주요 치료 모델

부부가족치료와 수퍼비전 초창기(Liddle, Breunlin, & Schwartz, 1988; Todd, 2014 참조)에는 수퍼비전이란 훈련생이 배우는 치료 모델을 반영하는 것이라고 여겨졌다. 수퍼바이저는 훈련생에게 자신들이 치료하는 방식을 '가르치고' 수련 회기를 구성했다. 예를 들어, 구조적 치료 수퍼바이저는 경계, 역할, 규칙, 위계, 밀착, 분리 등의 개념은 물론 가족이 더 기능적인 방식으로 재조직될 수 있도록 모방, 경계에 도전, 실연, 해체 유도 등의 전술을 가르쳤다. 결과적으로 이들은 임상 회기 동안 지시적인 태도를 보이고 회기 내 변화를 촉진할 수 있는 과제를 부여하는 경향이 있었다. 이러한 수퍼바이저는 수퍼비전에서 수퍼비전 그룹 또는 치료자와 내담자 간의 경계에 주의를 기울였으며, 회기 중에 훈련생을 실시간으로 관찰하며 이어폰 무전기를 통해 순간적으로 명확한 지시를 내리고 훈련생과의 관계에서 지시적인 태도를 보였다.

보웬 치료자는 치료자가 내담자보다 더 높은 수준으로 분화된 경우에만 치료적 변화가 가능하다고 믿는다. 따라서 보웬 수퍼비전은 다양한 임상 환경에서 드러나는 치료자의 자아를 강조한다. 해결중심 수퍼바이저는 일반적으로 훈련생에게 '상황이 나아졌을 때'가 어떤 상황인지, 자신과 내담자를 위한 효과적인 목표를 어떻게 설정할 것인지, 변화를 인식하는 방법이 무엇인지 등을 고려하도록 요구한다.

통합적 접근법

전문 문헌, 업계 정기 간행물, 지역 및 전국 규모 학회에서 제공하는 내용, 온라인 평생 교육을 살펴보면 현대의 CFT 수퍼바이저는 사회문화적으로 다양성을 띠며, 다양한 환경에서 다양한 내담자와 함께 일하는 다양한 치료자에 대한 수퍼비전이 요구됨을 알 수 있다. 따라서 수퍼비전은 통합적이어야 한다. 즉, 각 수퍼바이저/훈련생 조합을 위해 다양한 접근법을 통합해서 하나의 수퍼비전 철학을 도출해야 한다. 우리는 치료와 마찬가지로 수퍼비전에서도 다양한 이론과 치료법의 조합이 가능하며, 이것이 여러 상황에서 유용함을 알게 되었다. 요컨대, 수퍼비전은 수퍼바이저, 치료자, 내담자 가족의 인식론과 발달 수준을 통합해야 한다. 그러나 많은 증거 기반 접근법[예: 정서 중심 치료(Johnson, 2019), 기능적 가족치료(Sexton, 2009) 등]은 해당 수퍼비전 방법의 준수를 요구하고 있다.

그러나 30년 전 통합적 수퍼비전을 처음 논의할 때 르보(Lebow, 1987)는 CFT에게 양립할 수 없는 가정을 주의하라고 경고했다. 관찰된 바에 따르면 '절충적'인 것과 '통합적'인 것 사이에는 차이가 있다. 따라서 교육에 적용하는 것은 전반적으로 응집력이 있고 일관되며 이론적으로 뒷받침되는 수퍼비전 이론을 신중하게 고려한 결과물이어야 한다. 이러한 수퍼비전 이론은 훈련생의 임상 및 전문성 개발, 훈련생의 치료 사례와 실제 수련 체계의 필요에 비추어 수퍼바이저의 목표와 역할을 다뤄야 한다.

발달적 접근법

일반적으로 초보 훈련생은 지시적이고 집중적인 수퍼비전이 필요한 반면, 면허 취득 준비가 거의 완료된 숙련된 훈련생은 특정 기법이나 실습을 배우는 시간을 줄이고 특정 치료 접근법이나 치료 전반에 대해 더 광범위하게 논의하는 것이 유익할 수 있다(보다 광범위한 논의에 대해서는 Stoltenberg & McNeill, 2010 참조). 칼드웰Caldwell과 클랙스턴Claxton(2010)도 훈련생의 발달을 고민할 수 있는 형식을 제시한다. 맥콤McComb,

다이아몬드Diamond, 브론린Breunlin, 챔버스Chambers, 머레이Murray(2018)는 베테랑 훈련생에게는 구조화된 교육 및 치료 프로토콜인 STIC(제4장 참조)에 대한 도움이 감소하는 것을 발견했다. 마지막으로, 셰이와나 해리스Shaywanna Harris(2017)는 예비 수퍼바이저 훈련가에게 전체 수련 체계의 발달적 요구, 즉 훈련가뿐만 아니라 수퍼바이저의 발달적 요구도 고려할 것을 권장했다(Marovic & Snyders, 2010는 진화하는 CFT 수퍼바이저의 발달 여정에 대해 정보에 입각한 체계적 로드맵을 제공한다). 물론 앞의 고려 사항 외에도 내담자 하위체계의 발달 요구사항을 추가하고 싶다.

사회적 역할 접근법

사회적 역할 모델social-role models은 교사, 컨설턴트, 멘토 등 수퍼바이저의 다양한 역할에 초점을 맞춘다. 매우 복잡한 모델을 포함해 다양한 모델에서 수련 상황을 특정 과업 및 행동에 맞추는 시도를 한다. 이 장의 뒷부분에는 특정 상황에 맞춘 수퍼바이저 역할을 보여 주는 맥락·기능적 메타 프레임워크Contextual-Functional Meta-Framework: CFM 접근법에 대한 챙Chang의 설명이 제시된다.

다른 접근법: 기술과 페미니스트의 영향

그 자체로 수퍼비전 접근법은 아니지만, 수퍼바이저의 사고방식과 수퍼비전은 최소 두 가지에 의해 영향을 받았다. 첫 번째는 결과 기반 교육을 반영하는 목표 또는 기술 지향적 영향이다(Nelson & Smock, 2005). 훌륭한 수퍼비전 접근법은 모두 수퍼비전 기간 동안의 적절한 최종 결과로 간주되는 것을 염두에 두고 시작한다. 톰Tomm과 라이트Wright(1979)는 가족치료에서 개념적·지각적·실행적 기술이라는 세 가지 역량 영역이 있음을 확인했다. 넬슨Nelson과 존슨Johnson(1999)은 평가 및 전문 기술을 추가하며 이 접근법을 확장했다. 이러한 기술을 모두 숙달하면 유능한 치료자가 되는 것이다. 미국부부가족치료학회(AAMFT, 2004; Nelson et al., 2007; 부록 B)는 '부부가족치료자를 위한 핵심역량(CCs; core competencies)'이라는 야심 차고 포괄적인 목록을 제시했다. 이 목록은 훈련 프로그램, 대학원 교육, 정책 업무(입법, 면허, 보험)에서 유능한 가족치료자가 하는 일과 반드시 배워야 하는 기본을 설명하는 데 사용되었다. 이 목록은 가족치료자 감독자, 가족치료자, 정책 입안자, 교육자, 기타 정신건강 기관 및 정부 위원회와 같은 중요한 이해관계자와의 포괄적인 협의 과정을 통해 개발되었다. 훈련생이 특정 치료법을 배우는 동안 일반적인 치료 역량과 기술이나 목표한 치료기법이 사용될 수 있으며 발달 프레임워크 내에서 이해할 수도 있다.

페미니즘에 기반한 수퍼비전도 중요한 영향이라 할 수 있다. 페미니즘적 수퍼비전의 관점은 훈련생과 수퍼바이저 간의 협력적이고 평등적인 관계를 강화하고 양성 평등, 관계에서의 힘의 균형, 다양성 등 페미니즘 사상에 특히 중점을 두는 것이 특징이다(Degges-Wite, Colon, & Borzumato-Gainey, 2013; Prouty, Thomas, Johnson, & Long, 2007 참조). 페미니즘 원칙은 수퍼바이저에 대한 거의 모든 접근법에 영향을 미칠 수 있다. 페미니즘 가족치료에서는 드문 한 측정 연구(Green & Dekkers, 2010)에서, 수퍼바이저와 달리 CFT 훈련생이 이러한 수퍼비전에 대한 만족도가 높고 학습 성과가 더 좋았다고 응답한 것은 흥미로운 결과이다.

수퍼비전의 공통요인

앞의 분류 시도의 기초가 되는 문헌을 검토한 결과, 모건과 스프랭클(Morgan & Sprenkle, 2007)은 수퍼비전의 공통 요인을 파악하여 수퍼비전의 모든 접근법을 가로지르는 수퍼비전의 세 가지 차원, 즉 ① 임상 자료에 대한 강조 대 전문성 개발, ② 특정 임상 사례 문제에 대한 구체성과 집중 대 일반적인 치료 개념, 철학, 맥락, ③ 협력 대 위계적 관계의 성격에 대해 논의한 바 있다. 모건과 스프랭클은 모든 수퍼바이저 접근법은 수퍼바이저의 위치, 즉 이 각각의 세 가지 차원에 따라 수퍼바이저의 역할과 수퍼비전의 목표를 식별하는 데 도움이 되는 수퍼바이저의 위치 측면에서 식별할 수 있다는 개념을 제시했다. 이어서 전체를 아우르는 수퍼비전 관계와 함께 강조 및 구체성 차원을 기반으로 감독 역할의 매트릭스를 제안했다. 이러한 역할에는 멘토(전문 역량 및 특정 상황), 코치(임상 역량 및 특정 상황), 교사(임상 역량, 일반 주제 및 이론적 또는 접근법 수준의 역량), 관리자(전문 역량 및 일반 주제)가 포함된다. 관계 측면은 지시에서 협력으로 이어지는 연속선상에 있다. 모건과 스프랭클의 아이디어에 공감하든 그렇지 않든, 그들이 제안한 수퍼비전 모델에 대한 사고방식은 확실히 '수퍼비전 모델'이라는 개념을 이전에 식별되고 논의되었던 것과는 다른, 어쩌면 더 넓은 관점에서 바라보는 데 도움이 된다. 우리가 주요 치료 모델의 개념과 개입을 넘어 수퍼비전과 수퍼비전 프로세스, 즉 수퍼바이저가 어떤 상황에서 수행하는 역할에 따라 취하는 행동에 대한 다른 수준의 사고를 할 수 있도록 한다.

수퍼바이저 역할의 모건과 스프랭클(Morgan & Sprenkle, 2007)의 사분면에서 자신의 위치를 어떻게 정하든, 그리고 훈련생의 발달 수준이나 상황적 요구 또는 논의되는 특정 문제에 따라 그 위치가 어떻게 달라지든, 우리는 이러한 접근법, 요소 및 차원이 수퍼비전에서 어떻게 맞물리는지, 특히 그것이 우리의 결정과 행동에 어떻게 영향을 미치는지 이해하는 것이 중요하다. 치료 결정을 내릴 때 자신의 접근법 및 인지 과정을 이해하는 치료자가 일반적으로 더 효과적이듯, 수퍼비전도 마찬가지다. 순간순간 또는 장기적인 수퍼비전의 결정은 수퍼바이저가 자신의 철학을 이해하는 정도에 따라 더 많은 정보를 제공하고, 더 효과적이고 효율적이 된다.

결론: 수퍼비전 지도

수퍼비전을 '모델'로 생각하기보다는 '지도map'로 생각하는 것이 더 유익할 수 있다. 지도를 사용할 때 우리는 적어도 두 가지 지점을 생각한다. 즉, A지점(현재 위치)과 B지점(최종 목적지)이다. 수퍼비전에서 A지점은 수퍼비전 관계의 시작점 또는 기술과 관련된 훈련생의 역량이다. B지점은 수퍼비전이 끝날 때의 바람직한 관계 또는 일련의 역량에 대한 숙달 수준의 증거다. 여행자가 도로지도, 지형도 또는 기타 여러 지도를 사용하는 것처럼 수퍼바이저와 연수생은 수퍼비전에서 여러 가지 지도를 사용할 수 있다. 지도 비유를 복잡하게 하고 싶지는 않지만, 수퍼바이저가 최종 목적지(숙련되고 유능한 수퍼바이저의 모습), 가고 싶은 경로, 경로에 영향을 미치는 요인, 해당 경로에 가장 적합한 차량 종류, 지도에 잘 표현되지 않은 지형의 다른 측면 등에 대해 생각해 보는 것은 유용하다(이러한 발달 지도는 故 크레이그 에버렛Craig Everett이 Lee & Everett, 2004에서 제시했다). 지금까지 우리는 독자들이 지도의 다양한 측면을 고려하도록 독려했다. 물론 지도는 영토가 아니며 실제로 영토에는 지도에 명확하게 표시할 수 없는 바위와 개울이 많다는 점을 잊지 않으려 했고, 다음 장에서도 계속 그럴 것이다.

제프 챙Jeff Chang의 CFM 수퍼비전 모델을 현대적 예로 들 수 있다. CFM 모델은 많은 독자가 유용하다고 생각하는 맥락적이고 통합적인 수퍼비전 프레임워크다. 이 모델은 수퍼비전의 맥락과 수퍼비전 체계 구성원의 상황은 물론 체계 구성원의 맥락을 모두 고려한다.

현장에서 본 현대적 예시: 수퍼비전을 위한 맥락 · 기능적 메타 프레임워크[1)]

맥락 · 기능적 메타 프레임워크(CFM: Chang, 2013)는 수퍼바이저가 자신의 업무를 개념화하는 데 도움이 되는 여섯 가지 요소로 구성된 메타 프레임워크 또는 체험학습법이다. 각 구성 요소는 방향성 질문으로 포착할 수 있다.

관리행정적 맥락: "누구에게 충성을 맹세하는가?"

관리행정적 맥락은 수퍼비전의 한도를 정의한다. 여기에는 인증기관, 기관의 명령, 초급자부터 실무자까지의 역량 프로필(College of Registered Psychotherapists of Ontario, 2012; Kaslow et al., 2009; Nelson et al., 2007; Northey & Gehart, 2019), 법적 의무(예: 법원 명령, 경고/보호 의무, 개인정보 보호법 등), 면허 위원회 등이 포함될 수 있다. 이는 문서화 및 보고, 목표 및 계약, 수퍼비전 시수 및 유형, 수퍼비전 수단, 수퍼바이저 자격 등에 영향을 미칠 수 있다.

수퍼비전 관계: "수퍼비전 관계가 우리의 공동 행동을 지원하는가?"

공통요인이라는 방향성(Duncan, Miller, Wampold, & Hubble, 2010)에 따르면 수퍼비전에서의 동맹은 수퍼비전의 핵심이다. 수퍼바이저와 수련생 간의 문화적 차이는 수퍼바이저 업무 동맹으로 관리할 수 있다.

---

1) Jeff Chang 저, 집필에 기여해 준 아타바스카 대학교Athabasca University 부교수 제프 챙 박사에게 감사드린다.

문화에 반응하며 사회적으로 정의로운 접근법

콜린스Collins(2019)는 문화에 반응하고 사회적으로 정의로운 치료의 원칙을 제안한 바 있는데, '문화'를 능력, 인종, 성별 및 성 정체성, 특권, 성적 취향 측면에서 한 개인을 어떤 위치에 놓이게 하는 것이라고 폭넓게 정의했다. 여기에는 수퍼바이저가 자신의 문화적 위치를 성찰하고 그렇게 할 수 있는 환경을 조성하며, 치료 모델에 대한 특권적 가정에 의문을 제기하는 것이 포함된다(Doyle & Gosnell, 2019; McDowell, Knudson-Martin, & Bermudez, 2018).

수퍼비전 관계

치료에서와 마찬가지로 수퍼바이저와 수련생의 관계는 결과에 막대한 영향을 미칠 가능성이 크다. 수퍼비전 관계를 관계에 대한 해결 중심적 아이디어(De Jong & Berg, 2013) 또는 변화의 초이론적 모델(Di Clemente, 1999)과 비슷하게 개념화하는 것이 유용할 것이다. 이는 수퍼바이저가 수련생의 수용도에 맞춰 자신의 행동을 조정하는 데 도움이 될 수 있다. 치료와 마찬가지로 수퍼비전 관계도 피드백을 얻는 것이 유익하다. 버나드Bernard와 굿이어Goodyear(2009)는 수퍼바이저가 수퍼비전 관계를 추적하는 데 사용할 수 있는 몇 가지 도구를 제시했다.

수퍼바이저 기능: "언제 무엇을 해야 하는가?"

CFM에서 수퍼비전은 단순히 학위나 면허를 취득하기 위한 수단이 아니라 평생토록 해야 하는 노력이다(British Association for Counselling and Psychotherapy, 2018; Goodyear, Wertheimer, Cypers, & Rosemond, 2003). 저자는 수퍼비전에는 아홉 가지 고유한 기능이 있으며, 상황과 수련생의 발달 단계에 따라 그 적용이 달라짐을 확인했다.

- **임상 교육가**: 지각 및 개념 발달에 초점을 맞춰 개념과 이론을 가르침(Nelson et al., 2007; Tomm & Wright, 1979)
- **스킬 개발 코치**: 실행 기술 모델링 및 교육(Rousmaniere, Goodyear, Miller, & Wampold, 2017; Tomm & Wright, 1979). 개별적인 일반 기술(예: 주의집중, 질문, 반영, 요약, 정보제공, 직면, 구조화), 모델 전반에 사용되는 일반적 순서(예: 역사 파악, 문제 설명 요청, 기술 훈련 개입 수행, 교훈적 내용 전달) 또는 특정 개입(예: 실

연, 예외 질문, 재정의)

- 윤리/위험 관리 컨설턴트: 임상에서 윤리적 원칙의 적용을 지원하고, 수련생의 윤리적 의사결정을 유도하고 촉구
- 촉진자: 수련생의 '사각지대', 결함, 임상 업무에 방해가 될 수 있는 개인적 문제를 지적하고 개입
- 전문적인 게이트키퍼gatekeeper: 전문직에 입문하는 수련생을 모니터링하고 평가
- 조직/관리행정 감독자: 수련생의 임무에 대한 지도 및 성과 관리
- 개인적 지지자: 따뜻하고 수용적인 분위기를 조성하고, 수련생의 사생활에 대해 정중하게 경청하며, 수퍼바이저의 장애 징후에 주의를 기울이고, 필요한 경우 수련생에게 치료를 맡기면서 치료적 역할에서 비켜 주기
- 직업적 멘토: 직업적 문제와 경력에 대한 조언과 지원을 제공
- 옹호자/체계 변화 주체: 임상 서비스 제공을 개선하기 위해 정책, 조직 구조 및 임상을 옹호

변화 이론: "아이디어의 충돌이 있는가, 아니면 아이디어의 생태학이 있는가?"

이론적 다원주의의 맥락에서 CFM에서 '변화 이론'은 수퍼바이저와 훈련생의 내담자 변화 이론과 각자의 자기 변화 모델을 의미한다. 수퍼바이저의 임무는 이론적 통일성을 촉진하는 것이 아니라 교차 발아를 허용하는 아이디어의 생태계를 촉진하는 것이다.

서비스 제공 체계의 동형성: "수퍼비전 과정에 영향을 미치는 관계 패턴은 무엇인가?"

수퍼바이저는 수퍼비전 관계와 기관의 역학관계가 치료자-내담자 체계에 어떻게 동형화되어 있는지 인지하고 그에 따라 개입해야 한다(Koltz et al., 2012).

상담사 개발의 단계: "수련생은 여정의 어디에 있는가?"

일반 도우미부터 25년 이상의 경력을 가진 박사급 치료자까지 125명의 상담사를 대상으로 한 스코폴트Skovholt와 론스테드Rønnestad(1995)의 연구에 따르면 여섯 가지 경력 단계에 있는 상담사는 기간, 중심 과제, 주된 정서, 영향의 원천, 역할 및 작업 스타일, 개념적 아이디어, 학습 과정, 효과 및 만족도 수준의 여덟 가지 차원에 따라 차이가 있었다(Rønnestad & Skovholt, 2003; Skovholt & Rønnestad, 1995). 따라서 수퍼바이저는 수련생의 발달 상태에 맞게 접근법을 조정해야 한다.

연습

1. 당신이 선호하는 치료 접근법은 무엇인가? 단일 접근법인가, 통합적 접근법인가, 아니면 증거 기반 방식인가?

2. 선호하는 치료 접근법이 수퍼비전에 대한 접근법이나 철학에 어떤 영향을 미치는가?

3. 이 장에 제시된 다양한 접근법을 읽으면서, 이러한 아이디어가 여러분의 수퍼비전 철학에 어떤 영향을 미치는가? 당신의 접근법과 어떤 점이 일치하고 어떤 점이 불일치한다고 생각하는가?

4. 당신은 수퍼비전에 대한 모건과 스프랭클(Morgan & Sprenkle, 2007)의 공통 요인 접근법에 공감하는가? 그들이 제시한 다양한 역할에 대해 어떻게 생각하는까?

5. 모건과 스프랭클의 접근법이 당신의 접근법과 맞지 않는다면, 수퍼바이저 역할 측면을 더 합당하게 하는 것은 무엇인가?

6. 챙Chang의 접근법이 수퍼비전에 대한 당신의 생각에 어떤 영향을 주었는가? 어떤 점이 공감되고 어떤 점이 공감되지 않았는가?

제7장

문헌에 따르는 효과적인 수퍼비전

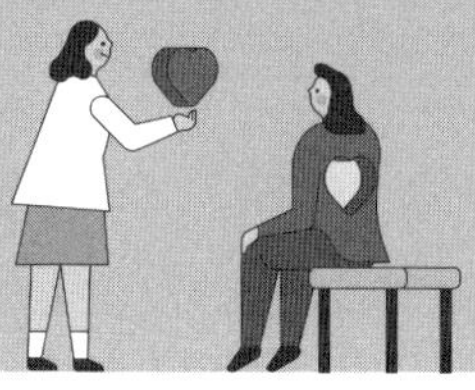

수퍼비전 내용과 목표에 대해서, 모든 수퍼바이저가 지니는 기본적인 질문은 다음과 같은 두 가지이다. 이것들이 연구되고 있는 중요한 요소들인지 어떻게 알 수 있는가? 이 내용과 목표가 훈련되고 있는지를 어떻게 알 수 있을 것인가?

이상적인 것은, 이 장에서 경험적 수퍼비전 문헌, 즉 다양한 훈련체계에서 다양한 훈련 목표와 이슈를 가지고 다양한 수퍼바이저와 훈련생에게 효과적인 것으로 입증된 수퍼비전 모델, 개념과 과정을 정리하는 것이다. 그러나 안타깝게도, 지금은 그런 장이 불가능하다. 경험적 연구에 기반을 둔 가족치료 모델은 여전히 발전 중이며(예: 제9장 참조), 수퍼비전 개입 모델을 성공적으로 수행하는 데 기초가 된다고 예상되는 실행, 미시, 메타기술executive, micro-, and metaskills에 거의 주의가 기울여지지 않았다. 따라서 수퍼비전 모델에 대한 과학적 검증이 거의, 혹은 전혀 없다는 사실은 놀라운 일이 아니다. 실제로 훈련체계의 4+ 수준 모델four-plus level model(수퍼바이저 자문과/또는 환경, 수퍼바이저, 훈련생, 내담자; Lee & Everrett, 2004 참조)이 제안하는 복잡성과 미묘한 뉘앙스를 고려할 때, 그러한 연구 프로그램은 엄두가 나지 않는다. 그 논문의 제2저자(Everrett)는 커플가족치료(CFT) 수퍼바이저들이 CFT 수퍼비전 기본역량으로 생각하는 공통 기술을 정하려고 시도했다. 몇몇 수퍼바이저를 대상으로 예비조사를 진행했는데, 응답자마다 다른 아이디어를 내자 그녀는 연구를 포기하고 말았다.

최고의 수퍼비전 실천에 대한 진화적 검토: 의견에서 경험주의로

의견(1990년대 이전)

초기에 수퍼비전 목표와 변화 과정은 주요한 CFT 이론들을 채택해서 이 이론들에 따라 구체화되었다(Kniskern & Gurman, 1988). 이러한 방식은 지금도 어느 정도는 사용되고 있다(Lee & Everrett, 2004; Lee & Nichols, 2010; Liddle, Breunlin, & Schwartz, 1988; Todd & Storm, 2014). 수퍼비전의 효능성에 대한 증거로는 안면타당도(효과적인 수퍼비전은 다양한 치료 모델의 목표와 변화 과정과 유사함)와 일화적 증거가 있었다. 그러한 개념화는 또한 특정인 개인과는 상관없었으며, 통합적 이전의 관점이었다(Lebow, 1997a, 1997b 참조).

일반적인 가족치료 기술

1988년에는 "주요 이론들이 행하라고 말하는 것"이 지닌 지배력이 희미해지기 시작했다. 리들Liddle과 동료들(1988)은 주요한 처치모델들이 요구하는 목표와 과정에 부가해서, 독자들이 일반적인 가족치료 기술을 고려할 수 있음에 주목했다. 즉, 고전적인 수퍼비전에 대한 글에서, 그들은 "훈련생들의 개념적, 지각적, 기술적 또는 실행적 기술의 (경험적으로 결정된) 증가"에 기초한 훈련 프로그램의 체계적인 평가를 요구했다(p. 369). 개념적 기술conceptual skills은 문제를 체계론적으로 개념화하고, 규칙이 가족 행동을 지배하고 가족의 상호작용을 예측하는 방식을 이해하는 치료자의 능력과 관련된 기술이다. 지각적 기술perceptual skills은 치료자의 개념 틀 내에서 특정한 가족을 평가하는 치료자의 능력과 관련된 기술이다. 실행적 · 기법적 기술executive and technical skills은 훈련 프로그램의 목표, 체계론적 개념화, 가족 역동에 대한 지각, 선택된 치료 접근에 따른 기술 향상과 일관된 방식으로 치료자가 가족 회기에서 행동할 수 있는 능력을 의미했다(Tom & Wright, 1979, AAMFT, 2004 참조). 그런 다음 리들과 동료들은 이후 가족치료 성과와 관련 있다고 밝혀진 치료자 요인(예: 구조화 기술과 관계적 기술)에 대한 경험적 연구들을 검토했다. 작업동맹과 메타기술, 미시기술에 대한 당대의 관심을 예견하면서, 그들은 다음과 같은 기술을 가르치고 기를 수 있는지 알아보기 위한 연구를 추천했다.

- 가족치료의 기초가 되는 실질적인 자료에 대한 지식과 그러한 자료를 가족 사정과 가족의 처치에 통합할 수 있는 능력
- 체계에 개인이 포함되어 있음을 기억하면서 체계론적으로 사고하고 개입하는 것
- 신체적 · 정서적 · 지적으로 가족과 함께 '치료실에 머무르는 것'(합류, 저항 관리 등)
- 가족체계 및 하위체계의 역동이 기능하고 드러나는 것에 충분히 주의를 기울이는 것
- 가족이 보여 주는 강점과 문제를 적절히 사정하는 것
- 가족체계와 하위체계의 구조와 과정을 설명할 수 있는 것
- 가족의 강점과 문제에 대한 초기 및 지속적인 사정과 일관된 처치 계획을 짜고 실행하는 것
- 나타난 전략을 적절하고 유연하게 변화시키는가를 계속해서 사정하는 것
- 윤리적이며 치료의 법적 제약을 지킬 수 있는 선 안에서 행동하는 것

예를 들어, 피글리Figley와 넬슨Nelson(1989), 니콜스Nichols(1988)와 같은 다른 사람들은 이러한 목록에 수퍼비전을 통해 가르치고 배양해야 할 일반적인 가족치료 기술을 추가했다. 또한, 1988년에 리들과 동료들은 가족치료 수퍼비전과 훈련 중에 일어날 수 있는 상황적 이슈들에 주의를 기울일 것을 처음으로 권고했다. 그들은 특히 성별을 고려한 위계, 권력, 역할의 이해뿐만 아니라 가족생활주기와 문화 간 이슈들을 언급했다.

전문성

리들과 동료들(Liddle et al., 1988), 피글리와 넬슨(Figley & Nelson, 1989), 니콜스(Nichols, 1988)의 작업을 통해 향상된 변화와 함께, 수퍼비전의 또 다른 주요 목표인 전문성을 지지하는 목소리가 제기되었다. CFT 이론과 적용을 지도감독하는 것을 넘

어서서, 수퍼바이저는 또한 가족치료라는 직업 내에서 훈련생이 지닌 정체성에 관심을 가지게 되었다(Nichols, 1988; Nichols & Everrett, 1996, Liddle, 1988 참조). 여기에는 '전문가로서의 자신감'이라는 직업에 대한 정체성을 강화하고, 가족치료를 지향하는 윤리, 법률 및 실천 기준에 대한 확고한 기초를 갖추는 것이 포함되었다. 역설적일 수 있지만, 시작 단계에 있는 훈련생들은 가족학과 가족치료의 경험적 연구 둘 다에 익숙해야 하고 이를 존중해야 한다. 카람Karam과 스프랭클Sprenkle(2010)은 이후 학생들이 연구의 기초를 배우고 응용 연구자가 되도록 장려하는 과학자-실천가 모델로 학생들을 훈련시키는 것보다, 석사 수준의 학생들이 '연구를 통해 정보를 얻는research-informed' 실천가가 되는 것이 더 실용적이고 유용할 수 있다고 제안했다. 즉, 학생들은 연구의 소비자가 되고 전문 학술지에 보고된 연구를 비판할 수 있는 연구방법론에 충분히 정통해지는 것이다.

10년 동안의 델파이 연구: 1990~2000년

델파이 연구(Stone Fish & Busby, 2005 설명 참조)는 경험적 자료가 존재하지 않는 주제나 분야에서 전문가들 사이의 합의를 체계적으로 확립하는 방법이다. 예를 들어, 실천과 성과 자료가 없는 경우, 전문가 참여자들은 어떤 주제에 대하여 합치되는 의견을 수립하는 일련의 설문조사 내에서 서로에게 '반응'한다. 이 경우, 수퍼비전 전문가들이 수퍼비전의 본질적 목표라고 동의하는 것은 무엇인지, 훈련생들이 최상 또는 최악의 수퍼비전 실천이라고 생각하는 것은 무엇인지 확인하기 위한 몇몇 탐색이 있었다. 독자들은 주요한 자료 출처를 찾아보아야 한다. 그 정보는 여기서 제공되는 강조점 이상으로 풍부하고 미묘한 차이를 보인다. 이러한 전국적 델파이 연구에는 우리의 작업에 관련되는 훈련 내용과 수퍼비전 과정이라는 두 가지 초점이 있다.

훈련의 내용

전문가들은 먼저 CFT의 주요 모델들에 걸쳐서 어떤 개념과 기법을 다루고 있는지(Figley & Nelson, 1989, 1990; Nelson & Figley, 1990; Nelson, Heilbrun, & Figley, 1993), 이 모델들 사이에서 겹치는 정도는 어떠한지(Lee, Emerson, & Kochka, 1999; Midori

Hanna, 2019)에 대한 합의를 모색했다. 거의 동시에 전문적이고 경제적인 힘들이 부부가족치료에 대한 전국 조사 프로그램(Lee & Sturkie, 1997에서 요약되어 있고, www.amftrb.org에서 주기적으로 업데이트됨)을 개발하도록 이끌었다. 이 조사는 가족치료의 실천을 열망하는 사람들이 무엇을 알고 무엇을 할 수 있어야 하는지에 대한 기본적인 합의에 도달하기 위하여 국가적 설계 연구를 필요로 했다. 대학, 기관, 사설 상담소 등 실천 환경을 대표하는 전문가 패널은 책임(실천 영역), 각 영역과 연관된 특정한 일과 관련된 과제, 그리고 그러한 과제를 수행하는 데 필요한 지식과 기술이라는 주요 영역의 측면에서 가족치료의 실천을 설명했다. 이 내용은 이후 활동 중인 커플가족치료자를 대상으로 한 투표로 확정되었다. 시간이 지남에 따라 가족치료 실천이 변화하였기 때문에, 이러한 연구는 1998년, 2004년, 2012년에 반복되었다. 가족치료 자격증 취득 과정에서 중요한 역할을 한다는 점에서 수퍼바이저들은 이 전국 조사와 세부조항들을 계속해서 인지하고 있어야 하며, 이는 정기적으로 부부가족치료학회 자격관리위원회amftrb.org의 웹사이트를 검토하면 된다.

2000년대 초에 밀접하게 관련된 발의는 부부가족치료의 핵심역량 또는 CCs의 개발을 포함했다(AAMFT, 2004; Nelson et al., 2007; 이 역량은 제4장에서 소개되고 제8장에 자세히 설명되며, 부록 B에서 제공된다). 개발자들은 가족치료자들이 수퍼비전을 안 받아도 되어 치료를 시작할 때, 임상 작업 중 그들이 알고 있어야 하고 분별해야 하며 실행해야 할 기본적인 지식을 확인하는 것을 목표로 삼았다. 게다가 2005년에 COAMFTE는 성과 기반 형식outcome-based format으로 표준을 변경했다. 따라서 교육기관과 대학원 졸업 후postgraduate 훈련기관에 있는 수퍼바이저들 모두 그러한 표준을 따라야 한다. 마지막으로, 수퍼바이저는 CCs와 COAMFTE 인증 표준에 다양한 의료 환경 및 전문가와 적절히 상호작용할 수 있는 가족치료자의 능력이 포함되어 있음을 알아야 한다.

수퍼비전 과정

화이트White와 러셀Russell(1995)은 AAMFT 공인 수퍼바이저의 전국 표본을 대상으로 효과적인 가족치료 수퍼비전의 가장 중요한 특성에 대한 합의에 도달하기 위해 질문하였다. 771개 항목의 초기 목록은 결국 다음과 같이 세 가지 공통된 믿음으로 축소되었다.

- 훈련생과의 상호작용은 절차, 방법 및 수행 평가와 관련하여 명확한 기대가 있다.
- 확고한 작업동맹이 있어야 한다(즉, 공유된 목표와 그러한 목표에 대한 작업을 지원하기에 충분한 관계를 맺어야 한다).
- 수퍼바이저는 사례관리, 이론 및 기술 개발, 치료자로서의 자기에 대한 세부 사항 전반에 길쳐 주의를 기울여야 한다.

설문조사, 양적 분석, 질적 연구의 도래

델파이 조사는 2000년까지 수련생들에 대한 반구조화된 폐쇄형 질문으로 이루어진 전국적인 조사와 이러한 자료의 양적, 질적 분석으로 대체되었다. 예를 들어, 160명의 CFT 수련생을 대상으로 한 전국 표본은 반구조화된 조사도구를 사용하여 최고 및 최악의 수퍼비전 경험에 대해 질문했다(Anderson, Schlossberg, & Rigazio-DiGilio, 2000). 그들의 긍정적인 기억은 수퍼바이저 행동에 대한 네 가지 차원을 포함한다. 다음과 같을 때 수퍼비전은 안전한 환경으로 기억되었다.

- 수퍼비전 환경에서의 개방성에 대한 감각, 즉 수퍼바이저가 실수를 환영하고 피드백에 개방적이며 새로운 아이디어를 탐구하기
- 존중, 격려, 지지를 활용해 소통하면서 강점에 초점을 맞추기
- 개인의 성장 이슈에 대한 격려와 맹점 및 저항에 기꺼이 대면하기
- 개념적 · 기술적 지침과 방향, 즉 수퍼바이저가 유용한 개념 틀과 실천적 기술 제안하기

대조적으로, 치료자들의 표본은 폐쇄적이고, 경직되며, 비판적이고, 침범하며, 그리고/또는 저속한 수퍼바이저와 함께 있을 때 최악의 경험을 했다는 것에 동의했다. 이러한 발견은 드레이크 월러스Drake Wallace, 윌콕슨Wilcoxon과 새처Satcher(2010)가 미국상담학회의 경력직 상담자 278명을 대상으로 한 전국 표본이 제공한 응답을 요인분석한 연구에서도 다시 나타났다. 이 표본은 그들의 만족감을 명확하고 상호적인 기

대의 상대적인 유무라는 추가적인 중심 관심사와 연결시켰다. 동시에 42명의 CFT 수련생을 대상으로 한 또 다른 전국 설문조사(Green & Dekers, 2010)는 권력과 다양성 이슈에 대한 관심이 이러한 훈련생들이 그들의 수퍼비전 경험에 만족하는 정도와 통계적으로 상관관계가 있다는 페미니스트 수퍼바이저 원칙을 보여 주었다. 오캐퍼Okafor, 스티븐슨 워치악Stevenson Wojciak과 헬프리치Helfrich(2014), 그리고 피어시Piercy와 동료들(2016)이 수행한 설문조사에 대한 합동 주제 분석congruent thematic analysis은 오브라이언O'Brian과 리가지오-디길리오Rigazio-Digilio(2016)가 보고한 레즈비언, 게이, 양성애 수퍼바이저의 인터뷰와 마찬가지로 수퍼바이저-수련생 훈련의 하위체계에서의 중요한 뉘앙스를 발견했다.

현재의 연구 주도권

현재 가족치료 분야에는 수퍼바이저에게 시사점을 주는 세 가지 주요 연구 주도권이 있다. 첫 번째는 특정한 종류의 가족치료에 대한 경험적 타당화이다. 치료자가 이러한 처치 중 하나를 임상 상황으로 확장하는 경우, 그 사람은 아마도 원하는 결과를 얻어 내기 위하여 과학적으로 보이도록 하는 절차를 따라야 할 것이다. 이처럼 여러 상황에서 걸쳐 처치가 충실했음을 요구하게 되자 메뉴얼화된 처치가 나오게 되었다. 즉, 누가 처치를 받아야 하는지와 개입이 정확히 같은 방식으로 이루어졌는지에 대해 조사 가능한 세부 사항이 있어야 한다. 매뉴얼화된 개입과 관련된 우수한 예시로는 다체계적 치료Multisystemic Therapy가 있다(Henggler & Shedow, 2012). 경험적으로 지지되거나 매뉴얼화된 처치의 수퍼비전에 대해서는 제13장에서 논의될 것이다. 당신은 연방정부에서 사용되는 등급 체계와 '잘 지지되고 효능성이 있는 처치'부터 '관심을 유발하는 처치'에 이르기까지 매뉴얼화된 처치의 예시들을 활용할 수 있다(Saunders, Berliner, & Hanson, 2004).

두 번째 주요 연구 주도권은 심리치료의 모든 방법에 공통적인 것으로 생각되는 일반적 요인을 탐구하는 것이다. 이 일반적인 요인들은 많은 치료가 변화를 촉진시키는 측면에서 동등한 능력을 지닌다는 공통된 결과를 알려 준다. 그러한 공통요인common factors이 무엇인지에 대해서는 상당한 논의가 있었고, 여러 개념적 모델로 이어졌다. 이 모델 중 하나(Imel & Wampold, 2008)는 심리측정학에서 유래되었으며, 잠정적으로 2개의 영역(사고와 감정)과 3개의 군집(유대, 정보, 역할)을 알아냈다. 연구자들은 치료 결과의 30%에서 70%가 이러한 공통요인들에서 발생할 수 있다고 제안했다. 공통요인 및 수퍼비전에 대한 자세한 내용은 제2장과 제6장에 나와 있다.

스프랭클과 동료들(Sprenkle et al., 2009)은 그러한 공통요인의 존재가 가족치료의 다양한 주요 모델을 배제하지 않는다고 제안했다. 여기에는 상호작용이 존재할 수 있다. 즉, 다양한 치료 모델은 다양한 임상 상황에 힘을 실어 줄 수 있는데, 그 이유는 이러한 상황에서 그 모델들이 소위 공통 치료요인을 강화하기 때문이다. 신중한 수퍼바이저들은 치료 모델의 개입들과 치료동맹과 같은 공통요인 모두에 눈을 돌린다. 그럼에도 불구하고, 스프랭클과 동료들(Sprenkle et al., 2005)이 "하나의 주요 MFT 이론이 다른 이론보다 낫다는 것을 뒷받침하는 증거가 전혀 없다."라고 관찰한 것처럼, '공통요인'에 대해서도 이러한 주장은 똑같이 적용될 수 있다. 일반적인 치료적 요인들은 합리적인 것처럼 들리지만, 경험적으로 결정된 증거가 없다. 이것들은 여전히 인기 있는 가정으로 남아 있으며, 많은 곳에서 CFT 훈련을 위한 선택의 수단이 되었다.

관련 연구 분야는 실제로 1979년 보딘Bordin으로부터 시작되었다. 그것은 '치료' 또는 '작업'동맹이라는 말로 바뀌었다. 보딘은 심리치료의 효능성은 목표, 이론과 기법뿐만 아니라 내담자와 치료자가 서로를 받아들이고 그들 사이에 나타나는 정서적 유대감을 만들어 냄으로써 얻게 된다고 생각했다. 그 후, 이러한 개념들은 내담자, 치료자, 그리고 그들의 상호작용에 적용될 자기보고와 평가 척도로 발전되었다. 쉬레프Shelef와 다이아몬드Diamond(2008), 크너Knerr와 동료들(2011)은 이 문헌연구와 관련해 두 가지 포괄적인 역사적 리뷰를 제공한다. 전반적으로, 훈련받은 관찰자에 의해 기록된 회기 평가는 치료동맹과 비교해서 치료 도중 발생하는 예언타당도를 가질 수 있다. 실제로 인기를 끌고 있는 밴더빌트 치료동맹 척도 개정판Vanderbilt Scale of Therapeutic Alliance-Revised(Shelef & Diamond, 2008)은 가족치료를 하는 도중 심리측정학적으로 관찰하기 쉬운 다섯 가지 항목으로 축소됐다. 회기에서 이해와 지지, 채택된 방법의 수용, 신뢰와 방어적이지 않은 태도, 공통된 관점, 공통의 목표와 과제가 나타날 때 작업동맹이 있다고 볼 수 있다. 치료자와 내담자뿐만 아니라 훈련생과 수퍼바이저 간에도 이러한 것들이 똑같이 관찰된다면 효과적인 작업동맹이 있다고 말할 수 있을 것이다.

생각해 보면, 몇 가지 관찰은 중요한 것으로 보인다. 그중 몇 가지는 수퍼바이저와 훈련생이 치료와 더불어 수퍼비전에 대해도 연구할 귀중한 기회가 될 것이다.

- 체계론적인 연구의 전체 프로그램에 비해, 다양한 내담자에게 활용되는 다양한 형태의 치료성과를 예측하는 항목의 능력에 대해서는 연구 질문이 더 적다. "만약 그런 것이 있다면, 치료적 상호작용의 어떤 특성이 어떤 내담자 집단에게 어떤 형태의 치료를 사용할 때 성공적인 성과와 가장 잘 연관될 수 있는가?"
- 작업동맹은 내담자나 치료자의 특성에 초점을 맞추는 것이 아니다. 그것은 교류적이다. 오래전, 마지알리Marziali, 매머르Mamar와 크럽닉Krupnick(1981)은 치료자와 내담자의 상호작용이 치료의 태도-정서적 분위기에 기여하고, 성과를 평가할 때 무시될 수 없다고 결론 내렸다. 더 최근에, 크너와 동료들(Knerr et al., 2011)은 CFT 내담자 특성과 함수관계에 있는 작업동맹의 형성을 살펴보았고, 동맹의 형성에서 커플들이 어떻게 상호작용하는지를 조사했다. 마지알리와 동료들이 복잡한 과정 중 몇 가지 요인을 놓쳤을 수도 있지만, 크너의 연구팀은 관련된 과정의 복잡성을 명확히 이해했다. 우리는 그들의 정교한 다변량분석이 곧 내담자에게 개방성과 열정을 배양하는 치료자와 환경의 역할을 포함하기를 희망한다.
- 작업동맹이 관찰 가능한 다섯 가지 상호작용적 특성으로 정의될 수 있다면, 중요한 치료 메타기술 훈련을 위한 훌륭한 수단이 될 수 있다. 이것들은 수퍼비전이나 치료성과와 연관될 가능성이 있다.
- 임상 상황에서 작업동맹을 정의하고 관찰할 수 있으며 가치가 있는 것으로 간주할 수 있는 경우, 이를 수퍼비전 체계, 즉 수퍼바이저와 훈련생 간의 관찰 가능한 상호작용으로 유용하게 확장할 수 있다.

연습

1. 당신은 CFT 수퍼비전 연구가 미흡하다는 것에 대하여 어떻게 생각하는가?

2. 수퍼비전 연구를 설계할 경우, 어떤 수퍼비전 활동이 가장 긍정적인 성과를 예측할지를 연구문제로 설정할 수 있다. 이를 위해서는, ① 긍정적인 성과와 그 성과를 측정하는 방법에 대한 아이디어가 필요하며, ② 어떤 활동을 측정할 것이며 어떻게 측정할 것인지에 대한 아이디어가 필요하다. 이와 관련된 아이디어가 있는가?

3. CFT 수퍼비전을 연구하는 데 유용한 다른 연구문제로는 어떤 것이 있다고 생각하는가?

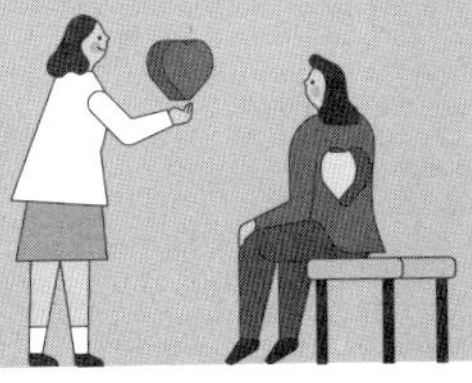

제8장

핵심역량을 기반으로 한 수퍼비전

제6장에서는 수퍼바이저들이 자신들이 선호하는 치료 모델의 측면에서 수퍼비전의 철학을 역사적으로 개념화하고 가르쳤음을 관찰하였다. 치료 훈련을 수퍼바이저와 더 큰 훈련체계 또는 수련과정을 포함하는 것으로 이해하는 경우는 거의 없으며, 해당 훈련 시스템의 임상 및 기타 프로세스와 동형인 경우는 더욱 드물다.

최근에 우리는 특정 접근법의 수퍼바이저가 이러한 접근법의 아이디어를 치료자/내담자 시스템과 수퍼비전 프로세스에 적용하는 것을 관찰하였다. 즉, 구조적 접근을 하는 수퍼바이저는 치료자/내담자 체계 및 수퍼바이저/수련생, 훈련생 체계의 경계를 모니터링할 것이다. 그러나 현재의 추세는 수퍼비전에 대한 다양한 접근법에 적용되는 중요한 모델을 만드는 것이다. 예를 들어, 제6장에서 모건Morgan과 스프랭클Sprenkle(2007)의 수퍼비전의 공통 요소에 대해 소개한 것과 제7장에서의 메타 프레임워크 접근법 등이다.

제안된 공통 요소와 특정 치료 접근법을 가르치는 수퍼비전 접근법 외에도 모건과 스프랭클(Morgan & Sprenkle, 2007)은 훈련생이 배워야 할 내용에 초점을 맞춘 감독 접근법을 검토하였다. 이러한 소위 '결과 기반' 교육outcome-based education: OBE 접근법은 미국의 교육현장에서 점점 더 대중화되었으며(커플가족치료사 교육 및 일부 과제와 관련된 논의는 Nelson & Smock, 2005 참조; Nelson et al., 2007) AAMFT로 하여금 핵심역량 개발(부록 B)을 하게 하였고 결과 기반 교육에서는 강사가 교육 내용 및 특정 임상 실습 감독 시간을 지정하는 대신 원하는 최종 결과에 집중하게 하였다. 결과 기반 접근법은 어떤 길로 가느냐가 아닌 목적지에 도달하는 것이 훨씬 더 중요하다는 개념에 근거한다. 커플가족치료사의 경우 자격위원회는 가족치료를 이용하는 소비자인 대중과 치료사라는 전문직 자체를 보호하기 위해 치료사의 질적 관리를 할 의무가 있다. 따라서 커플가족치료 교육자, 훈련가 및 훈련생은 상호작용의 최종 결과물이 기본 지식과 역량을 갖추고 있음을 입증할 수 있어야 한다.

예를 들어, 커플가족치료사는 동시에 여러 사람을 편안하게 인터뷰할 수 있어야 하며, 내담자가 목표를 달성할 수 있도록 돕는 치료자의 궁극적인 목표를 달성할 수 있도록 역학 관계를 관리할 수 있어야 한다. 그들이 역할극, 실시간 관찰, 비임상적 '내담자'와의 인터뷰 연습, 실시간 수퍼비전 또는 여러 방법의 혼용 등을 통해 이러한 기술을 배우는지 여부는 중요하지 않다. 다시 말하지만, 우리의 목적은 강의실 또는 실습 환경에서 몇 시간을 보내는가가 아닌 최종 결과이다.

커플가족치료에서는 체계적인 패러다임을 통해 사물을 본다. 즉, 체계 안에 있는 사람들 사이의 상호작용 패턴에 집중한다. 훈련생들은 다양한 맥락과 체계뿐만 아니라 그들과 내담자, 그리고 내담자와 중요한 관계에 있는 사람들 사이의 상호작용 성향을 이해하는 법을 배워야 한다. 훈련생들은 또한 시스템 안에 내담자를 참여시킬 수 있어야 한다. 따라서 훈련은 치료실에 있는 여러 사람들 사이에서 듣고, 반영하고, 갈등 상황을 관리하는 능력 등과 같은 미시적 기술에도 초점을 맞춘다. 많은 또는 대부분의 커플가족치료 학교는 교육생들이 고전적 접근법이든 증거 기반 및 통합적 접근법이든 치료에 대한 특정 접근법과 관련된 특정 기술에 집중할 수 있도록 돕는다 (Lee & Nichols, 2010).

대학원생 훈련생들과 일할 때, 수퍼바이저들은 종종 치료에 대한 그들만의 접근법 또는 훈련생들에 의해 선택된 접근법에 집중한다. 그들은 교과서나 수퍼바이저의 방식이 아닌 체계와 체계의 다양한 수준 및 맥락을 개념화하고, 다른 전문가들과 상호작용하며, 철학과 경험을 바탕으로 개입을 선택하는 것과 같은 정교한 기술에 주의를 기울인다(예: J. T. Thomas, 2010).

표준의 필요성

초급과 고급 수준의 훈련 모두, 수퍼바이저는 실제 행동에 주의를 기울여야 하고 치료자의 역량을 하나의 기준을 가지고 평가해야 할 의무가 있다. 따라서 2003년 미국부부가족치료학회AAMFT는 운영위원회와 함께 전담반을 구성하여 커플가족치료사가 수퍼비전 없이 치료를 수행할 경우 합리적으로 기대할 수 있는 기술과 핵심역량 목록을 개발했다. 전담반은 여러 단계를 거쳐(AAMFT, 2004; Nelson et al., 2007 참조) 커플가족치료사에 특화된 역량 목록과 양식을 개발했다

운영위원회는 치료의 일반적인 진행, 즉 내담자 선별부터 치료 진행 평가까지를 반영하는 커플가족치료사 영역의 형식을 선택하였다. 각 영역 내에서 하위영역은 톰Tomm과 라이트Wright(1979)의 개념적, 지각적, 실행적 기술의 3요소와 같은 사전 개념화를 기반으로 선택되었다. 이러한 기술 영역에는 가족치료기본기술 프로젝트the Basic Family Therapy Skills project(예: Figley & Nelson, 1989; Nelson & Johnson, 1999)의 데이터를 기반으로 한 평가적이고 전문적인 기술이 추가되었다. 각 하위영역에는 다양한 기술이나 역량을 포함하고 있는데, 이는 일반 자격을 취득하는 시점에서(커플가족치료사 최종 학위 취득 후 2년으로 추정) 커플가족치료사의 독립적인 실천에 필수적이라고 간주된다. 상식적으로 부부가족치료협회 자격위원회(Association of Marital Family Therapy Regulatory Boards, 2020) 및 최신 커플가족치료사 프로그램 인증 표준(COAMFTE, 2017)은 커플가족치료사 수퍼바이저가 이러한 기본적인 결과 표준 또는 이와 유사한 표준에 연수생 역량 평가의 초점을 맞출 것을 제안한다.

커플가족치료사의 핵심역량

많은 수퍼바이저와 치료자에게 핵심역량의 목록(AAMFT, 2004; Nelson et al., 2007)은 처음 보면 위압적일 수 있다. 이 목록은 길고 복잡하며 이를 충족시키는 것이 불가능해 보일 수도 있다. 그러나 형식과 항목을 잘 살펴본다면 대부분의 치료자와 수퍼바이저는 이 목록이 아주 간단하게 커플가족치료자로 만드는 기술, 특성 및 행동이라는 것을 깨닫게 된다. 치료사들은 발달 방식으로 이러한 역량을 습득하고 수퍼바이저 및 자격증을 갖춘 임상의로서 스스로 생각했던 것보다 대부분의 역량에서 발전하게 된다. 또한, 체계론적 치료자로서 우리는 패턴, 즉 역량 영역과 관심을 통해 이익을 얻을 수 있는 영역에 대한 새로운 그림을 보게 된다. 이러한 방식으로 새로운 훈련생을 스크린하여 특별히 관심을 두어야 할 필요가 있는 영역을 선별하고, 수퍼비전 계획을 개발하여 정해진 시간에 이루어야 할 목표들을 세우며, 이를 평가하기 위해 목록 전체나 일부를 사용하기 쉽게 되어 있다.

그 목록이 커플가족치료 석사과정 중에 다 마치도록 의도된 것이 아니기 때문에, 대학원 훈련생의 수퍼바이저들은 우선해서 훈련시킬 것들을 정하는 데 이 목록을 사용할 수 있다. 훈련생들과 협력하여, 수퍼바이저들은 목표달성 정도를 평가하기 위한 수단으로 합의된 목표를 설정할 수 있다. 아직까지는 그룹별로 수퍼바이저들이 가장 중요한 목표라고 생각하는 것에 대한 연구는 거의 이루어지지 않았다. 넬슨Nelson과 그레이브스Graves(2011)는 대학원 훈련생의 수퍼바이저들을 대상으로 조사해 본 결과, 이들이 훈련생들에게 고급 훈련을 시키는 데 가장 중요하다고 생각하는 것에 대한 몇 가지 흥미로운 패턴을 발견했다. 저자들은 수퍼바이저들이 교육생들에 대한 높은 기준을 가지고 있고, 높은 수준의 기술과 역량을 갖추고 대학원 교육에 지원할 것을 요구한다는 것을 알게 되었다. 동시에, 그들은 유능한 치료자가 되도록 새로운 대학원생을 훈련시켜야 할 책임을 인식하고 있었다. 추가적으로, 수퍼바이저들은 가족치료기본기술 프로젝트와 관련한 아이디어(특히 Figley & Nelson, 1989)를 얻을 수 있을 것이다. 수퍼바이저들은 숙달되어야 할 핵심역량 전반에 걸친 합의와 자신의 철학을 결합하여 훈련 계획을 만들 수도 있다.

커플가족치료 핵심역량의 하위영역

이 장의 나머지 부분에서는 5개 작업 영역을 구성하고 있는 하위영역을 탐색하며 핵심역량을 검토하고자 한다.

개념적 역량

개념적 기술은 책, 강의, 그리고 커플가족치료에 대한 토론을 통해 자주 배우는 것들이다. 모든 정신건강 전문가에게 공통되는 많은 기술이 있고(Lee, Emerson, & Kochka, 1999; Midori Hanna, 2019), 커플가족치료의 독특한 기술로 많이 있지만, 개념적 역량은 일반적인 커플가족치료 인지기술에 집중한다. 또한, 많은 핵심역량이 다른 정신건강 분야에도 적용되고 있고 어떤 것들은 커플가족치료에 '추가된 것'이기도 하다. 즉, 체계론적 렌즈를 통해 볼 때 향상될 수 있는 특정한 기술이다.

체계론적 개념

중요한 개념적 기술 목록의 가장 첫 번째는 체계론적 사고와 관련된 것들이다. '체계들에 대한 사고'나 '체계들에 대한 이론'이 아니라, 모든 것이 어떤 방식으로든 재귀적으로 연결되어 있다고 말하는 패러다임을 가지고 세상과 그 안에 있는 모든 것을 생각할 수 있는 체계론적 사고다. 따라서 체계의 한 부분의 변화는 부분들 간의 관계를 포함하여 다른 모든 부분에서 변화한다(von Bertalanffy, 1968). 이는 특히 인간 상호작용에서 그렇다. 상호작용적 또는 관계적 관점을 가진 치료자로서, 우리는 사람들의 머릿속에서 일어나는 일들이 그들의 감정과 행동에 중요하다는 것을 이해한다. 또한 행동이 사고와 느낌에 중요하고, 감정이 사고와 행동에 중요하다고 믿는다. 그들은 모두 함께 어우러져 수수께끼로 남아 있는 체계적이고 조직적인 방식으로 서로 영향을 미친다. 그리고 개인에게 일어나는 일은 체계, 하부체계, 그 상황의 부분 사이의 관계라는 맥락에서 다른 개인들과 상호작용한다. 이는 '전체'의 개념에 포함된 개념이다. 즉, 부분들은 중요하지만, 그것들을 더하면(총합) 다른 논리적인 이해 수준을 만들어 낸다. 전체는 부분들의 합과 다르다.

그러나 베이트슨Bateson(1972)과 MRI 사람들(예: Watzlawick, Bavelas, & Jackson, 1967)이 가르친 것처럼, 우리가 처음 주의를 집중하는 곳(구두점이라는 개념)은 실제로 일어나는 일보다 관찰자인 우리에 대해 더 많은 것을 말해 준다. 여기에 한 사람이 추가되면 서로의 생각, 느낌, 행동의 집합체가 되는데, 즉 생각, 감정, 행동이 서로에게 연결이 되고 이는 생각, 감정, 행동과 관계에 의미를 부여한다. 그러면 각 개인들은 함께하는 모든 것에 의미를 구축하게 된다. 패러다임으로서의 체계론적 사고의 세계관은 전체라고 하는 개념에 중심을 잡고 각각의 부분이 모든 다른 부분과의 관계에서 관계 및 의미를 포함하며 복잡하게 얽히는 넓은 관점으로 구성된다. 이러한 인식론적 관점에서, 커플가족치료에서는 개인치료와 구별되는 중요한 체계적 개념이 많다. 수퍼바이저는 체계에 대한 이해를 발달시켜 가도록 훈련생을 지원하고 보장할 뿐만 아니라 수퍼비전 및 훈련체계의 작업에서 이러한 개념을 염두에 두는 것이 중요하다. 체계 개념을 검토하고 훈련생이 체계의 패러다임을 가지고 치료할 수 있도록 지원하기 위한 많은 자원이 있다. 구조적 가족치료의 대표작인 『가족 치료 기술Family Therapy Techniques』(Minuchin & Fishman, 1981)은 많은 예시와 함께 훈련생의 초점을 개인에서 가족 역동으로 옮겨 즉각적으로 행동할 수 있도록 설득력 있게 전환한다. 지난 수십 년 동안, 대부분의 커플가족치료를 소개하는 문헌들은 가족체계를 중심으로 하면서 가족 밖의 더 큰 생태체계도 고려하고 있다(예: Becvar & Becvar, 2012, 2017; Shajani & Snell, 2019의 예시).

- 패턴: 첫째, 부분들 사이의 관계가 관계론적 치료자에게 초점이 된다. 그렇다. 부분 그 자체도 중요하지만 치료자가 부분에 집중하다 보면 서로를 비난하는 게임에 걸려들기 쉽다. 그러므로 치료자는 상호작용 패턴을 설명하려고 노력하며(예: Bateson, 1972; Green, 2011; Watzlawick et al., 1967), 사회적 맥락을 고려한다(Minuchin & Fishman, 1981). 그런 다음 상호작용을 중단시키기 위해 개인보다는 이러한 패턴을 대상으로 작업한다. 이것은 치료자와 내담자, 수퍼바이저와 훈련생, 수퍼바이저와 훈련체계 간의 관계에 적용된다.
- 순환적 인과 관계: 둘째, 우리는 선형적 사고보다는 순환적 사고에 집중한다. 우리 앞에 놓여 있는 문제의 원인이 아니라 상호작용의 패턴에 집중한다. 상호작용의 결과는 체계에 피드백되는 정보가 되고, 그로 인해 의미와 그에 따른 행동, 생각, 느낌 그리고 다른 상호작용에 영향을 미친다. A는 B를 야기하는 것이 아니라, A도 B에 영향을 미치지만 A와 B 모두에 영향을 미치는 다른 많은 것도 있다는 것이다. B의 반응은 체계에 피드백되는 새로운 정보가 되고 나아가 패턴에 영향을 미친다.
- 그 외 체계 개념: 형태형성(morphogenesis)은 성장하고 변화하려는 인간체계의 경향을 말하는데 인간체계가 안정을 유지하려는 경향이 있다는 것이다. 개방체계, 폐쇄체계, 경계선, 과정과 내용 등에 대해서 논하게 된다. 우리는 상호작용의 패턴과 그것들이 사람들의 다양한 삶의 영역과 하위체계, 체계 내에서 어떻게 반복되는지를 이해하는 데 도움이 되는 개념으로 보완성complementarity, 재귀성recursion, 동형화isomorphism에 관심을 둔다. CFT에 관해 다루고 있는 좋은 교재의 대부분은 기본적인 체계 개념에 대한 적절한 논의를 제공할 것이며, 가족과의 관계에서, 치료의 현장에서 훈련생들이 이 개념을 이해하고 적용하도록 돕는 것이 관계형 수퍼바이저들에게 매우 중요하다고 믿고 있다. 그러나 저자들마다 몇몇 개념은 의미를 약간 다르게 부여할 수 있다는 것도 주의해야 한다.

더 나아가 동형화, 즉 상호작용의 패턴이 하위체계 간에 유사한 경향이 있다는 개념 때문에, 관계론적 치료자들이 이러한 개념을 이해하는 것을 가족, 치료 그리고 수퍼비전에 적용하는 것이 중요하다고 생각한다. 종종 가족 내의 혼란스러운 상호작용이 치료에서 혼란스러운 상호작용을 가져오고 수퍼비전 역시 혼란스러워지기 쉬울 때가 있다. 마찬가지로, 수퍼바이저가 치료자들이 침착함을 유지하고 치료에서 일어나는 일의 역동성과 패턴을 통해 생각하도록 돕는다면 이 역동과 패턴이 치료와 가족체계에서 보다 수월하게 이루어진다. 이와 달리 치료자들이 자신을 상호작용의 일부로 간주하지 못하고 따라서 효과적으로 패턴을 중단시키지 못한다면 이 체계 속에 휘말리게 된다.

우리는 가족치료의 다른 역량의 학습을 향상시키기 위한 방법으로 수퍼바이저가 자신과 훈련생을 위해 체계 개념을 검토하길 권장한다.

커플가족치료의 개념화

많은 커플가족치료의 수퍼바이저가 특정한 치료적 접근법을 시행하지만, 우리는 수퍼바이저들이 폭넓은 독서와 많은 패러다임, 이론, 모델, 접근법을 이해하는 것이 도움이 된다고 생각한다. 흥미로운 논의와 토론이 가족 치료와 관련된 다양한 학술지와 교재로 발표되고 있다. 이는 우리의 사고를 강화하고 실천에 도전이 된다. 다양한 접근법을 이해하고 접근법을 통합함으로써 치료자들의 비판적 사고가 향상되고 다양한 사고가 그들 자신의 접근법에 얼마나 적합한지(또는 그렇지 않은지) 평가하는 능력이 발전하게 된다.

많은 접근법을 이해하는 것은 훈련생들이 자격증 시험을 준비하는 것을 도울 뿐만 아니라, 다른 전문가들과의 대화, 치료를 하다가 벽에 부딪쳤을 때 필요한 아이디어, 그리고 정체되지 않도록 스스로에게 도전하는 데 유익하다. 훈련생들은 대부분 다양한 접근법을 익히기보다는 다소 협소한 지식을 가지고 대학원 과정을 마치게 된다. 졸업 후 익숙하지 않은 글을 읽고 여러 가지 접근법을 배울 수 있는 워크숍에 참석하면서 치료의 수행과 평가 능력이 향상되어 간다. 다양한 이론의 용어에 익숙해지면서 커플가족치료자는 수퍼바이저와 내담자 모두와 함께 이해한 것을 같이 정리해 가는 것이 가능해지고 수퍼비전과 임상적 개입에 대한 통합적 접근이 용이해진다(다음 및 Lee & Everett, 2004 참조). 많은 치료 접근법에 대해 배우는 것은 훈련생들이 자신과 자신의 일에 무엇이 적합하고 적합하지 않은지에 대해 더 많이 발견할 수 있도록 돕는다.

사정, 진단 및 평가 역량

이 역량의 영역은 커플가족치료와 기타 지향하는 분야의 언어를 사용하여 임상 실무와 실무 영역 간의 일들을 올바르게 인식하고 평가하고 소통하는 능력을 포함한다. 이 영역은 기본적으로 개념적 기반의 필요성과 표준화된 사정 및 진단 형식의 한계에 대한 인식을 다룬다.

커플가족치료자들은 다른 전문가들, 특히 인과 관계에 대한 순환적인 관점이 아닌 선형적인 또는 의학적인 접근법으로 실천하는 사람들과 대화를 할 수 있도록 치료에 대한 많은 접근법의 전문용어와 문화에 대한 이해가 있어야 한다. 과학과 정신건강 이론은 항상 일치하지는 않으며 많은 관계론적 치료자 또한 일부 현상이 생물학적, 또는 의학적인 사실에 기초하거나 영향을 받는다는 것을 이해하고 있다. 과학이 생물학, 맥락 그리고 행동 또는 감정들 사이에서 원인과 결과를 확실하게 구별할 수 있을 때까지 논쟁은 계속될 것이다. 그럼에도 불구하고, 관계론적 치료자들과 수퍼바이저들은 이 모든 요소가 어떻게 서로에게 영향을 미치고 그 영향을 나타내는지에 관심이 있을 것이다. 개념적 기반에는 여러 가지가 있는데 체계론적 사고, 사이버네틱스, 애착이론, 뇌과학을 포함한다. 그 외로 두 상이한 인식론들이 고려되는 변증법적 접근법을 사용하기도 하며, 포스트모던 그리고 경험 기반의 치료 등을 예로 들 수 있다(예: Jacobs, Kissil, Scott, & Davey, 2010).

따라서 일부 치료자와 수퍼바이저는 DSM 진단 및 약물, 행동 또는 증상, 인간 상호작용 역동 및 신경과학 사이의 관계에 더 관심이 있을 수 있다. 이러한 방식으로 사고하는 능력은 소속된 기관이 요구하는 개입과 관련되었을 수도 있다. 관계론적 치료자는 개별 증상 사정 및 진단도 하지만 체계의 여러 수준에 영향을 미치는 다른 맥락적 요인과 내담자 체계에 있는 사람들이 상호작용하여 사고하고 행동하는 방식에 관심을 두고 사정과 진단을 한다. 관계론적 치료자는 또한 가족 구성원, 동료 및 기타 전문가를 포함하여 내담자 체계의 일부인 사람들 간의 상호작용 역동에 관심이 있다. 이러한 문제에 대한 특정 치료자나 수퍼바이저의 관점에 따라 개인 및 체계 치료와 관련된 전문용어는 내담자, 가족 구성원, 의사 등을 포함한 다른 사람과 대화하는 방법을 결정하는 데 도움이 될 수 있다. 이러한 종류의 협력적 대화는 치료 계획을 결정하는 데 도움이 될 수도 있다.

표준화된 사정 및 진단 절차, 커플 가족 사정 목록은 훈련생이 내담자 체계의 역동성을 인식하는 데 도움을 줄 수 있다. 모든 것이 과학적으로 타당한 것은 아니지만, 일부는 상당히 견고한 것으로 입증되었다. 예를 들어, 『커플조정척도 개정판the Revised Dyadic Adjustment Scale』(Busby, Crane, Larson, & Christensen, 1995), 『결혼 만족도 개정판Marital Satisfaction Inventory-Revised』(Snyder & Aikman, 1999), 그리고 『체계론적 치료에서의 변화 점검표the Systemic Therapy Inventory of Change』(Pinsof & Chambers, 2009)가 있다. 또한, 훈련체계를 구성하고 있는 수퍼바이저, 치료자, 내담자를 사정할 수 있는 척도는 치료의 특정한 목표의 수행 정도를 측정하는 데 도움이 된다. 『기본기술 평가도구the Basic Skills Evaluation Device』(Nelson & Johnson, 1999), 『가족치료기술 체크리스트the Family Therapy Skills Checklist』(Briggs, Fournier, & Hendrix, 1999) 또는 『핵심역량 체크리스트』(AAMFT, 2004; Nelson et al., 2007)는 치료와 자신을 평가하는 데 도움을 줄 수 있다. 또한, 포스트모던적 사회구성주의 인식론으로 훈련받았다면 오래전부터 가치가 입증된 평가 양식이 준비되어 있다(Flemons, Green, & Rambo, 1996; Glenn & Serovich, 1994).

노테이Northey와 게하르트Gehart(2019)는 기존의 핵심역량을 16개의 범주로 요약하여 핵심역량을 만들었는데, 이는 MFT 국가시험에 사용되는 AMFTRB[1] 도메인과 더욱 일치하고 COAMFTE[2] 공인 프로그램 교육과정의 커리큘럼 요구 사항과도 더 일치하도록 수정한 것이다.

사용되는 평가 또는 평가 장치가 무엇이든 간에, 관계론적 치료자는 내담자를 직접 면담하고 관찰하고 치료적 역동을 감안하여 이들을 사용한다. 이러한 직접적인 지식과 평가는 종종 종이와 연필 테스트를 통해서는 얻을 수 없으며, 치료자는 다양한 치료 단계를 진행할 때 실제 지식 또는 증거로서 자신의 경험에 대한 목적, 행동 및 평가에 대해 명확한 이해를 얻는 것이 중요하다.

지식역량 영역에서 수퍼바이저의 역할은 종종 꽤 명확하다. 인정받은 문헌을 가르치고 참고하는 것이다. 이 영역에서 수퍼바이저의 역할은 중요하지만, 특정 영역에서 훈련생의 지식을 평가하고 그들이 직접 학습할 수 있도록 지도하는 것으로 제한되어야 하며, 그것이 치료에 어떤 영향을 미치거나 알려 주는지에 대한 논의는 수퍼비전에서 다시 이루어져야 한다.

1) AMFTRB: Association of Marital & Family Therapy Regulatory Boards

2) COAMFTE: Commission on Accreditation for Marriage and Family Therapy Education

윤리 및 법적 의무

커플가족치료자는 개인의 생각, 감정 및 행동에 초점을 맞추는 개인 치료자와는 다른 패러다임에서 상담을 한다. 즉, 관계의 패턴에 초점을 두는 것이다. 커플가족치료자의 '내담자'는 내담자 체계 내의 개인뿐만 아니라 전체로서의 커플이나 가족으로 패턴화된 관계 역동이다. 따라서 커플가족치료자는 지켜야 할 다른 윤리적 기준을 가지고 있다. 예를 들어, 커플가족치료자는 한 명의 구성원이 정보 공개를 원하더라도 그리고 그 구성원이 한 회기만 참석했더라도 치료에 참여한 모든 사람에게 서면으로 정보공개동의서를 받아야 한다. 심지어 한 개인만 치료할 때도, 체계론적 또는 관계론적 치료자는 치료 체계 내의 중요한 인물들을 염두에 두어야 한다. 그렇게 함으로써 그들은 사고, 느낌 및 행동 체계뿐만 아니라 상호작용 및 관계의 패턴을 식별할 수 있다. 제11장과 제12장에서는 커플가족치료의 윤리 및 모범 사례 표준에 대해 더 자세히 다룰 것이다. 윤리 및 법률 지식은 관계론적 치료에서 매우 중요하고 복잡하고 난해할 수 있다. 종종 양립할 수 없는 것으로 보이는 딜레마들이 있다.

지각역량

지각역량은 개념적 역량을 실제 치료에서 얻은 정보와 연결하는 능력이다. 예를 들어, 훈련생은 책에서 얻은 지식에 꽤 능숙할 수 있지만 가상적인 내담자 체계가 아닌 실제 맥락에서 개념을 이해할 수 있어야 한다. 구조적 가족 치료에서 관계지도를 읽는 방법을 이해하는 것은 흥미로운 학문적 연습으로서(Minuchin, 1974) 많은 논의와 아이디어가 도출될 수 있다. 그러나 가족 역동을 지도에 적용하는 방법과 임상적 가족 상호 작용의 바람직한 변화와 실제 변화를 추적하는 방법을 배우는 것은 매우 다른 연습이다. 예를 들어, 실습생이 구조지도, 커플 시퀀스, 또는 가족 게놈 지도에 대해 논의할 때 가장 좋아하는 질문 중 하나는 "무엇 때문에 이렇게 생각하게 되었죠?", 즉 "어떤 데이터를 통해서 이렇게 생각하게 되었나요?"다. 한 훈련생이 남편과의 상호작용 중 눈에서 '번쩍임'이 발생한 내담자에 대해서 보고한 적이 있다. 훈련생의 개념에 내담자의 '번쩍임'은 '재미있다'는 증거로 인식하고 있었기 때문에 아내가 남편을 놀리는 것이라고 믿었다. 그러나 제3자가 남편을 외면하고 인상을 찌푸린 것을 지적하고 나서야 훈련생은 생각 속에 사실이 되어 있었던 자신의 가설을 다시 검토했다. 제3자는 '번쩍임'이 강제적인 미소를 동반한 눈물 어린 모습일 수 있다고 생각하여 남편과의 상호작용에서 실망하거나 상처를 받은 것으로 해석했다. 그녀는 아내만의 데이터가 아니라 관계적 역동성, 즉 남편의 반응이란 데이터를 사용했다. 다른 가능성도 있다. 요점은 개념이 우리가 보는 것(지각)과 더불어 우리의 관찰이 만든 의미를 알려 준다는 것이다.

다른 사람들과의 상호작용, 대화 그리고 맥락은 인식에 영향을 미친다. 수퍼바이저들은 훈련생들이 이른바 지식을 잠정적인 것으로 여기도록 도와야 한다. 자신의 관점이 상황에 따라 유용할 수도 있고 그렇지 않을 수도 있다는 비판적인 시선을 가지는 신중함이 필요하다. 예를 들어, 섭식장애(신체의 화학반응, 체형에 대한 사회적 편견, 관계 역동을 포함하는 복잡한 현상)에 대한 전문가의 설명을 이해하고 난 후 한 내담가족은 그동안의 생각(즉, 딸이 그들을 해치려고 했다는 생각)을 멈추고 그 현상에 대한 새로운 이해에 기초하여 그들이 가진 선택지를 자유롭게 탐색할 수 있었다. 이와는 달리, 어떤 내담 가족은 이러한 설명이 자신들의 의견을 소외시키고 평가 절하시키고 있다고 받아들였다.

일부 치료자들과 내담자들은 특정한 형태의 치료를 선호하는데, 이는 그 치료를 '최선의 치료법'이나 '증거 기반 치료법'으로 간주하거나 TV에 나오는 유명인에 의해 지지를 받기 때문이다. 그런가 하면 여러 가지 다양한 치료를 시도해 본 경우 이러한 생각에 영향을 받지 않을 수도 있는데, 치료자는 상황에 맞는 다른 접근법을 선택함으로 효과적인 치료를 할 수 있을 것이다. 치료자들은 특정한 상황에 대한 최고의 행동 방침이나 중재를 결정할 때 다양한 생각을 고려해야 한다. 이러한 방식으로, 지식이나 개념적 역량은 관찰된 바와 부합하게 된다. 즉, 특정한 상황에 독특하게 적용되는 새로운 종류의 '지식'이 된다.

지각역량과 관련된 수퍼바이저의 역할은 지식과 치료 정보를 연결하는 데 있어 훈련생의 진행 상황을 지속적으로 평가하는 것이다. 이는 훈련생의 치료에 대한 관찰 또는 동료의 치료를 보거나 집단 수퍼비전에 참여할 때 훈련생이 말하는 것을 관찰하여 평가할 수 있다. 또한 비디오 녹화에 대한 관찰, 역할극에 대한 논의, 훈련생의 관찰에 대한 전반적인 논의를 포함할 수 있다

종종 수퍼바이저는 치료자들에게 잘했다거나 개선이 필요하다고 쉽게 말하곤 한다. 그러나 그들은 종종 이러한 행동들(집행기술에 대한 다음 절 참조)을 책이나 논문에서 얻은 지식과 치료실에서 일어나고 있는 일들과 연결시켜 주지 않는다. 훈련생이 거대한 패턴의 시퀀스, 상호작용 역학에 대한 가설, 또는 치료법이나 이론이 접근

하는 관점에 대해 설명하는 경우가 종종 있다. 치료자가 개념과 가설을 실제로 일어나고 있는 일과 어떻게 연결하는지 물어보거나 관찰하는 것이 더 어려운 경우가 많다. 때로는 치료자들이 터널 같은 시각을 가지고 있기도 하다. 즉, 가족의 관점보다는 사건에 대한 자신의 관점에 초점을 맞추거나 고려가 필요한 개념이나 가설에 맞지 않는 정보를 추적하기 때문에 누락되는 것이다. 인간은 자신이 바라는 대로 보는 경향이 있으며 이는 치료자와 수퍼바이저에게도 해당된다.

집행역량

집행역량은 대부분의 치료 역량 영역에서 가장 큰 비중을 차지하는 역량이다. 이 역량들을 개입이라고 생각할 수도 있지만, 개입의 범위를 넘어서고 있다. 집행역량에는 내담자가 사전동의의 '정보에 입각한' 부분을 이해하도록 하는 것, 평가 방법 또는 기타 서류 작업을 적절하게 수행하는 것, 필요에 따라 서류를 작성하고 적절하게 제출하는 것, 인터뷰 질문을 통해 평가하는 것 등이 포함된다.

집행 기술은 단일 접근법에 의한 개입도 포함한다. 그러나 훈련생들이 통합 모델을 배울 때, 집행 기술은 다른 접근법에서 철학, 가정, 개념, 개입 및 평가 방법을 가져와 통합하는 것도 도와주어야 한다. 종종 훈련생에게 단순히 무엇을 하라고 지시하고 훈련생을 통해 치료를 하는 것이 훈련생들이 무엇을 해야 하는지에 대한 의사 결정을 하도록 이끄는 것보다 수퍼바이저들에게는 더 쉽다. 수퍼바이저의 역할과 기술은 결과 기반의 맥락에서 바뀌어야 하는데 여기서는 수퍼바이저가 무언가를 하라고 시키는 것보다 훈련생들이 무엇을 배우는지에 초점을 맞추어야 한다. 그러나 수퍼비전 과정 내내, 내담자와 함께하는 것이 치료자의 역할이라고 가르치는 것이 수퍼바이저의 역할이다. 여기서 격언이 나온다. "수퍼바이저가 치료하는 것이 아니라 훈련생들이 하는 것이다."

수퍼바이저는 훈련생들에게 특정 수퍼비전 회기에서 무엇을 원하는지 또는 내담자와의 회기에서 무엇을 목표로 삼아야 할지 묻는 경우가 많다. 수퍼바이저는 임상 내용보다 훈련생이 가진 목표에 초점을 맞출 때 효과적으로 훈련생 중심의 진행을 할 수 있다. 동시에, 수퍼바이저는 치료자의 지식과 인식이 치료적 접근과 어떻게 부합되는지 알아야 한다. 구체적인 개입과 원하는 결과를 의사결정 나무decision tree를 그려가며 명확히 할 수 있다.

훈련생들이 특정 회기에서 필요한 기술을 향상시키도록 돕기 위해, 수퍼바이저들은 종종 코치의 역할을 하기도 한다. 모건과 스프랭클(Morgan & Sprenkle, 2007)의 관점에 따르면, 이것은 특정 내담자를 위한 특정 기술에 초점을 맞추고 있다. 그런가 하면, 코칭을 뒤로 미루고 치료자들의 일반적인 수행 능력을 향상시킬 기술을 위해 이 시간을 사용하는 수퍼바이저들도 있다.

평가역량

평가를 개념화하는 데는 여러 가지 방법이 있다. 핵심역량의 맥락에서는 두 가지로 치료에 대한 평가와 치료자로서의 자신에 대한 평가가 있다. 이 둘은 중복이 되는 부분도 있다. 예를 들어, 치료의 과정을 평가하는 기술은 자신의 치료 행동을 평가하는 기술을 요구한다. 핵심역량의 여러 영역에 걸쳐, 평가 기술은 치료자가 유능한 치료자로서 자신의 과정뿐만 아니라 그들이 잘하고 있는 것과 앞으로 더 노력해야 할 것이 무엇인지 치료의 과정을 객관적이고 주관적으로 평가할 수 있는 능력을 가리킨다.

수퍼바이저로서 역할은 모건과 스프랭클(Morgan & Sprenkle, 2007)의 모든 범주를 포함하고 이 범주와 겹칠 수 있다. 교사로서 수퍼바이저는 훈련생들이 전반적인 평가에 대해 배우도록 도울 수 있고, 지필검사 결과뿐만 아니라 내담자와 그 체계를 인터뷰하고 관찰하여 얻은 정보를 정리하고 해석하는 방법을 배우도록 할 수 있다. 그런 다음 수퍼바이저는 각 단계에 필요한 다양한 기술로 훈련생들을 지도하고, 그들이 경험과 전문 지식을 익히며 뒤로 물러난다. 멘토로서 수퍼바이저는 치료자들이 상담 철학을 실천해 나갈 수 있는 역할을 하고 관리자로서 수퍼바이저는 치료자들의 작업이 온전성과 정확성을 검토한다.

치료자로서 자신을 평가하는 것을 배우는 것은 또 다른 일련의 기술을 필요로 하며, 이 중 많은 것은 치료나 수퍼비전 체계, 심지어 자신으로부터 한 발 벗어나 자신을 바라보도록 요구한다. 이것은 비판적인 시선과 자신의 작업을 비판하는 능력을 필요로 한다. 이 작업은 종종 주관적이기 때문에, 훈련생들은 스스로 평가하기 위해 평가도구를 사용할 수 있고 훈련생의 발달 과정에 대한 수퍼바이저의 평가도 가능하다. 게하르트(Gehart, 2010)는 치료자들이 핵심역량의 전반적인 면에서 자신을 평가하도록 많은 아이디어를 제공한다. 넬슨과 존슨(Nelson & Johnson, 1999)의 기본기술평가도구Basic Skills Evaluation Device는 치료를 막 시작하는 초보 치료자들을 위해 설계되고 검토되었지만, 다양한 발달 단계의 치료자들이 자신을 평가하는 데 사용될 수도 있다. 수퍼비전이 진행됨에 따라, 훈련사들의 자신에 대한 평가와 수퍼바이저의 평가가 함께 이루어지면 좋을 것이다. 치료자들은 또한 내담자에게 피드백(예: "우리의 상담은 올바른 방향으로 가고 있습니까?" "이 상담은 당신에게 도움이 됩니까?")을 요청하거나 다른 평가도구를 사용하여 그들의 자가 평가의 정확성을 검토할 수도 있다. 회기등급척도 및 결과등급척도The Session Rating Scale and Outcome Rating Scale(Duncan, Miller, & Sparks, 2004 참조)는 치료동맹을 포함하여 치료와 치료자를 평가하는 데 사용될 수 있는 피드백을 내담자에게서 얻기 위한 좋은 도구다(내담자 피드백을 이용해 치료를 이끌어 가기에 대하여 Sparks, Kisler, Adams & Bluemen, 2011 참조).

이러한 자기평가의 영역에서, 수퍼바이저가 코치로서 역할을 수행하면 치료자들이 그들이 선호하는 치료적 접근법에 반하여 자신의 생각과 행동을 판단할 수 있는 능력을 향상시키는 데 도움을 준다. 수퍼바이저는 또한 훈련생들의 개념적, 지각적, 집행적 기술을 평가하고, 내담자들의 상담결과가 이러한 평가와 연관되기를 바란다.

제이 르보우Jay Lebow(1996, 2006)는 자신의 능력뿐만 아니라 내담자가 목표에 도달할 수 있도록 치료의 진행과 함께 결과를 평가하기 위해 실시했던 과정을 설명했다. 그는 진행 노트를 검토하고 각 사례에 대한 내담자의 변화를 측정함으로써 이 작업을 수행했다. 시간이 지남에 따라 노트를 살펴봄으로써 특정 유형의 사례(예: 10대 문제)에 대해 자신에게 가장 효과적인 것이 무엇인지 주목했다. 그리고 그에 따라 치료법을 조정했다. 이 방법(실천 기반 증거)을 사용하여 치료자는 자신의 치료법을 탐색하고 치료 결과와 치료자로서의 기술 모두에 대해 시간이 지남에 따라 평가 기술을 크게 향상시킬 수 있다.

치료자들은 또한 지각적 또는 집행적 기술의 부족이 아닌데도 치료가 안 풀림을 경험할 수도 있다. 예를 들어, 치료자 자신의 '무언가'가 치료에 부정적인 방식으로 영향을 미칠 수 있다(예를 들어, 과잉반응이나 과소반응 등이 단서가 될 수 있다). 이혼이나 노부모 부양과 같은 현재 경험하고 있는 개인의 스트레스, 알코올 사용을 둘러싼 가족 역동과 같은 원가족 요인, 기타 수많은 개인적 요인이 치료자들의 객관성에 영향을 미친다. 치료자들은 이러한 요인들을 효과적으로 인식하고 평가할 수 있어야 하며, 수퍼바이저들은 경각심을 가지고 훈련생들의 관리를 도울 수 있어야 한다(Aponte et al., 2009). 그렇게 하지 않는 경우 판단력의 손상과 문제가 생길 수 있다.

전문역량

잘 실행된 개입과 내담자의 변화를 축하하는 것 이외의 수퍼비전에서 가장 즐거운 시간은 비숙련 치료자나 초보 치료자들이 기술, 자신감, 전문성이 성장하는 것을 지켜보는 것이다. 전문적인 역량은 치료 환경에 적절한 복장을 하고, 적절한 접촉과 부적절한 접촉의 차이를 알고, 자신의 감정을 관리하고, 다른 전문가들과 적절하게 상호작용하고, 독서를 통해 기술을 단련하고, 학회와 워크숍에 참석하고, 동료들과 사례를 논의하는 등의 다양한 활동을 통해 상담 분야에서 성장해 가는 것이다. 전문적인 행동은 또한 그 분야의 새로운 지식과 요구사항을 파악하고, 전문 조직에서 활동하거나 가족과 치료자에게 도움이 되는 입법 활동을 돕는 것과 같은 더 넓은 활동을 돕는 것 등이다.

핵심역량 가운데 이 하위영역은 관련 항목이 가장 적지만, 이 영역에서 잘하는 치료자들은 종종 다른 영역에서도 잘한다. 윤리 과목 시간에 아직 익히지 않은 기술을 사용해서는 안 된다는 윤리강령과 법에 대해 논의하며 이런 경험을 한 학생들은 손을 들어 보게 했었다. 훈련생들이 아직 훈련받지 않은 개입을 사용하는 것과 수퍼비전의 맥락에서 연습하는 것의 차이점을 고려하여 이 명백한 난제에 대해 논의하도록 했다.

어느 커플가족치료 대학원생은 윤리적으로 실천하는 가장 좋은 방법이 무엇이라고 생각하느냐는 질문에 "상담을 잘 하는 것"이라고 대답했다. 이 대답을 들으며 우리가 알고 있는 몇몇 자격증을 가진 사람들보다 그녀가 더 책임감 있는 사람이라고 생각했다. 전문 치료자, 즉 윤리적이고 책임감 있게 실천하는 사람들은 자신의 치료 결과와 유능한 치료자로서 자신의 치료 과정에 주의를 기울이는 사람들이며 문서화된 윤리강령이나 법령을 준수하는 사람이라는 것을 그녀는 이해하고 있었던 것이다. 수퍼바이저는 이러한 성장에 대한 맥락을 제공함으로 도울 수 있다. 그러나 이를 위해 우리가 할 수 있는 것은 그저 간절한 마음으로 기다리다가 그러한 일이 일어난다면 축하하는 정도밖에 할 수 없기에 개혁을 필요로 하는 상황이다.

기능손상이 있는 치료자 수퍼비전하기

이 장을 마치기 전에 우리가 논의하고 싶은 또 하나의 분야가 있다. 자기 평가 능력이나 판단능력의 손상이다(예: F. N. Thomas, 2010). 모든 정신건강 분야의 윤리강령과 치료 행위를 규제하는 많은 주/도의 법률은 치료자들이 손상된 판단에서 자신과 내담자를 보호하기 위한 조치를 요구한다. 치료자의 손상에는 많은 유형이 있다. 그러나 현재까지 손상된 치료자에 관한 대부분의 문헌은 부적절한 성적 행동 또는 물질 오남용에 관한 것이다. 그렇긴 하지만 치료자의 자기관리에 관한 문헌은 피로, 질병, 애도, 삶의 상황, 원가족 유발 요인, 경계 관리 불능 등의 주제를 다루고 있다(F. N. Thomas, 2010; J. T. Thomas, 2010). 이러한 많은 우려사항 때문에 치료자들은 자신을 제대로 판단하는 것이 어려울 수 있다. 종종 내담 가족이나 다른 치료자들이 이와 같은 손상의 증상을 치료를 시작하기 전에 볼 수 있다.

물론, 수퍼비전의 맥락에서 수퍼바이저는 치료자의 건전한 판단능력을 평가하기 위해 항상 주의 깊게 관찰해야 한다(F. N. Thomas, 2010; J. T. Thomas, 2010). 훈련 중인 치료의 손상된 판단력 징후를 파악하고 그에 따라 행동할 수 있도록 돕는 것도 수퍼바이저의 책임이다. 이 책에서는 치료자의 윤리(제12장)와 치료자의 자기(제13장)에 대해 자세히 설명하지만, 치료자와 훈련생에게도 적용되는 처방과 처방이 수퍼바이저에게도 적용된다는 것은 모두에게 분명한 사실이다. 훈련생에 대한 수퍼바이저의 반응의 정도, 사례 상황 및 제도적 구조를 이해할 필요가 있다. 수퍼바이저는 최신 지식을 유지하고 최선의 커플가족치료를 실천하기 위해 지속적으로 정보를 수집할 필요가 있다. 이와 관련하여, 수퍼바이저와 치료자가 일단 현장에 나온 후에는 전문적인 독서와 학회 등의 기관 활동이 저조해지는 경향이 있다는 사실이 안타깝다(Lee, Nichols, Nichols, & Odom, 2004). 마찬가지로, 내담자 경험을 한 치료자와 수퍼바이저의 수도 크게 감소했다(Lee et al., 2004).

손상된 훈련 시스템을 관리하는 것은 종종 수퍼바이저들에게 도전이 된다. 훈련 프로그램의 일부이든 훈련생들이 치료를 배우는 기관이든 간에, 수퍼바이저들은 한편으로는 훈련생들을 옹호하고 다른 한편으로는 훈련생들에게 규칙을 명확하게 설명할 의무가 있다. 추가적으로 체계(예: 관리자)를 바꾸는 것은 어려울 수 있지만 때로는 시도되어야 하고, 다른 때에는 받아들이고 해결해야 한다. 수퍼바이저들은 동형화의 원리를 기억하고 훈련 시스템 손상에 어떻게 기여할지 주시해야 한다. 이 시기에 신뢰할 수 있는 동료들과의 상담은 매우 귀중하다.

연습

1. 핵심역량의 영역 및 하위영역을 선택하고 다음의 질문을 생각해 본다. ① 이 분야의 역량을 위해 훈련생을 어떻게 사정할 것인가? ② 훈련생이 이 분야의 역량을 향상하는 데 어떤 도움을 줄 수 있는가?

2. 훈련생들의 진도를 평가하기 위해 어떤 방법을 사용할 수 있는가?

3. 만약 핵심역량들이 치료자로서 훈련생의 목표를 설정하고 발달을 평가하는 데 도움이 되지 않는다면, 다른 어떤 방법을 사용할 수 있는가?

4. 커플가족치료 개념 중 하나를 선택한다. 해당 개념을 연결할 수 있는 실제 임상 데이터를 떠올려 본다. 이렇게 개념과 실제를 함께 생각해 보는 것은 각각을 따로 보는 것과 어떻게 다른가? (전체성과 관계)

5. 치료자를 통해 치료를 하는 것이 아니라 훈련자 중심을 유지하는 데 도움이 되는 방법은 무엇인가?

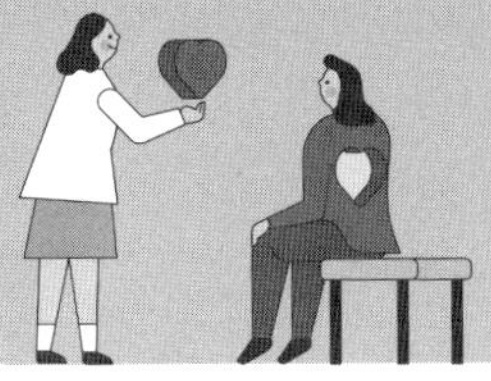

제9장

매뉴얼화된 모델을 수퍼비전하기

지난 20년 동안, 정신건강 분야는 임상적으로 효능성이 검증된 치료법을 우선시했다(Craighead, Craighead, & Miklowitz, 2008). 이는 다른 개입 방법이 효과가 없다는 것이 아니라, 치료 매뉴얼을 사용하여 엄격하게 구성된 무작위 임상시험을 하거나 적절한 대조군을 사용하고 방법의 편향에 주의하는 등(Podsakoff, MacKenzie, Lee, & Podsakoff, 2003)의 체계적인 방법으로 입증되지 않았다는 것이다(Wampold, Ollendick, & King, 2006; CFT의 근거 기반 치료 분류 지침에 대한 논의는 Sexton et al., 2011 참조). 가족치료 연구자들은 이러한 문제를 해결하기 위해 노력해 왔으며, 그들의 연구는 부부가족치료학회지Journal of Marital and Family Therapy 특별호(1995년 10월, 2012년 1월)에서 다룬 바 있다. 이러한 치료법은 '경험적으로 검증된 치료/요법', '경험적으로 뒷받침되는 치료/요법', '증거 기반 치료', '매뉴얼 기반 치료/요법' 등 역사적으로 다양한 이름으로 분류되었다. 이 장에서는 이러한 모든 치료법을 '매뉴얼화된 치료법'으로 간주하며, 이 모든 치료법은 상세한 사용자 매뉴얼이 있다는 것을 전제로 한다.

매뉴얼화된 개입이란 것이 실행 가능한가에 대하여 뜨거운 논의가 진행되고 있다(Beutler, 2000; Marsiglia & Booth, 2015; Reed, Kihlstrom, & Messer, 2006; Rubin & Parrish, 2007; Spring et al., 2005). 그럼에도 불구하고 정치적 · 경제적 요인으로 인해 현재와 미래의 많은 가족치료 수퍼바이저는 '매뉴얼화된' 개입을 수퍼비전하게 될 것이다. 신뢰할 수 있는 검토 위원회에서 특정 개입이 특정 집단의 특정 정신건강 문제에 효과적이고 비용 효율적인 치료법이라고 결론을 내리면, 이와 비슷한 긍정적인 결과를 얻기 위해 다른 사람들도 동일한 방법을 사용해야 한다는 주장이 강력히 제기될 수 있다. 다른 사람들이 '똑같이 한다'는 것은 실제 접근법이 매뉴얼에 철저하게 설명되어 있고 다른 임상가에게 철저하게 교육되었기 때문에 내담자 집단이 동일하다면 비슷한 결과를 기대할 수 있다는 것을 전제한다(예: Kim, Smock, Trepper, McCollum, & Franklin, 2010; Wiebe & Johnson, 2016). 따라서 이러한 가정에 대한 의견에는 일반적으로 치료 매뉴얼의 포괄성, 치료의 충실성, 치료자의 충성도, 내담자 집단의 적절성에 대한 우려가 포함된다.

근거 기반 개입의 핵심은 한 가지 치료법이 확립되면 다른 환경에서도 똑같은 방식으로 반복되어야 한다는 것이다. 그렇지 않으면 동일한 결과를 얻을 수 없기 때문이다. 따라서 특정 접근법을 지지하는 사람들은 접근법의 중요한 내용을 가르치고 훈련하는 것뿐만 아니라 다양한 환경에서 다양한 내담자와 현장에서의 성과를 살피는 방법을 찾아야 한다(Marsiglia & Booth, 2015). 물론 개발자와 임상의 사이를 연결하는 것은 수퍼바이저의 몫이다. 매뉴얼화된 치료를 적절히 감독하기 위해서는 수퍼바이저가 해당 절차에 대해 교육을 받아야 하며, 자신과 훈련생의 성과를 일관되고 적절하게 모니터링하고 감사해야 한다. 그렇기 때문에 치료법 개발자들(예: Deblinger & Heflin, 1996)은 자신의 프로그램을 사용하고자 하는 사람들에게 프로그램 사용에 대한 인증을 받고, 지속적인 교정과 함께 엄격한 수퍼비전에 참여하도록 요구한다. 최신 기술 인증 프로그램 중 다수는 후자의 요건을 충족하지 못한다.

지금까지 여러 심사자가 문헌에 제시된 가족 개입을 수집하여 특정 내담자 표본의 특정 문제에 대해 효능을 평가한 바 있다. 대표적인 예로 청소년이 포함된 노숙자 가족을 위한 개입에 대한 도시연구소Urban Institute의 심사위원단이 작성한 목록을 들 수 있다(Pergamit, Gelatt, Stratford, Beckwith, & Martin, 2016; Craven & Lee, 2006; Saunders, Berliner, & Hanson, 2004 참조). 이러한 공식적인 권장 사항 목록은 전문 문헌에 기술된 개입을 체계적으로 검토한 결과물이다(Uman, 2011). 그런 다음 각 개입을 사용한 여러 연구의 결과를 종합한다(예: Craven & Lee, 2006; Saunders et al., 2004). 이후 개입 프로그램에서 기대할 수 있는 혜택만이 아니라 기존 인프라(매뉴얼, 교육 프로그램, 감독 조항), 효능성 연구의 질과 양을 고려하여 등급이 매겨진다. 등급은 일반적으로 1(근거가 충분하고 효능적 치료법)부터 6(경험적 근거가 부족하고 임상적으로 우려할 만한 치료법)까지다.

해당 모델에 대한 교육을 받고 그 모델에 대한 신뢰(충성도: 긍정적 임상 결과의 필수적 요소)가 높은 수퍼바이저에게는 그다지 어려움이 없을 것이다. 모델에 대한 수퍼비전의 예로는 정서중심치료Emotionally Focused Therapy: EFT(Johnson, 2008), 다체계적 치료Multisystemic Therapy(Henggler & Schaeffer, 2010), 기능적 가족치료Functional Family Therapy(예: Sexton, 2009) 등이 있다.

EFT의 창시자와 보급자들(예: Johnson, 2003)은 이 접근법의 과학적 임상의 중요성을 강조했으며, 최근에는 EFT 치료(Denton, Burleson, Clark, Rodriguez, & Hobbs, 2000 및 Wiebe & Johnson, 2016의 리뷰 참조)와 수퍼비전(예: Inouye, Madsen, Palmer-Olsen, Faller, & Best, 2017; Palmer-Olsen, Gold, & Woolley, 2011) 모두 이런 관점에서 실험한 문헌이 많다. 그러나 무작위 임상시험의 엄격한 요건을 충족하는 것은 없다. 몇 편은 질적 연구다. 치료에 관한 양적 연구 중 일부는 대조군을 사용하지만, 대규모 표본이 아니거나 무작위로 집단을 나누지 않았다.

명확하게 정의된 임상 모집단을 철저하게 감독하면서 진행된 임상시험을 정신건강 기관의 '실제' 치료 세계로 '옮겨' 오면 상황도 더 복잡하고, 치료자가 해당 접근법을 잘 훈련받지 않았거나 관심이 없거나, 대상 집단이 여러 요인으로 인해 다양해지면서 수퍼비전이 더 어려워질 수 있다(Addis, Wade, & Hatgis, 1999; Marsiglia & Booth, 2015; Westen, Novotny, & Thompson-Brenner, 2004 참조).

실행기술, 메타기술, 미시기술이 주는 도전

매뉴얼 치료의 경향에 대해 일부는 정신건강에 대한 '찍어 내기' 접근법이라며 비판한다. 그러나 엄격한 교육과 임상 감독이 수반되는 매우 상세한 매뉴얼조차 임상 연구자들이 가정하는 것과 같은 일관성을 반드시 가져오는 것은 아니다. 임상시험 대상자가 무작위 임상시험 단계에서 정의된 것처럼 특정 증상을 보이는 경우는 드물기 때문이다. 또한 어떤 하위문화에서의 정의definition와 행동이 다른 하위문화로 옮겨질 때 타당성 문제가 제기된다. 예를 들어, 미국 남부의 시골 지역에서 하는 말과 행동의 의미가 시카고 도심에서는 다를 수 있다. 또한 수퍼바이저와 훈련생은 임상적 문제, 내담자, 내담자를 돕는 최선의 방법에 대한 철학뿐만 아니라 실행executive기술, 미시micro기술, 메타meta기술의 종류, 수준, 유연성이 다르다. 그러나 이러한 수퍼바이저와 치료자는 매뉴얼 치료를 사용하지 않더라도 내담자가 임상적 문제를 극복하도록 돕는 데 효과적이다(Messer, 2004; Spring et al., 2005; Westen et al., 2004). 실제로 수퍼바이저, 치료자, 내담자의 독특한 조합에서 이러한 기술의 상대성은 버틀러Beutler와 하우드Harwood(2000)가 '처방적 심리치료Prescriptive Psychotherapy'라고 부른 것의 핵심이다. 그들은 이러한 기술이 치료적 개입에서 궁극적인 변화 촉진제이며, 내담자의 변화를 촉진하는 데 있어 임상 이론과 진단을 능가한다는 가설을 세웠다. 따라서 신중한 수퍼바이저는 임상이론이나 프로토콜의 선택과 별개로 이러한 기술을 익히는 데 주의를 기울여야 한다. 실행기술은 면접 또는 개입의 관리와 관련된 행동이다. 여기에는 시간의 관리, 개입 자체와 전달의 방법, 처치 과정, 연구 기반의 치료 내 주의집중의 대상에서 문제를 해결하는 방법 등이 포함된다.

미시기술은 효과적인 치료 또는 수퍼비전, 특히 효과적인 의사소통의 초석으로, 경청하기, 질문하기, 명료화하기, 격려하기, 요약하기, 재정의하기 등이 이에 포함된다. 펄렌더Falender와 샤프란스크Shafranske(2004)는 현 상황에서 상담자가 무엇을 모르는지 수퍼바이저가 인식시켜 주는 것은 거의 언급되지는 않지만 매우 중요한 미시기술임을 발견했다. 결국, 상담자가 전해 주는 것(상담 기록, 구두 및 서면 요약, 비공식 상담)이 수퍼비전의 데이터가 되며 실시간 또는 영상 데이터조차도 훈련생과 수퍼바이저의 지각이라는 렌즈를 거쳐 해석된다. 현재 논의에서 중요한 것은 이러한 수퍼비전의 특성이 치료 매뉴얼에서 언급되지 않는다는 것이다. 그러나 이러한 특성은 효과적인 개입에 중대한 역할을 할 수 있으며, 좋은 수퍼비전은 모델링과 코칭을 통해 이를 전수할 수 있다. 예를 들어, 미시상담microcounseling(Daniels, Rigazio-Digilio, & Ivey, 1997)은 초보 치료자에게 미시기술을 가르치는 기법이다. 다니엘스Daniels와 동료들은 기술을 계층적 순서로 정리하여 한 번에 하나씩 가르친다.

비슷한 맥락에서 메타기술은 개입 매뉴얼에는 없지만 코칭이 가능하다. 메타기술은 유능한 치료자와 수퍼바이저를 특징짓고 그들의 작업을 촉진하는 독특한 감정 자질과 태도를 말한다. "마음 깊은 곳의 영적 태도와 신념은 치료와 일상생활에서 나타난다"(Mindell, 2001, p. 15). 이것은 그다지 모호하지 않다. 예를 들어, 쉽게 알아볼 수 있는 두 가지 메타기술은 자신의 경험에 대해 흥분하는 것과 맹목이나 미스테리에서 벗어나기 시작할 때까지 무언가를 계속하고 좇는 것이다. 어떤 치료법을 사용하든지 그 접근법이 적절하고 효과적일 것이라고 치료자가 믿는 것은 긍정적인 결과를 얻기 위한 매우 중요한 메타기술이다. 이러한 접근법의 수퍼바이저는 이러한 믿음을 심어주어야 한다.

윤리적 임상을 위한 가이드라인

매뉴얼 치료에 대한 수퍼비전에서는 특별한 문제를 볼 수 있다. 매뉴얼 치료는 적힌 그대로 따라야 하며 공존질환의 유무 등 진단 그룹 내 차이를 고려하지 않는 경우가 많다. 즉, 불안과 우울증이 모두 있거나 약물 사용, 강박이나 강박 성향 등이 있을 수 있는 것이다. 또한 다양한 치료 및 문화적 환경에서 복잡한 임상 사례를 성공적으로 해결하는 데 필요한 실행기술, 메타기술, 미시기술의 중요성을 인식하지 못하고 있다. 사실 이러한 문제는 매뉴얼 치료가 처음 발표되었을 때 제기되었다(Henry, Strupp, Butler, Schacht, & Binder, 1993 참조). 매뉴얼 치료 수련이 이러한 중요한 치유기술의 개발이나 시연을 저해할 수 있다는 증거는 초기부터 제시된 바 있다. 또한 치료 매뉴얼은 임상가가 느끼기에 융통성이 없을 때가 있고 그 지시하는 바가 임상가에게 익숙하지 않은 이론을 따르는 경우도 있다(Caspar, Beutler, 2000에서 재인용). 매뉴얼화된 치료법을 사용하라는 시대적 압력, (임상실험과 달리) 불충분한 현장의 교육과 감독, 그리고 내담자, 치료자, 지역사회의 복지에 대한 윤리적 우려 속에서 수퍼바이저는 어떻게 해야 할까?

수퍼바이저는 자신을 비롯해 매뉴얼 프로그램 개발자, 훈련생, 내담자가 가질 수 있는 가짜 확신을 알아차려야 한다. 그러나 교육과 효과적인 개입에 장애가 될 수 있는 냉소주의도 역시 경계해야 한다. 수퍼바이저는 치료적 변화에 관여할 수 있는 '치유적' 분위기에 주의를 기울여야 한다. 요컨대, 수퍼바이저는 자신과 훈련생, 임상 환경에서 실행, 메타, 미시기술을 개발해야 한다. 수퍼바이저가 이러한 것들과 자신이 수퍼비전하는 치료에 대한 진정한 믿음을 보여 준다면 수퍼비전과 치료는 잘 진행될 수 있다.

수퍼바이저는 매뉴얼 치료의 명백한 경직성과 임상치료 윤리가 상충하는 것처럼 보이는 경우 신중하고 균형 잡힌 방식으로 전문적 통찰력을 발휘하여 이끌어야 한다. 치료 모델의 개발자나 외부의 자문이 필요할 수 있다. 수퍼비전 체계 전반의 순환적 의사소통 및 피드백 체계에서 통찰력과 주의가 필요하며, 매뉴얼 개발자/관리자에게도 마찬가지이다. 매뉴얼의 정교함을 높이기 위해서는, 즉 적절하지 않은 매뉴얼 지침을 인식하고 특정 임상 맥락에서는 무엇을 어떻게 변경할 것인가 하는 결정을 돕는 데 '현장'의 경험이 필요하다.

긍정적 결과를 가져올 확률을 높이기

초기부터 많은 수퍼바이저와 치료자들은 매뉴얼 기반 개입에 대해 심각한 우려를 보였다(Addis et al., 1999). 치료자 변수나 치료 관계에 대한 관심의 부족, 내담자의 요구를 충족시키기 어려움, 치료자 역량 및 직무 만족도, 치료 신뢰성, 임상 혁신의 제한, 현대 임상 실무의 다양성을 고려했을 때 매뉴얼 기반 개입의 실현 가능성 등이 흔히 제기된 우려 사항이다. 이러한 의미 있는 우려에도 불구하고, 대다수의 수퍼바이저는 특히 특정 근거 기반 접근법을 채택한 학술 및 연구 기관, 대형 복지 센터, 지역 클리닉을 통해 치료자에게 수퍼비전하는 경우 매뉴얼 치료를 수퍼비전하게 될 것으로 예상할 수 있다. 임상실험이 이러한 기관에서는 중요한 임무일 수 있기 때문이다.

임상가와 수퍼바이저가 주의해야 할 사항이 무엇이든, 클라이언트에 대한 매뉴얼화된 개입의 성공 확률은 다음의 사항에 따라서 높아질 수 있다.

① 수퍼바이저는 매뉴얼화된 해당 치료법을 가르치고 수련할 수 있는 자격을 갖췄다.

② 접근법에 대한 적절한 교육, 적용에 대한 면밀한 감사, 치료의 정확성을 극대화하는 교정 메커니즘을 제공하는 관리 체계가 잘 구축되어 있다. 이 프로세스에는 치료법을 적용하는 사람들과 프로그램 교육 담당자 간의 지속적이고 일관된 상호작용이 필요하며, 이는 수퍼바이저를 통해 관리된다. 또한 접근법에 대한 행정적 동의가 필요하다.

③ 치료자가 충실하게 치료법을 훈련받았다.

④ 실행기술, 메타기술, 미시기술의 개발에 일관된 주의를 기울인다. 감독자와 훈련생은 융통성이 필요하다는 신호와 현재 수행 중인 업무의 전환 시기를 알려주는 단서를 인식하고 그러한 전환에 대해 해당 치료법이 무엇을 시사하는지 파악해야 한다. 기술은 치료와 변화에 도움이 되어야 한다. 자기 관찰, 모델링, 형성, 긍정적인 사회적 강화는 이러한 중요한 기술을 위한 중요한 훈련 도구다.

⑤ 매뉴얼화된 지침과 현재 적용되고 있는 상황적 요인의 불일치에 대해 지속적으로 경계해야 한다. 즉, 필요할 때 내담자가 치료에서 빠져나올 수 있는 메커니즘이 필요하다. 복잡한 환경에서 매뉴얼 치료를 사용하는 데 대한 인식된 장애

물과 더불어 어떤 상황에서 무엇을 해야 하는지에 대한 경험 기반의 지침 부족은 프로그램 개발자가 의도한 바를 현장에서 수정하는 결과를 초래할 수 있다(Ruscio & Holohan, 2006). 프로그램 수정에 대한 경계를 나타내는 치료의 충실성을 확보하기 위해서는 치료법을 적용하는 사람들과 프로그램 교육 담당자 간의 지속적이고 일관된 상호 작용이 필요하다. 수퍼바이저는 두 체계 간의 접점 역할을 하며 개발자에게 추가 교육을 요청할 수 있다.

⑥ 수퍼바이저는 매뉴얼 치료법을 실행하기 위한 윤리적 지침을 준수해야 한다.

매뉴얼 치료의 수퍼비전을 위한 결론은, 치료자와 수퍼바이저가 치료법을 믿고 개발자와 좋은 관계를 유지해야 내담자나 연구에 해를 끼치지 않고 문제를 관리할 수 있다는 것이다. 매뉴얼대로 잘 통제되고 감독을 받는 임상시험에서는 이것이 그리 어렵지 않다. 그러나 실제 상황에서 일하는 치료자와 수퍼바이저의 경우, 즉 이러한 긴밀한 통제가 없는 상황은 더 복잡하며 치료법 개발자와의 긴밀한 협력이 필요하다.

연습

1. 다양한 수준의 매뉴얼 치료에 대한 개인적인 생각은 무엇인가? ① 통제된 연구에 대한 생각은 무엇인가? ② 여러 변수를 통제하지 못하는 기관에서 수행하는 매뉴얼 치료에 대한 생각은 무엇인가?

2. 당신이 수퍼바이저로 일하는 기관의 관리자가 어떤 '모범 사례'에 사용된 치료법을 사용하라고 지시하고, 당신은 그 치료법에 회의적인 상황이라고 가정해 보자. 문제를 해결할 때 체계 안의 여러 수준의 사람들이 결탁과 부정적 삼각관계를 맺지 않으면서 참여하게끔 하는 방법은 무엇인가?

3. 우리의 윤리적 의무 중 하나는 연구를 직접 하거나 장려하면서 CFT 분야를 발전시키는 것이다. 당신이 처한 환경 속에서 무엇을 할 수 있는가?

제3부

맥락적 고려사항

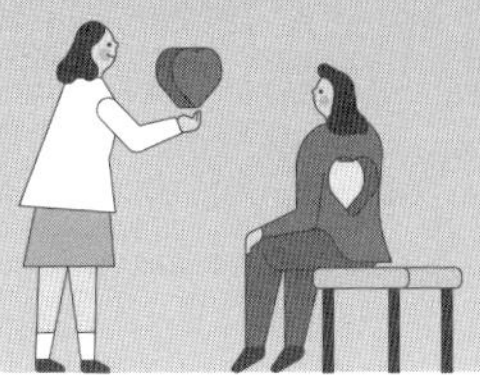

제10장

수퍼비전의 맥락적 측면: 환경, 문화, 자기

관계론적이고 체계론적인 치료자로서 우리는 맥락이 사람들의 행동, 생각, 감정 및 상호작용에 영향을 미친다는 것을 알고 있다. 우리는 섬처럼 존재하는 것이 아니라 맥락 내의 자아들로서 존재한다. 훈련체계의 각 구성원은 전문적인 맥락과 수많은 다른 요인에 따라 다른 모든 구성원들과 다르게 인식하고, 생각하고, 느끼고, 행동한다. 치료자와 수퍼바이저의 개인적 · 직업적 배경, 훈련 환경의 특성, 문화의 일반적인 요인이 모두 치료와 훈련의 혼합으로 결합된다. 맥락에는 상호 작용이 발생하는 명시적 및 암묵적 목적도 포함된다. 예를 들어, 사례개념화와 실시간 또는 비디오 관찰은 내담자 데이터 또는 치료자의 자기 문제, 집단 상호작용 등에 초점을 맞출 수 있으며, 각각은 훈련체계의 다양한 구성원 및 다른 구성원에 의해 서로 다른 목표를 가지고 다르게 경험된다.

이러한 다중 현실의 복잡성은 각 당사자의 인식론과 언어의 영향, 과거와 현재의 하위문화subcultural 구성원과 경험에서 얻은 의미, 과거와 현재의 경험에서 얻은 교훈, 수퍼비전의 필요와 욕구로 이루어져 있으며, 각각은 이전 경험의 산물이다. 사전 훈련과 경험은 체계 내 각 개인이 가져오는 인식에 큰 영향을 미칠 수 있다. 우리는 우리가 만들어 가는 렌즈를 통해 사물을 보는 경향이 있으며, 치료자는 이러한 렌즈를 사용하는 데 특히 능숙한데, 이 렌즈는 종종 의미와 우리가 취하는 행동을 결정한다.

이 장에서 우리는 수퍼바이저가 주의를 기울여야 한다고 생각하는 훈련 맥락의 다양한 측면을 살펴본다. 이러한 다양한 속성은 과거에 자주 언급되었던 것처럼 어떻게든 해결해야 하는 '문제'가 아니다(예: '젠더 문제' 또는 '원가족 문제'). 오히려 그것들은 체계적인 환경의 일부이며 좋은 것, 나쁜 것, 추한 것을 포함하여 훈련체계의 모든 측면에 스며든다.

개요

커플 및 가족과 같은 내담자 체계나 수퍼비전 및 지역사회와 같은 더 큰 체계의 행동 패턴을 살펴볼 때 맥락을 이해하는 것이 중요하다. 마찬가지로, 훈련생의 관점이나 세계관에 영향을 미치는 인종, 성, 정체성, 성적 취향 등과 관련된 훈련생의 정체성과 지위 또는 사회적 위치를 이해하는 것이 중요하다. 이러한 세계관은 그들의 치료, 내담자, 그리고 그들이 내리는 결정에 대한 이해에 영향을 미친다. 관계론적 수퍼바이저들은 임상 문제를 개인에서 관계형 패러다임으로 전환하는 것을 포함하여 훈련생들의 삶에 존재하는 맥락적 요소들의 잠재적 어려움과 자원의 영향에 대하여 예리하게 인식하고 있다. 맥락의 여러 특징과 이러한 특징 간의 관계를 포함하는 임상 행동에 대한 확장된 관점은 훈련생과의 관계에 있어 관계론적 수퍼바이저의 역할과 행동을 지원한다.

임상 작업 및 교육에 영향을 주고받는 훈련생의 맥락적 요인에 주의를 기울이는 것 외에도 관계론적 수퍼바이저는 자신을 수퍼비전 맥락의 일부로 이해한다. 이를 위해서는 수퍼바이저가 자신의 맥락의 일부와 해당 맥락의 여러 측면이 수퍼비전과 자신에 의해 반복적으로 영향을 미치는 방식에 대한 인식과 이해가 필요하다. 치료자와 수퍼바이저의 자아에 관해 다루는 제13장에서는 이러한 복잡하고 중요한 역동을 확장한다.

이 장은 임상 작업, 수퍼비전, 치료자로서의 자기, 훈련생에 영향을 미치며, 이 때문에 수퍼비전에서 초점이 맞춰져야 하는 훈련생의 맥락을 이루는 요소들에 초점을 맞춘다. 다양한 저자는 이러한 요소들을 바라보고 수행하는 다양한 방법을 제시하는데, 관계론적 수퍼바이저들은 자신의 지도 철학에 맞는 방법을 찾는다(예시를 위하여 치료자 개인 주체성 모델Therapist Personal Agency Model 참고; Mutchler & Anderson, 2010). 이와 같은 맥락적 요소들 가운데는 훈련생의 치료자로서의 발달 단계, 훈련생으로서의 상태(학생, 졸업 후 훈련생, 부부가족치료자, 그리고 비부부가족치료자), 환경(대학원 프로그램, 실습기관, 졸업 후 환경)이 있고, 수업, 종교, 민족, 인종, 출신국, 연령, 사이즈, 성적 지향, 성 정체성, 능력, 원주민 정체성/관점, 사회의 관점과 같은 요소들도 있으며,

이러한 요소들의 교차성intersectionality 또한 존재한다. 이러한 요소들은 훈련체계에 중요한데 그 이유는 이 요소들이 각 수준에서의 권력, 특권 및 목표에 영향을 미치기 때문이다. 이 장에서는 각 영역에 대한 구체적인 내용을 깊이 다루지는 않지만 관계론적 수퍼비전에서 맥락적 요인들에 초점을 맞추고 이러한 요인들을 활용하는 방법에 대한 전반적인 관점을 제시하며, 수퍼비전 과제와 실습에 대한 몇 가지 아이디어를 제공한다.

역사적 맥락

가족치료자 및 가족치료 교육자로서의 커리어 초반에 헤어-머스틴Hare-Mustin의 여성주의와 가족치료에 대한 1978년 논문이 출판된 이후 가족치료의 영역에서 여성운동 붐이 일었다. 이 고전적 논문은 사회적 맥락이 가족역동에 어떻게 영향을 미치는지를 포함한 가족역동에 대한 확장된 사고방식을 안내했다. 잇따라 모니카 맥골드릭Monica McGoldrick과 조 지오다노Joe Giordano(1982)는 『민족과 가족치료Ethnicity and Family Therapy』를 출판했는데, 이는 커플가족치료에 강력한 영향을 미친 다섯 권의 주요 저서 중 하나였다(McGoldrick, Anderson, & Walsh, 1989; McGoldrick, Giordano, & Garcia-Preto, 2005; McGoldrick & Hardy, 2008, 2019).

맥골드릭과 지오다노(McGoldrick & Giordano, 1982)의 글은 가족치료 교육의 정수로 여겨진다. 이 글은 가족치료자들로 하여금 가족 내 구조적 위계 및 경계와 의사소통의 상호작용 패턴과 가족 구성원들의 연결성 너머를 보도록 독려한다. 임상가들은 개인과 가족에 영향을 미치는 더 넓은 맥락을 알아차리도록 격려받았다. 예를 들어, 보웬(Bowen, 1978)의 다세대 가족 영향에 대한 생태체계적(Bronfenbrenner, 1979 참고) 확장은 맥락적 요인들인 인종, 민족, 젠더 등을 포함한다. 맥골드릭과 지오다노의 저서의 의도는 '다양한 민족이 어떤 모습으로 사는지'에 대한 '지침서'가 아니다. 오히려 그들의 서문에서 명확히 언급하듯 저서의 의도는 치료자들이 자신과 그들 내담자들의 민족 정체성을 이루는 요소와 이러한 요소들이 어떻게 치료장면에서 서로 교차하는지 이해하기 위한 시작점을 제공하기 위한 것이다.

그러나 많은 사람이 이 서문을 무시하고 이 저서의 다양한 장을 다양한 민족에 대한 고정관념을 형성하는 데 사용했다(예: 아프리카계 미국인 가족, 멕시코계 가족 등).

저서의 이후 버전은 각 장에 고정관념으로 사용되는 부분을 없애는 데 도움이 되는 언어를 포함하였으며, 시간이 지남에 따라 우리는 더욱 "문화적으로 겸손"해지는 법을 배웠다 (Hook, Davis, Owen, Worthington, & Utsey, 2013; Tervalon & Murray-Garcia, 1998). 다시 말해, 내담자의 삶에 대해 존중하는 태도로 호기심을 갖는 것과 지속적으로 자기성찰과 자기비판을 수행하며 치료 내에서의 가정과 부적합하고 불필요한 권력의 불균형을 줄이는 작업을 한다는 것이다.

오늘날 유능한 관계론적 수퍼바이저들은 맥락을 포함한 내담자와 훈련생의 삶의 다양한 측면의 복잡성, 상호 관계 및 동형 역동isomorphic dynamics을 이해한다. 여러 면에서 이로 인해 치료와 수퍼비전이 더욱 복잡해졌으며, 하나도 떨어뜨리지 않고 모든 맥락의 접시들을 막대기 위에 계속 돌리는 것은 어려워 보이는 경우가 많다. 실제로 인종, 민족, 성별, 성적 취향, 계급, 연령 및 적어도 세대 및 상호 작용의 관계 패턴과 같은 중요성을 부여하는 수많은 기타 요인을 제공하는 유익한 패러다임 없이는 그렇게 하는 것이 거의 불가능하다. 실제로 우리는 이러한 것들이 개인과 체계의 행동과 패턴의 의미에 모두 영향을 미치기 때문에 이들을 상호작용 패턴의 일부로 이해하게 되었다. 이 패러다임은 사물을 선형이 아닌 체계적으로 볼 때의 변화와 유사하게 세계관의 근본적인 변화를 요구하는 경우가 많다. 체계론적 치료자들은 문화적 능력, 인식, 감수성, 겸손, 존중, 반응성을 다른 수준에서 개인과 가족의 생태도를 둘러싸며 모든 것에 스며드는 것으로 이해한다. 부부가족치료 분야에서는 문화적 역량을 '문제'가 아닌 유동적인 개념으로 받아들였을 뿐만 아니라(Tervalon & Murray-Garcia, 1998), 문화적 겸손에 대해서도 이야기하는데(Hook et al., 2013), 이는 자기 성찰적이고 호기심이 많으며 존중하는 자세다. 맥락을 관계론적 수퍼비전 및 훈련의 필수적이고 동형적인 구성 요소로 이해하는 것은 어렵지 않다. 이러한 구성 요소 또는 입장은 수퍼바이저를 훈련생과 함께하는 여정에 오르게 하며, 그 과정에서 우리 자신, 훈련생, 내담자 및 훈련 시스템에 대한 이해를 끊임없이 변화시키고, 각각은 반복적으로 나머지 요소들에게 영향을 미친다. 이는 또한 수퍼바이저들로 하여금 수퍼비전을 이러한 여정을 위한 안전한 장소로 만들기 위해 노력하도록 요구한다. 우리는 우리 자신의 가정에 도전하고, 훈련생과 다른 이들을 계약을 발전시키는 과정에 포함하고 개방적으로 차이점들을 논의하며, 수퍼비전 시 강점 기반 관점을 사용하도록 해야 한다(Charlés & Nelson, 2019).

환경

훈련 환경을 '문화'와 종종 동일하게 여기는 '맥락'의 중요한 부분으로 간주한다는 것이 이상하게 보일 수 있다. 그러나 모든 환경은 '맥락'이며, 각 환경에는 고유한 가치, 관습, 규칙 및 구조의 문화가 있다. 여기에는 규칙을 만드는 사람, 규칙을 변경할 수 있는 사람, 특정 사람이 규칙을 변경하는 방법이 포함된다. 환경은 힘을 실어 줄 수도 있고 억압적일 수도 있고, 경직되게 하거나 창의성을 불러일으킬 수도 있다. 그럼에도 불구하고 훈련생과 관계론적 수퍼바이저는 훈련이 이루어지는 환경의 측면을 이해하는 것이 중요하다. 오늘날 훈련은 대학원 프로그램, 상담센터, 대학교 상담센터, 공공기관 또는 민간기관, 민간 병원, 의료기관, 학교 등 매우 다양한 환경에서 이루어진다. 각각은 고유한 문화뿐만 아니라 명시적이고 암묵적인 규칙도 제공한다. 이 책에서 모든 가능성을 다룰 수는 없지만 우리는 몇 가지 일반적인 아이디어를 제공하려고 노력할 것이다.

대학원 프로그램

대부분의 훈련생이 접하게 되는 첫 번째 훈련 환경은 대학원 프로그램이다. 이러한 프로그램은 획일적이거나 균일하지 않다. 각각은 종종 더 큰 맥락의 일부로서 고유한 '맛'을 가지고 있다. 대학원 프로그램은 다양한 종류의 기관과 다양한 부서에 마련되어 있다. 이들은 상담 및 관련 교육 프로그램 인증 위원회the Council for Accreditation for Counseling and Related Educational Programs, 부부가족치료 교육인증 위원회the Commission on Accreditation for Marriage and Family Therapy Education: COAMFTE, 또는 기타 단체의 인증을 받을 수 있다. 관계 치료자는 사회복지, 심리학, 커플가족치료, 또는 기타 임상 프로그램의 훈련을 받을 수 있다. 커플가족치료 프로그램을 수용하는 학과에는 가족학 및 인간발달, 교육, 상담, 종교 등과 유사한 이름을 가진 학과들이 포함된다. 이러한 대학원 프로그램은 더 큰 맥락에 속해 있다. 그들은 미국 또는 기타 국가의 종교적 또는 세속적, 도시 또는 농촌 지역의 공립 또는 사립대학에 속해 있다. 프로그램은 석사, 박사 또는 기타 수준의 학생을 교육할 수 있다.

기플기족치료를 가르치는 대학원 프로그램 내에서는 다양한 문화를 식별할 수 있다. 우리 각자(리Lee와 넬슨Nelson)는 교수진의 학문적 생산성과 외부 자금 확보에 대한 높은 기대를 가진 대학에서 일해 왔다. 이러한 더 큰 맥락에서 우리를 학생들만큼 쉽게 또는 우리가 원하는 만큼 접근하지 못할 수 있다. 대조적으로 넬슨은 한때 다른 공식적인 프로그램과 달리 여유로운 석사 프로그램에서 일한 적이 있다. 학생들은 교수를 이름으로 부르고 교수의 연구실에 자주 방문하도록 독려받았다. 다양한 프로그램 안에서 또는 다양한 프로그램을 위해 수퍼비전을 하려면 우리가 작업하는 가족의 규칙, 역할, 경계신을 이해해야 하듯 프로그램의 서면, 구두 및 무언의 규칙을 이해해야 한다. 일부 프로그램에서는 모든 수퍼비전이 전임교수진에 의해 수행된다. 다른 프로그램에서는 외부 수퍼바이저들이 중요하고 가치 있게 여겨지지만 프로그램에는 거의 영향을 미치지 않는다. 또 다른 곳에서는 외부 수퍼바이저들이 '가족'의 일부로 간주되어 교육 프로그램 및 환경의 다양한 측면에 참여하도록 초대된다.

교수진은 교육, 수퍼비전, 행정 및 기타 역할 요구 사항의 균형을 유지해야 한다. 그러나 임상가가 내담자를 최우선으로 생각해야 하는 것처럼, 우리는 윤리적인 관계론적 수퍼바이저가 되기 위하여 훈련생들에게도 비슷한 가치를 가져야 한다. 이는 우리가 접근성과 가용성, 위기 상황에서 학생들이 따라야 할 프로토콜, 개인적으로나 직업적으로 우리의 한계를 명확히 해야 함을 의미한다. 또한 우리가 교사, 임상 수퍼바이저, 또는 보조 수퍼바이저일 때 다양한 관계에 대해 명확히 해야 한다. 각 역할에는 학생을 착취할 가능성이 있으므로 우리는 착취를 피하기 위해 예방 조치를 취해야 한다(제11장; AAMFT, 2015a 참조).

외부 수퍼바이저로서 우리는 대학원 프로그램 내에서 우리가 제공하는 기대와 역할을 이해하고 있는지 확인해야 한다. 우리는 독립적으로 자체 수퍼비전 시스템 내에서 모든 문제를 처리해야 하는가? 아니면 프로그램과 긴밀한 연락을 유지하며 훈련생의 임상 및 수퍼비전 업무와 관련된 우려 사항이 있을 때 긴밀히 협력해야 하는가? 훈련생의 수퍼바이저 또는 프로그램에 전화를 걸만한 우려 수준은 어느 정도인가? 훈련생과의 관계를 악용하지 않기 위해 프로그램 또는 훈련생과의 여러 관계에서 주의와 경계가 필요한 사항은 무엇인가?

외부 수퍼바이저는 대학원 프로그램 및 학생과의 잠재적으로 파괴적인 삼각관계에 주의해야 한다. 필요할 때 오리엔테이션과 협의를 포함하여 프로그램에서 교수진과 빈번하고 명확한 의사소통을 유지하는 것이 좋다. 운가Ungar와 코스탄조Costanzo(2007)는 프로그램, 기관 및 외부 수퍼바이저 간의 업무 관계에 중요한 몇 가지 요소를 보고했다. 여기에는 임상 리더십의 정치에 대한 인식, 환경과 수퍼바이저 간의 경계, 내담자의 적절한 사전 동의 보장, 내담자 차트, 녹음 또는 실시간 관찰을 통한 임상 자료에 대한 접근, 수퍼비전 실행 계획에 대한 장소, 시간, 비용 등에 대한 명확한 정보에 주의 기울이기가 포함된다. 훈련생을 위한 양질의 학습 환경을 위해서는 모든 당사자 간의 긴밀한 의사소통이 필수적이라고 덧붙이고 싶다.

교수진과 외부 수퍼바이저는 또한 강의실 및 현장 클리닉뿐만 아니라 교육 및 연구 조교와 같은 더 큰 상황적 의무를 포함할 수 있는 훈련생의 상황을 염두에 두어야 한다(Lee, Eppler, Kendal, & Latta, 2001 참조). 그들은 또한 돌보기도 하고 요구적이기도 한 개인적인 삶과 가족을 가지고 있다. 그러나 이러한 모든 복잡성과 이에 수반되는 의무에 민감하게 반응하면서도 수퍼바이저는 내담자와 수퍼비전에 대한 그들의 책임을 학생들에게 분명히 밝혀야 한다. 저자들은 훈련생들이 시험 시간, 주요 논문 마감일, 휴일 등에 대하여 내담자와 함께 논의하는 것이 이상하지 않다는 사실을 발견했다. 수련자들은 무비판적으로 (열정적이지 않더라도) 내담자들로 하여금 회기를 취소하도록 허용하고 수퍼비전 회기를 취소하거나 준비되지 않은 상태로 올 수 있다. 수퍼바이저는 어느 정도까지, 그리고 어떤 이유까지 유연성을 허용할 것인지에 대하여 명확히 해야 한다.

신중한 관계론적 수퍼바이저들은 균형적이고 적절한 경계선 모델을 보여 줌은 물론 프로그램, 학생 및 기관들과 접촉하여 모든 이가 역할, 규칙, 수용되는 실천에 대하여 명확히 알 수 있도록 한다. 이는 어려움이 발생한 상황에서의 정책과 절차도 포함한다.

대학원 졸업 후 훈련

대학원 졸업 후 훈련 프로그램은 대학원 프로그램보다 더 다양할 수 있다. 부부가족치료자들이 훈련받는 다른 영역들은 분명히 수련에 다른 방식으로 영향을 미친다. 자격증과 같은 관할지역 법률은 수련 맥락에 큰 영향을 미친다. 훈련생과 수퍼바이저들은 이러한 법률과 규칙들 내에서 작업해야 한다. 미국의 몇몇 주에서 훈련생들은 독립적 실습(수퍼비전 없이)이 가능한 자격증 취득 전까지는 독립적으로 실습할 수 없다. 또한, 몇몇 관할지역에서는 수퍼바이저 자격에 대한 규칙이 느슨한 반면 다른 곳에서는 꽤 엄격하다. 이러한 규칙들은 일반적으로 정신건강 전문가에 대한 관할지역의 법률에 맥락적으로 설명되어 있다. 예를 들어, 미국의 여러 주에서는 최소한 2년 이상 정신건강 분야에서 자격을 취득했다면 누구든지 수퍼비전을 제공할 수 있도록 허용한다. 그러나 다른 주에서는 구체적인 수퍼비전 훈련을 받고 자격을 취득한 커플가족치료자만 수퍼비전을 제공할 수 있다.

주의 규제적 법률 외에 미국부부가족치료학회는 자체적으로 승인된 수퍼바이저들 Approved Supervisors이 갖추어야 할 엄역한 기준을 가지고 있다. 승인된 수퍼바이저가 되기 위해서 후보자들은 교과과정을 이수하고 승인된 수퍼바이저로부터 멘토링(수퍼비전에 대한 수퍼비전)을 받아야 한다. 교과목들은 다양한 방식으로 진행되며, 특히 박사과정(교과목들이 기본 수퍼비전 역량 개발과 더불어 수퍼비전 연구를 강조하는 과정), 미국부부가족치료학회에서 승인한 30시간 과정, 또는 대화형 워크숍과 15시간 교육과정을 결합한 방식으로 진행된다. 교과목들은 단일 회기, 시간 경과에 따른 모듈 또는 전자식으로 제공될 수 있다(AAMFT, 2014 참조).

대학원 과정을 이수한 훈련생(대학원 훈련생)들은 인턴, 자격증을 소지한 직원 등 다양한 직함을 통해 의뢰되고 자격증을 취득하거나 합법화된다. 일반적으로 이러한 훈련생들은 대학원 과정을 이수한 후에 대학원 프로그램 외부에서 실습할 수 있는 자격증이나 허가를 얻을 수 있다. 법에서 요구하는 교과 과정 및 기본 임상 경험은 종종 미국부부가족치료학회의 임상 펠로우Clinical Fellow 회원의 표준 또는 COAMFTE 인증을 모델로 삼는다. 몇몇의 훈련생은 대학원 수련 초기에 국가시험에 응시해야 하고, 또 다른 이들은 나중에 응시하기도 한다. 일반적으로 최소한 몇 년의 실습 기간과 최소한의 임상 및 수퍼비전 시간이 필요하며, 이 중에는 일반적으로 커플 및 가족, 그리고 아동 및 성인 개인상담을 포함해야 한다. 임상시간은 일반적으로 서류작업, 협의, 인력 배치, 수퍼비전 등의 기타 수련활동과 달리 면대면 치료를 말한다. 어떤 곳에서는 미국부부가족치료학회 윤리강령(AAMFT, 2015a)과 HIPAA 지침(US Department of Health and Human Services, 1996)을 따르기만 한다면 인터넷 전자식으로 진행되기도 한다.

어떤 관할지역은 수퍼바이저들이 수련기관에 고용되도록 하는데, 다른 곳에서는 수퍼바이저들이 독립적으로 기관 또는 훈련생과 접촉하도록 허용하고 있다. 거의 모든 법은 치료 실습을 위한 훈련생의 자격에 대한 수퍼바이저의 독립적인 판단에 부정적인 영향을 주는 제약에 대한 자유를 요구하고 있다. 예를 들어, 플로리다주(State of Florida, 2018)는 배우자나 다른 가족구성원에 의한 수퍼비전을 금지하고 있다. 이러한 법과 규칙들은 임상실습을 촉진하거나 억제하려는 것이 아닌 공공성을 보호하기 위하여 설계된 것이다.

독자들도 알 수 있듯, 다른 제약들과 선택들은 수퍼비전에서 어떤 일이 일어날지와 당사자들이 각자의 역할에 있어 그들 자신과 그들의 책임감을 바라보는 방식에 큰 영향을 줄 수 있다. 예를 들어, 실습 범위나 환경에 대한 엄격한 규칙이 있는 관할지역에서 수퍼바이저는 수퍼비전에 대한 책임이 더 제한적인 경우가 많다. 최소한 한 주는 구체적으로 모든 훈련생의 사례를 '주기적으로' (안타깝게도, 이게 무슨 의미인지 정의 내리지 않은 채로) 검토하도록 요구하고 있다.

훈련생들이 수퍼비전에 제시할 사례를 스스로 선택할 수 있다고 믿는 훈련생들과 수퍼바이저들은 이러한 요구사항이 제약적으로 느껴질 수 있다. 이런 상황에서 규칙이 불필요하게 엄격하다고 생각하는 수퍼바이저는 명시적이거나 암묵적으로 훈련생과 공모하여, 윤리적 실천을 위태롭게 하며 규칙을 피해 갈 수도 있다. 우리는 독자들에게 자신의 관할지역에 해당하는 법률과 해석적 규칙들을 자세히 그리고 자주 살펴보고, 자신의 수퍼비전 철학에 부정적, 중립적 또는 긍정적인 것들을 발견하여 동료들 또는 멘토들과 함께 훈련생과 수퍼비전, 수련체계 또는 임상작업에 미치는 부정적 영향을 방지할 전략을 개발하기를 권한다.

기관과 사설 시설

관할지역 요건에 따라 다양한 방식으로 정의되는 분위기나 문화 외에도 수련을 위한 물리적 환경도 고유한 기대치와 역동성을 수반한다. 종종 어떤 환경에서든 직원이 가장 먼저 배워야 할 것 중 하나는 일이 어떻게 이루어지는지, 즉 누가 무엇을 담당하는지, 규칙은 무엇인지, 규칙 위반에 대한 결과는 무엇인지, 공식적 또는 비공식적으로 규칙을 변경할 수 있는 사람은 누구인지, 정책 및 절차는 무엇이며 얼마나 엄격하게 시행되고 있는지 등이다. 예를 들어, 일부 기관에서는 임상의가 훈련생과 빠른 상담을 제공하고 훈련생을 동료처럼 존중한다. 다른 기관에서 임상의들은 바쁘고 독립적이며 훈련생들보다 위계적으로 높은 위치에 있어 훈련생들의 의견이나 관찰에는 관심이 없는 것으로 인식되기도 한다. 훈련생들은 둘 중 어떤 상황에서도 잘 해낼 수 있다. 여기에서의 핵심은 환경의 분위기와 체계적 역동을 이해하는 것이다.

이러한 환경에서의 관계론적 수퍼비전은 직장의 역동에 일부 초점을 맞출 수 있다. 이러한 곳에서 수퍼바이저는 행정적 수퍼바이저, 임상적 수퍼바이저, 사례관리자 또는 멘토 등 다양한 역할을 맡아 훈련생이 훈련체계를 탐색하는 것을 도울 수 있다. 이러한 수퍼바이저들이 해당 기관에서 근무하는 것이 종종 유리한데, 그 이유는 이들이 그 환경의 문화와 분위기를 잘 이해하기 때문이다. 다른 경우, 기관 외부의 수퍼비전은 더욱 객관적이고 훈련생들이 기관을 전체적으로, 즉 하나의 체계로 보고 자신의 파트를 조금 더 명확히 볼 수 있게 도울 수 있다. 환경이나 수퍼바이저의 환경과의 관계를 떠나 수퍼바이저들이 자신과 훈련생 그리고 수퍼비전에 영향을 미치는 맥락적 요인들을 이해하는 것은 도움이 된다.

'문화'

이 장에서 우리는 **문화**를 특정 맥락에서 지배적인 집단의 일부이든 집단의 가장자리 또는 외부에 있든 상관없이 자기 자신을 바라보는 방식, 즉 해당 맥락에서의 자신의 정체성에 영향을 미치는 모든 것으로 정의한다. 중심에 있는 사람들은 종종 말할 기회가 많고 가장자리에 있는 사람들은 목소리를 내거나 이해받기가 어렵다. '용광로 melting pot' 은유에서 가장자리에 있는 사람들은 섞이거나 동화되고 더 큰 집단의 일부가 된다. 이 은유의 문제는 이것이 가장자리에 있는 이들을 무시하고, 부정하고, 억압한다는 것이다. 게이 청소년들이 학교에서, 때로는 집에서 안전하기 위해 게이가 아닌 척해야 할 필요성을 보라. '문화적 스튜cultural stew' 은유는 게이 청소년들이 집단에 소속되면서도 각자 독특한 특성과 정체성을 유지하게 돕는다.

문화는 또한 분위기, 즉 사무실 문화나 의료 문화처럼 중요하고 기대되는 것이 무엇인지 정의하는 데 도움이 된다고 생각할 수 있다. 이러한 분위기는 일반적으로 단체나 가족, 수련체계 또는 지역사회와 같은 집단 상호작용을 통해 전달된다. 여기에는 내부(예: 편견, 자신과 타인에 대한 믿음) 및 외부 또는 제도적(예: 사회 정책, 체계적 편견) 아이디어, 가치 및 철학이 모두 포함된다. 따라서 사람은 더 큰 사회나 가족 안에서 자신의 '위치'를 배우며, 적절한 '위치'나 역할에서 벗어나려는 사람들에게 의문을 품게 된다. 그러나 언제나 이러한 장소와 정체성은 '진짜' 사람이나 정체성을 찾으려고 시도하기보다는, 그리고 관계 치료자와 수퍼바이저가 존중하려고 하는 특징적인 방식보다는 유동적이고 역동적으로 변화하고 있다. 그렇게 하면 다양한 위치, 문화, 신념 등이 수퍼비전 및 수련체계의 피드백에 미치는 영향을 이해하고 이들에 대한 작업을 하는 데 도움이 된다.

관계론적 개입에는 문화적으로 다양한 수련체계에서 문화적으로 다양한 내담자 가족과 함께 문화적으로 다양한 수퍼바이저와 문화적으로 다양한 훈련생을 점점 더 많이 포함하고 있다. 예를 들어, 제1저자 로버트 리Robert E. Lee는 주요 도시 지역의 라틴계 2세 여성에게 수퍼비전을 제공한 적이 있는데, 이 여성은 남서부 나바호에 있는 집에서 어머니와 아들을 대상으로 치료를 진행하던 중서부 치페와족 원주민Midwestern Chippewa에게 수퍼비전을 제공하고 있었다. 아마노-보두Amanor-Boadu와 뱁티스트Baptist(2008)는 국제적인 개인이 수퍼바이저, 훈련생, 내담자 가족인 경우가 점점 더 많아지고 있음을 관찰했다(국제 커플가족치료학생들의 경험에 대한 설명은 Mittal & Wieling, 2006 참조).

개인이 어떻게 사물을 의식하고 이해하는지에 대한 포스트모더니즘적 이해는 모든 상호작용과 담론이 문화적으로 다양한 개인 사이에서 일어난다는 것을 의미한다. 실제로 사람과 환경의 모든 조합은 고유하며 모든 참여자는 언어를 포함한 상호 협상된 은유를 사용하여 동일한 이야기의 공동 편집자가 되어야 한다. 치료 및 수퍼비전 작업동맹은 모든 참여자가 자신이 작업하는 현상을 이해하는 다양한 방법을 받아들여(예: Inman, 2006) 피드백이 더 이해하기 쉽고 유용해질 때 강화된다.

문화적 겸손, 의식 및 민감성

문화적 역량을 갖춘다는 것은 민족성, 성적 경향, 또는 연령 등을 포함한 문화적 복합성을 예상하고 이해하여, 이를 임상적 작업과 수퍼비전 분석의 최전선에 둔다는 것이다. 문화적 겸손(Hook et al., 2013)을 갖는다는 것은, 수퍼비전 또는 임상 체계의 중심에서 문화를 보려고 시도하는 것인데, 이는 내담자와 훈련생의 상황에 대해 호기심을 갖고 존중하며, 내담자와 훈련생에게 중요하게 여겨지는 문화적 정체성에 열려 있음을 말한다. 이는 또한 수퍼바이저로서 우리 자신의 생각과 인식에 대해 자기성찰적이어야 함을 의미한다. 이를 위해서 훈련생과 수퍼바이저가 자신을 관찰할 수 있어야 하며 이를 통해 자신의 경험, 한계, 관점, 편향 및 편견을 인식하고 살펴볼 수 있어야 한다. 이는 관계론적 수퍼바이저로서 우리가 이러한 체계 내에서 우리의 위치를 인식하고 '위에서 내려오는 힘power over'보다는 '함께하는 힘power with'(Hernandez,

2008)으로 내담자와 훈련생에게 힘을 주며 다른 사람의 상황과 자아를 존중하는 실천을 활용하고자 한다는 것이다. 그러기 위해서는 자아, 맥락, 사회적 위치 그리고 이러한 요소들의 교차성intersectionality이라는 최소한 네 가지 기능의 상호작용을 동시에 고려해야 한다. 예를 들어, 당신이 아메리카 원주민 보호구역에서 일하는 나바호족 남성 훈련생의 멕시코-라틴계 수퍼바이저라고 상상해 보라. 우리의 관점에 따르면 문화적 역량은 수퍼바이저가 나바호족 문화나 보호구역 생활이 어떤 것인지에 대한 모든 것을 '알' 필요는 없지만, 훈련생에게 수퍼바이저로서 자신의 경험, 훈련생의 경험 그리고 내담자의 경험에 대해 호기심을 가질 필요가 있다. 그 이유는 이들이 자원 또는 제약으로 치료에 영향을 미치기 때문이다. 각 수준의 상호 공유는 모두의 안전한 관계를 향상시킨다(Rigazio-DiGilio, 2016).

그러나 이 분야에서는 많은 작업이 필요하다. 숌버그Schomburg와 프리토Prieto(2011)는 훈련생의 다문화 사례개념화에 대한 연구에서 연구참여자들은 널리 사용되는 척도에서 높은 수준의 문화적 역량을 보고하였다. 그러나 동일한 참가자들은 삽화에 대한 반응에서 사례개념화의 인종적 요인을 인식하지 못했다. 크리스찬슨Christiansen과 동료들(2011)은 연구참여자들이 교차문화 치료를 배우려고 시도하면서 겪었던 어려움을 설명했다. 앞서 마샬Marshall과 윌링Wieling(2003)은 연구참여자들이 다문화 수퍼비전이 유익하다고 하였으며, 이를 더 많이 원한다고 보고했다. 아마도 우리가 이러한 보고에 더 주의를 기울이면 훈련생들의 문화적 역량과 겸손함을 더 잘 코칭할 수 있을 것이다(Hook et al., 2013).

교차문화cross-cultural 치료 또는 수퍼비전은 우리가 내담자와 훈련생, 그리고/또는 수퍼바이저의 식별된 문화 또는 사회적 위치(이 장의 뒷부분 참조)가 서로 다름을 염두에 두어야 함을 시사한다. 그러나 문화에는 내면화된 경험과 외부적인 경험의 다양한 측면이 포함된다는 점을 기억하는 것이 중요하다. 그러므로 문화 간 변동(variances)은 문화 간 유사점과 차이점만큼 중요할 수 있다. 이러한 차이점 중 매우 중요한 측면 중 하나는 권력과 관련이 있다. 일부 문화와 일부 문화 내intra-cultural 측면은 다른 문화보다 더 큰 힘을 갖고 있으므로 수퍼바이저는 수퍼비전 및 수련 체계 내의 권력 차이에 가능한 한 주의를 기울이고 개방적인 태도를 취해야 한다.

관계론적 수퍼바이저는 자신과 훈련생 사이의 차이점을 알고 있으며, 우리의 관점에서 고려했을 때 훈련생에게 특정 철학이나 치료 접근법을 가르치려 하지 않는다. 서로 다른 세계관은 치료자 발달을 향상시키거나 방해할 수 있으며 수퍼바이저는 훈련생과 내담자 가족에게 해롭기보다는 도움이 되는 관계론적 행동에 대한 책임이 있다. 물론 이는 수퍼바이저들이 강력한 작업동맹working alliance을 보장한다는 것을 의미한다. 인맨Inman(2006)은 다문화 수퍼비전 연구에 참여한 참여자들이 작업동맹과 수퍼비전 만족도 사이에 높은 상관관계가 있다고 보고했으며 이는 여전히 사실일 가능성이 높다. 연구결과가 훈련생의 다문화 인식이 더 높다는 것을 시사하지는 않았지만 인맨은 문화적으로 유능해지는 것은 발달 과정이며 다문화 맥락 내에서 내담자의 목표를 탐구하기 전에 훈련생의 자기 탐구부터 시작해야 할 수도 있다고 제안했다. 인맨은 또한 연구생과 수퍼바이저가 수퍼비전을 위해 설정한 목표에 향상된 문화적 역량을 포함하는 것이 적절하다고 제안했다.

사회정의와 책임

우리는 코로나19로 인해 격리되고, 경제, 인종, 경찰이 항의하며 전 세계, 특히 미국에서 체계적인 인종차별에 대한 인식이 높아지는 가운데 현대 관계론적 수퍼바이저『가족치료 수퍼비전: 관계론적 관점The Contemporary Relational Supervisor』의 이 두 번째 개정판을 수정하고 있었다. 사회정의 문제를 생략하는 것은 우리의 글에서 드러날 수 있는 체계적인 인종차별과 불의에 더 기여하는 것처럼 보였고, 내담자, 훈련생, 자신, 수련체계 그리고 더 큰 맥락에 강력하고 반복적으로 영향을 미치는 사회적 담론과 행동 내에서 작업하는 방법에 대한 우리의 생각에 더 기여하는 것처럼 보였다. 다양한 내부적(원가족, 사회적 위치, 기타 수련) 요소와 외부적(전문적 기준과 제도화된 인종차별) 요소가 포함되어 있는 상황에서 이를 어떻게 고려하고 논의할 수 있는가?

도모코스-쳉 햄Domokos-Cheng Ham(2014)에 의해 확장되고 논의된 사회적 공감모델The Social Empathy Model(Segal, 2018)은 수퍼바이저들과 훈련생들이 상황의 다양한 부분을 살펴보고, 사회 정의를 함께 향상시키는 공감, 맥락적 이해 및 사회적 책임을 키우는 데 도움이 된다. 시걸Segal(2018)의 사회적 공감Social Empathy의 개념은 개인의 입장과 때때로 모순되는 사회 시스템에서의 위치에 대한 이해를 모두 담고 있다. "사회적 공감은…… 공동체를 형성한 구조적 불평등을 포함한 집단 경험의 역사적 맥락을 학습하고 이해함을 통하여 삶의 상황을 인식하고 경험하여 사람과 다른 사회적 집단을 이해하는 능력이다"(Segal, 2018, p. 4).

도모코스-쳉 햄(Domokos-Cheng Ham, 2014)은 가족 구성원들의 강력한 반발 속에서도 불치병에서 자신의 죽음을 통제하고자 하는 일본인 어머니의 욕구와 같이 가족이 직면한 딜레마에 대한 완벽하지는 않지만 사려 깊은 해결책으로 이어지는 의사 결정 과정을 안내한다. 도모코스-쳉 햄의 훈련생은 서로에게 경청하고, 각자 개인적 신념체계(즉, 내면적과 외부적 이유, 자원, 그리고 제한)의 맥락 안에서 반응을 고려함으로 서로의 관점을 공감적으로 이해하는 노력을 통하여 가족을 이끌었다. 훈련생과 도모코스-쳉 햄은 훈련생이 가족을 만나기 전에 같은 상황에 대한 역할극을 진행하였다. 쉽지 않았지만 훈련생은 이 과정을 자신과 가족을 위한 사회적으로 책임감 있는 행동으로 보았다. 전체적으로 이 행동은 사회정의와 윤리적 행동(자율성, 선행, 비유해성non-maleficence, 충실함, 공정성)의 맥락에서 고려되었다. 이는 모두에게 성장의 과정이었다.

우리는 이러한 과정이 수퍼비전에서 어렵고 많은 시간이 들지만 가치 있는 시간이라고 믿는다. 그들은 "서로의 가치, 신념, 관점을 끌어 안을 충분히 큰 공간을 만들게 된다"(Domokos-Cheng Ham, 2014, p. 20). 이 과정은 훈련생이나 수퍼바이저가 하지 않았을(또는 생각조차 못했을) 결정을 낳을 수 있지만 수퍼비전 구성원들, 즉 내담자, 훈련생, 수퍼바이저의 어려움과 권리를 존중하는 것이다.

사회적 위치

사회적 위치social location는 젠더, 인종, 사회적 계급, 연령, 능력, 종교, 성적 지향, 지리적 위치 등을 포함한 다양한 범주의 정체성과 관련된 개인의 사회 안에서의 위치이다(Watts Jones, 2016). (Brown et al., 2019의 멋진 실례를 참조하라. 더불어, Caldwell, 2011은 유용한 논쟁을 유발할 수 있다.) 이와 같이 그것은 사회적 체계 내에서 세계관을 반영하는 개인의 정체성에 대한 복합적인 표현이다. 이는 무언가가 어떻게 작동하고, 무엇이 진실이며, 어디에 속하고, 어떻게 서로 어울리는지에 대한 관점으로, 사회적으로 구성된 것으로 이해할 수 있다. 그러므로 사회적 위치는 다양한 상황에서 무엇이 용납되고 용납되지 않는지에 대한 인식에 영향을 미치며, 종종 정형화되어 있다. 이는 정체성, 경험 및 행동에 크게 영향을 미친다. 예를 들어, 스스로를 게이로 정의하는 훈련생은 종종 사회의 변두리에서 살고 있고 훈련생의 정체성 중 이 부분은 가끔 보이지 않는다. 그러나 우리의 관점에서 훈련생의 정체성 중 이 부분은 살아 있고 임상작업과 훈련 모두에 영향을 미친다고 본다. 이러한 보이지 않음invisibility 또는 주변화marginalization는 심각하게 개인을 위축시킬 뿐 아니라, 치료자로서의 자기, 훈련생, 그리고 수퍼바이저의 중요한 측면으로서 어떤 방식으로든 개방적으로 다루어지지 않을 경우 수련을 방해할 수 있다.

헤이스Hays(1996)는 '다양성'이라는 기준에 따라 고려된 다양한 그룹으로 나뉘는 집단different groupings에 접근하는 방법을 개발했다. 이 책의 저자들은 사회적 위치라는 용어를 사용하여 다양성의 개념을 확장한다. 이는 의미적으로 더욱 확장된 것이며, 누가 사회의 중심에서 더욱 많은 영향력, 권력 및 특권을 가졌고 누가 사회의 변두리에 있는지에 대한 더욱 명확한 사회적 구성social construction이라고 할 수 있다. 헤이스의 접근은 그녀가 지칭하는 영역들에 제한되어 있긴 하지만 우리가 모든 개인의 독특함을 살펴보고 이해하는 데 도움이 되며 종종 넘겨짚고 정형화되거나 또는 보이지 않았던 것들을 보이게 한다. 헤이스는 그녀의 작업에 ADDRESSING이라는 머리글자를 사용하였는데, 여기에는 연령Age, 발달Development, 장애Disability, 종교Religion, 민족Ethnicity, 사회적 지위Social Status, 성적 지향Sexual Orientation, 토착문화Indigenous Heritage, 국적National Origin, 그리고 젠더Gender가 포함된다. 그녀의 입장은 사회에서 이러한 요인들 또는 위치들이 우리가 자신과 타인, 그리고 타인이 우리를 어떻게 보고 대하는지에 대하여 생각하는 방식에 영향을 미친다고 하였다. 우리는 비록 이러한 측면들이 사회적으로 구성된 것이지만 (그리고 여기에는 영성과 크기 등 다른 영역들도 있지만), 이들 중에는 다양한 장소에서 다양한 방식으로 실질적인 영향력을 가진 것들도 있다고 덧붙이고자 한다. 피부, 머리카락, 얼굴의 특성, 옷이나 다른 외적 모습에 의한 고정관념 또는 누군가에 대한 신념은 부정확한 추측을 낳게 한다. 우리는 다양한 사람과의 경험에 의해 편견을 만들게 된다. 예를 들어, 어떤 상황에서 '노인'은 젊은이들보다 덜 지적이거나, 지식과 인식이 부족하여 사회에 기여할 수 없을 것으로 간주된다. 실체로, 수련 체계에서도 액센트가 있는 사람들, 보수적 또는 진보적 정치적 관점을 가진 사람들, 동성에게 성적으로 끌리는 사람들 또는 주류사회의 성적 행위를 즐기지 않는 사람들은 종종 고정관념에 따라 학대를 받거나 제외된다. 종종 그들의 생각, 의견, 욕구, 잠재적 기여는 무시되거나 병리화되기까지 한다. 지머맨Zimmerman, 카스트로노바Castronova와 첸펭ChenFeng(2016)은 수퍼비전 관계에서 다양성을 지키는 한 가지 방법으로, ① 수퍼비전을 대화와 연결이 안전한 곳으로 만들 것, ② 지식과 인식 및 겸손을 확장시키는 작업을 할 것, ③ 수련체계에 있는 모든 사람의 권력, 특권, 그리고 편향 알아차리기를 제안한다. 이를 실천하기 위한 한 가지 방법(Castronova, ChenFeng

& Zimmerman, 2020)은 '사회적 위치 지도Social Location Map'를 사용하는 것이다. 이 지도는 내담자, 치료자, 수퍼바이저(그리고 다른 이들도 포함한)의 사회적 위치와 그 위치들에 부여된(또는 부여되지 않은) 특권을 설명한다. ADDRESSING(Hays, 1996) 또는 GRRAACCEESS(젠더Gender, 인종Race, 종교Religion, 연령Age, 능력Ability, 계급Class, 문화Culture, 민족Ethnicity, 교육Education, 성Sexuality, 영성Spirituality)와 여기에 다른 적절한 사회적 위치와 내담자, 치료자, 수퍼바이저를 추가한 리스트를 세로로 작성하여 각 당사자는 각 영역의 디 많고 적은 특권의 균형을 이룰 수 있다. 교차성에 따라 각 개인에 대한 세부사항이 추가될 수 있다. 예를 들어, 한 내담자는 남성, 백인, 기독교인, 중년 등일 수 있는데, 훈련생은 여성, 흑인, 무슬림, 청년일 수 있고, 수퍼바이저는 여성, 아시아인, 기독교인, 중년일 수 있다. 특권과 억압의 패턴이 임상작업과 수퍼비전에 영향을 미칠 수 있는 가능성으로 나타날 수 있다. 이 예시에서 내담자는 앞에 명시된 모든 영역에서 특권을 가지고 있으며, 치료자와 수퍼바이저는 몇몇의 영역에서 특권을 가지고 있고(예: 여성이 많은 맥락에서의 여성, 수퍼바이저의 교육), 다른 영역(대부분 기독교가 주류 맥락인 곳에서 소수종교를 가진 훈련생, 수퍼바이저보다 낮지만 내담자보다 높은 교육 수준)에서는 덜 가지고 있다. 유사점과 차이점에 대해 논의하는 것은 훈련생이 다양한 렌즈를 통해 보았을 때의 치료와 관계의 뉘앙스를 이해하도록 도울 수 있다.

좋은 커플가족치료 수련을 통해 우리는 우리와 다른 사람들에 대한 우리의 태도를 점검하여 내담자들에게 해를 끼치지 않도록 해야 함을 알고 있다. 수퍼비전도 마찬가지이다. 훈련생들은 남성과 여성 수퍼바이저와 다른 경험을 설명한 바 있으며(Nelson, 1991, Schiavone & Jessell, 1998 참조), 이렇게 설명된 차이점들이 우리 모두에게 적용되지 않을지라도 우리는 우리가 치료자 또는 수퍼바이저로서 해야 한다고 생각하는 일 또는 우리가 그들의 경험이 어떠할 것이라고 생각하는지가 아닌, 훈련생과 내담자가 느끼는 경험에 민감할 필요가 있다. 유색인들은 종종 학대경험이 있는데 이러한 경험에 대해 민감해질 필요가 있으며, 이러한 경험에 대해 기꺼이 논의하는 것이 중요하다.

다수의 자료가 이 글 전반에 걸쳐 인용되어 있다. 커플가족치료의 가장 최근 관점은 맥골드릭McGoldrick과 하디Hardy(2019)가 제시한 것일 것이다. 편집된 이 개요서는 체계적 관점에서 탄탄한 일반적인 논의를 제공하는 동시에 포괄적이고 정교하다.

교차성

교차성은 한 개인에게 한 가지보다 많은 다양성 영역이 존재함을 의미한다. 우리 중 누구도 한 가지 측면의 정체성 또는 배경만을 주장하지 않는다. 우리는 남성 또는 여성이며 동시에 흑인, 백인, 유색인이면서 게이, 이성애자, 양성애자, 트렌스젠더, 퀴어이면서 라티나, 아프리카계 미국인일 수 있다. 테일러Taylor, 허낸데즈Hernandez, 데리Deri, 랜킨Rankin, 그리고 시겔Siegel(2006)은 10명의 민족적 소수자 커플가족치료 수퍼바이저들을 인터뷰하여 그들의 커플가족치료 훈련생들의 수퍼비전에서 어떻게 다양성 측면들의 교차성을 다루는지 물어보았다. 그들의 문헌고찰에서 테일러와 동료들은 민족성, 사회적 계급, 영성, 성적 지향 등의 다른 다양성 차원들보다 젠더가 더 많은 관심을 받았다고 하였다. 우리의 문헌고찰에서는 성적 지향과 민족/문화와 다른 측면들에도 초점을 맞추는 것으로 나타났다.

수련 체계 내의 트랜스젠더 참여자들은 어떠한가? 경험이 있는 임상가들의 고지된 의견들이 있지만 전반적으로 트랜스젠더 커플가족치료 수퍼바이저에 대한 구체적인 내용은 아무 것도 찾을 수 없었다. 그러나 트랜스젠더 **치료자**는 수련 체계의 성장을 위한 잠재적 자원으로 고려되었는데, 그 이유는 그들이 치료과정에서 젠더가 어떻게 조직되는지에 대한 독특하고 가치 있는 관점을 기여할 수 있기 때문이다(Shipman & Martin, 2017 참조). 그러나 동시에 그들은 그들을 안전하게 인도하는 건강한 발달을 보장하기 위해 '종종 확고하고 자기인식이 뛰어나며 유능한 임상 수퍼바이저와 동료지지가 필요하다'(p. 97). 예를 들어, 내담자가 그들을 시스젠더cisgender로 인식할 만큼 전환 과정이 상당히 진행된 경우, 또는 역할이 바뀌어 수퍼바이저의 지도자 역할을 맡게 되는 경우도 있다.

트랜스젠더 내담자와 작업하는 시스젠더 치료자의 시스젠더 수파바이저들은 특별한 도전에 주의하도록 경고를 받는다. 마조리 니콜스Marjory Nochols(2019)는 이 집단과 작업하는 것은 치료자와 그들의 수퍼바이저들로 하여금 젠더에 대한 이분법, 역할 및 표현에 대한 뿌리 깊은 태도에 직면하도록 강요한다.

로비악Robyak, 굿이어Goodyear, 그리고 프래인지Prange(1987)는 수퍼바이저의 성별, 수퍼비전의 초점, 그리고 수퍼바이저의 경험에 주목한다. 이러한 요인들은 종합적으로 그들이 행사하는 권력에 영향을 미친다. 예를 들어, 그들의 표본에 포함된 남성인 초보 치료자는 전문적이거나 합법적인 권력에 대한 존중으로 획득되는 참조권력

referent power(Taylor, Peplau & Sears, 2006 참조)을 선호하였다. 이러한 스타일이나 선호도는 아마도 훈련생과 수퍼바이저 간의 적합성 측면에서 수퍼비전 관계에 영향을 미친다. 더불어, 허낸데즈Harnandez, 분니Bunyi, 타운선Townson(2007)은 민족성과 젠더의 역임에 대하여 논한다. 밀러Miller와 아이비Ivey(2006), 밀러Miller, 코리넥Korinek, 아이비Ivey(2004)는 수련에서 영성의 역할에 대해 논하고 척도까지 개발하였다(Miller et al., 2004). 그들의 작업은 우리의 내담자들과 치료 및 수퍼비전에 영향을 미치는 삶 속의 다양성 요인들에 대한 자료자와 수퍼바이저들의 생각이 확장되도록 돕는다. 우리는 기존 출판물을 활용하고 새로운 글과 책들에 주의를 기울이는 것이 좋을 것이다.

허낸데즈(2008)는 다양한 맥락적 차원이 치료에 미치는 영향에 대한 이해가 수퍼바이저와 수퍼비전에 필수적인 것으로 고려되어야 한다고 지적한다. 많은 문헌은 다양성의 한두 가지 측면에 초점을 맞추고 있다. 그러나 문헌은 동시에 다른 차원에 대해 생각하고 차원들이 서로 어떻게 상호작용하는지에 대한 아이디어를 제공한다(예를 들어, Long & Bonomo(2006)가 훈련생들과 자신들이 가진 LGBTQ 내담자들에 대한 편견과 수용 작업이 있는데, 그들의 아이디어는 다양한 영역의 편견과 편향에 적용될 수 있다). 수퍼비전에서 이러한 방식의 생각은 다양한 방식으로 우리를 돕는다. 이는 다양한 다양성 차원과 차원의 교차성에 대한 우리 자신의 태도와 행동을 인식하고 유지하는 데 도움이 된다. 이는 임상적 요소로서 다양성 차원을 중심으로 훈련생과 협력하는 방법에 주의를 기울이는 데 도움이 되며 이것이 훈련생과의 관계 및 대인관계 역동성에 어떻게 영향을 미치는지 강조한다.

발달하는 자기로서의 훈련생

개인으로서 우리 각자는 성숙도 수준, 원가족의 위치와 역할, 수련 수준, 임상적 이론지향을 포함한 다양한 궤적에 따라 배치될 수 있다. 관계론적 수퍼바이저는 훈련생이 이러한 요소를 식별하고 기술이나 역량 및 자기 인식의 보다 발전된 단계로 이동하는 데 도움이 될 목표를 결정하도록 돕는다. 관계론적 수퍼바이저는 또한 수퍼바이저로서의 자신의 위치가 보완적 및 다양한 방식으로 훈련생의 위치와 상호작용하는 방식을 이해한다. 이를 위해, 훈련생, 수퍼바이저, 수퍼비전 체계 및 수련 체계에 대해 상호 결정된 목표가 중요하며 이는 훈련생과 수퍼바이저 모두에게 도움이 된다.

훈련생의 발달수준도 맥락에 따라 다르며 수퍼비전에 영향을 미친다. 초보 치료자의 프로그램에는 사례나 임상기술의 측면을 다루는 집중적이고 강렬한 수퍼비전이 필요한 경우가 많다(Caldwell & Claxton, 2010; Stoltenberg & McNeill, 2010 참조). 숙련되고 유능한 치료자가 되기 전에 배워야 할 것이 많다. 대학원 프로그램은 초심자 치료자를 임상작업에 소개하기 위한 자체적 훈련을 개발한다. 일부는 관찰 또는 쉐도잉shadowing 이후 한두 가지 사례로 천천히 시작하고, 다른 이들은 학생들에게 많은 사례를 다루는 임상 작업을 매우 빠르게 소개한다. 일부 프로그램은 긴밀한 라이브 수퍼비전을 제공하고 다른 프로그램에서는 학생들이 스스로 얼마나 많은 사례, 실시간 또는 비디오 수퍼비전을 원하거나 필요한지 결정하도록 한다. 이 중 일부는 프로그램 요구 사항이나 수퍼비전의 선호일 수도 있고 개인적인 선호도와 학습 스타일일 수 있다. 그럼에도 불구하고 초보 치료자에 대한 수퍼비전은 일반적으로 고급 수련자보다 더 세심한 주의와 감독이 필요하며 일부 수퍼바이저는 이를 수행할 준비가 되어 있지 않을 수도 있다.

중급 훈련생, 대략 200~300시간의 임상 과정을 마친 훈련생들은 기본적인 기술이나 역량을 꽤 잘 수행하고 치료자로서 능숙해지는 길에 들어서 있는 경우가 많다. 그들은 치료나 변화에 대한 개인적인 철학을 명확히 하고, 초기의 편안한 접근법을 넘어서는 아이디어를 탐구하고, 임상적으로 자신을 확장하기 위해 노력할 수 있다. 이를 위해서는 자신의 스타일을 탐구하고 개발할 수 있는 안전한 장소를 제공하는 동시에 기본 관리 표준을 유지하는 수퍼비전이 필요하다. 수퍼비전은 특정 모델이나 관행보다는 이론과 접근법의 보다 철학적인 어조를 취할 수 있다. 논의에는 주의가 필요한 기본 구성으로서 특정 상황 및 다양성과 관련된 것보다 추상적인 윤리적 실천이 포함될 수 있다. 이 수련 단계는 종종 가장 길고 가장 강렬하며, 자기 의심과 자신감의 기복이 특징이다. 커플가족치료 실습 학생 집단의 매우 유용한 자가학습은 에스미올Esmiol, 누센-마틴Knudsen-Martin, 그리고 델가도Delgado(2012)에 설명되어 있다.

자격증 취득 또는 독립적인 실습에 거의 준비된 고급 훈련생들은 때로는 수퍼바이저의 입장에서 조심스럽게 기다리는 자세가 필요하다. 이러한 훈련생들은 자신을 더 잘 모니터링할 수 있어야 하고, 역량과 이론을 모두 반영하며, 경력의 다음 단계를 준비해야 한다. 이 단계에서 수퍼바이저는 아직 훈련생에게 도움이 필요한 부분이 있기 때문에 안주하지 않도록 주의해야 한다. 다만, 수퍼비전 또한 멘토링 태도를 더 많이 취할 수도 있다. 여기에서의 임무는 훈련생이 그 지위에 해당하는 모든 의무를 다하는 정신건강 전문가의 성숙한 구성원이 되도록 돕는 것이다. 수퍼바이저는 모든 치료자가 때로 협의가 필요하다는 사실을 강조하며 수퍼바이저/훈련생에서 동료의 관계로 계층의 구조변화를 위해 훈련생과 자신을 준비시켜야 한다.

수퍼바이저의 자기

분명히 우리 자신의 편견과 편견에 대한 수퍼바이저의 인식은 치료에서 그들의 편향, 편견, 의식적 그리고 무의식적 행동에 대해 훈련생과 협력하는 능력에 큰 영향을 미친다(Long & Bonomo, 2006). 우리 자신의 편향과 편견에 대한 인식과 민감성은 의식적·무의식적인 방식으로 수퍼비전 상호작용에 영향을 미친다. 비록 수퍼비전에 대하여는 치료에 대한 것과 같이 명확히 정해진 역량은 없지만(AAMFT, 2004; Nelson et al., 2007), 현명하고 배려하는 수퍼바이저는 훌륭한 임상 작업과 훌륭한 수퍼비전 서비스를 제공하면서 자신의 진화하는 태도와 실천을 점검한다.

일부 수퍼바이저는 다른 수퍼바이저보다 더 평평한 계층 구조에서 작업하기도 하지만, 수퍼바이저는 훈련생에 대한 많은 권한을 가지고 있다. 그러나 모든 수퍼바이저는 해당 직업과 내담자에 대한 문지기gatekeeping의 책임이 있으며, 이를 수행할 능력을 갖추고 있다. 우리는 역량이 손상되었거나 역량에 발전이 없는 훈련생을 지도하게 될 가능성이 높기 때문에 그들과 함께 변화하고 발전하거나 다른 직업을 찾을 수 있도록 도울 수 있어야 한다. 우리는 우리 자신과 다른(우리 모두는 어떤 방식으로든 다르다.) 훈련생들과 함께 작업하면서 이 책임을 진지하게 받아들여야 하며, 우리의 힘을 부적절하게 사용하지 않도록 노력해야 한다. 우리는 훈련생들과 성격으로 인한 갈등이 있을 때나 어떤 이유로든 그들이 마음에 들지 않을 때 훈련생들을 부당하게 대하기 쉽다. 우리는 권력 투쟁과 부적절한 삼각관계를 조장하지 않도록 이를 경계해야 한다. 넬슨Nelson과 프라이드랜더Friedlander(2001)는 분노한 수퍼바이저와 권력 투쟁이 수퍼비전 갈등으로 이어지며, 이는 건전한 작업동맹에 도움이 되지 않고 훈련생의 전문적인 성장을 돕지 않으며, 동형적으로 훈련생의 임상 작업에 부정적인 영향을 미칠 수 있다고 경고했다.

수퍼비전의 실천

다양한 환경에서 훈련생과 함께 작업할 수 있는 가장 좋은 방법 중 하나는 각 환경에서 우리의 관여에 대한 범위를 의식하는 것이다. 우리는 수련 프로그램의 핵심 교수진이 되어 훈련생들에 대한 다양한 역할을 맡을 수 있다. 따라서 우리는 각 역할의 경계, 요구 사항 및 한계를 명확히 해야 한다. 우리는 해당 기관의 직원으로서 해당 기관 내에서 수퍼비전을 제공할 수 있다. 그러한 경우, 우리는 기관의 성공과 평판에 금전적 이해관계가 있을 수 있으며, 이것이 대학원 실습생이든 졸업한 훈련생이든 상관없이 훈련생에 대한 수퍼비전에 어떤 영향을 미치는지 알아야 한다. 우리는 각 환경에서 우리의 책임 수준을 인식하고 훈련생이 해당 맥락에서 우리의 관행과 요구사항을 이해하도록 도와야 한다.

우리가 찾은 가장 좋은 방법은 환경, 정책 및 절차, 그 안에서의, 그리고 훈련생들에 대한 우리의 다양한 역할과 각 역할에서 우리의 의도에 대한 훈련생들과의 직접적인 대화다. 명확한 이해와 기대는 혼란과 문제를 피하는 데 큰 도움이 된다. 트롬스키-클링쉬른Tromski-Klingshirn(2006)은 수퍼바이저에게 몇 가지 과제와 기회를 제시할 수 있는 여러 역할(이 경우, 임상 및 행정에 대한 수퍼비전)을 관리하는 방법에 대한 몇 가지 아이디어를 제공했다. 일부 수퍼바이저들은 책임의 차이를 강조하고 경계 침범 또는 위반을 방지하는 데 도움이 되도록 서로 다른 장소에서 각 역할을 수행하여 여러 역할을 관리한다. 다른 사람들은 경계를 명확하게 유지하고 착취를 방지하는 다른 방법을 찾는다.

마찬가지로, 치료 및 수퍼비전의 모범 사례에서는 성, 인종, 민족, 사회 계층 등의 문제에 대하여 훈련생과 명확하고 공개적인 대화가 필요하다. 우리가 꽤 도움이 된다고 생각하는 한 가지 훈련은 훈련생들에게 그들이 억압받았다고 느꼈던 상황을 설명하게 하고, 그것을 철저하게 해체하여 이해하도록 요청한 다음, 특권의 상황에 대해서도 똑같이 하도록 요청하는 것이다. 이 활동은 훈련생이 다양한 상황과 복잡한 방식에서 다수와 소수로서 자신을 이해하는 데 도움이 된다. 집단으로 활동할 때 구성원들은 서로에 대해 놀라운 사실을 배우고 더 나은 이해와 관계를 형성할 수 있다. 실습이 수퍼비전에 대한 개인적인 철학과 일치하는 한 훈련생은 스스로 동일한 작업을 수행하여 이러한 문제를 투명하고 공개적으로 토론할 수 있으며, 이는 임상 사례를 수퍼비전하는 동안 매우 도움이 될 수 있다. 하버드 암묵적 연관 테스트The Harvad Implicit Association Test(https://implicit.harvard.edu/implicit/takeatest.html)는 밀리초 응답을 사용하여 여러 영역에서 우리의 무의식적 편견을 사적으로 발견하도록 돕고 개인적으로 활용할 수 있는 도구다. 우리는 이것이 수련 체계의 모든 참여자에게 도움이 될 것으로 기대한다.

또 다른 도구는 하디Hardy와 래즈로피Laszloffy(1995)의 문화 가계도이다. 훈련생들은 세대 간 가계도를 조사하고 다양성의 여러 측면과 그것이 개인적으로나 직업적으로 어떻게 영향을 미치는지 살펴보게 된다. 이 훈련이 임상 작업에서 민감도를 확장하는 데 도움이 되는 만큼, 수퍼바이저가 훈련생과 함께 자신의 가계도를 검토하고, 수퍼비전이 다양한 요인 간의 상호 작용에 의해 어떻게 영향을 받는지에 대하여 대화를 나누는 것도 도움이 될 수 있다.

문화적 맥락 모델The Cultural Context Model(Almeida, Dolan-Del Vecchio, & Parker, 2007; Hernandez & McDowell, 2010; Hernandez, Siegel, & Almeida, 2009 참조)은 훈련생이 내담자와 다른 훈련생들과의 문화적 집단 내에서 문화적 민감성에 대해 배우는 수련과 수퍼비전 실천을 설명한다. 이 집단은 "문화 전반에 걸쳐 가족생활의 억압적인 규범을 식별하고 해체"하여 최대한의 책임을 갖고 치료 및 수련에 영향을 미치도록 설계되어 있다. 이러한 종류의 몰입 경험은 단순히 다양성에 대해 이야기하거나 책이나 논문에서 이에 대해 읽는 것과는 수련 및 훈련생에게 매우 다른 영향을 미친다.

훈련생은 문화적으로 중요한 사건에 대한 일기daily journal를 작성하도록 요청받을 수도 있다(Lee & Vennum, 2010 참조). 이러한 계몽적인 사건은 "개인이 자신의 사고 방식과 행동 방식에 맞지 않는 상황에 '맞닥뜨렸을 때'" 발생한다(p. 239). 일기 쓰기 journaling는 자신의 문화를 발견하는 효과적인 방법이 될 수 있다. 훈련생들은 이러한 각 상황을 설명하고 분석하도록 요청받는다. 훈련생은 수퍼비전의 일환으로 자신의 일기 내용에 대해 논의할 수 있다. 훈련생이 많은 경우, 전체 일기를 함께 섞어서 질적 연구를 수행할 수도 있다.

학생들은 이러한 경험에 대해 긍정적이었고 졸업 후 훈련생의 수퍼바이저들도 유사한 활동을 사용하여 자신의 훈련생들을 지원할 수 있었다. 나(넬슨)는 첫 학기 대학원생들과 함께한 역할극을 기억한다. 대학원생들은 의사소통이 어려운 동성커플을 연기하면 내가 즐거워하고 재미있을 것이라 생각했다. 그들은 역할극에 몰입하면서 한 파트너가 자신이 가족에서 받는 대우와 직장에서 폐쇄적인 상태를 유지해야 함에 대한 괴로움을 설명하는 과정에서 감정적이 되어 가는 모습에 스스로 놀랐다. 그것은 우리 모두에게 귀중한 경험이 되었다.

졸업 후 교육에 적용할 수 있는 대학원 프로그램에 대한 다양한 활동이 제안되었다. 예를 들어, 래즈로피Laszloffy와 하베코스트Habekost(2010)는 다섯 가지 단계 목표를 달성하기 위한 연습을 고안하였다. 이 글을 읽는 독자들에게 다음의 목표는 유용하게 활용될 수 있으며 더 많은 아이디어를 위해 래즈로피와 하베코스트의 글을 참조할 수 있다.

① 다양성의 차원(예: 계급, 인종, 성별, 성적 취향, 종교, 능력 등)과 억압의 역동 사이의 교차성을 살펴본다.
② 억압받는 집단의 경험과 주변화와 억압이 가족과 치료 과정에 미치는 영향을 이해한다.
③ 다양성의 차원과 권력 및 억압의 역동이 치료자로서의 작업에 대한 학생들의 정체성과 의미를 어떻게 형성하는지 인식한다.
④ 문화적으로 유능한 실천을 탐색한다.
⑤ 치료 안팎에서 사회 정의를 위해 일하는 것의 중요성을 인식한다.

수퍼바이저는 내담자, 치료, 훈련생, 지도/수련 상황에 영향을 미치는 사회적 위치의 다양한 측면에 자신과 훈련생을 민감하게 만드는 실천에 참여하도록 권장된다. 또한 수퍼바이저는 내담자나 훈련생이 이러한 대화를 시작하거나 훈련생이 이를 '문제'로 볼 때까지 기다리지 않고 다양성 문제에 대한 대화에 훈련생을 참여시키는 주도권을 갖도록 권장된다. 이를 위해서는 수퍼비전이 차이점을 드러내고 우리가 이 장에서 포함한 내용을 탐색할 수 있는 안전한 장소가 되도록 해야 한다.

연습

1. 수퍼바이저로서 자신의 업무에 부정적인 영향을 미치기 쉬운 자신의 맥락의 세 가지 측면을 말해 본다. 잠재적인 부정적 영향을 어떻게 제한할 것인가?

2. 수퍼바이저로서 자신의 업무에 긍정적인 영향을 미치기 쉬운 자신의 맥락의 세 가지 측면을 말해 본다. 이러한 측면을 어떻게 최대한 활용할 것인가?

3. 여러분과 훈련생이 충돌할 수 있는 상황의 한 측면을 말해 본다. 치료자로서 훈련생의 발전을 방해하지 않고 향상시키기 위해 이를 어떻게 관리하고 있거나, 관리할 것인가?

4. 여러분의 훈련생은 여러분이 보기에 내담자와의 가치관 충돌로 보이는 상황 속에서 어려움을 겪고 있다. 여러분은 이 상황에서 이 훈련생을 어떻게 돕고 있거나 도울 것인가?

제11장

관계론적 수퍼비전의 법적 측면

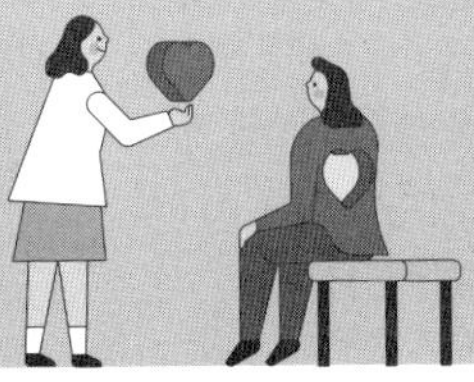

수퍼비전의 법적·윤리적(다음 장) 측면에 대해 논의하기에 앞서 우리는 수련중인 치료자의 수퍼바이저로서 우리가 수행하는 책임의 깊이를 상기하게 된다. 치료자로서 우리는 종종 우리의 실제pratice를 지배하는 법률과 윤리강령에 주의를 기울이는 것을 '잊곤 한다'. 이 책의 저자 중 한 명(넬슨Nelson)은 200명 이상의 정신건강 전문가에게 윤리 워크숍을 가르친 적이 있다. 지난해에 라이선스 법을 읽어 본 사람이 몇 명이나 되는지를 물었더니, 몇 명이 손을 들었다. 그런 다음 우리의 업무와 관련된 법(예: 의심되는 학대 신고, 경고 의무, 치료 중인 미성년자)을 읽은 사람이 몇 명인지 물었고 두 사람이 손을 들었다. 작년에 전문 협회의 윤리강령을 읽은 사람이 몇 명인지 물었다. 약 25명이 손을 들었다. 마지막으로, 전문 협회의 윤리강령이 우리가 거주하는 주의 법이라는 것을 아는 사람이 몇 명인지 물었다. 일부는 손을 들었지만 많은 사람이 눈을 크게 뜨고 나를 바라봤다. 저자는 수퍼비전 및 윤리 과정과 워크숍을 가르치기에 1년에도 여러 번 법률, 규정 및 윤리강령을 읽어야 한다는 점에서 운이 좋다고 생각한다고 말했다. 수퍼바이저는 이 장에서 논의된 영역에 관한 법률, 규칙 및 규정을 아는 것이 매우 중요하다. 수퍼바이저로서 우리는 수련생의 행동에 대한 책임이 있으며 업무와 관련된 법적 문제에 대해 교육할 책임이 있다. 변경 사항에 대해 모르고 지속적으로 업데이트하지 못하는 것은 훈련체계의 모든 요소에서 해로울 수 있다.

이 장에서는 수퍼바이저가 알아야 할 몇 가지 법의 기본 원리를 살펴본다. 이 장은 독자가 근무하는 지역의 법률, 규정 및 윤리강령과 함께 읽으면 가장 좋다. 일반적으로 면허 관련 법률 및 규칙은 주 또는 지자체 웹사이트에서 '직업명' 면허를 검색하거나 면허라는 키워드를 섬색해 찾을 수 있다.

법률과 규정의 조직

많은 사람이 법과 관련된 법률과 규정을 읽을 때 혼란스러워하며 제쳐 둔다. 저자들은 모두(리Lee와 넬슨Nelson) 운 좋게도 면허와 규정과 관련된 활동에 참여해 왔으며 법률과 규칙이 일반적으로 어떻게 설정되는지 배웠다. 다음의 내용은 무미건조하고 지루해 보일 수 있지만, 저자들은 규제법이 어떻게 개발되고 수반되는지에 대해 수퍼바이저가 이해하는 것이 중요하다고 생각한다.

커플 및 가족 치료자는 50개 주 전체와 워싱턴 DC, 캐나다의 2개 주에서 규제를 받는다(Sturkie & Paff Bergen, 2000). 이것이 항상 이랬던 것은 아니다. 일반적으로 자신이 피해를 입었다고 생각하지만 법적으로 소를 제기할 제소권이 없는 시민에 대해 염려하는 전문 기관이 입법부나 의회와 같은 입법 기관에 접근한다. 때에 따라 이러한 법률은 시민이 입법가에게 접근해 시작되기도 했다. 당시에는 그들이 받는 임상서비스에 적용되는 법률이 없었다. 커플가족치료와 관련하여, 미국부부가족치료학회 전문 부서의 자원봉사자들은 여러 주와 지자체에서 우리의 전문 영역에 대한 규제를 획득하기 위한 정치적 과정을 배우기 위해 수년 동안 노력했다. 입법가들은 커플가족치료 전문가가 아니라 공공복지를 수호하는 법을 통과시켜야 했다. 이 법률은 관련 직무를 수행하는 데 필요한 기본 교육 및 임상 경험으로 간주되는 것을 구체화했다. 관련 세부 사항은 규제 또는 라이선스 위원회에 맡겨졌다.

임상 실제: 면허

일부 주에서 전문가는 면허를 취득한다. 법률은 직함(예: 커플가족치료 또는 부부가족치료, 심리학자)과 업무범위라고 하는 특정 서비스(예: 커플가족치료, 심리 치료)를 제공할 수 있는 사람을 규정한다. 다른 주 또는 지자체에서는 인증제가 사용된다.[1] 누구든지 서비스를 수행할 수 있지만 특정 기준을 충족하는 사람만이 '공인 회계사'와 같은 특정 직함을 대중에게 사용할 수 있다. 면허나 혹은 다른 형태의 인증 및 규제로

1) 역자 주: lincensure는 '면허취득'으로 certification은 '인증'으로 번역하되 문맥에 맞춰 해석

귀결되든지 간에 기본적인 정치 및 입법 절차는 동일하다. 저자들은 한 수준 또는 다른 수준에서 전문적인 규제 과정에 참여해 왔다. 미국 주 또는 캐나다 지방정부에서 면허를 취득하는 과정은 매우 흥미로운데, 체계적 치료자에게는 거의 정반대다. 체계적 치료자로서, 저자(넬슨)는 내용보다는 패턴과 관계 역동에 주의를 기울이도록 배웠다. 우리는 내용에 주의를 기울이는 것이 우리 자신의 '문제' 또는 '뜨거운 주제'에 푹 빠지게 하기에, 체계적 치료자로서 과정의 변화에 도움을 주려 시도하는 것을 잊기 쉽다고 배웠다. 그러나 입법 과정에서는, 심지어 정치적으로 협상을 해야 하는 경우라 할지라도 내용이 중요하다. 예를 들어, 커플가족치료가 훈련되지 않은 개인이 치료를 하게 될 때 일반 대중이 피해를 입는다고 주장하는 경우, 그 반대의 주장에도 직면할 수 있다. 이러한 주장의 예로는, 커플 및 가족 치료자가 정서적 또는 정신적 문제로 나타날 수 있는 신체적 문제(예: 갑상선 기능장애로 인한 우울 증상)를 진단할 수 있는 충분한 수련을 받지 못했다는 주장이 있을 수 있다. 이러한 경우에 우리는 우리의 입장과 훈련에 대해 방어할 준비가 되어 있어야 한다.

면허법licensing law의 목적은 커플가족치료의 실제를 구축하는 것이 아니라 대중을 위험에서 보호하는 것에 있다. 그러나 때때로 이 두 목표 사이에 불필요한 충돌이 생길 수도 있다. 따라서 전문가 개인으로서 그리고 전문 조직으로서 커플가족치료자가 면허법 및 규정을 만드는 데 참여하는 것은 중요하다. 두 직책 모두에서 우리는 제안된 법안에 주의를 기울이고, 입법가들에게 의견을 제시하며, 때로는 컨설턴트 역할을 함으로써 이를 수행한다. 입법기관은 개인이 특정 업무 범위(예: 정신 및 정서적 장애의 진단 및 치료, 가족 치료 등)에 참여하도록 인증certify하거나 면허licence를 주는 데 법률이 필요하다고 어느 시점에서 결정한다. 그 결과로서 법은 인증이나 허가를 위한 특정 요구 사항을 논의할 수 있으나 이를 좀 더 일반적인 용어로 표현한다. 조건에 대한 세부 사항은 지정된 면허 또는 규제 위원회에서 정한 규칙 또는 규정을 통해 제공된다. 예를 들어, 면허가 있는 결혼 및 가족 치료자는 규칙에 의해 정해진 교육 훈련 과정을 이수해야 한다고 법률에 명시할 수 있다. 이는 교육의 세부 사항이 면허 위원회나 유사 기관에 맡겨진다는 것을 의미한다. 이러한 조직은 어떠한 과정을, 얼마나 많이 이수해야 하는지 그리고 어떤 종류의 임상 경험이 필요한지 결정한다. 규칙을 변경하기 위해 입법 조치가 필요하지는 않다. 면허 위원회가 지속적 교육에 대한 요구 사항 또는 치료가 어떻게 수행되어야 하는지(예: 대면이나 전화 또는 기타 기술적 수단을 통해)와 같은 제안된 규칙 변경 사항을 주기적으로 발표한다. 수퍼바이저가 해당 지역의 법률과 규칙을 잘 이해하는 것은 매우 중요하다. 저자(넬슨)는 예비 수퍼바이저가 유타주State of Utah의 정신건강에 대한 일반 면허법에 따라 이전 내담자와 친밀한(성적) 관계를 생각하는 사람은 누구나 먼저 상담을 받아야 한다고 지적했을 때 말문이 막혔다. 유타주에서는 결혼 및 가족 치료법의 일부로서 치료 중과 치료 종료 후 2년 동안 내담자와의 성적 관계가 금지되어 있다는 것은 알고 있었지만, 이와 관련된 것을 포괄하는 정신건강법을 주의 깊게 읽지 않았기 때문이다. 훌륭한 수퍼바이저와 치료자는 그들에게 적용될 수 있는 모든 법률, 규칙 및 윤리강령에 주의를 기울여야 한다는 것이 자명하다.

다른 법

면허법 외에도 치료자와 수퍼바이저는 일반적인 커플가족치료 또는 정신건강의 실제에 영향을 미치는 다른 법률을 알고 있어야 한다. 내담자 비밀유지특권privilege 또는 비밀보장confidentiality은 보호되고 있는가? 비밀보장이 침해되거나 깨질 수 있는 상황은 언제인가? 만약 그렇다면 이 경우에는 어떤 일이 발생하는가? 거의 모든 주에서 정신건강 전문가 및 기타 의료 또는 학교 전문가는 자신을 돌볼 수 없는 아동 또는 성인에 대한 의심되는 학대가 있는 경우 이를 보고하도록 요구되고 있다. 이러한 보고를 하려면 어떻게 해야 하는가? 여러분의 지역에 알림의 의무 또는 보호 의무에 관한 법률이 있는가? 만약 있다면 전문가는 어떻게 해야 하는가? 필수인가 아니면 선택 사항인가? 비밀보장에 관한 법률을 위반하지 않으면서 우려되는 사항을 누구에게 보고해야 하는가?

내담자 기록은 어떻게 다루어지는가? 법률이나 규정에 이러한 기록에 포함되어야 하는 내용이 명시되어 있는가? 이는 미국 「건강보험정보 이전 및 책임에 관한 법률Health Insurance Portability and Accountalbility Act: HIPAA」(1996)의 요구 사항과 어떤 점에서 비슷하거나 다른가? 기록은 얼마나 오랫동안 보관해야 하는가? 당신이 은퇴하거나 또는 사망한 경우 기록을 위해 어떤 조치를 취해야 하는가? 어떤 조건하에서 고객 기록을 공개할 수 있거나 공개해야 하는가? 기록을 공개하고 싶지 않거나 그렇게 하면 다른 사람이 해를 입을 수 있다고 생각되면 어떻게 해야 하는가? 예를 들어, 변호사와 같은 제3자가 기록을 위해 소환장subpoena을 보내면 어떻게 해야 하는가?

부모의 부재 시 미성년자를 치료할 수 있는가? 어떤 조건에서 미성년자의 대화를 비공개로 유지해야 하는가? 자녀의 부모가 이혼한 경우 누구에게 기록을 공개하거나 우려 사항을 보고하거나 치료 중 발생한 일을 보고할 수 있는가? 다음에서는 이러한 질문 중 몇 가지에 대해 논의한다.

비밀보장

비밀보장은 치료에서 다른 사람에게 어떤 정보를 이야기할지 스스로 결정할 수 있는 내담자의 권리이다. 비밀보장특권은 법정에서 어떤 비밀 정보를 제시할지 결정할 수 있는 의뢰인의 권리를 의미한다. 이는 유사하지만 동일하지 않다는 것을 알 수 있다. 무엇이든지 간에, 치료자 및 수퍼바이저로서 우리는 다음에 설명할 특정 상황을 제외하고 내담자의 비밀보장과 특권을 보호해야 한다. 일반적으로 정보 누설이 허용되고 내담자가 상황에 대해 완전히 알고 있는지 확인하는 가장 안전한 방법은 내담자가 정보 공개에 서명하고 그 사람과 상황을 논의하는 것이다.

이 공개에는 정보가 전달될 수 있는 사람, 어떤 정보가 공개되거나 공개되지 않을 수 있는지에 대한 세부 정보, 정보 공개 기간이나 제한사항이 포함되어야 한다. 커플가족치료자로서 우리는 회기에 참석한 모든 사람이 컨설턴트나 방문자로 간주되더라도 사례에 대한 정보를 공개한다는 서면 동의를 얻을 의무가 있다. 훈련생의 내담자가 (치료에 대한 내담자의 고지된 동의에 있어) 치료자의 수퍼바이저 또는 보고의 의무가 있는 부분에 대해서는 비밀보장의 권리가 예외가 되는데, 이때에도 수퍼바이저는 내담자의 허가 없이 또는 법률에서 허용/요구하는 경우 정보를 누설할 수 없다는 것은 매우 중요하다. 미국부부가족치료학회의 윤리강령Code of Ethics에 따르면 (AAMFT, 2015a), 훈련생은 수퍼비전에서의 대화에 있어 비밀보장특권을 가진다. 일부 지역에서는 미국부부가족치료학회 윤리강령이 면허법에 포함되어 있으므로 훈련생의 비밀보장에 대한 위반은 법을 어기는 것이다.

보고 의무

대부분의 지역에서 정신건강 및 기타 면허가 있는 의료 전문가는 학대나 방임이 의심되는 아동, 취약한 성인 또는 자신의 이익을 돌볼 수 없는 타인에 대해 신고하는 것이 요구되거나 허용된다. 때로는 모든 시민이 신고 의무가 있으며 피해가 의심되는 경우 신고해야 한다. 일부 지역에는 의심사례에 대해 보고의 의무가 있는 전문가 리스트가 있기도 하다. 이에 해당하는 전문가는 반드시 보고해야 한다. 비밀보장을 깨야 한다는 사실을 알고 있더라도 지명된 전문가는 지정된 방식으로 지정된 당국에 보고해야 하며, 대부분의 경우 이는 우리가 법률을 위반할 것이라는 두려움 없이 이러한 보고를 할 수 있음을 의미한다. 그러나 많은 의료 전문가가 이해하지 못하는 부분은 비밀보장을 위반하지 않고 내담자에 대해 이야기할 수 있는 우리의 의무 또는 능력이 보고서에만 국한된다는 것이다. 실제로 보고서를 작성한 사람은 비공개로 유지되는 경우가 종종 있다. 따라서 사회복지사, 경찰, 변호사 또는 기타 사람이 더 많은 정보를 원할 경우 내담자의 허가나 법원 명령 없이는 해당 정보를 제공할 수 없다.

학대나 방임과 관련된 많은 복잡한 사항이 있을 수 있으며, 이에 수퍼바이저가 적절한 조치를 스스로 인지하는 것은 중요하다. 훈련생은 이러한 상황이 일반적으로 적어도 어느 정도의 불안을 유발하기에, 그리고 훈련생이 절차와 역동을 탐색하는 데 있어 도움이 필요하기 때문에 지침이 필요하다. 그러한 보고는 일반적으로 학대에 대한 합당한 의심이 있을 때 이루어져야 한다는 점을 기억해야 한다. 치료자와 수퍼바이저는 조사자가 아니므로, 아동 보호 서비스나 경찰이 필요한 정보를 수집한다.

수퍼바이저로서 우리는 보고 의무와 관련하여 민감한 상황에 처할 수 있다. 만약 우리가 훈련생 의견에 동의하고 훈련생이 소속기관에서 보고에 대한 허가를 획득하면 절차는 간단한 편이다. 훈련생이 이러한 보고를 하는 것이 처음이라면, 수퍼바이저로서 우리는 관련 절차를 안내해야 한다. 내담자가 화를 내거나 치료자나 우리를 위협하는 경우 보고는 상당히 신경이 쓰이는 일일 수 있다. 이러한 경우 수퍼바이저는 종종 훈련생과 과정 전후에 대화하기를 원한다. 이러한 보고를 여러 번 하게 되면, 수퍼바이저는 사건의 발생을 보고받고 이에 대해 약간의 논의를 하는 것이 편할 수 있다.

훈련생이 소속된 기관에서 의심되는 학대에 대한 보고를 허용하지 않는 경우에는, 훈련 중인 치료자와 수퍼바이저에게 더 복잡한 문제일 수 있다. 미국부부가족치료학회 윤리강령(AAMFT, 2015a; 6.1)에는 충돌이 있을 때 기관에 우리의 강령을 알리고 갈등 해결을 시도해야 한다고 되어 있다. 그러나 법에는 법률과 규칙을 준수해야 하는 것은 면허를 받은 우리 자신이라고 명시되어 있다. 따라서 치료자(훈련 중인 치료자 포함)는 자신의 직업적 신념에 따라 행동해야 하며, 고용주나 우리와 의견이 다를 때에도 보고서를 작성해야 할 수 있다. 반면에 훈련생이 그러한 보고를 하지 않기로 결정하면, 우리가 스스로 보고하고 나중에 치료자에게 상황을 알려 주어야 할 수도 있다. 두 경우 모두 수퍼바이저는 상황과 결정을 내리기까지의 과정, 최종 의사 결정과 추가적인 생각을 수퍼비전 메모에 기록해야 한다.

경고의 의무, 보호의 의무

비밀보장 의무와 비슷한 예외는 내담자가 자신이나 다른 사람을 해칠 위험에 처해 있다고 믿을 만한 충분한 이유가 있는 경우다. 누군가에게 경고warn를 하거나 혹은 누군가를 보호해야 하는 의무에 관한 법률에서는 종종 타라소프Tarasoff라고 하는 사례를 인용한다. 어떤 내담자가 소원해진 여자친구를 해칠 거라고 캘리포니아대학의 치료자에게 말한 사례이다. 캘리포니아 법원은 이러한 상황에서 식별 가능한 피해자가 있고 명확한 의도와 진술, 그리고 절박한 위험을 일으킬 수단이 있는 경우 치료자는 경고해서는 안 되며, 의도된 피해자를 보호해야 한다고 판결했다. 이 캘리포니아 법률은 세부 사항이 다를 수 있지만 다른 관할권의 법률에 영향을 미쳤다. 이 의무에는 관련 경찰서에 알리고, 내담자 보호 및 관찰을 위해 분리보호하고, 예측 가능한 피해자와 당국에 알리는 것이 포함될 수 있다. 훈련생과 수퍼바이저는 상황이 발생하기 전에 정확한 요구 사항과 법의 한계를 아는 것이 매우 도움이 된다.

각 주와 지방정부는 이러한 위험한 상황에서 비밀보장의 원칙을 깨는 것에 대해 서로 다른 법률을 가지고 있다. 일부에서는 당국에 정보를 제공할 수 있지만(예: 텍사스), 의도된 피해자에게는 아니다. 다른 주에서는 치료자가 그러한 의도를 당국에 보고할 수 있거나 보고해야 한다. 하지만 내담자가 그러한 진술을 할 때 얼마나 진지하게 이야기하는지 여부를 항상 알 수는 없기 때문에 까다로워진다. 우리는 일반적으로 우리의 경험, 특정 내담자와의 경험 및 법률에 대한 철저한 이해는 이런 어려운 상황에서 올바른 결정을 내리는 데 도움을 준다. 수퍼바이저로서, 특히 초보 수퍼바이저인 경우 우리는 조급해지기 쉽고 행동이 때로 너무 적거나 혹은 너무 많아 현명한 결정을 내리지 못한다. 멘토링(수퍼비전에 대한 수퍼비전)은 새로운 치료자에 대한 수퍼비전이 도움이 되는 것처럼 이러한 상황에서 매우 유용하다. 원격 기술(예: 인터넷 또는 전화를 통한 수퍼비전)을 사용하는 경우 훈련생 및 내담자의 지역별 요구 사항에 정통해야 한다.

치료에서의 미성년자

많은 또는 대부분의 부부 및 가족 치료자는 상담 또는 치료의 실제에서 아동을 만나게 된다. 이러한 경우 아동을 보는 데 필요한 제한 사항과 요구 사항을 아는 것은 중요하다. 일부 주나 지방정부에서는 누구든지 아동을 치료에 데려가는 법적 권한이 있는 한, 이제 사례를 '소유'하고 다른 부모나 보호자를 포함한 타인이 치료 또는 치료 기록에 접근하는 것을 금지할 수 있다. 다른 곳에서는 그러한 권한이 없을 뿐만 아니라 다른 법적 보호자나 대리인의 접근을 제한할 수 없으며 치료자는 요청에 협조해야 한다. 치료자와 수퍼바이저가 미성년자가 포함된 치료를 하기 위해서는 관할지역의 제한과 요구 사항을 명확하게 이해하는 것이 매우 중요하다. 어떤 지역에서는 치료자가 부모의 동의를 얻기 전에 치료 중인 미성년자를 한 번 보는 것이 허용된다. 이 모든 상황에서, 치료자는 동의를 제공하는 부모나 보호자가 실제로 그렇게 하는 것이 법에 의해 허용되거나 요구되는지 확인해야 한다. 이는 정보를 제3자에게 공개하도록 허용하는 경우에도 적용된다.

미국부부가족치료학회(AAMFT, 2015a) 윤리강령(및 많은 주법)은 특히 치료자가 이혼 또는 별거 상황에서 양육권 또는 면접교섭에 대한 평가를 수행하지 못하도록 금지한다. 경우에 따라 치료자는 양육권 상황에서 증언하도록 소환되거나 요청된다. 치료자와 수퍼바이저는 증언에서 보고할 수 있는 내용의 한계와 승인을 제공해야 하는 사람을 정확히 이해하는 것이 중요하다. 치료자와 전문 증인의 증언 사이에는 차이가 있다. 두 역할은 별도로 다루어야 한다. 마찬가지로, 양육권이나 육아 시간을 목적으로 평가를 수행하는 치료자는 동일 사례의 치료자가 될 수 없다(그리고 한 사례의 치료자는 동일 사례의 사람들을 평가하지 않을 수 있다).

소환장

소환장은 정보를 요구하거나 특정 시간에 특정 장소에 정보를 가지고 출두하라는 법적 요청 또는 요구이다. 우리는 소환장을 무시할 수 없다. 우리는 요청된 것을 제공하거나 혹은 명령을 무효화하기 위해 변호사의 도움을 요청해야 한다. 그러나 우리는 내담자의 허가나 판사의 명령 없이는 정보를 제공할 수 없다. 소환장이 치료자 또는 수퍼바이저 업무의 일상적인 부분이 아닌 한 일반적으로 변호사의 도움을 구하는 것이 가장 좋다. 소환의 내용은 일반적으로 사건 기록에 대한 변호사의 요청이며, 아마도 내담자에 대한 치료자의 전문적인 의견이나 치료에서 일어난 일에 관한 치료자의 증언일 것이다. 종종 치료자는 자신의 메모를 복사해 제출하는 대신 관련 정보의 요약을 제공할 수 있다. 임상메모뿐 아니라 수퍼비전 메모도 마찬가지다.

치료자는 ① 내담자 체계의 모든 내담자가 공개 승인에 서명했거나, ② 법원에서 정보 공개를 명령한 경우 정보를 공개할 수 있다. 변호사가 발부한 소환장은 우리에게 정보공개를 요구하거나 허락하지 않으며, 그렇게 하려면 법원 명령이 있어야 한다. 그러나 수퍼바이저와 수퍼바이저의 훈련생은 단순히 소환장을 무시할 수는 없으며 조언을 구하기 위해 변호사와 상의해야 한다.

훈련 중인 치료자는 사실(예: "내담자가 일주일 동안 양육이 개선되었다고 보고했다.")과 해석 또는 의견(예: 치료자의 관찰이 아닌 내담자의 보고를 통해서만 알 수 있는 경우 "내담자의 양육이 개선되었다.")을 구분하여 안내해야 한다. 종종 회기에서 일어나는 일에 대한 직접적인 지식이 없는 수퍼바이저는 이러한 구별을 통해 훈련생을 도와야 한다. 실시간 또는 녹화된 회기와 함께 구두 보고서 및 사례 노트를 주의 깊게 검토하면 수퍼바이저는 이러한 상황에서 도움이 되는 데 필요한 정보를 얻을 수 있다. 이러한 훈련은 또한 수퍼바이저가 구두 보고서와 사례 노트에 어느 정도의 신뢰를 두어야 하는지를 알 수 있도록 돕고 훈련생에게 신중한 보고를 지도하기 위한 자료를 제공한다.

기록 및 기타 문서

또 다른 법적 문제는 수퍼비전 기록과 자신의 사례 기록에 대한 훈련생에게 주는 조언이다. 몇몇 주나 지방정부 규정과 보험 회사와 같은 제3자 지급인은 내담자 기록에 필요한 사항을 명시하고 있으며 수퍼바이저로서 우리는 이러한 요구 사항을 알고 있어야 한다. 우리는 또한 기록을 보호하는 방법과 기록이 수퍼비전에 사용될 수 있는 방법을 알아야 한다. 우리는 수퍼바이저로서 우리에게 모든 임상 기록과 녹음이 제공되어야 한다고 주장할 의무가 있다. 결국, 민사 소송(예: 예측 가능한 폭력 및 자살 행위로부터 피해자를 보호해야 하는 의무에 관한)은 수퍼바이저가 훈련생 및 훈련생 내담자의 행동에 대해 책임을 질 수 있음을 보여 준다. 더욱이 방어적인 훈련생은 우리에게 보여 주기 위해 기록이나 녹음을 선별할 수 있으므로, 우리는 훈련생의 기록과 녹음에 접근할 수 있어야 한다.

훈련생과 우리 모두는 기록을 보관하는 방법, 보관 기간, 더 이상 치료를 못하게 되거나 사망할 경우를 대비하여 기록을 적절하게 이전 또는 폐기하기 위한 계획을 세우는 방법에 관한 법률 및 윤리 규칙을 알아야 한다. 이와 비슷하게, 수퍼바이저는 수퍼비전에서 일어나는 일에 대해 기록하는 것이 현명하다. 어떤 사례가 논의되었는지, 어떤 지시나 제안이 있었는지, 그 근거는 무엇인지, 훈련생이 어떻게 반응했는지, 어떤 일반적인 주제가 논의되었는지, 이전 상담에 대한 후속 조치 등이 그것이다. 치료자가 치료 중에 일어난 일을 기억하기 위해 기록이 필요한 것처럼 수퍼바이저는 수퍼비전에서 논의된 내용을 기억하는 데 도움이 되는 메모를 할 필요가 있다. 다시 말하지만, 이러한 메모는 치료자가 조사를 받거나 일종의 의료 과실 소송 또는 면허에 대한 불만과 관련된 상황에서도 유용하다. 중요한 법의학 격언은 "기록하지 않으면 존재하지 않는다."라는 것이다.

전자 시대의 문서 및 청구 정보

이 논의는 제5장에서 시작된 원격 수퍼비전 및 원격 치료의 독특한 복잡성에 대해 다루고 있다. 독특한 이슈 외에도 모든 수퍼바이저는 행동 과학 실제에 있어 증가된 전산화로 인해 만들어진 전반적 훈련체계에 대한 의무를 인식해야 한다. 예를 들어, 자신과 치료자의 내담자 기록 및 기타 식별 정보의 위치는 아마도 잠금장치가 된 파일 서랍에서 전자 저장소로 옮겨졌을 것이며 이러한 기록의 보안도 이에 따라 변경된다.

내담자 기록에는 일반적으로 광범위한 개인 데이터, 인구 통계 등이 포함된 접수면접 문서와 해당 정보 중 일부를 제3자에게 공개할 수 있는 세부 권한이 포함된다. 여기에는 진단 요약, 치료 계획, 형성적이며 종합적인 진행의 요약 및 청구 정보도 있다. 또한 치명적 문제 및 법적 문제를 포함하여 긴급 상황과 관련한 양식이 있을 수 있다. 일반적으로 내담자, 그들의 치료자, 훈련 수퍼바이저, 행정 직원 및 청구관련 사무원은 이러한 기록의 일부 또는 전부에 유동적으로 접근할 수 있다. 또한 이들은 다양한 제3자에게 요청을 받는다. 일반적으로 이러한 자료는 잠금장치가 된 사무용 캐비닛에 보관하고 금기("파일 및/또는 해당 내용을 구내에서 제거해서는 안 된다.")에 따라 비공개 및 기밀로 유지되며 엄격한 처벌의 적용을 받는다. 많은 훈련생은 내담자 파일을 밖에서 작업하기 위해 건물 밖으로 몰래 가지고 나갔다가 식당이나 버스 등에서 잊어버렸을 때 당황했던 것을 기억한다. 이러한 잠재적인 휴대성은 데스크톱 컴퓨터가 파일 캐비닛을 대체하고 컴퓨터에 대한 접근뿐만 아니라 컴퓨터에 저장된 모든 자료를 암호 및/또는 암호화로 보호해야 했을 때에도 약간의 변화가 있었을 뿐이다. 그 후 얼마 지나지 않아 훈련생과 많은 수퍼바이저는 USB 드라이브는 휴대성이 더 높으며 또 다른 위험 요소라는 것을 발견한 바 있다.

미국 건강보험정보 보호 및 책임에 관한 법률(1996)

의회는 의료 체계에서 전자 기술의 발전이 소비자에게 보장되는 개인 정보 보호를 위험에 빠뜨릴 수 있다는 점을 인식했다. 이러한 개인 정보 보호는 주의 보건 법령에 명시되어 있고 직업윤리강령에 설명되어 있으며, 때로는 단순히 가정되기도 한다. 통일된 연방법이 필요하다는 것은 분명했다. 결과적으로 미국 의회는 1996년 「건강보험정보 보호 및 책임에 관한 법률」(일반적으로 HIPPA가 아니라 HIPAA라고 한다.)을 통과시켰다. 이는 개인의 식별 가능한 건강정보에 대한 프라이버시 보호를 의무화했다. 교육 기관을 위해 이미 제정된 유사한 연방 보호 조치인 1974년의 「가족 교육 권리 및 개인 정보 보호법Family Educational Rights and Privacy Act」이 거의 같은 시기에 업데이트되었다.

연방법은 회기 노트(텍스트 상자 참조)를 제외하고 모든 기록의 정보가 내담자에게 속하며 내담자에게 암호화되지 않은 접근을 허용하고 내담자만이 다른 당사자에게 해당 기록에 포함된 정보의 공개를 허용할 수 있도록 요구한다. 연방법은 주법을 대체하므로 HIPAA의 규칙은 임계 의무이다. 때로 HIPAA의 보편적인 규칙이 다루지 않는 지역 문제가 발생할 수도 있다. 예를 들어, 주 규정(예: 취약한 시민 보호의무) 및 전문 조직에의 적용 가능성에 관한 문제가 그것이다. 이 경우, 답은 해당 내담자가 보호를 받을 당시에 물리적으로 어디에 있는지에 따라 결정된다. 따라서 수퍼바이저는 자신의 수퍼바이저와 훈련생의 개별 내담자가 속한 지역의 개인 정보 보호 규칙을 분명히 알고 있어야 한다(Huggins, 2016a 참조). 또한 수퍼바이저는 기관이나 사설 수퍼비전 여부에 따라 그와 관련된 교육 센터에 적용되는 개인 정보 보호 규칙을 확인해야 한다. 저자는 독자들이 HIPAA 및 「행동 건강법behavioral health law」에 익숙한 현지 변호사, 의료 과실 보험 또는 해당 전문 기관(예: AAMFT의 법률 고문)의 법률 정보를 참조할 것을 권장한다.

HIPAA는 공식적인 형성 및 요약 진행 노트와 비공식적인 회기 작업 노트를 구분한다. 전자는 종종 내담자 파일의 필수적 부분이며 이는 내담자에게 귀속된다. 내담자들은 이를 검사하고 사본을 얻을 권리가 있다. 대조적으로 회기 또는 작업 노트는 치료자와 수퍼바이저가 기억을 되살리며 생각을 모으고 인상을 기록하는 데 사용하는 비공식적 노트이다. 이 메모는 메모를 작성한 사람만을 위한 것이다. HIPAA에 따른 한 가지 요구 사항은 이러한 메모를 공식 사례 파일과 별도로 보관해야 한다는 것이다(US Department of Health and Human Services, 2017).

보안을 위한 한 가지 솔루션: 비즈니스 제휴 계약

HIPAA 규칙과 주별 규정은 전문 기록뿐만 아니라 기관 및 개인 전자 메시징과 청구 절차에도 적용된다. 이메일과 문자 메시지에도 적용되며 이는 다음 장에서 다룰 것이다. 그러나 지난 10여 년 동안 HIPAA 승인 비즈니스 제휴 계약(BAA; HIPAA, 1996)은 최적의 메커니즘을 사용하여 건강 정보를 '적절하게 보호'해 왔다. 건강 서비스 제공자(교육 센터, 에이전시, 집단 또는 개인 수퍼바이저 및 치료자) 는 HIPAA에서 요구하는 대로 보호된 데이터를 보호할 것임을 보장하는 회사 또는 개인과 BAA를 체결한다. HIPAA에서 승인한 제3자는 필수 양식 및 기록뿐만 아니라 청구업무와 문서도 처리할 수 있다(다음 참조). 요청 시 BAA는 보안 위반 문서를 식별하고 추적할 수 있다. 잘 구성된 BAA는 규칙, 수수료, 보안 불확실성 및 예상되는 응답과 같이 혼란스러울 수 있는 사항을 지정하고 보호할 수도 있다.

우리는 제5장에서 원격 서비스(치료, 수퍼비전 및 수퍼비전 멘토링)에 참여하는 동안 커플가족치료자가 다양한 문서에 대한 서면 동의를 보편적으로 얻지 못했다는 것을 관찰했다고 지적했다. 실제로 HIPAA와 주 규정 및 직업윤리강령은 서명된 동의서의 개인 정보 보호 및 보안뿐 아니라 서비스를 제공하는 데 사용되는 플랫폼을 요구한다. 여러 회사에서 'HIPAA 준수, 전자 서명eSigning'을 경쟁적 가격으로 제공하며, 이는 상업적 관리 시스템의 일부일 수도 있다.

HIPAA 준수 청구

이 책이 출판될 당시에도 HIPAA 준수 청구 메커니즘은 지속적으로 발전해 왔으며, 매커니즘 간에 적합성에 차이가 있다. 예를 들어, 스퀘어SQUARE와 같은 인기 있는 결제 플랫폼은 현재 HIPAA를 준수하는 방식으로 사용되고 있는데, 페이팔PayPal은 그렇지 않다. 다시 말하지만, 그러한 거의 모든 플랫폼은 지속적으로 변화하고 있으며 새로운 플랫폼이 만들어지고 있다. HIPAA와 관련하여 보안을 유지하고자 하는 수퍼바이저와 치료자는 기밀 청구가 BAA의 일부가 될 수 있다는 사실에 관심을 가질 것이다(Huggins, 2016b 참조). 또한 일부 온라인 관리 시스템은 예약에서의 보안, 송장 발행 및 신용 카드 결제를 모두 제공할 수 있다(Reinhardt, 2019 참조).

커뮤니케이션의 함정: 이메일, 문자 메시지 및 전화 음성 메시지

열정적인 현대의 수퍼바이저와 내담자는 이메일 및 기타 형태의 문자 메시지를 사용할 때 관련된 메커니즘과 과정에 대해 진지하게 생각해야 한다. 프라이버시는 받는 사람의 까다로움에 따라 달라질 수 있다. HIPAA는 수신자에게 관련 위험에 대해 경고하는 한 주고받은 메시지를 암호화할 것을 요구하지 않는다. 이러한 경고는 서면으로 작성되어야 하며, 훈련생 및 내담자와 논의하고 서명해야 하며 각각 수퍼비전 및 치료 기록의 일부가 되어야 한다. 또한 수퍼바이저는 해당 분야의 윤리강령에 의해 공표된 규칙을 고려하는 것이 중요하다. 전형적인 예는 미국부부가족치료학회(AAMFT, 2015a) 6.3조의 비밀보장 및 전문적 책임으로, "적용되는 법률의 기준을 충족하는 비밀보장과 서비스 질과 관련된 기술적 플랫폼을 고르는 것은 치료자나 수퍼바이저의 책임이다."라는 점을 명시하고 있다.

저자는 BAA 보호 메커니즘에 이메일을 보내는 사람이 포함될 수 있음을 이해하고 있다. 이 부분에 대해 논의하는 것은 중요하다. 그럼에도 불구하고 음성 메일, 이메일 또는 문자와 같은 전자 전송은 외부 해커로부터 보호받을 수 있지만 더 중요한 것은 일단 도착하면 이를 듣거나 읽는 사람을 보장할 수 없다는 것이다. 이 정보들은 안전하지 않다. 결과적으로 어머니에게 말할 수 없는 말은 절대 하지 않거나 문자를 보내지 않는 것이 좋다. 그리고 전화 메시지는 가능한 한 적게 적어야 한다("저는 제인 도Jane Doe입니다. ×××-×××-××××로 전화해 주세요.").

HIPAA에는 이메일에 대한 특별한 의무규정이 있다. 치료자와 수퍼바이저가 좋아하든 그렇지 않든 그들은 보내는 모든 전문 이메일에 '비밀보장 전송 알림confidential transmission notice'이라 알려진 이메일 면책 조항을 첨부해야 한다. 이는 받는 사람에게 수신하는 메시지가 반드시 안전하지는 않으며 내용은 엄격하게 비밀이고 올바른 연락처가 아닌 경우 메시지를 삭제하고 전달할 의무가 있음을 경고한다. 카렌 그린Karen Green(2020)은 자주 쓰이는 다섯 가지 템플릿을 제공한 바 있다.

정보 공개 승인

치료 기록을 제3자에게 공개하기 위한 HIPAA 승인과 관련하여, 이러한 공개에 대해 충분한 정보에 입각한 동의를 제공해야 하는 사람이 누구인지에 대한 문제가 있다. 부부 및 가족 치료자를 위한 윤리강령(AAMFT, 2015a)은 내담자 정보를 공개할 수 있는 상황(종종 정보 공개 또는 정보 공개 승인이라고 함)에 대해 매우 구체적이다. 이 중 하나는 서면으로 내담자의 허락을 획득하는 것으로, 일견 논리적이다. 그러나 항상 이처럼 명백하지만은 않은 것은 커플가족치료자가 사례의 어떤 회기에라도 참석한 모든 사람에게 서면 허가를 받아야 한다는 것이다. 이는 커플가족치료자가 '사례' 또는 '내담자'를 하나의 개인이 아닌 하나의 체계로 간주하기 때문이다. 내담자 체계의 각 구성원에 대해 단순하게 별도의 폴더를 만드는 것이 논리적일 수 있지만 합법적인 해결 방법은 아니다. 우리는 소환장 또는 기타 요청 여부에 관계없이 정보를 공개하기 전에 치료자 및 수퍼바이저가 지식이 풍부한 법률 고문에게 확인하도록 강력히 제안한다. 내담자, 많은 변호사, 심지어 판사조차도 우리와 심리학자, 사회복지사, 상담사, 심지어 의사 사이의 비밀 보장 측면에서 이러한 차이점을 잘 이해하지 못한다. 수퍼바이저는 훈련생이 이러한 규칙에 대해 질문을 받았을 때 다른 사람에게 설명하도록 도와야 한다. 다시 한번, 미국부부가족치료학회 윤리강령을 숙지하는 것이 중요하며 전체 훈련체계에 도움이 된다.

요약

수퍼바이저 팀 또는 훈련체계로서 합법적으로 수련하는 것이 중요한데, 많은 치료자와 수퍼바이저의 상당수가 자신의 수련에 적용되는 법률을 알지 못하곤 한다. 우리는 훌륭한 수퍼바이저는 훈련생이 치료의 실제에 영향을 미치는 법률의 세부 사항뿐만 아니라 법률을 인식하고 살펴보는 방법을 알고 정기적으로 검토하는 것의 중요성을 배우도록 돕는다는 입장을 취한다. 법률 및 규칙은 변경되며 면허 관련 기관이 이러한 변경 사항에 대해 알려 줄 의무는 없다. 전문 기관은 해당 기관 회원에게만 말해 준다. 따라서 우리는 이러한 조직에 소속되어 관할 법률과 규칙을 정기적으로 그리고 우리 훈련생과 함께 확인하는 것이 우리와 훈련생에게 최선의 이익이라고 믿다. 미국부부가족치료의 경우 회원은 무료 법률 및 윤리 상담을 받을 수 있으며 한 번의 이용만으로도 연회비만큼의 보상을 받는다. 마지막으로, 수퍼바이저와 훈련생은 정기적으로 법적 및 윤리적 워크숍에 참석해야 한다.

연습

1. 부부가족치료를 시행하기 위한 당신이 속한 지역의 요구 사항은 무엇인가? 어떤 종류의 대학원 훈련, 대학원 이후 훈련, 수련경험이 필요한가?

2. 수퍼바이저에게 요구되는 자격과 책임은 무엇인가?

3. 치료자와 수퍼바이저를 위한 평생 교육의 자격요건은 무엇인가?

4. 어떤 상황에서 면허가 제한, 정지 또는 취소될 수 있는가?

5. 누군가가 치료에서 피해를 입었다고 생각하는 경우, 어떤 청구를 할 수 있으며 관련 프로세스에 어떻게 접근할 수 있는가?

6. 얼마나 자주 면허는 갱신되어야 하는가? 면허 갱신을 위한 현재의 요구사항은 무엇인가? 면허를 갱신한 이후 변경된 요구사항이 있는가?

7. 수퍼바이저가 마지막으로 확인한 이후 변경 사항이 있었는가?

8. 치료 실제와 그에 따른 수퍼비에 영향을 미치는 법률 분야를 최소한 두 가지 이상 살펴보라. 커플가족치료 훈련생이 이러한 법률을 배우도록 어떻게 도울 것인가?

9. 여러분이 기관 '외부'의 수퍼바이저, 즉 해당 기관의 정규 직원이 아니라고 가정해 보자. 더 나아가 여러분이 치료자로서 선호하는 것보다 기관이 내담자 메모를 보관하기 위한 다른 정책과 절차를 가지고 있다고 가정해 보자. 모두가 편안하면서도 권력 투쟁이 되지 않도록 훈련생과 기관과 어떻게 협력해 나갈 것인가?

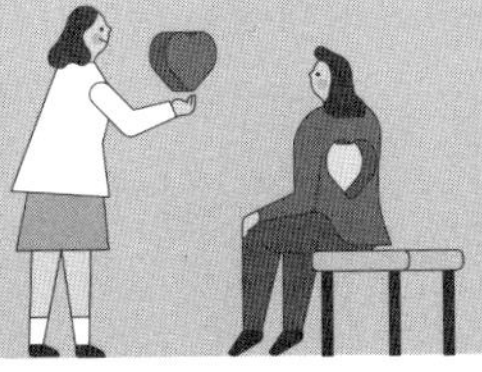

제12장

관계론적 수퍼비전에서의 윤리적 고려사항

직업윤리는 자주 법적 고려사항과 겹친다. 주정부 규제 강령의 전문가 행동 지침(예: 기밀 유지, 보호 의무) 및 금지사항(예: 내담자 착취, 자신의 전문 영역 밖의 실천)이 윤리강령과 자주 겹친다는 것이 그중 하나다. 또한, 주정부 법령과 윤리강령 모두 전문가의 보호나 전문가 입지의 증진이 아닌 대중의 복지를 주요 목적으로 한다. 주정부 규제는 종종 직업윤리강령에 통합되기도 한다(Sturkie & Paff Bergen, 2000 참조). 그러한 상황에서, 직업윤리강령을 위반하는 것은 법을 어기는 것과 같다. 이 장에서는 수퍼비전 체계의 윤리적 고려사항과 수퍼바이저가 훈련생들에게 윤리적 지식과 행동을 가르치는 방법에 대해 논의하고자 한다.

개요

윤리강령은 일반적으로 전문 학회 웹사이트의 '윤리' 또는 '법률 및 윤리' 항목에서 찾을 수 있다. 그렇게 찾은 윤리강령이 가장 최신 것으로 업데이트되었는지 최후 수정된 날짜를 확인해야 한다. 이 글을 쓰는 시점에서 최신 AAMFT 윤리강령은 2015년 7월 1일에 개정 발효되었다(www.aamft.org 참조). 윤리강령은 자율성(내담자가 스스로 결정을 내릴 수 있는 권리), 유익성(내담자에게 도움이 되어야 할 의무), 무해성(해를 가하지 않을 의무), 성실성(약속을 지킬 의무), 공정성(공정하게 행동할 의무)의 다섯 가지 기본 윤리원칙에 기초하고 있다. 이 원칙들은 윤리 이론에 바탕을 두고 있으며 윤리적 이슈에 관심이 있다면 관련 서적과 논문들을 더 찾아볼 것을 권한다. 또한 개인적 윤리(보통 개인적 가치와 관련됨)와 직업적 윤리(종종 과거부터 있었던 나쁜 행동과 관련됨) 사이의 차이에 대해 수퍼바이저와 훈련생이 논의하는 것도 좋다. 윤리가 일련의 직업적 행동(규범화된 의무와 규정)인가 아니면 열망하며 노력하고자 하는 것인가에 대한 논박이 있다. 이 장에서는 논박의 여러 측면을 다룰 것이다

기본적인 수퍼비전과 훈련의 목표는 훈련생들이 충분히 숙련되어 자율적으로 독립적인 치료를 실시할 수 있도록 하는 것이다. 이 목적을 달성하기 위해서는 내담자에게 잘해야 하는 것처럼, 훈련생들을 잘 대우하고 그들이 전문가로서 긍정적인 방향으로 성장하도록 돕는 것이 목표가 되어야 한다. 수퍼바이저는 악의적이어서는 안 되며, 훈련생들은 물론, 그들의 내담자나 상담 현장에 어떠한 해도 끼치지 않기 위해 노력하고, 훈련생들과의 약속을 지키며(성실), 공정하고 공평하게 대우해야 한다(공정). 그러면 훈련생들은 그들의 내담자에게 똑같이 대할 것이다. 분명히 이러한 특성들은 모든 치료적 동맹의 핵심이다.

이와 같은 윤리적 원칙이 훈련체계에서 행동 전반에 걸쳐 표현되는 것도 중요하지만 윤리적 실천에 대한 명료한 지식을 습득하는 것은 훈련생들에게 매우 근본적인 목표이다. 수퍼바이저는 항상 훈련생들이 합리적이고, 배움을 지속하고 있으며 윤리적으로 치료를 진행하고 있음을 지역사회에 보장할 의무가 있다. 지역사회는 훈련생들이 그 구성원들에게 어떠한 해도 가하지 않도록 할 것이라고 믿으면서 새로운 전문가들에게 비공개된 곳에서 사적인 것을 다룰 수 있는 특권을 부여하는 것이다.

윤리적 수퍼비전 환경의 조성 및 유지

우리가 전문인으로서의 윤리와 개인적인 윤리의 기준에 따르는 훈련체계를 만들고 지속하기 위해서는, 우리 자신의 생각을 조직화할 수 있는 개념적인 틀을 가지고 있는 것이 유용하다. 예를 들어, 스톨트버그Stoltenberg와 맥닐McNeill(2010)은 교육을 하는 사람과 수퍼바이저가 영향을 미치는 근본적인 세 가지 영역이 있다고 하였다. 그것은 자기 자신과 다른 사람들에 대한 인지적 관심, 자신의 신념과 감정 및 행동을 바꾸고자 하는 바람, 그리고 이 두 가지를 스스로 유지하는 능력이다. 스톨트버그와 맥닐은 발달적인 요소들이 이러한 근본적인 영역과 상호작용해야 함을 발견했다. 예를 들어, 새로운 훈련생들은 치료자가 되기 위한 동기를 가지고 있지만 자신에게 집중

하면서도 수퍼바이저와 내담자에게 의존하고 있다. 그들은 자신이 아무런 해를 끼치지 않는다는 확신을 원하기 때문에(내담자에 대해 신경 쓰지 않는다는 말이 아니다.) 자신의 행동을 확인받기를 바란다. 경력이 쌓인 훈련생들은 이러한 두려움에서 벗어나 수퍼비전을 받을지 내 생각대로 할지 망설일 수 있다. 그들에게는 내담자에게 집중하고 동일시하는 경향이 있을 수도 있다. 가장 성숙한 훈련생들은 내담자뿐만 아니라 자신의 장단점을 정확하게 평가할 수 있게 된다. 그들은 상황이 '제대로' 되지 않는 때를 감지할 수 있는 '감각'을 키워 왔기 때문이다.

생산적이며 도덕적이며 전문적인 성장을 촉진하고, 해를 끼치지 않으며, 공정하고 정의로운 훈련체계를 키워 가고자 하는 수퍼바이저는 이러한 복잡성을 해결하려는 자세가 필요하다(예를 들어, Stoltenberg & McNeill, 2010 참조). 수퍼바이저가 취해야 할 첫 번째 조치는 이 장에서 개관을 다룬 자율성, 유익성, 무해성, 충실성, 공정성의 다섯 가지 윤리적 원칙을 진솔한 태도로 훈련생들에게 심어 주는 것이다.

발달적 렌즈

모든 성공적인 수퍼바이저는 양육과 직면, 해석과 지시, 그 외 다양한 방법으로 훈련생과 내담자의 변화를 도모한다(Stoltenberg & McNeill, 2010). 그러나 그 와중에도 훈련생들은 각각 다양한 존재이며 수퍼바이저 자신들 역시 독특한 존재라는 것을 인식하고 있다. 따라서 그들은 훈련생에게 발전이 필요한 부분들을 언급할 뿐만 아니라 이러한 필요성들이 수퍼바이저 자신의 필요와 어떻게 교차하고 있는지를 알아야 한다(Falender & Shafrancekes, 2016 참조). 예를 들어, 초보 수퍼바이저는 훈련생과 내담자의 즉각적인 안녕에 대한 우려로 혼란과 좌절을 경험할 수 있다. 그들은 상대적으로 사소한 일에 대해 불안해하며 짜증스러워하거나, 회피하거나, 지나치게 반응할 수도 있다. 그들은 지나치게 지시적인 태도로 전환하여 훈련생의 전문성 성장을 저해할 수 있다. 그렇다면 이렇게 하는 대신 초보 수퍼바이저가 달리 할 수 있는 일은 무엇일까? 그들은 훈련생(그리고 내담자)의 불안이 전염성이 있고 자신에게 전달될 수 있다는 것을 알아야 한다. 그리고 이러한 반응을 인지하고 합리적으로 평가하여 자신과 그들과의 경계를 강화할 수 있다. 이렇게 분화된 입장에 서야 그들은 전체 체계에도 유용한 개입을 계획할 수 있다. 예를 들어, 훈련생이 가지고 있는 기대와 가설이 무엇인지도 질문해 볼 수 있다. 또한 사조직인 행동을 실천하고 훈련생들에게 같

은 일을 할 것을 제안할 수 있다

훈련생들이 성숙해짐에 따라, 성숙한 수퍼바이저들은 점점 더 동료적이고 협의적 관계에 이상적으로 합류한다. 하지만, 초보 수퍼바이저들은 훈련생들이 독자적인 행동을 하며 복잡한 임상적 질문을 하려고 하면 불편할 수도 있다. 이를 방어하기 위해 수퍼바이저들은 수퍼비전을 하기보다 친숙한 분위기를 조성하려고 할 수도 있다(예: 우정, 치료, 미시적 관리).

따라서 수퍼바이저들은 훈련생들의 발달 단계와 행동뿐만 아니라 두 사람의 상호작용에 자신이 어떤 역할을 하는지도 생각하여야 한다. 이와 같이 생각하는 것은 메타기술로서 동형화isomorphism를 생각하는 것과 비슷하며, 훈련체계의 내담자, 훈련생, 수퍼바이저 또는 다른 사람들을 비난하지 않고 어려움을 해결하기 위한 아이디어를 창출할 수 있다.

맥락적 렌즈

치료의 다른 측면들은 우리가 관찰하는 맥락을 반영하고 있다. 맥락의 일부에는 윤리적이고 법적인 원칙들이 있고 다른 요소들과 상호작용하고 있음을 체계적이고 맥락적인 렌즈로 관찰해 볼 필요가 있다. AAMFT 윤리강령의 이전 버전과 대학원생들이 배우는 윤리 및 윤리적인 문제들은 '윤리적인 행동'을 구성하는 것, 즉 무엇을 하고 무엇을 하지 말아야 하는지를 말해 주는 명확하고 간단한 법과 규칙들이 있었다. 그러나 우리가 보았듯이, 이는 종종 결정을 요구하는 복잡한 주제이며, 각각의 조항은 윤리적 원칙 중 하나 이상을 위반할 수 있다. 예를 들어, 불특정의 다른 사람들에게 해를 끼칠 수 있는 잠재적인 상황을 어떻게 관리할 것인가? 내담자에 대해 다른 사람들에게 보고하는 것은 비밀유지의 위반을 의미하지만, 보고하지 않는 것은 다른 사람과 내담자를 해롭게 하는 경우도 있다. 만약 내담자체계의 가치(예를 들어, 아동 훈육과 관련된)와 전형적인 행동은 정부의 요구사항과 충돌하지만, 전체적인 맥락을 고려하면 이해할 수 있는 상황이라면? 이러한 상황에서 우리는 무엇을 해야 하는가?

대학원 교수들이 학생들에게 윤리강령을 암기하도록 요구하고, ① 윤리강령을 기억하고, ② 윤리강령이 사용된다고 기대하는 것이 일반적이다. 우리의 경험에 따르면 대학원 졸업 후 이 두 가지 기대는 모두 충족되지 않았다. 자격위원회와 규율 감독관들은 많은 전문가가 여러 가지 상황에서 요구되는 미묘함에 대한 생각은 말할 것도 없고, 적절하고 부적절한 행동에 대한 기본적인 것을 배우지도 않고 주의도 기울이지 않는다는 것을 알고 있다. 이러한 상황 때문에 이 글의 제2저자(넬슨Nelson)는 학생들과 졸업한 훈련생들이 윤리적 딜레마를 인식하고 해결하기 위한 자신만의 윤리적 의사결정 접근법을 개발해야 할 필요성을 주장하게 되었다.

윤리는 관념적인 것과 동시에 사례와 관련시킬 수 있도록 모든 대학원 및 졸업 이후 과정의 일부가 되어야 한다고 우리는 생각한다. 이를 시작하는 가장 좋은 방법 중 하나는 무엇이 자신의 가치와 윤리를 구성하는지에 대한 철저한 이해와 그러한 개념이 무엇을 의미하는지, 어떻게 치료와 수퍼비전에 적용할 것인지에 대해 윤리강령을 넘어 생각해 보는 것이다. 바일럿Bilot과 펠루소Peluso(2009)는 펠루소(Peluso, 2003, 2006)의 연구에 기초하여 수퍼비전에서 윤리 가계도를 사용할 수 있음을 설명하고 있다. 치료자뿐만 아니라 수퍼바이저에게 제안하는 이 가계도 작업은 치료자가 세대 간 맥락에서 그들의 생각, 도덕, 가치 및 행동의 기원을 이해하는 것을 돕고 이는 전문적인 윤리적 행동에 관련된 입장을 검토하는 데 사용될 수 있다. 이러한 맥락적 렌즈는 법과 규정이 아닌 다른 요소들까지 고려해야 하기 때문에 구체적인 결정을 향상시키기도 하고 복잡하게 만들기도 한다.

공통 윤리영역

자신의 맹점을 알고 이를 인식하거나 예측할 수 있다는 것은 큰 힘을 얻는 것이다(머레이 보웬Murray Bowen의 1978년 임상적 2인 관계에서 자아 분화의 차이에 대한 설명은 매우 귀중한 통찰이다). 가족 및 개인 방어 역동, 미세공격 및 훈련체계의 다양한 측면과 관련하여 사각지대가 존재하기 때문이다. 수퍼바이저, 훈련생, 내담자의 가치와 윤리적 민감성이 사각지대를 가로지를 수 있는 구체적인 영역이 있으며, 훈련체계 속에서 지속적으로 경계를 유지해야 한다. 이러한 교차영역을 설명하는 수많은 유용한 사례를 AAMFT(2015b)에서 찾을 수 있다.

수퍼비전과 권력

수퍼비전의 권력은 다면적이다. 권력과 권력 간의 격차는 커플가족치료 훈련 곳곳에서 발견할 수 있다. 그것은 인정할 수 있는 힘, 강요할 수 있는 힘, 긍정적으로 지시하고 직접적으로 영향을 미칠 수 있는 힘을 포함한다. 노골적(교훈적)일 수도 있고,

은밀할(모델링, 조정) 수도 있다. 권력을 표현하는 것은 일부 필요하기도 하고 도움이 될 수도 있다(Castronova, ChenFeng, & Zimmerman, 2020년 참조). 윤리적 수퍼바이저로서 지속적으로 해야 할 주요한 과제는 훈련생뿐만 아니라 그들 자신에게도 윤리적 사각지대가 있을 수 있음을 인정하고 확인하는 것이다. 과연 도움이 되는 것인가, 사소한 것에 불과한가를 가리는 시금석은 "어느 쪽이라도 원한다면 '아니요'라고 말할 자유가 있는가"다.

수퍼비전과 다중관계

수퍼비전에서 다중관계는 전형적이며 어디에나 존재한다. 대학원 과정에서, 수퍼바이저는 교수, 지도교수, 행정관리자일 수 있으며 학생의 성적과 시간 운영에 영향을 미칠 수 있고, 프로그램에 머물게 할 수 있는 능력, 졸업 후의 추천서 등의 형태로 학생들의 삶을 지배한다. 졸업생들의 수퍼바이저는 임상 수퍼바이저뿐만 아니라 고용주일 수도 있고 일반행정의 수퍼바이저일 수도 있다. 관계의 경계를 넘나드는 일이 자주 발생하지만 종종 해를 끼치지 않는 좋은 관계다. 예를 들어, 임상 수퍼비전 중에 수퍼바이저가 행정 감독도 하는 위치라면 훈련생에게 월말 보고서가 제출되지 않았다는 것을 상기시키기도 한다. 나중에 훈련생과 수퍼바이저가 학회에 참석하거나 발표, 동료로써 활동에 참여, 정신건강 전문가의 지역 동료 그룹에 참여 등 도움이 될 수 있다. 그럼에도 불구하고, 경계 교차는 경계 위반으로 이어질 수 있다. 경계 위반은 치료에서 잠재적 문제와 평행하며 부적절한 자기 공개, 특혜 요청이나 제공, 수퍼비전 체계 외의 비즈니스 및 재정적 교류, 그리고 외부 사회와의 상호작용을 포함한다. 이와 같은 것들은 보통 권력 불균형과 취약한 측을 착취하는 위험을 수반한다.

여러 연구자(2011년 Aducci와 Cole의 질적 연구와 2017년 Zür의 리뷰 참조)가 심리치료와 수퍼비전 모두에서 다중관계가 복잡할 수 있지만 치료자와 내담자 또는 훈련생과 수퍼바이저 사이의 유대감을 증가시킬 수 있고 일부 이론가들에 의해 예상되었던 문제가 반드시 일어나는 것은 아니기 때문에 유익할 수도 있다는 것을 발견했다. 따라서 그들을 규정하는 포괄적 진술은 부적절한 것이다. 수련생들이 아두치Aducci와 콜Cole(2011)에게 말했듯이, 다중관계가 잠재적으로 가질 수 있는 영향의 가치와 양을 좌우하는 세 가지 주제가 있다. 구체적인 상황, 관계가 수퍼비전과 치료에 얼마나 그리고 어떤 방식으로 영향을 미치는가, 모든 당사자가 그들의 관계에 대해 서로에게 얼마나 개방적인가다.

그러나 동료적인 다중관계가 계층 구조를 없앨 수 있음에도 불구하고 암묵적인 계층 구조와 권력은 존재한다(예: Sude & Gambrel, 2017). 예를 들어, 수퍼바이저는 일정 부분 평가하고 검증할 책임이 있기 때문에 훈련생들을 칭찬하고 인정하거나 강요할 수 있는 권력을 가지고 있다. 그 밖에도 수퍼비전 관계를 흐릴 수 있는 관계의 예는 동료애(현재 나 이전 훈련생, 다른 사업 관계)나 우정, 그리고 시골이나 작은 커뮤니티의 이웃, 같은 종교기관이나 조직의 구성원, 수퍼바이저의 자녀가 훈련생의 자녀, 내담자의 자녀와 친구 관계인 경우 등이다. 더욱이, 추천장 요청과 같은 잠재적인 권력 불균형은 이전 훈련생들에게도 지속될 수 있다. 이 외에도 얼마든지 다른 예가 있을 수 있다.

따라서 수퍼바이저는 권력을 남용하지 않도록 주의해야 한다. 이러한 주의 사항 때문에 AAMFT 윤리강령(AAMFT, 2001, 2012)의 재검토가 이루어졌고 개정된 강령(AAMFT, 2015a)이 만들어졌다. 이 최신 강령에서는 관계 자체보다는 다중관계에서 착취의 가능성(즉, 수퍼바이저의 권력과 지위를 부적절하게 이용하는 것)을 주요 관심사로 다루었다.

착취

다수의 유대적 관계가 계층 구조를 약화시킬 수도 있지만, 암묵적인 계층 구조와 권력이 있을 수 있음을 잊지 말아야 한다. 예를 들어, 훈련생들에게 보상할 수 있는 긍정적인 힘을 가지고 있을 뿐만 아니라, 평가하고 검증하는 책임이 수퍼바이저에게 있기 때문에 강압적일 수 있는 힘도 있다는 것이다. 따라서 힘을 남용하지 않도록 주의해야 한다. 최근 AAMFT 윤리강령(AAMFT, 2015a)은 성희롱 문제와 훈련생들과의 친밀한 관계에 대한 조항을 명시하고 있을 뿐만 아니라, 착취가 일어날 수 있는 다른 가능성도 포함하고 있다. 예를 들어, 동료들에게 흥미거리를 제공하거나 영향을 행사하기 위해 수퍼비전에서 다룬 비밀임에도 정보로 사용할 수도 있다. 이 글의 제1저자(리Lee)는 훈련생들에게 '주말 상담실 대청소' 때에 엄청난 양의 집안일을 시키고 정작 본인은 서류작업을 했던 수퍼바이저도 기억한다.

핵심은, 내담자에게도 그렇듯 훈련생들을 착취해서는 안 된다는 것과 다중관계를 피할 수 없을 때는 착취 예방을 위한 조치를 취해야 한다는 것이다. 거의 모든 경우에 커플가족치료 수퍼바이저는 수퍼비전 접근법에 그러한 상황을 관리하기 위한 계획을 포함시키고, 다른 수퍼비전 동료들과 협의를 위해 관계를 맺는 것이 좋을 것이다.

역할전환

사전에 정해진 역할을 변경하려는 것은 협박, 착취, 경계 위반을 동반할 수 있다. 일반적인 예로는 불안한 수퍼바이저가 훈련생에게 확신을 요구하거나 수퍼바이저와 훈련생이 치료적 역할의 형태로 변화하거나, 수퍼바이저와 훈련생이 개인적인 친구가 되는 경우가 있다. 강요나 명백한 착취가 없더라도 훈련체계는 어려움을 겪을 수 있다. 예를 들어, 수퍼비전이 더 이상 업무 중심적이거나 어려운 훈련에 대한 논의를 하는 곳이 되지 못할 수 있는데, 이는 수퍼바이저의 판단장애가 일어나기 때문이다. 더욱 복잡한 문제는, 개인적으로 수용 받기를 원하는 훈련생이 수용받기 위해 수퍼바이저의 역할전환 제안을 받아들인다면 자신이나 자신이 하고 있는 사례, 이런 상황에 대한 불편감을 제대로 개방하지 못하고 진실하기 어려울 수 있다.

치료관계에서 그렇듯이 관계를 유지하고 경계를 지키는 책임은 위계질서에서 높은 사람, 즉 수퍼바이저에게 있다. 따라서 수퍼바이저는 부적절한 일들이 훈련체계에 도입되거나 촉진하지 않도록 자신을 심리사회적으로 건강한 상태로 유지하는 것이 중요하다. 지속적인 교육과 조직(학회) 활동 등은 윤리적인 사고, 감정, 행동에 익숙해지는 데 주요한 외부 자원이다. 불행하게도, 소수의 커플가족치료자와 커플가족치료 수퍼바이저만이 이러한 자원을 이용하고 있는 것으로 나타났다(Lee, Nichols, Nichols, & Odom, 2004).

영향력 있는 교사들은 그들이 가르친 것을 실천한다. 그들은 훈련 환경의 안팎에서 훈련생들이 따라 하기를 원하는 태도와 행동을 모델로 삼는다. 마찬가지로 훈련체계가 윤리적 관심사와 최고의 전문가로서의 실천을 명시화하는 것도 중요하다. 수퍼바이저는 수퍼바이저로서 그리고 치료자로서 일을 지원하기 위해 명시적이고, 명확하며, 방어할 수 있는 윤리적 의사결정 접근법을 가져야 하듯이, 훈련생들이 그것들을 개발할 수 있도록 도와야 한다. 훈련생들이 그들만의 윤리적 의사결정 메커니즘을 가지고 있다면, 그들은 '상황이 벌어진 현장에서' 반사적 반응을 하지 않아도 되고, 과도한 수퍼비전의 지시를 추구할 필요도 없다. 대신, 그들은 수퍼바이저와 훈련생들이 내려야 하는 자주적이고 필요한 결정을 통해 해결해 나가는 일련의 단계를 갖게 될 것이다. 그러한 메커니즘으로 훈련생들은 결정을 내려야 할 때 침착하게 생각하고 철저할 수 있고, 심각한 실수를 저지를 가능성이 줄어들 것이다. 이와 같은 절차를 가지고 있으면 문서를 제출해야 하는 상황이 유용하거나 필요할 때도 도움이 된다. 그러한 경험은 전문적인 자율성을 필요로 하는 분야에서 현실적인 자긍심을 길러 준다.

훈련생 개인의 윤리적 의사결정 모델 개발 지원

앞에서 살펴본 바와 같이 법령과 윤리강령은 종종 겹친다. 각각은 전문가들에게 해야 할 것과 해서는 안 되는 것을 구체적으로 말해 준다. 하지만 여기에 구체적으로 언급되지 않은 행동은 '회색 지대'에 속하며, 특히 전문적인 압박 아래에서 일어나는 행동에 대해서 어떻게 윤리적인 결정을 내려야 하는지 알려 주지 않는다.

모워리Mowery(2009a, 2009b)에 따르면, 법과 규정은 '바닥'(최소 기준)을 구성하고 바람직한 윤리강령은 윤리적 행동의 '천장'(높은 기준)을 구성한다. 그녀는 또한 바닥만 바라보며 일한다면 치료와 수퍼비전이 일반적으로 일어나는 천장과 가운데 부분을 놓치는 것이라고 했다. 따라서 우리가 하는 모든 것이 윤리강령과 관련된 법규 안에서 훈련생을 '훈련'하는 것만이라면, 가치보다는 법규 순응에 더 집중하고 있는 것이다. 결과적으로, 교육자와 수퍼바이저는 도덕적 추론에 집중해야 할 의무를 가진다. 즉, 우리는 치료자가 되고자 하는 사람들이 특정한 법적 · 윤리적 의무를 넘어서는 개념적 도구를 개발하도록 도와야 한다.

취어Zür(2007; Zürinstitute.com)는 수퍼바이저가 법적 · 윤리적 기준에만 집중한다면 단지 자기가 속한 기관의 위험 관리를 하는 것에 불과하다고 보았다. 그러나 수퍼바이저와 훈련생이 윤리적이고자 하는 열망이 잘 발전된다면 단순히 자격증을 유지하는 것을 넘어 수퍼바이저, 훈련생, 기관, 내담자의 안녕을 보장할 수 있다. 수퍼바이저와 훈련생은 자신을 자세히 들여다봄으로써 이러한 발전적 여정을 시작할 수 있다. 다음 질문들에 대한 답을 각각, 그리고 함께 살펴보는 것은 이러한 여정에 도움이 될 것이다(Mowery, 2009b).

① 도덕과 윤리의 본질과 근원을 무엇이라고 전제하고 있는가? 당연하다고 생각하는 선악, 옳고 그름에 대한 생각은 무엇이며, 이렇게 생각하게 된 계기는 무엇인가?
② 어떤 종류의 사람이 되고 싶은가?
③ 나를 특정한 방향으로 이끄는 의무나 법적 책무는 무엇인가? 다섯 가지 윤리원칙(자율성, 유익성, 무해성, 충실성, 공정성)이 어느 정도 역할을 하는가? 나는 개인적으로나 전문적으로 누구에게 지켜야 할 의무가 있는가?

④ 나를 특정 방향으로 견인할 수 있는 미래의 중요한 일은 무엇인가?
⑤ 전문인으로서의 나의 결정에 영향을 받을 수 있는 모든 사람의 맥락적인 관점은 무엇이며 그들은 누구인가?
⑥ 내가 참여하고 싶은 관계는 어떤 특성과 수준을 가지고 있나?
⑦ 특정 상황에 대해 특정 경험이 말하는 것은 무엇인가?

이러한 관점에서, 개인적인 원칙은 가치에 입각한 선택, 특히 치료와 수퍼비전에 대한 선택에 관한 것이다. 윤리강령은 그것을 작성하고 승인한 사람들과 그들이 자문한 사람들의 가치를 반영한다. 따라서 그것들은 그들이 속한 개인들의 정확한 반영일 수도 있고 그렇지 않을 수도 있다. 그러한 경우, 전문인으로서 좋은 평판을 가진 구성원으로 남고 싶어 하는 개인의 가치, 치료를 할 수 있는 자격증을 유지하는 것, 그리고 더 큰 선(예: 내담자의 안녕, 전문가로서의 명성)을 위해 집단의 절차를 신뢰하는 것은 일부 수퍼바이저들이 그 모든 원칙에 완전히 동의하지 않더라도 윤리강령에 주의를 기울이도록 힘을 행사할 수 있다. 반대로, 전문 윤리강령을 넘어서는 개인윤리 또한 사람의 행동에 영향을 미칠 것이다.

자기발견 이후 다음 단계는 명시적인 윤리적 의사결정 모델의 개발이다. 이러한 과정의 진행과정을 잘 보여 주는 것으로는 지그먼드Zygmond와 보헴Borhem(1989)의 모델이 있는데, 치료자들이 윤리적 결정을 내리는 데 여전히 시의적절하다. 이 과정은 상황이 입증할 수 있는 사실과 일상적인 도덕적 감각을 포함하는 직관의 단계에서 시작한다. 딜레마에 대한 답이 명백하지 않으면, 임상 상황에 적용할 전문적이고 윤리적인 규범과 법, 윤리적 원칙 및 윤리이론을 자문하는 것을 포함하는 비판적 평가과정을 진행한다. 지그먼드와 보헴은 딜레마에 관련된 참가자들 간의 권력을 동등하게 볼 수 있는 여성주의 관점을 적절히 포함시켰다. 전문적 상황에 대한 이러한 점검의 결론에 따라 무엇을 해야 할지에 대한 결정이 내려진다. 때로는 어떤 조치도 필요하지 않다고 여길 것이다. 경우에 따라서는 그 조치가 꽤 명확하게 나타나므로 딜레마가 없을 수도 있다. 딜레마가 있을 때, 이 모델은 치료자와 수퍼바이저가 사려 깊고 철저해질 수 있도록 도와주며, 의사결정 과정에 필요한 문서도 제공한다.

우리는 결정을 내리고 그 과정을 문서화하는 체계적인 과정을 개발하고 사용하는 것이 부정적인 결과를 피하거나 줄이는 데 도움이 된다는 것을 발견했다. 우리는 특히 동료들과 상담하고 변호사와 AAMFT 윤리 및 법률상담서비스(www.aamft.org/

Legal_Ethics/Consultations.aspx)를 이용하는 것과 같은 윤리적 딜레마를 해결하는 중요한 평가 단계에서 유용한 추가적인 요소들을 발견했다. 많은 자격심사위원회뿐만 아니라 일부 배임 보험 회사들도 변호사나 유용한 정보를 제공할 수 있는 사람들을 보유하고 있다. 수퍼바이저들은 또한 모의 상황을 통해 훈련생들을 안내하는 것이 예측 가능한 어려운 상황에 대한 불안감을 상당히 줄일 수 있다.

의사결정 접근법은 복잡하고 지나치게 상세할 필요가 없다. 제2저자(넬슨)는 수정하거나 자세히 설명할 수 있는 몇 가지 단계를 염두에 두어야 훈련생들에게 윤리적인 의사결정에 대해 교육하는 데 도움이 된다는 것을 발견했다. 그래서 특정한 상황에서 이를 사용할 뿐 아니라 수퍼비전을 받는 내내 다른 사람들이 제공한 예에 대해 논의할 때 사용하여 훈련생들이 정서적으로 충전되고 불안한 상황을 벗어나 자신의 접근법에 대해 생각할 수 있도록 한다.

① 그 상황이 제공한 사실들에 대한 자신이 느끼고 있는 불편함(직관)에 주목하라. 나는 이것을 '근질거림itch'이라고 부르고 훈련생과 윤리 과목 수강생들이 그들의 몸 속 어디에서 혼란을 느끼거나 불확실하거나 분노를 느끼는지를 확인하도록 돕는다.
② 개인적이고 전문적인 가치 중 어떤 것이 적용되는지 스스로에게 물어보라. 이것은 나만의 문제인가? 임상적인 문제인가? 법적인 문제인가? 윤리적인 문제인가?
③ 치료나 수퍼비전 계약에 대한 사전동의를 검토하여 약속했거나 요구한 사항(충실도; 중요 평가 수준)을 스스로에게 상기시키라.
④ AAMFT 윤리강령과 관련 관할 법규를 검토하라.
⑤ 적절한 시기에 내담자 또는 훈련생에게 자문을 구하라(자율성).
⑥ 신뢰할 수 있는 동료 및 변호사에게 자문을 받으라.
⑦ 자율성, 유익성, 무해성, 충실성, 공정성의 윤리원칙에 근거하여 분석하라. 이 분석에 대한 자신의 느낌을 확인하라.
⑧ 행동할 순서(만약 있다면)를 결정하라.
⑨ 나의 행동과 의사결정 과정을 문서화하라.
⑩ 과정과 그 결과를 평가하라.
⑪ 필요에 따라 치료 또는 수퍼비전 계약에 대한 사전동의서를 수정하라.
⑫ 조지 및 과정(위의 각 단계)을 문서화하는 것에 대해 언급했는가?

치료 사례에서 윤리적 딜레마에 직면했을 때 사용할 수 있는 기본적인 과정 외에 치료자와 수퍼바이저는 자신의 장애를 어떻게 인식할 수 있는지에 대한 아이디어와 장애를 해결하기 위한 의사결정 나무를 가지고 있는 것이 현명하다. 윤리적 손상을 치료하는 길은 특정 사례에서 한 걸음 물러남으로써 자기관리를 강화하는 것부터 치료자로서의 활동을 당분간 또는 영구적으로 중단하는 것까지 다양할 수 있다. 그린우드Greenwood(2010)는 커플가족치료사들이 자신에게 장애가 생기거나 심지어 사망할 경우에 대비해 준비할 것을 연구하여 소논문을 쓴 변호사다. 비록 이것이 수퍼바이저들이 일반적으로 훈련생들에게 이야기하는 주제는 아니지만, 우리는 그렇게 해야 한다고 생각한다.

커플가족치료 교육생 교육을 위한 주제

이 글을 읽은 독자들이 지금쯤 훈련생과의 관계에서 수퍼바이저로서의 윤리적 책임뿐만 아니라, 훈련생들에게 도덕, 가치관, 윤리강령, 법, 윤리적 딜레마에 빠진 결정을 내리는 과정에 대해 어떻게 가르칠 것인가에 대해 많은 생각을 했기를 바란다. 훈련생들이 자신만의 윤리적 의사결정 모델을 개발할 수 있도록 돕는 것 외에도 윤리교육 과정에서 중요하게 다루어야 할 부분들이 몇 가지 있다.

문제의 징후

우리는 훈련 중인 치료자들이 그들의 내담자뿐만 아니라 그들 자신을 위해 문제의 징후를 아는 것이 매우 중요하다고 생각한다. 수퍼바이저들은 실수를 논의하고 문제의 징후를 파악하기 위해 안전한 맥락을 제공해야 한다. 해당 지역의 법과 규율뿐만 아니라 윤리강령을 주의 깊게 읽고 정기적으로 검토하는 것은 수퍼바이저와 훈련생들이 문제를 회피하고 어려움이나 문제를 초래할 가능성이 있는 행동에 대한 단서를 제공하는 데 도움이 될 수 있다. 두 가지 중요한 징후는 ① 무언가가 이상하다는 직감을 무시하는 것과 ② 수퍼바이저나 신뢰할 수 있는 동료들과 무엇인가에 대해 논의하기를 꺼리는 것을 포함한다.

수퍼비전 계약

수퍼비전에서 오해나 윤리적 딜레마를 피하는 가장 좋은 방법 중 하나는 상황을 예측하고 수퍼비전 계약에 포함시키는 것이다(제3, 14장 참조). 그 예로는 훈련생과 함께 치료를 하지 않는 것에 대한 명시와 수퍼비전 및 치료에서 발생하는 불편함을 표현하도록 훈련생을 격려하는 것이다. 훈련생과 수퍼바이저 모두 계약에 대한 자신들의 의견을 가지고 있어야 한다. 훈련생은 치료와 관련된 전문적인 행동을 훈련받는 성인이다. 그들은 또한 상급 임상가와 함께 수퍼비전을 받는 성인이기도 하다. 따라서 훈련생은 자신의 수퍼비전 계약을 신중하게 검토하고 수퍼바이저와 협력하여 자신의 구체적인 상황에 적합하게 수정하는 것이 현명하다.

치료에 대한 사전 동의

훈련생은 보호 감독 및 의사결정을 하는 개인이 치료에 대해 존중하는 태도를 충분히 이해하지 못할 수 있으며, 따라서 치료자로서 훈련생과 체결하는 암묵적이고 명시적인 계약(자신, 가족, 지역사회)을 완전히 이해하는 것이 얼마나 중요한지를 내담자가 충분히 이해하지 못할 수 있다. 따라서 수퍼바이저는 적절한 정보에 입각한 동의의 요소를 훈련생 교육에 포함시켜야 한다.

> 부부가족치료자는 치료 또는 관련 절차에 대한 적절한 정보에 입각한 동의를 얻고, 환자가 합리적으로 이해할 수 있는 언어를 사용한다. 나이나 정신 상태로 인해 법적으로 보장된 정보제공 동의를 할 수 없는 경우, 부부가족치료자는 법적으로 허용되는 경우, 합법적으로 승인된 사람에게서 정보제공동의서를 받는다. 정보제공동의서의 내용은 환자와 치료 계획에 따라 달라질 수 있지만, 정보제공동의서는 일반적으로 ① 내담자가 동의할 수 있는 능력을 갖추어야 한다. ② 치료 과정 및 절차에 관한 중요한 정보를 충분히 숙지하여야 한다. ③ 아직 존재하지 않는 치료의 잠재적 위험과 이점에 대해 충분히 숙지하여야 한다. ④ 부당한 영향 없이 자유롭게 동의한 것이다. ⑤ 적절하게 문서화된 동의를 제공한 경우여야 한다.
>
> (AAMFT, 2015a, 원칙 1.2)

경계

커플가족치료 훈련생이 치료에 있어 적절한 경계가 중요함을 배우는 것처럼, 그들은 수퍼비전에서도 적절한 경계가 있음을 배워야 한다. 이러한 훈련생의 교육 요소는 그들이 어떤 것에 대해 혼란스럽거나 걱정할 때 생기기 쉬운 많은 오해를 사전에 방지하고 수퍼비전에서 목소리를 낼 수 있도록 도와줄 것이다. 만약 그들이 자유롭게 목소리를 낼 수 없다면, 수퍼바이저는 아직 훈련생과 적절한 유대관계를 맺지 못한 것이며, 그 상황은 변화되어야 한다. 훈련생이 자신이 염려하는 바를 수퍼비전에서 언급해야 할 책임이 있음을 조항으로 포함시키는 것이 적절하다.

손상

많은 훈련생은 내담자를 위한 개입과 해로운 상황을 피하려고 너무 걱정하다가 치료자가 되는 데 중요한 부분을 놓칠 수 있다. 바로 자기손상을 인식하고 자기 관리를 하는 것이다. 실제로 많은 훈련생은 그 가능성에 대해서도 모르고, 수퍼바이저에게 털어놓는 대신 아프지 않은 척, 괴롭지 않은 척하고, 실수나 탈진, 그 밖에 임상적 판단을 손상시킬 수 있는 상황들이 없었던 척할 수 있다. 우드Wood(2004)는 자신을 위한 치료를 받지 않는 치료자들을 대상으로 한 연구에서 그러한 치료자들이 소진을 예방하기 위해 종교/명상, 가족과의 시간, 휴가, 운동을 사용하고 그들이 탈진했다고 느낄 때 그러한 활동을 증가시킨다는 것을 발견했다. 그러나 우드의 데이터는 어려운 사례나 너무 많은 사례로 인한 스트레스를 관리하기 위해 치료자 네트워크를 갖는 것도 도움이 될 수 있음을 보여 줬다. 로젠버그Rosenberg와 페이스Pace(2010)는 초보 치료자나 수퍼바이저들이 소진되지 않도록 자문을 포함한 몇 가지 아이디어를 제공하였다.

논의할 상황

수퍼바이저들은 수퍼비전 계약서에 수퍼바이저나 훈련생 중 누구라도 토론 주제를 제시할 수 있으며, 몇 가지 적절한 주제를 나열하는 것이 유용하다. 그렇지 않으면 훈련생들은 중요한 임상적 관심사에 대한 도움을 받지 못할 수도 있다. 게다가 수퍼바이저들의 다양한 관심사와 협력을 통해 그들은 수퍼비전에서 성공적으로 자신을 주장하고 전문적으로 성장하는 데 필요한 요구를 밝히고 중요한 인지적 · 정서적 경험을 갖게 될 것이다(Haug & Storm, 2014가 이 부분에 도움이 된다. 여기에는 훈련체계에서 생길 수 있는 윤리적 문제 상황을 건설적으로 처리하는 데 유용한 제안들이 있다).

연습

1. 당신이 거주하는 지역에서 윤리적인 문제를 다루는 법은 어떤 것들이 있는가?

2. 당신과 훈련생이 비슷한 발달 수준에 있는데 그 훈련생이 당신에게 자살 위험 내담자에 대한 걱정으로 전화를 한다고 생각해 보라. 어떤 조치를 취하는 것이 최선이라고 생각하는가?

3. 훈련생으로서 착취당했다고 느끼거나 그럴 수도 있었을 때를 생각해 보라. 수퍼바이저가 이 상황을 어떻게 처리했어야 한다고 생각하는가?

4. 모워리Mowery의 질문들을 자신에게 적용해 보라. 당신에게 가장 중요한 개인적 가치에 대해 알게 된 것은 무엇인가?

5. 자신의 윤리적 의사결정 모델을 위한 단계를 적어 보라.

***

다음은 의사결정 모델을 연습하는 데 사용하고 싶은 몇 가지 상황이다[J. T. 토마스Thomas가 제안한(2010) 수퍼비전을 받아야 하는 치료자들에게 수퍼비전을 하는 경우, 특히 이들이 자격위원회나 학회로부터 근신 처분 중인 경우, 다음의 내용을 고려해 볼 것을 제안한다]. 다른 사람들의 경우를 생각할 수도 있다. 스스로에게 물어볼 질문들은 다음과 같다. 이것은 임상적, 윤리적, 또는 법적인 의미가 있는 상황인가? 또는 몇 가지가 중복되는 상황인가? 어떤 것이 우선되어야 할까? 경계를 넘는 것이 있거나 위반이 있는가? 경계를 넘는 것은 주의를 기울이지 않으면 위반으로 이어질 수 있는가? 다섯 가지 윤리원칙(자율성, 유익성, 무해성, 공정성, 충실성)을 사용한 분석은 어떤 모습인가? 이것은 내담자에게 자문받을 상황인가, 동료에게 자문받을 상황인가?

① 수련생이 최면치료를 실시하고 싶어 하며 훈련도 조금 받았지만 수퍼바이저는 최면치료에 대해 아는 것이 없다.

② 자격증을 발급받은 옛 훈련생이 연락을 해 왔는데 축하의 의미로 저녁 식사를 같이 하려고 한다.

③ 훈련생이 수퍼비전을 받는 대가로 나의 웹사이트를 개발하고 관리하기를 원한다.

④ 훈련생이 정신건강에 심각한 문제가 있다면 어떻게 할 것인가?

⑤ 집단 수퍼비전의 훈련생이 불만을 토로하는데 이는 당신이 '치료자의 자기 성찰'이 필요하다고 했기 때문이다.

⑥ 동료가 당신의 옛 훈련생에 대해 당신의 견해를 물었다. 그런데 이 훈련생은 당신을 추천인으로 기재하지 않은 상태다.

⑦ 훈련생이 다른 수퍼바이저에 대한 이야기를 당신에게 전하고 있다. 그 수퍼바이저는 경계를 넘는 행동이나 위반에 가까운 행동을 하였다고 한다.

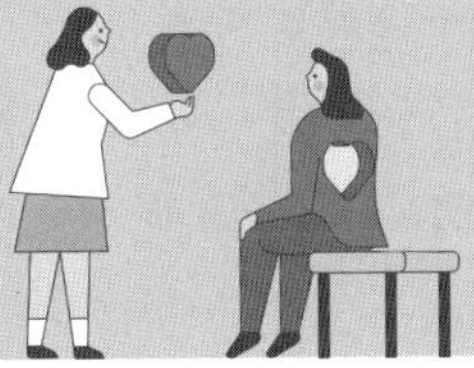

제13장
치료자로서의 자기, 수퍼바이저로서의 자기

한 수퍼바이저가 훈련집단을 돕는 중이었다. 집단에서는 만성적인 우울이 있는 어머니의 능력이 이슈로 떠올랐는데, 그녀는 도시의 소외된 가정에서 몇 명의 어린 자녀를 돌보고 있었다. "그분은 흑인인가요?" 수퍼바이저가 물었다. 그러자 한 흑인 학생이 화가 나서 크게 말했다. "왜 그렇게 가정하시죠?" 교수는 이것이 가정이 아닌 질문이라고 답했다. 도시에 사는 흑인, 확대, 다세대 가족은 구성원을 위한 지지 체계로서 (외부인에 의해) 적절하지 않은 것으로 묘사되었다(Boyd-Franklin, 2003; McAdoo & Younge, 2009). "아마도 우리는 이 개인을 따로 떼어서 초점을 맞추기보다, 이 가족이 이용할 수 있는 전체적인 관리custodial체계를 고려해야 할 것 같아요." 학생은 수퍼바이저를 노려본 뒤 눈물을 흘리기 시작했다. 그 방에 있는 다른 사람들이 조용해졌다. 여자 동료 한 명이 그 학생을 팔로 감싸안았다. 수퍼바이저를 포함한 모두가 불편해졌다. 이어 수퍼바이저는 전체 관리체계를 평가하는 것이 중요하다고 반복했고, 그 시점에서 사례에 대한 논의를 옮겨 갔다. 남은 회기 시간 동안 분위기가 어색했다. 소수의 학생만이 토론에 참여했으며, 아프리카계 미국인 학생은 결국 서둘러 떠났다. 수퍼바이저는 사무실에서 사적인 미팅 일정을 잡기 위해 그 학생에게 이메일을 보냈다.

관계론적 수퍼바이저와 훈련생들은 다음과 같은 방식으로 이 사건에 대해 생각할 것이다. 첫째, 그들은 훈련생들이 보여 주는 것에 반응하는 그들의 자연스러운 경향을 억제할 필요가 있다는 것이다. 그들은 자신의 시야를 전체 훈련체계, 즉 제도적 맥락에서 그 방에 있는 모든 개인으로 넓힐 필요가 있다. 왜냐하면, 그 사건은 전체 훈련체계를 포함하기 때문이다. 이는 예비 수퍼바이저들에게 "자신에 대해 알라"거나 "훈련생에 대해 알라"는 일반적인 조언을 뛰어넘는 개념적 단계다. 이를 잘하기 위해서, 수퍼바이저는 자신의 배경, 편향, 편견에 대해 사고하고, 훈련생들도 이런 것들을 검토하게 할 필요가 있다. 또한 그들은 체계적인 편향과 편견을 이해해야 한다.

러시아 철학자 레프 비고츠키Lev Vygotsky(1986)는 개인이 무언가에 '부딪힐' 때까지는 자신의 문화를 인식하지 못한다는 것을 관찰했다. 예를 들어, 어떤 사람은 다른 인종에 속하는 사람과의 우연한 만남을 본인과 동일한 인종 사람과의 만남과 비교하고 나서야 자신이 다른 인종의 사람들을 위협적이라고 생각한다는 것을 인식하게 된다. 이처럼 종종 은폐되곤 하는 감정들은 다른 사람이나 자신에게 그것을 경험하고 드러내는 긴장감 속에서 드러나고 검토된다. 그러한 순간적인 긴장은 배움과 성장의 기회를 제공한다. 치료자, 수퍼바이저와 기관이 자기에 대한 정교한 인식을 높이는 것은 이러한 순간에 일깨워지는 자기관심사에 의존한다. 비록 그러한 순간들이 불쾌하게 느껴질 수 있고, 누군가는 긴장을 피하는 경향을 지니고 있을 수도 있지만, 그 반대로 행동한다면 더 생산적이 될 수 있다. 즉, 긴장을 받아들이고 비난 없이, 호기심을 가진 채로, 인간적인 방식으로 그것을 탐구하는 것이다. 따라서 수퍼바이저는 임상 사례에 주의를 기울이고 치료를 수행하는 치료자를 도운 후, 고정관념, 가설, 문화적 겸손(Tervalon & Murray-Garcia, 1998)에 대해 집단에서의 전반적인 대화를 이끌 수 있다. 그렇게 된다면, 수퍼바이저는 학생들의 개별적인 수퍼비전뿐만 아니라 자신의 관심사를 탐구할 수도 있다.

그럼에도 불구하고, 훈련체계는 효과적인 상호작용과 성장에 대한 장벽을 알아보고 제거할 수 있어야 한다. 사회적 · 심리적 연속선상에 있는 수많은 요인이 여러 현실에 대한 인식 부족, 좁은 시야, 또는 어려운 상황에 대한 과잉 또는 과소 반응을 가져오는 원인이 된다. 관계론적 수퍼바이저들은 그것들이 가져오는 대인관계 면에서의 역기능적 결과에 비해 이러한 특이성의 원인에 대해서는 덜 우려한다. 상호의존적 수퍼바이저들은 효과적인 상호작용을 막는 장벽을 인지하기를 원한다. 우리는 효과적인 관계론적 수퍼바이저와 그들의 훈련체계가 대인관계 의식 향상에 관여한다고 믿는다. 이를 위해서 수퍼바이저는 자신의 생각과 관점이 아닌 타인의 생각과 관점을 용인하는 동시에 자신과 다른 사람의 관점을 비판적으로 분석할 수 있어야 한다.

치료자로서의 자기, 수퍼바이저로서의 자기, 그리고 전체 훈련 맥락 내의 자기 성찰성이 이 지점에서 함께 어우러진다. 훈련 기획에서 이런 점들을 무시하지 않는 것이 아주 중요하다. 일부 초기 저자들(예: Lee & Everrett, 2004)은 이 교육적 목표를 두 가지 별개의 제목으로 다루었다. 그것들은, 첫째, 종종 치료자로서의 자기self-of-the-

therapist(혹은 수퍼바이저로서의 자기self-of the-supervisor) 이슈 또는 역전이countertransference 라고 불리는, 효과적인 치료와 수퍼비전을 방해하는 개인적인 장벽이다. 둘째, 종종 '문화적 이슈'로 언급되는 일반적인 사회적 장벽과 억압받는 사람들을 묵살하고, 그들에 대해 만연되어 있으며, 영향력을 행사하는 방식으로서의 체계적인 인종차별이다. 이를 개별적으로 접근하게 되면 핵심적이고 관통하는 이슈에서 주의를 돌리게 된다. 즉, 핵심적이고 관통하는 이슈는 다양한 내담자가 있는 다양한 맥락에서 다양한 배경을 가진 다양한 개인들로 구성된 다양한 훈련체계의 효과성을 높이기 위한 수단으로서 다양성을 다루는 것이다. 이는 차이를 받아들이고 이를 누리는 것을 의미한다. 앞에서 나온 도입부의 일화에서 주의가 필요한 영역은 두 가지였다. 즉, 귀중한 하위문화적 뉘앙스를 미흡하게 적용한 것과, 체계 역동 때문에 훈련집단에서 이를 탐구하는 데 장벽이 생긴 것이다. 건설적인 훈련체계의 상호작용을 막는 장벽은 임상적 기능으로 옮겨진다. 그 장벽들은 치료자와 수퍼바이저의 자기, 그리고 문화적 역량/겸손을 다루는 것으로서의 훈련과정 처음부터 끝까지 일관적으로 다루어져야 한다. 사헤비Sahebi(2020)는 원격 치료와 마찬가지로 원격 수퍼비전의 제공이 전체 훈련체계의 고유한 하위체계에 영향을 미치고 영향을 받을 수 있음을 상기시킨다.

수퍼비전의 주요 목표로서 전문가의 자기 다루기

많은 전문가가 '작업동맹'에 대해 다루었으며, 그 안에서 수퍼바이저에 대한 부분을 탐구했다(Muran & Barber, 2010의 리뷰, 이 책의 제1, 2, 7, 12장 참조). 그러나 이러한 집단적 지혜는 다음과 같은 격언으로 축소될 수 있다. 즉, "협력할 가능성에 중심이 되는 것은 공유된 목표와 그 목표에 대한 작업을 지지할 수 있을 충분한 대인 관계"라는 것이다. 우리는 이를 '라포 형성', '합류' 또는 '작업관계' 획득하기라고 말하는데, 이 두 가지 요인, 즉 공유된 목표와 지지적 관계없이는 유의미한 구축 작업은 이루어질 것 같지 않다.

작업동맹을 구축하는 것은 치료에서 사회적 법률로 간주되어야 하며, 확실히 치료의 효과적인 성과의 큰 부분을 차지한다(예: Safran et al., 2014). 그것은 또한 수퍼비전을 포함한 어떠한 자문 과정에서도 영향을 미친다. 치료과정과 수퍼비전 과정에서는 "무엇을 먼저 해야 하는가" "지금 어디로 가야할 것인가"에 대한 의문이 종종 생긴다.

여기에는 오직 한 가지 응답만이 존재한다. "언제나 당신의 작업 관계에 주의를 기울이라." 이 관계의 상태는 어떤 다른 문제보다 우선권을 차지한다. 물론 이 격언은 내담자, 타인, 그리고 지역사회 안전에 필요한 단계를 차단해서는 안 된다. 그러한 법적·윤리적 요건은 항상 우선시된다.

수퍼바이저들이 앞장서기를 기대할 수 있다. "지금 저는 약간의 불편함, 혼란, 편견 등을 지각했어요. 이건 훌륭한 학습 기회가 될 수 있다는 좋은 신호입니다. 잠시 기다리고, 조용히 있다가, 처리할 수 있는지 봅시다." 만약 집단 환경에 있다면, 수퍼바이저들은 다음과 같은 두 가지 목표를 가진다. 그것은 ① 안전한 참여 경험, 즉 '작업동맹' 규칙을 적용하는 경험을 통해 집단 과정을 성장시키는 것, ② 집단에게 민감성 또는 둔감성이 발생했는지 인지하도록 돕는 것이다. 둔감성이 있었다면, 그것이 어떻게 효과적인 수퍼비전(집단 과정 포함)과 치료 모두에 장벽이 될 수 있는지를 함께 논의하며 그것을 다룰 방법에 대해 토론해야 한다.

도입부 일화에서 분명히 다루어야 할 맥락 내 집단group-in-context 과정이 있었다. 불평을 제기한 사람뿐만 아니라 다른 훈련생들도 수퍼바이저에게 도전하는 것이 불안했을 것이다. 결국, 그들은 수퍼바이저의 세미나실에 있으며, 교수 '아래' 존재하는 학생들이라는 제도적 환경에 놓여 있다. 이 문제가 다른 환경(예: 캠퍼스 밖)에서 더 공개적으로 처리되었더라면 어땠을까? 혹은 수퍼바이저가 참석하지 않았거나, 민감성을 유발한 사람이 아니었거나, 집단을 다루고 피드백을 요청한 상황이었다면 어땠을까 궁금하다. 이러한 맥락적 문제를 넘어서, 그 집단 환경이 수용과 위로 그리고/또는 회피하는 대신 발견을 위한 장을 제공했다면 긍정적인 학습이 발생했을 수 있다. 집단의 목표는 비난의 기미 없이 호기심을 통해 정보를 얻은 모든 사람이 평온한 탐색을 하는 것이었을 것이다. 그렇게 하는 것은 의심할 여지없이 두 가지 바람직한 일이 일어날 가능성을 증가시켰을 것이다. 즉, 그 집단은 잠재적으로 골치 아픈 문제를 건설적으로 다루는 동시에, 내담자(그리고 훈련생)의 맥락에 대한 인지적인 하위문화적 인식을 습득하는 교정적인 정서 경험을 했을 수 있다. 다시 말하지만, 이를 위해서는 수퍼바이저가 자기를 인식하고 자신에게 민감해야 한다는 점에 유의해야 한다. 가장 중요한 것은 그러한 학습은 체계적이라는 것이다. 훈련체계의 구성원들은 둔감성과 미세공격micro-aggression뿐만 아니라, 훈련 맥락에서 동료들과 상호작용할 때 표면적인 피해자들에게 제공되는 보호에 대해서도 학습한다. 그러한 기회에 수반된 경험을 통한 신뢰성과 풍요로움, 지금-여기의 학습은 최소화되어서는 안 된다. 반면,

'최악의 수퍼비전' 경험에 대한 설문조사(Anderson, Schlossberg, & Rigazio-DiGilio, 2000; Piercy et al., 2016)는 그러한 교육과정이 발생하지 않으며, 효과적인 훈련과 치료에 장애가 되는 믿음과 감정을 학습한 곳이라고 나타났다. 부정적인 경험에서 몇 년이 지난 후, 앤더슨Anderson과 동료들의 연구에서 응답자들은 귀담아듣지 않고, 감정을 떨어뜨리며, 혹은 억압된 개인 · 집단 수퍼비전을 경험했다고 설명했다. 이는 훈련생들이 일반적으로 경험한 것일 수 있으므로 이러한 건설적인 상호작용을 가로막는 장벽은 새로운 수퍼비전 관계에서 사전에 해결되어야 한다.

일부 훈련생들은 수퍼바이저나 다른 사람들의 무시에 매우 민감하며 반응적이기 때문에 그들이 좋은 훈련을 막는 지속적인 장벽이라고 제시하는 것을 인식함이 중요하다. 그러한 상황에서, 수퍼바이저는 자신의 태도, 말, 행동을 기꺼이 검토하고, 필요한 경우 신뢰할 수 있는 동료와 상의하여 자신과 수퍼비전 상황을 관리하는 데 도움을 받는 것이 유익하다.

즉각적인 훈련체계 내에서 자기인식을 향상시키는 활동

임상 상황에서 자기인식을 위해 공통적으로 인용되는 몇 가지 경험적 접근이 있다. 이 중 하나는 훈련생이 그들의 치료 회기를 담은 비디오테이프를 즉각적으로 검토하고, 특정한 시점에서 생각하고 느낀 것(예: Cook, Welfare, & Sharma, 2019; Routon, 2018)과 그들의 치료 경험에 대한 내담자의 보고(예: Dwyer, 1999)를 설명하는 것이다. 수퍼바이저와 훈련생들은 또한 치료동맹 또는 작업동맹 척도에 대한 반응을 논의할 수 있다(Martin, Garske, & Davis, 2000, 메타분석 편집 참조). 개별적인 CFT 모델, 예컨대 정서중심치료(Soloski & Deitz, 2016), 치료자의 인간됨Person of the Therapist(Aponte & Kissil, 2016; Rober, 2017), 기능분석 심리치료(Tsai et al., 2009)에 특화된 자기-발견 작업도 있다. 또한 2009년 10월 『부부가족치료저널Journal of Marital and Family Therapy』에 실린 훈련 및 수퍼비전 치료자의 인간됨에 대한 다양한 논문도 주목할 만하다.

개인적 장벽의 인식-현장 또는 보고

어떤 사람이 다른 사람의 비언어적 · 언어적 의사소통 또는 신호에 민감하지 않거나, 혹은 민감해 왔었는데도 때에 맞춰 (크기나 종류 면에서) 적절한 방식으로 반응하지 않는 정도에 따라, 사람들은 왜곡된 여과를 통해 다른 사람을 경험하게 된다. 다른 경우로, 열정, 진취성이 현저히 부족하거나, 불편함이 있을 수 있다. 예를 들어, 어떤 사람(수퍼바이저나 치료자)이 그 개인이나 상황에 있어 보통 하지 않던 방식으로 자기 자신이나 내담자, 혹은 수퍼바이저에게 긴장감을 느끼거나 짜증 낼 수 있다.

예를 들어, 이에 대응하여, 훈련체계는 참여자들이 무엇을 생각하고 느끼고 있는지, 그리고 그것이 다른 상황에서 경험할 수 있는 것과 일치하는 정도가 어떠한지를 비판단적으로 탐구한다. 훈련 환경에 적합한 경우, 참여자들은 그 의미가 어디에서 왔는지(예: 원가족 또는 다른 경험) 탐구할 수 있다.

훈련체계 외부에서 자기인식을 향상시키는 활동

지금까지는 즉각적인 훈련체계 내의 상호작용을 강조했다. 그러나 훈련체계는 구성원이 존재하는 여러 체계 중 하나일 뿐이다. 그들은 또한 우정체계나 가족, 지역사회 등에서 살아가는 부분으로 존재한다. 태도와 편향, 민감성과 둔감성이 존재하고 있으며, 이것들은 다른 체계가 포함된 전체 생태계에 의해 촉진된다. 훈련생들은 (개인 의사소통에 대한) 일부 교육 활동이 다른 사람들의 문화뿐만 아니라 자기 자신의 문화를 발견하는 데 도움이 되었다고 말했다. 많은 사람이 인지 학습의 특정 부분들이 얼마나 흥미로웠는지에 대해 이야기했지만, 편견적인 여과가 그들의 사회적 맥락에서 자신과 다른 사람들에 대한 경험을 제한하고 결정한다는 것을 깨달은 것이 가장 가치 있었다고 밝혔다.

전반적인 문화적 자기인식에 대한 몇 가지 직접적인 접근은 문화적 가계도(Hardy & Laszloffy, 1995; Keiley et al., 2002), 집단 내에서 진행되는 자기탐구적 질문(Lee & Everrett, 2004; Totsuka, 2014) 그리고 소위 '결정적 사건critical incidents'이라 불리는 일지(Lee & Venum, 2010)를 사용한다. 이 마지막 접근은 참여자들에게 결점을 찾아내는 조사를 하라고 요구하는 것은 아니다. 대신에, 그것은 그들을 문화 인류학자로 초대한다. 참여자들은 학교, 거리, 거주지에서 일상생활을 계속하던 도중, 비고츠키가 '문화적 충격'이라 부른 긴장감을 경험하게 된다면, 일지에 그 경험을 간략하게 기재하는 것이다. 그들의 일지에서, 훈련생들은 결정적인 사건이나, '부딪힘', 그들의 반응을 묘사하고, 그것을 성찰한다. 학기가 끝나면, 그들은 일지를 검토하고, 그들이 자신과 다른 사람들에게 배웠던 것을 작성한다. 그들은 더 큰 집단에서 개인적인 통찰을 공유하게 될 수도 있고 그렇지 않을 수도 있다. 참여자들은 이 기획이 믿을 만한지 그리고 흥미로웠는지를 설명했다. 시간이 지나면서, 그들은 발견을 기대하게 되었고, 자극적인 환경이라고 생각되는 장소에 의도적으로 자신을 밀어 넣게 되었다고 말했다(문화적 맥락을 탐색하는 것에 대한 더 많은 아이디어는 제10장을 참조하라).

수퍼바이저와 훈련생의 자기돌봄

전문가가 된다는 것, 그리고 치료자 또는 수퍼바이저로서 자기를 이해하는 것의 중요한 측면은 직업적으로나 개인적으로나 자신의 한계를 아는 것이다. 여기에는 자신을 돌보기 위해 무엇을 해야 하는지(또는 하지 말아야 하는지) 그리고 언제 그것을 해야 하는지를 아는 것이 포함된다. 그렇게 하지 않으면, 치료자와 수퍼바이저뿐만 아니라 내담자, 가족, 친구, 동료와 더불어 우리 분야의 평판에까지 영향을 미칠 수 있는 두 가지 불행한 결과, 즉 소진과 손상을 낳게 된다.

훈련에 대한 한 가지 접근은 전문가인 자기의 일부로서의 복지감에 이상적으로 맞추는 것이다. 해결중심 훈련(예: Nelson, 2014)은 독보적인 훈련 모델로 사용될 수 있으며, 그 훈련의 이념과 기법은 다른 수퍼비전이나 치료 접근을 하는 적절한 상황에서 사용될 수 있다. 비록 순수주의자들은 그런 방식의 사용을 비난할 수 있지만, 해결중심적 개념화와 기법은 필요에 따라 일련의 키트로 갖고 다니다가 펼치는 훌륭한 도구이다. 수퍼바이저나 훈련생이 혼란스럽거나, 좌절하거나, 곤경에 처하거나, 낙담하거나, 지루하거나, 비관적일 때, 그들은 자신들에게 또는 훈련체계의 다른 구성원들에게 "수퍼비전/치료가 조금 더 나아지고 있을 때, 당신은 무엇을 하고 있었나요? 다른 사람들은 또 무엇을 하고 있었나요?"라고 물어봄으로써 커다란 정서적 안도감과 방향성을 얻을 수 있다. 조금 더 구체적으로는, "지난 몇 회기에서, 내담자들과의 작업이 더 잘 되었을 때, 즉 당신이 이 회기와 그 이후 좋은 느낌이 들었을 경우, 무엇이 달랐나요? 당신은 그것을 어떻게 달성했다고 생각하나요?"라고 물어볼 수 있다.

훈련체계는 또한 각 구성원들에게 있어 '약간 더 나은' 모습이 어떠한 것인지 탐색할 수 있다.

해결중심 훈련체계는 또한 그 자체로 목표 설정에 관심이 있다. 즉, 현실적이고, 명확하게 관찰되고, 지금 여기에서 긍정적인 행동을 하며, 표면적으로 참여자의 통제하에 있으며, 치료에서 잘 형성된 목표를 반영하는 것을 말한다(예: DeJong & Berg, 2013). 훈련생들에게 그들이 무엇을 틀렸는지 혹은 잘못했는지를 물어보지 않고, 대신 그들이 무엇을 잘했는지, 대신하거나 더 많이 할 것이 무엇인지, 그리고 그들이 비슷한 상황에서 과거에는 무엇을 했는지를 물어볼 수 있다. 훈련체계는 진전이 이루어진 것을 어떻게 알 수 있는지 탐색할 수 있다. 즉, 참여자가 무엇을 보고, 듣고, 경험하는지를 탐색하는 것이다. 그들은 목표를 향한 진전을 측정할 수 있는 척도를 만들 수 있다. 그들은 또한 자신에게 '기적 질문'을 변형해서 물어볼 수 있다(de Shazer et al., 2007). "기적이 일어나서 최고의 치료자가 되겠다는 당신의 꿈이 실현되었다고 가정해 봅시다. 이 기적이 일어났을 때, 가장 먼저 알아차릴 수 있게 하는 것은 어떤 것일까요? 다른 사람들은 어떻게 알아차릴까요?"

회복탄력성

'회복탄력성'은 "개인과 그들의 집단이 ① 스트레스에 대처하고, ② 스트레스로부터 성장하도록 하는 속성들의 시너지 효과 모음"으로 정의된다(Walsh, 2016. 참조). 회복탄력성은 개인의 속성과 상황적 속성의 상호작용을 매개하는 과정이다. 다른 사람들이 밝힌 것처럼, 개인은 자신에게 일어나는 일에 대하여 스스로를 능동적인 행위자로서 지각하고, 삶을 향해 낙관적인 전망을 지니고 있고, 필요할 때 외부의 자원에 도움을 찾고 모집할 만큼 회복력이 있다. 그렇게 되면 사회적 맥락은 이러한 적응적 신념을 공유하고, 압박을 받는 구성원이 사용하고 쉽게 볼 수 있는 자원을 포함한다. 상호의존적 관계에 있는 개인은 자기검사를 할 수 있다(예: 간결한 5요인 평가척도, Lee, 2013). 훈련체계가 회복탄력성을 어떻게 평가하든, 그 구성원들은 집단으로서 그들이 이미 잘하고 있는 것을 평가하고, 더 많이 훈련하는 가운데 '성장해야 할 사항들'이 나아지는지를 탐구함으로써 이익을 얻을 것이다.

얼마 전 리Lee와 그의 학생들(Lee, Eppler, Kendal, & Latta, 2001)은 가족치료 훈련생

의 동년배 집단이 스트레스를 느끼는 것이 무엇인지 신중하게 탐구했다. 그들의 가장 큰 스트레스 근원이자 전반적인 스트레스를 다루는 데 있어 가장 큰 자원으로 판명된 것은 그들의 무수한 사회 구성원, 즉 수퍼바이저 훈련집단, 훈련 동료, 중요한 타인과의 관계, 가족, 교회, 사회집단 등이었다. 교수나 수퍼바이저, 부모나 자녀, 연인이나 친구가 여러 책무commitments 때문에 그들의 삶에 대한 요구를 무시했을 때, 그들은 스트레스를 받았다. 그러나 이 관계들은 또한 그들이 에너지를 다시 얻을 수 있는 중요한 원천이기도 했다. 훈련집단 또는 전체 훈련체계는 개인의 생태도(Hartman, 1995)를 그림으로써, 그리고 그들의 전문적인 삶에서 이것들이 시사하는 바를 고려함으로써 이익을 얻을 수 있다.

손상을 사정하기

실질적인 문제로서, 자기의 역기능적 과정을 발견하는 것은 보편적으로 평생에 걸쳐 다루어야 할 일이다. 개인 또는 집단 과정이 훈련체계에서 효과적인 치료 또는 구성원 자격을 방해하는 정도가 어떠한지를 살펴보는 것은 훈련체계의 목적이 된다. 효과적인 기능을 하지 못하게 막는 장벽이 훈련 목표나 안전 의무에 커다란 영향을 미치고, 보다 단순한 해결책(예: 자기에 대한 노트, 현장 수퍼비전에 대한 제한)이 작동하지 않는 경우, 외부 지원을 찾아내고 사용해야 한다(COAMFTE 대학원 프로그램에 사용되는 교정 조치와 후속 행동에 대한 제안은 Russell, DuPree, Beggs, Peterson, & Anderson, 2007을 참조하라, 이 중 많은 것이 대학원 졸업 이후 훈련에도 적용된다). 이와 관련하여, 우려 사항에 대한 공식 문서는 수퍼비전 파일이나 훈련 파일에 있어야 한다. 이 문서에는 관찰된 행동의 명시적인 예시와 그 결과에 대한 우려가 포함되어야 한다. 그렇게 되면 이 문서는 성과 개선 계획Performance Improvement Plans에 대한 이유와 근거를 제공한다. 성과 개선 계획은 명확하게 관찰 가능하고 감사 가능한 행동, 필요한 진전 과정이 무엇인지를 나타내고, 이것이 어떻게 성취될지에 대한 진술, 시간표, 그리고 변경되지 않아야 하는 명확히 진술된 결과의 지정에 기초한다. 이러한 공식적인 성과 개선 계획은 수퍼바이저, 훈련생과 계획 개발에 관련한 기타 모든 사람이 서명하고 날짜를 기입해야 한다.

문화적 렌즈: 집단 소속감에 기초한 편향된 기대

훈련체계의 참가자들은 그들의 문화와 하위문화에 의해 만들어진 렌즈를 통해 그들 각각의 세계를 독특하게 바라본다. 순진한 사람들은 문화를 '상대방이 가지고 있는 것'이라고 생각한다(Lee & Nelson, 2014, p. 157 참조). 그들은 자신의 지배적인 영향력을 인식하지 못한다. "정서, 동기, 지식의 축적과 정보 처리에서의 무의식적인 편견은 평가받는 사람에 대한 민족, 인종과 문화적 편견이 내적 대화를 제한시키는 것만큼 전문가에게도 편견을 줄 수 있기 때문에, 이것은 불행한 상황이다"(Aggarwal, 2012, p. 116). 결과적으로, 수십 년 동안 석사·박사 공인 CFT 치료 프로그램은 교육과정 전반에 걸쳐, 그리고 경험적으로 수행하는 프로그램을 통해 특정 과정을 배치함으로써 성별 및 문화적 감수성에 영향을 미치려 했다(Winston & Piercy, 2010; Kumar, Karabenick, Warnke, Hany, & Seay, 2019). 가이드북(예: Purtilo, Doherty, & Haddad, 2019)은 수퍼바이저와 수퍼바이저 지망생들이 안전하고 활기찬 학습환경을 조성하기 위해 훈련체계에서의 문화적 편견을 파악하고 이를 관리하는 데 도움을 줄 수 있다. 질적 연구에 따르면, 이러한 노력의 성공과 관련된 중요한 변수는 이전에도 연구되었고(Laszloffy & Habekost, 2010), 지금도 계속되고 있는데(Campbell, 2018), 맥락에 관계없이 참가자들이 인식한 헌신 수준과 투명성으로 밝혀졌다.

미세공격

일부 문화적 편견은 온건하게 느껴지는 맹점일 수 있다. 그러나 그것들 모두는 전문적인 성장에 필요한 진정성을 방해할 수 있는 잠재력을 가지고 있다. 다른 것들은 부정적인 측면이 있다. 40년 전 문헌(Pierce, Carew, Pierce-Gonzales, & Wills, 1977)에서 처음 확인된 미세공격microaggressions은 일반적으로 짧고 평범한 언어, 행동과 혹은 환경적 내러티브로, 많은 사람이 해롭지 않다고 옹호하지만 듣는 사람은 모욕이나 비하 또는 사기 저하를 경험한다. 고전적인 요지를 제공하는 수Sue(2010/2020)는 이 모델이 어떻게, 인종차별부터 다양한 하위문화, 몇 가지 예를 들자면, 성별, 연령, 사회계층, 지역 및 국가 정체성, 종교와 정신적 또는 신체적 장애 안에 있는 광범위한 개인을 표적으로 하는 것까지 확장되었는지 논의했다.

수퍼바이저의 진화는 모호성에 대한 관용을 필요로 한다

현재의 수퍼바이저들은 사회구성주의가 치료에서 새로운 시대의 요구를 충족시키는 인식론이라고 인정한다. 그들은 다양한 방식의 앎과 의미가 가치, 정서와 행동 경향을 가진 다양한 신념체계에 정보를 제공한다는 것을 인지한다. 그들은 혼란스러울 정도로 사물을 들여다보고 생각하는 데 익숙해진 지 오래고, 이러한 모호성에 대한 내성을 키워 왔다(Knight, Kenny, & Endacot, 2016; McLain, Kefallonitis, & Armani, 2015; Sung, Antefelt, & Choi, 2017 참조). 역동적 복잡성을 즐기는 것은 불안을 낳으며 환원주의적 모델을 통해 지나치게 단순화하도록 유혹할 수 있지만, 이러한 신세대 수퍼바이저와 치료자들은 여러 가능성에 대한 개방성이 학습의 기회라는 것을 인정한다. 이러한 전문가는 지각, 사고, 그리고 이어지는 개입이 치료 모델에 의해 결정되는 기술자가 아니다. 대조적으로, 이들은 내담자 중심적이고, 통합적이며, 진화하고 있다. 그들은 사정과 개입을 응용된 가족학으로 바라본다.

동시에, 연구(Kattari, 2019 참조)는 이러한 정체성과 관련된 미세공격의 경험이 정서적 · 신체적 안녕에 부정적인 영향을 미치고, 업무 피로, 생산성 저하와 학습 어려움에 기여한다는 것을 입증했다.

또 다른 가치 있고 직설적인 연구 기회

수퍼바이저는 교육 · 훈련과정을 방해하여 구성원 일부 또는 모두가 훈련체계가 안전하지 않다고 느끼게 하는 활동을 막을 의무가 있다. "효과적인 수퍼비전은 공유된 목표와 그러한 목표를 유지할 수 있는 (충분히 좋은) 관계에 기초한다"(제1장, p. 13). 심리치료적 공통요인 모델에 대한 과학적 지지는 부족하지만(Cuijers, Reijnders, & Whibers, 2019), 관계론적 치료와 그 수퍼비전에서 긍정적인 과정과 성과는 긍정적인 작업동맹과 교정적 수퍼비전 경험과 같은 공통 촉진요인을 포함할 것이라는 가설이 타당해 보인다(Watkins, 2018 참조).

그리고 또 다른 연구 기회

연구자들이 치료자와 내담자 사이에 존재한다고 기록한, 그들의 부수적인 정서와 행동 경향을 가진 미세공격은 **훈련체계 전반에 걸쳐** 존재하며, 각 참가자의 성과에 영향을 미칠 것으로 예상할 수 있다. 인종과 성별에 기반한 편견적 가정이 광범위하게 조사되었다. 다른 부정적인 편견들은 많지 않았다

메타 공격 또는 체계적 편향의 연관성에 대한 유사한 질문은 다음과 같다. 그런 것이 있다면, 어떤 방식으로, 그리고 얼마나 많은 훈련체계 과정과 성과가 우리에게 학위논문 주제와 나중에, 학술 연구의 통합 프로그램에 대한 매우 귀중한 선택으로 다가올 것인가? 좋은 예로는 LBGTQ를 지지하는 CFT 교수의 신념과 교수법의 연관성을 조사하는 학술 프로그램이 있다(McGeorge, Carlson, & Toomy, 2015). 구체적으로 LGB 내담자에 대한 긍정적인 믿음을 더 많이 보고한 교수진은 강의실 및 실습 강의계획서에 LGBTQ 긍정치료 내용을 포함할 가능성이 높았으며, 그들의 훈련생들은 그것이 임상 작업에 긍정적인 영향을 미친다고 하였다.

훈련체계 전반에 걸쳐 긍정 및 부정적 편향의 영향에 대한 탐구는, 몇 가지 예를 들어보자면, 가중치를 부여한 편향(Pratt et al., 2016 참조), 공공연한 종교성(Maxwell, Davis, Miller, & Woolley, 2018), 이성애중심주의(Hartwell, Serovich, Reed, Boisvert, & Falbo, 2017), 그리고 명백한 트랜스젠더 식별과 관련된 부정적인 기대(예: Shipman & Martin, 2017)와 같은 것들을 고려할 수 있었다.

수퍼바이저들은 안전한 일터를 가꾸고 만들기를 원한다. 따라서 그들은 다른 명백한 결함과 마찬가지로 해로운 영향들이 식별되고 그것들을 고려하는 방식으로 먼저 작동시킴으로써 그 해로운 영향들을 관리한다. 그것들은 환영받을 배움의 기회이다. 그것들을 인지하고 관리하는 것은 그들의 공동 임무에 종사하는 모든 사람의 효과를 증진할 것이다. 적대적이거나 방어적인 방식으로 미세공격을 무시하거나 고려하는 것은 아마도 익숙한 하향 나선을 초래할 것이다. 즉, 불안이 싸움이나 도피로 이어지고, '살얼음판을 걷는 것'은 분노로 이어진다. 대조적으로, 자상하고, 소위 '공감적인' 대면은 모든 사람의 복지를 위한 감수성과 안전감을 기르는 것과 관련된다. 그것은 "나를 돌보고, 당신도 돌보고, 그리고 우리도 돌본다."라는 진심을 품고 시작하는 내러티브의 일부이다. 수퍼바이저는 출판물과 온라인(예: St. Louis County, 2014; Sue, 2010/2020)에서 인간관계와 자조에 관한 문헌에서 풍부한 실용적 지침을 발견할 수 있다.

연습

1. 우리는 당신이 적어도 이 장에서 제안된 연습 중 하나 이상을 숙고했다고 가정한다. 당신 자신에 대해 무엇을 배웠는가? 다른 사람들과 어떻게 교류하는지에 대해서는 어떠한가?

2. 내담자는 미세공격(작지만 중요한 상처로 보일 수 있는)을 경험했는데, 훈련생은 이를 알지 못하는 모습이 녹화된 비디오를 훈련생과 함께 보고 있다고 상상해 보라. 이에 대해 훈련생과 토론을 시작할 수 있는 방법을 세 가지 이상 작성하라.

3. 어떤 훈련생이 훈련집단의 다른 구성원에게 부적절한 종교적 발언을 한 당신에게 맞섰다고 상상해 보라. 당신은 그 상황을 어떻게 처리할 것인가? 보고하는 훈련생, 피해를 입은 것으로 보이는 훈련생, 당신 자신, 그리고 훈련 맥락에 대한 어떤 요소들이 당신의 행동/말을 알려 주는가?

4. 수퍼바이저가 노련하게 전달하는 미세공격을 다루어 본다. 무엇이 이것을 촉진할 수 있고 무엇이 장벽을 만들어 낼 수 있는가? 한쪽 당사자가 큰 건을 보지 못하는 사례들을 어떻게 관리해야 하는가?

제4부

문제해결 및 수퍼비전 철학 진술서 작성하기

제14장

문제해결 및 관계 훈련체계에서의 실질적 처리

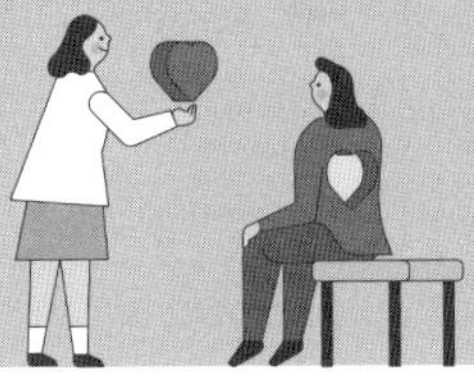

독자들은 이 장에서 수퍼바이저와 훈련생 사이의 문제가 즉각적으로 다뤄질 것이라고 기대할 것이다. 궁극적으로 우리는 이에 대해 다룰 것이다. 하지만 일반적으로 큰 개념적 지도를 갖는 것이 도움이 되는데, 개념적 지도는 훈련에 참여하는 모든 당사자의 임상적 성장에서 대한 이해할 수 있고 예측 가능한 선행 작업으로 훈련 결함을 제시한다. 또한 이러한 지도는 현장에서든 다른 방식으로든 수용 가능한 개입의 생성을 촉진한다. 따라서 이 장에서 다루는 자료는 개념적 개요로 시작하여 상황별 실질적 처리로 이어진다.

훈련의 대인 간 맥락을 이해하기

수퍼비전 환경

훈련생들에게 '최고의' 수퍼비전 경험의 특징에 대해 생각해 보라고 했을 때, 그들은 만장일치로 다면적인 발견을 촉진하면서도 위험 감수에 도움이 되는 흥미롭지만, 안전한 환경을 언급하였다(Anderson, Schlossberg, & Rigazio DiGilio., 2000; Drake Wallace, Wilcoxin & Satcher, 2010; Piercy et al., 2016을 보라). 수퍼바이저들은 대부분의 사람들이 평생 권위자와 불균등한 관계를 유지해 왔다는 것을 인식하고 있고, 지금 치료자들의 직업적 적절성에 관심을 갖고 있다. 권력, 평가 및 조언 제공과 관련해서 해로운 감정이 출현할 수 있는 무대가 마련되어 있다(제12상 토론 참조, Sude &

Gambrel, 2017).

첫 번째 수퍼비전의 목표는 건설적인 개방에 도움이 되는 안전을 특징으로 하는 환경을 발달시키는 것이어야 한다. 이러한 환경은 수퍼바이저, 훈련생, 훈련생의 내담자 및 이 모두가 포함된 체계 간의 신뢰 관계를 조성한다. 치료에서와 마찬가지로 이러한 특징의 결여는 바람직한 과정들과 사건들이 일어날 가능성을 감소시킨다.

수퍼비전의 두 번째 근본적인 목표는 전체 훈련체계의 요구에 부응하는 방식으로 이러한 분위기를 유지하는 것이다. 여기에는 앞의 세 가지 단위뿐만 아니라 모든 단위(및 개입)가 위치한 맥락도 포함된다. 예를 들어, 다른 이해관계자들과의 불경한 동맹을 통해 훈련생의 신뢰와 안전을 확보해서는 안 된다. 이러한 관점은 수퍼바이저가 훈련생뿐만 아니라 외부 당국자들과의 앙금을 경계하고 최소화하며, 수퍼비전 관계 및 훈련생과 그들의 내담자 사이에서 가정된 점들을 인지하고 질문하는 것을 요구한다. 예를 들어, 수퍼바이저는 수퍼비전 계약에 설명되고 동의한 대로 기밀성과 그 제한사항을 유지해야만 한다. 우리의 만트라[1]를 기억하라. 즉, 쉽게 예측될 수 있는 타인에게 가해지는 중대한 위험들을 제외하고, 수퍼바이저가 우선순위를 고려할 때, 무엇보다도 전체 수련 맥락 내에서 충분히 좋은 수퍼바이저-훈련생 관계를 구축하고 유지하는 것을 가장 중요시해야 한다. 예를 들어, 계약에 설명되고 제한되는 경우를 제외하고 기밀을 위반하면 확실히 관계가 방해받거나 끊길 것이다.

이러한 관점에서 수퍼바이저는 불확실성을 줄이고 '일을 분명하게' 하려는 유혹에 저항하는 것이 현명할 수 있다. 아마도 모든 사람의 불확실성과 이에 대한 반응을 이해하는 것이 더 나을 수도 있다. 역설적이게도 '일을 분명하게' 하려는 것에 대한 해결책은 좋은 질문을 하고 적극적으로 경청함으로써, 건설적이고 안전하며 수용적인 분위기를 조성하는 긍정적인 방식으로 책임을 지는 것이다. 훈련생들이 불안해서 우려 사항이나 실수를 공개하지 않을 때 많은 어려움이 발생한다. 그러므로 무엇이든 논의할 수 있는 안전한 맥락을 구축하면 많은 문제와 어려움을 예방할 수 있다. 넬슨Nelson은 한 훈련생이 그에게 개인적으로 찾아와서 집단 수퍼비전 중에 상처를 받았고, 매우 불쾌했었다고 말했던 순간을 생생히 기억한다. 넬슨은 자신이 한 말과 그로 인한 상처에 경악했고, 사과하고 잘못을 바로잡기 위해 무엇을 할 수 있는지 물었다.

1) 역자 주: 타자에게 은혜, 축복을 주고, 자신의 몸을 보호하고 정신을 통일하고 또는 깨달음의 지혜를 획득하기 위해서 외우는 신비적인 위력을 가진 언사(네이버 종교학대사전)

전체 그룹에 사과한 후 넬슨은 자신이 말한 내용, 말한 내용이 그녀(자신)에 대해 무엇을 보여 주는지, 이 경험으로 배운 것이 무엇인지, 어떻게 실수를 인정하고, 만회할 수 있는지, 그리고 어떻게 실수에서 회복될 수 있는지에 대해 토론하였다. 우리는 방어적인 태도를 보이기가 쉽지만, 우리의 실수를 만회하기 위해 할 수 있는 일을 해야 한다는 것을 배웠다.

수퍼바이저는 일터에서 다양한 현실을 이해해야 한다. 저항이 사람들이 위협을 느낀다는 신호라면, 저항이 존재한다는 것은 대부분의 수퍼바이저는 훈련생이 위협을 느끼기를 원하지 않기 때문에 그들이 수퍼바이저와 사물을 좀 다르게 보고 있다는 것을 의미한다. 이때는 수퍼바이저가 침착하고 방어적이지 않은 상태를 유지하고 안전하고 개방적인 분위기에서 생각과 감정의 탐구를 장려해야 한다는 점을 스스로 상기시켜야 하는 때이다.

이러한 논의는 어렵기도 하고 바람직하기도 하다. 이러한 논의는 경험의 다양성에 대한 개방성을 모형화할 기회다. 좋은 면접 기법을 모형화하는 것은 논리적으로 다음과 같다. "당신의 몸짓과 목소리는 당신이 불안하다는 것을 암시합니다. 내가 보지 못하고, 듣지 못하고, 이해하지 못하는 것은 무엇입니까?" 이러한 질문은 친절하게 묻는 것이고, 탐색은 적극적인 경청으로 구성된다. 결과 정보가 무엇이든 간에 우리는 무시하거나 방어적이지 않다. 그것이 무엇이든 그것은 상대방의 견해이고 그들은 그것을 믿으며, 그들이 당신의 진솔한 관심을 존중하지 않는다면 그들은 안전한 관계에 있다고 느끼지 않거나 진정되지 않을 것이다. 실제로 이러한 정보를 공유하는 능력은 교육체계 내에서 신뢰 수준에 대한 단서가 될 수 있다. 그러므로 자신의 관점에서 대답하기보다는 "좋아요. 감사합니다. 당신은 나에게 생각할 거리를 많이 주었습니다."라고 단순하게 말하라. 순간의 어색함이 상황을 처리하는 데 방해된다면, 문제를 잠시 미루고, 시간을 갖는 것이 현명할 수 있다. 그 후에는 논의할 수 있어야만 한다. "지난 회기를 기억하시나요? 당신이 말했던 것은…… 당신이 화가 난 것을 알 수 있었습니다……. 그래서 저는 이에 관해 대화하고 싶습니다. 비방어적으로 들어 보세요."

다중 역할

수퍼바이저는 훈련생과 훈련 환경 모두에 대해 다양한, 심지어 대립되는 책임을 갖는 여러 역할을 동시에 수행한다(제2, 10, 11장 참조). 훈련생과 관련하여 수퍼바이저는 동시에 교사, 멘토 및 평가 관리자다(Sude & Gambrel, 2017; Whitman & Jacobs, 1998). 이러한 역할이 충돌하거나 경계가 모호할 때 어려움이 발생할 수 있다. 후자(모호한 경계)는 경계 교차 및 경계 위반을 쉽게 한다. 또한 수퍼바이저는 중복되는 역할이 교육, 훈련 및 서비스 환경과 같은 더 큰 환경(이웃, 주, 지역)에 내재되어 있음을 인식해야 한다. 체계 내에서 역할을 탐색하기는 항상 쉽지는 않다. 모든 환경은 안전과 복지감에 대한 다양한 요구에 의해 형성된다. 수퍼바이저의 어떤 역할은 입법부, 전문 조직, 연방 기관, 특별 이익 단체, 교육 프로그램, 대학, 기관 및 수퍼비전 계약에 의해 규제되는 정책 및 모범 사례에 의해 정의된다. 더욱이, 임상 실천 수퍼비전은 자발적이거나 의무적일 수 있고, 이는 임상 수퍼비전과 문지기 역할 간의 역할 혼합을 더욱 복잡하게 만든다. 각 역할에서 이해관계자는 수퍼바이저가 훈련생뿐만 아니라 다양한 기관 및 대중의 안전과 복지에 관심을 기울이고 기여할 것을 기대한다. 수퍼바이저 후보자들은 역할들을 분리하기가 어려울 것이라는 두려움을 가지고 종종 이 소식을 접한다. 그것은 굉장하지만 때로는 불가능해 보이는 의무다. 하지만 수퍼바이저가 훈련생과 다른 사람들이 피해를 보지 않도록 다양한 역할을 이해하고, 역할 혼합을 관리하는 방법을 이해하는 것은 의무 사항이다. 지금의 시대는 "무지가 행복하다"는 시대가 아니다.

다양한 이해관계자의 복지에 대한 책임은 관련된 수퍼바이저에게로 다시 돌아간다. 이 사실은 내담자, 기관, 개인 상해 변호사, 판사나 배심원에 의해 일관되게 확인되었다. 이러한 선례는 다음 장에서 설명될 실질적 처리로 이어진다.

'최고의 방어는 좋은 공격이다'

다행스럽게도 시금석은 '신중함'이다. 사실을 제시하였을 때, 수퍼바이저의 동료 배심원은 의무와 관련하여 수퍼바이저에게 동의할 수 있어야 하고, 이에 대한 합리적인 판단과 조치에 도달하기 위해 최상의 도구가 사용되었다는 점에 동의할 수 있어야만 한다. 결과적으로, 훈련생과 수퍼바이저가 수퍼비전과 관련된 윤리와 법률을 이해하고(이 책의 제11, 12장 참조; AAMFT, 2015a), 가용한 자원에 개방적인 것이 근본적으로 중요하다. 법률 및 윤리적 조언을 위한 서적과 헬프라인(예: AAMFT 법률상담)에서 이러한 의견이 강조되고 있다.

신중한 수퍼바이저는 수퍼비전 관계의 시작에서부터 자신의 다양한 의무에 대한 이해를 바탕으로 핵심적인 수퍼비전 구조를 결정하는 데 도움을 준다.

- 포괄적인 도입 면담, 훈련생의 기술과 치료와 수퍼비전에 대한 이해에 관한 예비 체계적 사정 및 수퍼바이저의 철학과 관리행정 도구의 소개
- 훈련생과 잠재적이고 실제적인 다중 역할에 대한 논의하고 어떻게 각 역할을 인식할 수 있고, 필요할 경우 수퍼바이저를 호출할 수 있는지에 대한 계획을 세움
- 일관되게 사용되는 필수 도구: 서면 수퍼비전 계약, 문서 패키지를 활용한 적절한 관찰, 명시적인 평가 과정과 결과 및 수련 체계의 세부 정책과 절차

체계적 평가: 더 큰 환경 내에서 훈련체계

수퍼바이저들은 임버-블랙Imber-Black(1988)의 고전 저술인 『가족과 더 큰 시스템: 미로를 통한 가족 치료자의 가이드Families and Larger Systems: A Family Therapist's Guide through the Labyrinth』에 정통해야 한다. 그녀는 수퍼바이저와 치료자에게 모든 당사자가 살아가는 더 큰 체계를 고려하길 조언한다. 구성원들은 다음을 탐색해야만 한다.

- 각 개인의 책임 영역, 이 영역은 어디에서 겹치는가?
- 체계 내에서 자신과 다른 사람의 역할에 대한 각자의 신념과 기대, 여기에는 서로에 대한 믿음이 포함된다. 이것들은 어디에서 충돌하는가?
- 각각의 목표, 즉 각 이해관계자가 '성공'으로 간주하는 목표다.
- 이것들은 서로 양립될 수 있는가?

수퍼바이저와 훈련생은 더 큰 맥락에서 어떻게 잘 맞는가? 수퍼비전에 대한 그들의 신념, 이해 및 기대가 임상 작업에 대해 합리적이고 원활한 수퍼비전이 이루어질 수 있을 만큼 충분히 일치하는가? 그들은 관계가 잘 맞는지 아닌지를 판단할 수 있을 만큼 서로의 배경을 잘 이해하고 있는가? 각자가 차이점을 논의하고 수용할 수 있는 해결책에 도달할 수 있는 능력을 갖추고 있는가?

초기 면접

초기 면접은 사건이 아니라 과정이다. 상담실 안팎의 모든 당사자(즉, 수퍼바이저와 훈련생뿐만 아니라 행정 위계, 규제위원회 등)의 요구, 기대 및 우려 사항을 철저히 조사해야 한다. 훈련생에게는 윤리강령(예: AAMFT, 2015a)과 업무 범위, 기밀 유지, 기밀 자료의 특권, 아동이나 노인 보호, 보호 또는 경고 의무 등에 관한 해당 법령을 소개해야 한다. 나중에 그들은 해당 문서의 정보에 대해 지속적으로 책임을 져야 한다.

타인에게 도움을 제공하는 전문가들helping professionals을 위한 법률 자문가들은 이해관계자들 사이에서 개방적이고 우호적이며 자비로운 관계가 있을 때 복잡한 문제가 발생하지 않는다고 충고한다. 따라서 초기 면접은 수퍼바이저와 훈련생이 실수와 그 결과를 미리 방지하는 데 요구되는 일련의 토론을 할 수 있을 정도의 충분히 강력한 신뢰 관계를 형성할 수 있는 가장 좋은 시작점이다.

수퍼바이저와 수퍼바이저 후보생은 초기 회기에서 다음의 세 가지 질문을 탐색하고 수퍼비전 계약의 일부로 질문에 대한 서로의 이해를 기록할 수 있다.

1) 각각이 지켜야 하는 의무는 무엇인가?
   ① 구체적으로 명시된 내용 제공
   ② 구체적인 요구 사항의 이행
   ③ 합리적으로 식별 가능한 피해자 보호
2) 의무는 누구에게 있는가?
   ① 내담자와 그들의 중요한 타자들
   ② 수퍼바이저와 훈련생
   ③ 훈련체계
   ④ 관련된 지역사회
   ⑤ 훈련 기관
   ⑥ 교육 기관
   ⑦ 서비스 제공 기관
   ⑧ 정부 규제 기관
   ⑨ 전문가들의 조직
3) 어떻게 이러한 의무가 감사받고, 어떤 보고서가 작성되고 누구에게 보고될 것인가?

포괄적 수퍼비전 계약 문서

수퍼비전은 높은 불확실성을 가지고 수행된다. 불확실성에 대한 인내는 개인마다 다르며, 임계치를 초과하면 이를 줄이기 위해 강하게 반응한다. 가장 좋은 예방책은 구조일 수 있다. 구조에는 이 상호적 비즈니스가, 쉽게 변호될 수 있는 합리적인 근거와 잠재적 문제나 어려움을 다루는 방식에 대한 각 개인의 기대에 의해 어떻게 뒷받침되는지를 묘사하는 명백한 진술문이 포함된다.

법률 고문들은 무언가가 "기록되지 않으면 실제로 존재하지 않는다."라고 하였다. 이후 모든 당사자가 검토하고 서명한 서면 계약을 사용하여 수퍼비전 과정을 구성하고 검토하고 방어할 수 있다. 기대와 결과가 설명되면, 나중에 어려움을 처리하기가 훨씬 쉬워진다. 수퍼바이저는 규칙이 사전에 명시되지 않고 서명과 날짜로 문서화되지 않으면, 법적 관점에서 결과를 적용하기가 매우 어렵다는 점을 이해해야 한다. 하지만 많은 계약은 일반적으로 수퍼바이저의 우려 사항을 다루지만, 반드시 훈련생의 우려 사항을 다루지는 않는다. 수퍼바이저와 훈련생이 협력적으로 체결한 수퍼비전 계약은 아마도 수퍼바이저가 제시한 계약보다 더 잘 이해되고 준수될 것이다. 또한, 계약이 진지하게 수행되려면 수퍼바이저는 이러한 계약 조건을 준수해야 한다. 예를 들어, 계약서에 시간 엄수와 준비가 명시되어 있는 경우 수퍼바이저는 일찍 퇴근하지 말고 정시에 도착하거나 준비해야 한다. 마찬가지로, 훈련생이 수퍼비전을 받을 준비가 되어 있어야 하는 경우 수퍼바이저가 위반 사항을 무시하거나 준비가 되어 있지 않으면 도움이 되지 않는다. 수퍼비전 계약에 대한 자세한 내용은 제3장과 제14장을 참조하라.

문서 패키지

문서 패키지에는 최소한 수퍼비전 과정 메모와 주기적인 평가와 계획 요약이 포함된다. 후자에는 수퍼비전 목표의 검토와 수정이 포함된다. 또한 추가 작업을 위해서 역량과 권장 사항을 나타내는 최종 평가 요약이 필요하다. 평가 메커니즘과 기준은 수퍼바이저와 훈련생 모두가 수퍼비전을 시작할 때 합의해야 하며, 수퍼비전과 훈련생 내담자 컨설팅 내에서 절주, 알림, 기밀 유지와 같은 '협상될 수 없는' 항목도 합의해야 한다.

평가 과정과 결과

부정적 평가에 관한 결과의 범위가 다루어져야만 한다. 이는 '성과 개선 계획'부터 적절한 당국에 통보하는 '즉시 종료'[COAMFTE 인증 잠재적 조치 샘플의 아이디어는 러셀Russell과 동료들(2007) 참조]까지 다양할 수 있다. 수퍼비전 계약에는 수퍼비전이 조기에 종료되는 경우 수퍼바이저가 추가 수퍼바이저 및/또는 교육 교수진이나 면허위원회와 같은 다른 사람에게 알릴 수 있음을 명시하는 조항이 포함될 수 있다. 이 조항에 따라 계약을 체결한 훈련생은 해당 공지에 동의한 것으로 간주한다.

어려움을 다루기

심각하고 즉각적인 우려 사항은 신속하고 명확하게 해결되어야 하지만, 현명한 수퍼바이저는 이러한 문제가 존재하는 맥락과 향후 이러한 문제를 예방할 수 있는 보다 광범위한 수퍼비전 구조의 관점에서도 생각한다. 그들은 ① 수퍼비전 효율성에 대한 장벽에는 유지 관리 구조가 필요하다는 것을 안다. 즉, 상호 행동은 '이번 주의 위기'를 포함한 현상 유지로 이어진다. 따라서 현명한 수퍼바이저는 현재 일어나고 있는 어려움에서 자신의 역할에 대해 생각한다. 그들은 또한 ② 장벽은 훈련체계의 어떤 수준에서도 시작될 수 있고 위아래로 흐를 수 있다는 것을 안다. 예를 들어, 내담자가 개입으로 인해 훌륭한 결과라고 생각하는 것을 경험하면 그들의 역량 강화, 낙관주의 및 즐거움이 치료자에게 전달되고 수퍼바이저에게도 전달된다.

긍정적인 수퍼바이저(메타기술에 관해서는 제9장 참조)는 의심할 바 없이 훈련생과 그들을 통해 내담자의 역량을 강화한다. 반대로, 상황이 나빠지면 부정적인 반응이 체계 전체에 퍼져서 자신과 타인에 대한 실망과 반대 행동이나 무관심을 초래한다. 민감한 수퍼바이저는 훈련생과 수퍼바이저가 자신과 타인에게 보내는 메시지를 포함하여 모든 사람의 생각, 감정, 행동을 탐색해서 훈련체계인 연못에서 일어나는 긍정적·부정적 파급력 모두에 반응한다. 예를 들어, 어떤 상황은 발견의 즐거움이나 어려움의 강화로 이어질 수 있다. 긍정적이거나 부정적인 결과를 확립하는 데 핵심은 훈련체계에 있는 적어도 한 구성원이 자신 및/또는 다른 사람의 자동적인 부정적 반응을 막을 수 있는 능력이라는 점을 유의하라. 저자 중 한 명은 땅에 떨어진 아이스크림 콘에 대한 노련한 유치원 교사가 보인 반응을 기억한다. "오, 보세요! 개미들이 얼마나 행복한지 보세요! 그들에게 잘 대접해 주었네요! 잘했어요!"(그렇다, 그러자 맞아요, 다른 아이스크림 덩어리가 땅에 떨어지기 시작했다.)

핵가족 체계에 대한 문제해결: 수퍼바이저 ↔ 훈련생 ↔ 내담자

체계 내의 불경한 동맹, 교착상태, 정체, 문제 회피, 부정적인 영향, 심지어 지루함도 모두 훈련의 장벽이다. 역사적으로, 기본적인 가정 중 하나가 문제해결의 모든 접근법을 뒷받침했다. 즉, **훈련체계에는 자체 관찰 능력이 있어야 한다.** 이는 정신 역동적 개입의 전제조건으로 간주되어 온 '관찰하는 자아'라는 정신분석학적 개념의 확장이다(Ormont, 2001). 여기서 우리는 '훈련체계'를 강조한다. 관계론적 수퍼바이저는 체계의 단일 부분에만 초점을 맞추는 것이 적절한 대응으로 이어질 것이라고 믿지 않으며 관계론적 훈련생에게도 좋은 학습 경험이 되지 않을 것이라고 믿는다. 더욱이 훈련체계의 한 구성원이 훈련이나 개입 효과에 잠재적인 장애물이 있음을 확인하면 다른 당사자도 이를 볼 수 있어야 한다. 고전적 사례(Lee, 1999)에서, 사건의 모든 당사자(내담자, 치료자, 수퍼바이저, 수퍼바이저 멘토)가 상황을 같은 방식으로 봤던 긴 교착상태에 대한 설명이 있다. 수퍼바이저 멘토가 마침내 공통된 가정에 의문을 제기하였을 때 광범위하고 심도 있는 진전이 이어졌다.

훈련체계가 스스로 관찰할 수 있어야 한다는 가정은 효과적이고, 관계를 고려하는 수퍼비전의 필수 조건이다. 이는 보웬Bowen(1978)의 통찰력, 포스트모던 인식론, 해결중심 접근법을 구현한다. 이는 직관적으로 합리적이고, 수십 년 동안 가족치료 훈련가에 의해 공식적·비공식적으로 전달됐다. 그러나 이 가정이 '합리적'이고 상당한 일화적 증거에 의해 옹호되기는 하지만 경험적으로 검증되지는 않았다는 점을 인식하는 것이 중요하다. 일부 수퍼바이저는 이에 동의하지 않을 수도 있다. 경험적 검증은 큰 가치가 있을 것이다.

수퍼바이저와 훈련생 모두 효과적인 수퍼비전에 잠재적인 장벽이 있다는 점에 동의하면, 그들은 또한 변화가 바람직하다는 것이 중요하다는 점에 동의해야 한다(Pinsof, 1983). 그렇다면 해결중심 접근을 교육체계에 확장하는 것이 유용할 수 있다.

① 장벽은 관찰 가능해야 하며, 따라서 양 당사자가 평가할 수 있어야 한다. 이상적으로, 어떤 행동이 감소하려면 목표는 긍정적 제시, 즉 훈련생, 수퍼비이저 혹

은 상호작용이 '그 대신 수행해야 하는 것'으로 구성되어야 한다.

② 양 당사자는 현실적이고 지금 여기에 위치하며 통제할 수 있는 감사 및 변화 방법에 동의해야 한다.

③ 당사자들은 자신들이 제대로 잘 가고 있다는 것을 나타내는 증거에 동의하고, 필요한 데이터를 문서화하고, 장벽이 유지되는 것과 관련된 모든 상호 관계를 탐색해야 한다.

④ 모든 당사자는 성과 목표 달성 혹은 계획 재검토 기한에 동의해야 한다.

아무리 좋은 의도에도 불구하고, 우리는 어떤 상황을 갈등으로 인식하고 이를 수퍼비전 관계는 물론 우리 삶의 다른 부분에도 적용한다. 코리넥Korinek과 킴벌Kimball(2003)은 수퍼비전 체계 내에서의 갈등은 다른 체계와 마찬가지로 종종 양립될 수 없는 목표, 부족한 자원 및/또는 특정 목표 달성에서 방해물을 인식한 결과라고 제시하였다. 이들은 갈등으로 이어질 수 있는 다른 여러 영역을 나열했다. 여기에는 인지된 무능력, 학습 스타일, 치료 이론 및 성격의 차이가 포함된다. 또한 역할 모호와 역할 갈등(예: 다중 관계에서 비롯됨), 다른 관계를 복제하려는 무의식적인 시도(전이, 역전이, 미해결 과제), 평범하고 오래된 '차이'도 포함된다. 사례개념화, 영향력의 영역, 사례관리, 보고 사안 및 수퍼비전 과정 자체에 대해 의견 차이가 발생할 수 있다. 후자에는 수퍼바이저나 훈련생이 인지한 성과와 발달 기대치의 부조화가 포함될 수 있다.

수퍼비전 연구자들(예: Drake Wallace, Wilcoxin, & Satcher, 2010; Nelson & Friedlander, 2001; Piercy et al., 2016)의 연구에 의하면, 훈련생은 수퍼비전 체계 내에서 갈등을 유발하거나 맥락화하는 여러 상황을 인식할 것 같은 것으로 나타났다. 여기에는 수퍼비전 과정이나 훈련생에게 투자하지 않는 수퍼바이저, 의사소통이나 관계적 어려움에 있어 자신의 책임을 꺼리는 수퍼바이저, 수퍼비전이 너무 적은데 너무 많은 작업을 한다고 인식하는 경우, 권력 투쟁, 화가 난 수퍼바이저가 포함된다. 이것이 우리에게 주는 메시지는, 참여자들이 그러한 어려움을 피하는 수퍼비전 환경을 공동으로 구성할 수 있는 정도까지 역기능적 갈등을 피할 가능성이 있다는 것이다.

코리넥과 킴벌(Korinek & Kimball, 2003)은 또한 우리가 이전에 반복적으로 논의한 요소를 포함하여 갈등을 최소화하기 위한 몇 가지 구제책을 제시했다. 건강한 수퍼비전 관계 혹은 작업동맹, 수퍼바이저와 훈련생에 대한 기대와 그 기대를 충족하지 못할 때의 결과가 포함된 명확한 계약, 긍정적이고 지지적인 수퍼비전이 포함된다. 그들은 '결핍 탐정'(Liddle, 1988 참조)이 일반적으로 잘 먹히지 않는다는 점에 주목했다. 그들은 수퍼바이저들이 위계와 권력의 균형을 유지하고, 다양성에 주의를 기울이고, 그들의 불안을 건설적으로 관리할 것을 제안했다. 그들은 또한 역사적으로 수퍼바이저와 부모 모두에게 현명한 조언이었던 "논쟁도 골라서 해라."를 제안했다!

효과적인 수퍼비전의 일반적인 장애물에 대한 예시

어떤 장벽은 타인의 안녕에 심각한 위협을 가하고 다루기 어려울 수도 있고, 그렇지 않을 수도 있다. 이러한 심각한 상황은 이 장의 뒷부분에서 논의될 것이다. 이 장에서는 수퍼비전과 치료에서 합리적으로 쉽게 다뤄질 수 있는, 건설적 성장을 가로막는 일반적인 장벽의 예를 제시한다.

사례 1

집단 수퍼비전 초기 회기에서 수퍼바이저는 한 훈련생이 자세가 불안해 보이고 눈 맞춤을 자제하며 그룹 토론에 참여하지 않는 것을 발견했다. 수퍼바이저가 그를 참여시키려고 시도했을 때, 훈련생은 간결하게 대답했다. 그러자 수퍼바이저는 "당신의 몸짓과 참여를 보면 당신이 지금 불안해하고 있다는 것을 알 수 있습니다."라고 말했습니다. 이에 훈련생은 "그렇습니다. 저는 여기 있고 싶지 않아요.", "왜지요?" 수퍼바이저가 물었다. 이에 훈련생은 "당신이 매우 비판적이고 오만한 사람이라는 말을 들었기 때문"이라고 답했다. 수퍼바이저는 "그에 대한 어떤 증거가 있습니까?"라고 대답했다. 훈련생은 "필요 없어요!"라고 외쳤다. 그리고 방을 나가서 관리자에게 가서 다른 수퍼바이저를 배정해 달라고 요청했다. 그의 요청은 즉시 받아들여졌다.

이 예는 모든 상호작용 단위에서의 체계적인 역기능을 보여 준다. 수퍼바이저는 호감을 사고 싶은 욕구가 있었고 불안감에 대한 인내심이 낮았다. 이를 위해 그는 즉각적이고 대결적인 방식으로 개입했다. 대신 수퍼바이저는 훈련생에게 집단과 배정된 수퍼바이저에 대해 다른 의견을 가질 수 있도록 시간을 줄 수 있었다. 수퍼바이저는 다음과 같이 말할 수도 있었다. "저에 대해 그런 인상이 있다니 유감입니다. 의도한 바는 아닙니다. 당신이 저를 직접 관찰하고 어떤 행동이 비판적이거나 오만하다고 느끼셨는지를 알려 주실 수 있습니까? 그러면 제가 바꿀 수도 있고, 아니면 최소한 논의라도 할 수 있을 것 같습니다."

훈련생의 기대는 최근 나이가 많은 중요한 가족 구성원과의 적대적인 상호작용에 의해 영향을 받았다. 해당 훈련생은 부모에게 혹독한 비난을 받았고, 다른 가족들에게도 지지를 받지 못했다. 결과적으로, 훈련생은 수퍼바이저를 불신했고 다른 그룹 구성원이 도움을 줄 것이라 기대하지 않았다. 훈련생의 폭언에 집단의 구성원들은 깜짝 놀랐고, 자신들이 겪은 일에 대해 엇갈린 감정을 느꼈다.

관리행정가는 명백히 도움이 필요한 학생들을 돕는 것을 좋아했다. 결과적으로 이 체계는 긍정적인 성장을 위한 탁월한 기회를 박탈했다. 만약 수퍼바이저가 인내심이 있었더라면, 수퍼바이저가 집단 내에서 후속 상호작용을 통해 교정적인 정서 경험을 했더라면, 집단이 스스로 정리할 시간을 요청했더라면, 그리고 일방적으로 행동하기보다 공유된 장면에서 그들의 경험을 다루도록 관리행정가가 모든 당사자를 격려했다면 무슨 일이 일어났을까 싶다.

사례 2

한 훈련생은 내담자에게 약물 사용이나 관계 폭력에 대해 거듭해서 묻지 않았다. 수퍼바이저는 그 훈련생과 최근 몇 가지 사례를 검토한 후 이러한 실수를 훈련생에게 알릴 기회를 가졌다. 그러나 몇 주 후 여러 접수면접 회기에서 실수가 또 있었다. 이러한 실수의 증거를 보고 훈련생은 이 문제는 바로잡아야 할 문제라는 데 동의했다. 훈련생은 이를 상기시키기 위해 각 사례 파일에 색인 카드("내담자에게 ……에 관해 물어보시오.")를 배치했다. 더 이상 오류가 발생하지 않았다. 하지만 훈련생은 내담자에게 이러한 질문을 제기하는 데 상당한 불편함을 경험했다. 그 순간들과 이에 대한 논의는 훈련생이 개인치료를 받게끔 하였다.

사례 3

훈련생이 개인 수퍼비전에 늦게 왔다. 수퍼바이저는 자신과 훈련생이 여러 회기 동안 교착 상태에 있었다고 생각하고 "당신은 늦었네요. 수퍼비전에 오고 싶지 않았던 것이지요."라고 말하자, 훈련생은 "아니에요."라고 말했다. "교통체증이 심했어요." 수퍼바이저가 지각이나 부주의 패턴에 대한 더 많은 증거가 수집된 후에 이러한 패턴을 토론하고 우려 사항을 해결했다면 더 생산적이지 않았을까 싶다.

사례 4

수퍼바이저는 훈련생이 특정 내담자에 대해 이야기할 때 보이는 지친 듯한 어조에 대해 탐색했다. 훈련생은 그 내담자가 나아지지 않아서 그렇다고 했다. 이후 훈련생은 내담자와 자신에게 분노를 표출했다. 문제가 잘 해결되기 위해 "저는 능력이 있어야만 합니다."라면서 그녀는 자신이 치료자가 될 만큼 재능이 있는지 의아해했다. 수퍼바이저는 아마도 그녀가 자신에 대해 가혹한 판단자일지도 모른다고 지적하고(동의함) 그녀에게 그녀의 기대가 현실적인지 고려하도록 권유했으며(별로 현실적이지 않음), 치료자는 내담자가 허용하는 만큼만 유용할 수 있다는 점을 말했다. 이는 수퍼비전 전반에 걸쳐 반복되는 주제가 되었다.

실질적 처리: 효과적인 수퍼비전의 촉진

불행하게도 수퍼비전의 효능이나 효과에 대한 경험적 기반의 문헌은 없다. 현존하는 수퍼비전의 이론적 접근법에 대한 검토도 없다. 그러므로 저자들은 충분히 좋은 효과적인 실천의 통합이라고 믿는 것을 제시하지 않을 수 없다.

난국에 대처하기

우리는 모든 수퍼비전 과정이 어느 시점에서 단기간 또는 장기간 정체될 것이라는 가정에서부터 시작할 것을 제안한다. 이런 일이 발생할 때, 다양한 역동이 작동할 수 있다(예: Todd, 1997). 역사적으로 관계론적 수퍼비전 전문가들은 수퍼바이저와 훈련생 모두에게 체계론적으로 생각하고, 이를 통해 체계의 한 수준에서의 역동이 다른 관계에 반영될 수 있음을 인식하게 하였다(Lee & Everett, 2004; Liddle, 1988 참조). 이것은 마크 화이트Mark White와 캔디스 러셀Candyce Russell(1997)에 의해 잘 설명된 개념인 '동형이론'이라고 불린다. 동형이론 가설은 효과의 장벽을 발견하고, 체계 전반에 걸친 해결을 촉진할 수 있다. 예를 들어, 훈련생과 내담자가 대인 관계 역동을 보지 못하는 것이 만약 훈련생과 수퍼바이저 및 수퍼바이저 후보자와 수퍼바이저 멘토 관계에도 반영된다면 지속될 수 있다(Lee, 1999의 사례 그림 참조).

동형이론의 가설이 수퍼비전 전망에 영향을 미치는지에 관계없이, 현내 수퍼비전 전문가들은 훈련에 대한 발달모델을 사용할 수 있다. 이들은 치료 효과의 장벽을 식별하고 해결하는 것이 모든 이해관계자(적어도 수퍼바이저, 치료자, 내담자)의 직업적, 개인적 성장을 위한 긍정적인 기회가 될 것이라 믿는다(제1, 3, 6, 9, 11장의 설명 참조). 순수주의자들은 개입에 있어 한 모델에서 다른 모델로 전환하는 것을 거부하지만, 대부분의 훈련팀은 그들과 내담자가 사물을 이해하는 방식과 들어맞는 모델이 제공하는 유연성을 좋아한다. 이러한 다양한 모델(예: 모더니스트 또는 포스트모던, 보웬 가족체계, 정서 중심, 구조, 해결 중심 등)에는 수퍼비전 난관에도 활용될 수 있는 개입을 제공한다. 지나치게 단순화할 위험이 있지만, 일반적으로 활용할 수 있는 두 가지 개입이 있다. 첫째, 다뤄지지 않은 문제에 대한 임상적 통찰력을 높이는 것을 목적으로 한다. 둘째, 행동 변화를 위해 통찰력을 희생하는 것으로 보일 수 있지만, 인지적 · 정서적 진보는, 치료자들에게 일반적으로 효과가 있는 방식으로 개입할 때 이루어질 수 있다. 독자들은 난국에 대처하는 다른 방식들도 생각할 것이다.

난국은 어디에나 있으므로 우리는 첫 면접에서 훈련생들과 이에 대해 논의하는 것이 유용하다고 믿는다. 한 수퍼바이저 후보자는 첫 면접에서 자신과 훈련생이 동의하지 않을 때가 있거나 논의해야 할 난국이 있을 것을 항상 언급한다고 말했다. 그것은 개인적인 것이 아니라 누구에게나 일어나는 일이다. 무슨 일이 생겼을 때, 수퍼바이저는 "제가 당신에게 했던 말이 기억납니까? 지금이 그런 때 중 하나입니다."라고 말할 수 있다. 이를 통해 훈련생은 숨을 쉬고 토론 모드로 전환할 수 있으며, 서로는 어려움을 무시하거나 비생산적인 논쟁을 벌이는 대신 서로에게 토론에 대한 책임성을 가지게 된다.

다뤄지지 않은 이슈

성장을 가로막는 많은 장벽은 수퍼비전이 이뤄지는 공간에서 '코끼리를 무시하는 것'과 같은 형태를 취한다. 이 경우 훈련생 및/또는 수퍼바이저는 체계 역동을 인식하지 못하거나 무시하고 있다. 그들은 보지만 제대로 보지 못하고, 듣지만 제대로 듣지 않는다. 그들은 가정하고, 가치 판단하고, 회피 책략을 취한다. 신중한 훈련팀은 이러한 상황의 징후에 대해 경계심을 가질 것이다. 어떤 상황은 훈련생(또는 수퍼바이저)의 불안(Hill, 2009) 때문에 유발될 수 있는데 이는 여러 영역에서 발생할 수 있고, 만약 수퍼바이저나 훈련생의 치료 작업이 부정적 영향을 받는다면 외부 컨설팅이나 치료 혹은 제한된 수퍼비전이 요구된다.

그렇지 않으면 체계적 상호성이 장벽이 될 수 있다. 해결의 첫 번째 단계는 누군가가 문제를 밝히는 것이다. 이를 위해서는 안전한 환경이 필요하다. 다양한 주요 가족치료 모델은 신중한 과정 질문, 반영팀, 심지어 수퍼비전에 대한 치료적 접근과 같은 해결책을 제안한다. 최소한 다뤄지지 않은 문제에 대해 체계 전체의 각성이 있어야 하고, 이는 충분히 안전한 환경에서 통찰력을 불러일으키는 질문으로 이어져야 한다. "우리가 말하고 있지 않은 것이 무엇인지 궁금합니다." "우리는 무엇을 가정하고 있습니까?" "우리가 '거기에' 간다면 무슨 일이 일어날 것이라고 상상합니까?" 우리 중 한 명(넬슨)의 회의실에는 작은 동물 인형이 있다. 누군가가 이야기할 것이 있지만 그렇게 하는 것이 좀 불안하다고 느낄 때마다 장난감을 불러내는 것이 규칙이었다. 이는 모든 사람이 판단하지 않고 듣고 어려움에 대한 공통적이고 수용된 해결책을 찾기 위해 노력해야 함을 의미했다. 사람들이 단순히 장난감을 사용함으로써 문제가 다루기 어려워지기 전에 문제를 제기하는 것이 훨씬 더 쉬워졌다.

우리는 이 글을 읽는 독자가 답을 찾을 수 있도록 특정 상황에 대한 언급은 피했다. 우리는 잘 관리하면 대부분 상황을 다룰 수 있게 하는 전반적인 철학적 · 관계적 과정을 장려하는 것을 선호해 왔다. 하지만 우리가 언급하고 싶은 한 가지 상황은 방 안에 코끼리가 있는데도 수퍼비전에서 많이 무시되는 경우다. 바로 성적 끌림이다. 여기에는 내담자와 치료자에 대한 매력, 치료자와 수퍼바이저 간의 매력이 포함된다. 해리스Harris(2001)는 이 주제가 어디에나 존재하고 전문가의 발달과 관련된 주제에 포함되지 않을 때 훈련생들이 어려움을 겪을 수 있지만, 대학원 프로그램에서는 잘 다루지 않는다고 하였다. 해리스는 치료 및 수퍼비전 시 성적 끌림에 대해 훈련생과 적극적으로 논의할 것을 권장하였다. 이 주제에 관한 문헌이 희박하다는 점에 유의하기를 바란다. 이는 수퍼바이저로서 우리가 훈련생, 내담자, 우리 자신에게 영향 미치는 우려 사항에 대해 적극적으로 주의를 기울여야 함을 의미한다.

해결 중심 접근

이 모델의 도구는 모든 수퍼바이저에게 매우 가치가 있다. 이 도구는 즉각적으로 희망, 행복감, 역량 강화, 복지감 및 방향성을 심어 준다. 수퍼바이저나 훈련생이 수렁에 빠졌다고 느낄 때, 심지어 둘 중 한 명이 피곤하거나 혼란스럽거나 어려운 개념

작업을 수행할 기분이 아닐 때도 사용할 수 있다. 예를 들어, 수퍼바이저가 "지난 몇 주 동안 상황이 나아졌던 때를 생각해 보십시오." 혹은 "최근 이런 시기에 우리가 한 일 중 도움이 된 것은 무엇입니까?"라고 질문할 수 있다. "나는 무엇을 하고 있었고, 훈련생은 무엇을 하고 있었습니까?" 수퍼바이저는 내담자와 관련하여 훈련생에게 같은 질문을 할 수 있다. 필요에 따라 전체 강점중심 수퍼비전 대화는 해결중심 목표 설정과 수퍼비전 접근법을 확장하여 원고로 작성될 수 있다(해결중심 도구의 간결한 편집물은 Nelson, 2010을 참조).

비상사태

비상사태에서 무엇을 해야 할지 고려할 수 있는 최고의 시기는 그러한 불행한 사건이 발생하기 이전이다. 비상사태에서는 감정이 고조되어 건설적인 사고와 기억이 방해될 수 있다. 그러나 실제로 비상사태가 발생할 경우를 대비해 조용한 시간에 점검표와 평가 계획을 작성할 수 있다. 이러한 조치 도구는 정책 및 절차 매뉴얼에도 포함될 수 있다. 그렇게 하면 훈련생과 수퍼바이저는 가까운 곳에 둔 적합한 문서를 가지고 와서, 지침을 따르고 날짜를 적고, 서명한 후 그 문서를 내담자의 치료 파일에 넣기만 하면 된다. 따라서 훈련생과 수퍼바이저는 자신의 의무, 평가 대상, 판단 방법 및 취해야 할 조치를 상기하게 된다. 시종 훈련생과 수퍼바이저는 외부 당사자를 포함하여 이 사건과 관련된 모든 사람에게 그들이 신중했고 필요한 경우 법의 지시를 따랐음을 보여 주게 된다. 예를 들어, 다음과 같은 사건을 생각해 보라. 미 해병대 출신인 23세 남성 내담자가 아프가니스탄에서 현역 복무를 마치고 귀국했다. 그는 외상후 스트레스에 대한 치료를 받고 있었는데, 그의 여자 친구가 아들을 낳았다는 사실을 알게 되면서 상태는 더욱 악화되었다. 아기를 임신하였을 때 내담자는 해외에 있었다. 그는 여자 친구가 다른 남자와 성관계를 갖는 모습을 계속해서 시각화했고, 그로 인해 발생하는 고통에도 불구하고 이러한 이미지를 차단할 수 없었다. 그는 잠도 못 자고 먹지도 않았다. 그는 눈물과 분노를 오가며 높은 긴장감을 보여 주었다. 그는 '내 생명을 침해'하고 '내 여자를 훔친' 남자에 대해 살인 충동을 표현했다. 이 사례에서 훈련생과 수퍼바이저는 〈표 14-1〉에 제시된 점검표가 매우 중요했음을 알게 되었다.

독자는 회복탄력성이나 안전 표시를 추가하여 자신의 상황과 설정에 맞게 도구를 수정하기를 원할 것도 같다. 우리의 요점은 현명한 사전 고려가 훈련생이 다양한 상황에서 무엇을 해야 하는지, 무엇을 해야 할지 모르면 무엇을 해야 하는지 아는 데 도움이 된다는 것이다(예: 수퍼바이저 또는 다른 임상가에게 컨설팅 받기). 수퍼비전 중 역할극은 매우 도움이 될 수 있다. 비상사태 및 윤리적 딜레마에 대한 의사결정 모델은 치료에 대한 명확한 접근법과 마찬가지로 훌륭한 지침을 제공하고 불안을 예방하고 실수를 줄이게 한다. 또한 법적으로 어떤 결과가 생길 수 있다면, 치료자와 수퍼바이저 모두가 기록하는 이러한 문서가 도움이 될 수 있다. 지식이 풍부한 변호사들은 판단이나 결정에 실수가 있었더라도 미리 결정되어 방어할 수 있는 문서화된 의사 결정 계획을 따르게 되면 치료자에게 법적 결과가 발생할 위험이 줄어든다고 하였다.

〈표 14-1〉 폭력 사정 도구

확률이 다음과 같이 올라간다: 동기(사랑 그리고/혹은 자존감의 상실)	
	• 능력/기회(언급된 성향, 무기를 보유함, 잠재적 피해자에 접근함) • 젠더(남성) • 연령(25세 이하) • 물질 남용(예: 병리적 중독 혹은 잦은 남용) • 정신건강 진단(PTSD, 폭발적 그리고/혹은 편집증적 성격장애, 정신증) • 과거 폭력사(미래에 이 사람이 무엇을 할 것인가의 최고의 지표는 과거에 그녀/그가 무엇을 했는가이다)
법이 정한 행동 (누가, 무엇을, 언제를 기록)	
	• 합리적으로 예측 가능한 피해자(이름) • 합리적으로 예측 가능한 피해자가 거주하고 일하는 지역 경찰에게 통지함 • 앞의 합리적으로 예측 가능한 피해자에게 통지함 • 수퍼바이저에게 통지함 • 잠재적 가해자를 입원시키기 위한 절차를 밟음, 안 했다면 왜?
조치를 중단하는 이유, 즉 잠재적 피해자가 안전해서 추가 조치가 필요 없다는 것에 대한 신중한 지표가 있다. 예를 들어, 당신이 경찰로부터 잠재적 가해자가 보호 구금되어 지역 사정 센터에 구금될 것이라는 통보를 받았다.	

참고: 이 표는 현내 보험통계를 적용하고 전문가-내담자 관계가 존재했던 주의 법령을 반영한다.

역기능 혹은 결핍을 다루는 것에 관한 결정

때로는 예방 계획, 훈련 개입, 자신에게 쓴 메모가 효과적이지 않을 수도 있다. 즉, 사람들이 치료나 수퍼비전하에서 건설적으로 기능할 수 없다는 것이 입증된다. 사람들이 수퍼비전, 치료 또는 둘 모두에서 다루기 힘들 정도로 무능력한 것처럼 보이거나 동료, 수퍼바이저 또는 훈련체계의 다른 사람들과 기능적 관계를 유지할 수 없는 것처럼 보일 수도 있다. 첫 번째 단계는 수퍼바이저와 훈련생이 문제가 존재하고, 그것이 어느 정도 전문적인 효과를 제한하며, 문제해결을 위한 일반적인 시도에 저항이 있었음에 동의하는 것이다. 개인들은 성과 개선 계획을 공동으로 수립하기 위해 초대된다. 어떤 경우든, 명백한 목표는 효과적인 치료를 방해하는 장벽을 제거하는 것이다. 수퍼바이저와 훈련생은 변화의 가시적인 증거와 특정 목표 달성을 위한 기간에 동의하고 이를 문서화해야 한다. 계약서에는 훈련생이 계획에 동의하지 않거나 협력을 거부하거나 부당한 대우를 받는 것에 대한 적법 절차에 관한 언어가 포함되어야 한다. 러셀과 동료들(Russel et al., 2007)은 부적절한 행동이나 문제행동에 대한 여러 합리적인 결과를 작성하였는데, 이에는 수퍼비전의 증가, 담당하는 내담자 감소, 특정 유형의 내담자, 교과 과정 치료 및 기타 잠재적으로 도움이 되는 조치들의 감소가 포함된다. 우리는 이 논문을 강력히 추천한다.

수퍼바이저는 실제 임상 작업에서 행동적으로 명백한 장벽에만 관심을 가질 수 있다는 점을 인식하는 것이 중요하다. 그들은 훈련체계 외부에서 발생한다고 알려진 어떤 일에도 권한과 책임을 갖지 않는다. 예를 들어, 프로그램 관리행정가는 한 훈련생이 자주 술에 취하고 성적으로 문란하다는 말을 들었다. 제보자에게 이러한 주장된 행동은 훈련 환경 밖에서 발생했으며, 걱정스럽기는 하지만 불법적인 활동(훈련 계약이나 정책 및 절차 매뉴얼에서 금지된)이 발생하지 않았기 때문에 훈련 기관에서 이를 해결할 수 없다는 점을 알려야 했다. 훈련생의 치료나 내담자에게 명백하게 나타나는 부정적 영향은 없었다. 훈련 계약서에 다른 행동이 명시되어 있지 않은 한, 교육기관은 교실, 수퍼비전 회기 및 치료에서 역기능적이라고 적힌 것에 대해서만 법적 관심을 둘 수 있다. 그러나 계약서에는 훈련생이 훈련체계 내에서 전문적이어야 하며 체계의 긍정적인 구성원으로 존재해야 한다는 내용이 포함되어야만 한다. 후자의 예로는 적절한 의복, 몸단장, 언어적 표현, 해당 장소의 평판을 훼손하는 방식으로 공개적으로 행동하기 등이 있다.

훈련 관계의 조기 종결

훈련 과정은 지역사회, 내담자, 치료자, 수퍼바이저에 대한 위험이 적절하게 다루어지도록 신중하게 구성되어야 한다. 예를 들어, 여기에는 훈련생이 어떤 사례에 참여해야 하는지와 어떤 조건에서 임상 개입이 수행되어야 하는지에 관한 제한이 포함될 수 있다. 예를 들어, 한 훈련생이 알코올 중독자이고, 내담자와 적절한 경계를 설정할 수 없다는 것이 입증되었다. 후자의 상태가 해결될 때까지 훈련생은 아침에만 내담자를 볼 수 있도록 허용되었는데, 그 이유는 이 시간이 적절한 행동의 가능성이 더 높은 시간이고 실시간 수퍼비전하에 있기 때문이다.

독자들은 이런 훈련 결과가 훈련과 수퍼비전이 존재했던 현대의 법적 환경을 인정했다는 것을 알게 될 것이다. 수퍼바이저는 훈련 및 수퍼비전 내에서 발생하는 사건과 쉽게 식별할 수 있는 사람들에게 예측할 수 있는 심각하고 부정적인 결과를 초래할 것이라고 합리적으로 예상할 수 있는 사건들에 대해서만 권한을 부여받는다.

훈련생의 인지적 · 정서적 및/또는 행동적 유연성이 심하게 제한되어 문서화된 성과 계획이 실질적으로 효과가 없거나 효과가 없었다는 것을 수퍼바이저와 행정관리자가 인식하면 훈련 관계는 종료되어야 한다. 내담자, 수퍼바이저, 기관과 지역사회가 피해를 볼 위험이 있다. 이러한 상황에서 이 결정은 교정 계획, 적합한 중립적 당국과의 협의, 관찰 가능한 행동, 예상 결과, 교정 개입, 훈련 또는 수퍼비전 종료에 대한 근거가 명시된 문서를 통해 통보된다. 수퍼바이저는 다른 수퍼바이저, 기관 관리 행정가, 또는 면허위원회와 상황에 대해 논의해야 한다고 결정할 것 같다.

신중한 훈련체계에서는 훈련 계약서에 협상 불가능한 금지 사항을 명시하는 경우가 많다. 예를 들어, 훈련 계약서에 "내담자에 대한 성적 착취, 특권적 의사소통 위반 또는 회기 중 음주는 해고를 초래할 것이다."라고 명시적으로 적을 수 있다. 또한 방침에 개선 계획이나 수퍼비전 관계 종료에 도움이 될 수 있는 기타 기대 사항과 결함에 대해서도 정의할 수 있다. 훈련 기관은 훈련 관계가 시작되기 전에 이러한 조건을 작성하고, 소개하며, 수락을 문서화해야 한다. 그렇지 않으면 해고 사유의 근거로 법적으로 사용할 수 없다.

일반적으로 수퍼비전 종료는 다음과 같은 경우에 이루어져야 한다.

- 개인이 성과 향상계획 개발 또는 실행에 참여하기를 거부한다.

- 성과 향상계획은 신중한 전문가들이 훈련 및/또는 임상 능력에 대한 심각한 장벽으로 간주하는 요소를 제거하는 데 실패한다.

또는

- 개인이 임상 실천의 제한사항을 존중하지 않아 어떤 임상 집단이나 훈련체계를 학대의 위험에 빠트린다.

교육 기관에서 훈련하는 경우 이러한 기준은 훈련 강의 계획서 또는 프로그램 정책 및 절차 매뉴얼에 포함되어야만 한다. 다른 환경에서는 서명과 날짜가 적힌 수퍼비전 계약이 서면으로 체결되어야만 한다. 적법한 절차가 기술되고 이용될 수 있어야 한다. 취해야 할 조치를 결정하는 과정에서 임상 작업이 중단될 수 있다. 훈련생이 수퍼비전을 그만두거나 개선 없이 수퍼비전이 종료되어 수퍼바이저가 다른 수퍼바이저, 기관 관리행정가 또는 면허위원회와 상황을 논의할 필요가 있다고 결정하는 경우 서명된 문서가 도움이 될 수 있다. 그러한 서명이 없으면 기밀 유지 위반이 된다.

동시에 관계론적 수퍼바이저는 면허위원회나 전문 조직에서 제재받아 온 치료자 또는 다른 수퍼바이저를 수퍼비전하는 데 동의할 것 같다. 이러한 치료자들은 계속해서 치료 및/또는 수퍼비전을 수행하도록 허용될 수 있으며, 이에 대한 조건으로 위원회 또는 조직이 승인한 사람에게 수퍼비전을 받을 수 있다. J. T. 토마스Thomas(2010)는 이러한 치료자를 수퍼비전하는 것에 대한 윤리적 도전과 수퍼비전에 대한 현명한 조언을 그들의 책에 담았다. 이는 초보 수퍼바이저를 위한 조언은 아니다.

끝맺는 말

이상적으로 수퍼비전은 원활하게 진행된다. 즉, 훈련생이 잘하고, 수퍼비전은 즐거우며, 내담자가 좋은 서비스를 제공받는다. 불행히도, 사람도 변하고 관계도 변하는 2년 이상 지속되는 관계에서 어려움이 있는 것은 드문 일이 아니다. 우리는 문제가 생겼을 때 체계적으로 준비하고 생각하는 우리의 생각이 도움이 되기를 바란다.

연습

1. 당신이 훈련생이거나 수퍼바이저였을 때 난관을 겪었던 상황에 대해 말해 보라. 실제로 발생한 것 외에도 상황이 좋게 또는 나쁘게 처리될 수 있었던 세 가지 다른 방식은 무엇인가?

2. 훈련생이 가까운 친지의 사별을 슬퍼하는 기간 동안 당신은 수퍼비전 시간에 대해 경계를 늦췄고, 적절하게 공감을 표현했다. 그러나 이제 당신의 훈련생은 이 일시적인 유연성이 더 영구적일 수 있고, 종종 수퍼비전에 늦게 오거나 준비되지 않은 채 올 수 있다고 생각하는 것 같다. 훈련생과 함께 이 문제를 어떻게 해결할 수 있는가? 어떻게 하면 대립이나 도움이 되지 않는 갈등을 피할 수 있는가?

3. 제4장에서 작성한 수퍼비전 계약을 다시 살펴보라. 이 장을 포함하여 다른 장을 읽었으니 이제 무엇을 바꿀 수 있는가?

4. 이 장의 일화 중 하나를 선택하고 상황을 처리할 방법을 두 가지 이상 설명하라.

5. 당신은 어떤 조건에서 수퍼비전 관계가 종료되리라 생각하는가? 어떻게 할 것인가? 어떤 문서를 보관하겠는가? 당신은 다른 사람들과 무엇을 공유할 수 있으며, 그 사람들은 누구일 수 있는가?

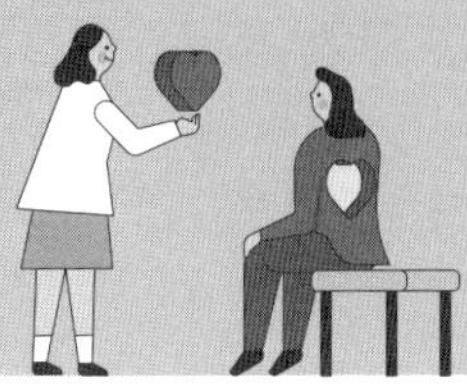

제15장
수퍼비전 철학 진술서 작성하기

이 장은 다른 장보다 더 개인에 관한 내용을 담고 있다. 우리는 여러분이 수퍼비전 철학 진술서에 대한 아이디어를 실제로 반영하고 통합할 수 있는 기회를 제공하고자 한다. 이 진술서는 AAMFT의 수퍼바이저 승인을 위한 요건 중 하나다. 또한 CFT 수퍼비전의 기초에 대한 AAMFT 승인 교과목의 주요 과제이기도 하다. AAMFT 수퍼바이저 자격을 취득할 계획이 없더라도, 임상가가 치료 이론에 대해 생각하고 표현하는 것이 도움이 되는 것과 같은 방식으로 유용할 것이다. 이 책 전체에 걸쳐 자신의 생각을 메모해 두었다면, 이를 통합해서 철학으로 정리하는 것은 다소 쉬울 수 있다.

당신은 수퍼비전을 받아 보았던 사람으로서 좋은 경험도 있었고 나쁜 경험도 있었을 것이다. 수퍼비전을 한 경험이 있다면 수퍼비전이 얼마나 체계적이었는지 뿐만 아니라 잘된 상황과 그렇지 않은 상황을 떠올릴 수 있을 것이다. 관계론적 수퍼비전에 대한 자신의 접근법에 대해 생각할 때 이러한 경험을 전면에 내세울 준비가 되어 있기를 바란다. 피글리Figley(2000)는 많은 사람에게 수퍼비전 철학 진술서가 수퍼바이저 자격 요건을 완수하는 데 큰 장벽이 될 수 있다고 지적했다. 이 교재를 읽고 있는 독자 다수는 오랫동안 학술 논문을 작성하지 않은 탓에 그 과정에 두려움을 느낄 수 있다. 우리는 당신이 논문 작성 과정보다는 아이디어에 집중하도록 개요와 도구를 제공하고자 한다. 진술서는 출판할 수준일 필요는 없다. 대신 관계론적 수퍼비전에 대한 자신의 생각을 정확하게 반영하면 된다.

요구사항의 각 영역에 대해 선택한 진술서 형식에 해당하는 부분을 작성하는 것이 좋다(다음의 아이디어 참조). 그런 다음 당신의 과제는 문헌에 대한 친숙함을 입증하기 위해 최대한 자신의 아이디어를 반영하고, 통합하고, 입증하는 것이다. 문서에는 수퍼비전과 관련하여 당신이 믿는 바에 대해 지극히 개인적인 내용을 담고 있어야 한다(Storm, 2000b). 1인칭 대명사(예: '나' 및 '나의')를 사용할 수 있으며 오히려 선호된다. 진술서에는 수퍼비전의 일반적인 접근법 및 목표와 같은 광범위하고 철학적인 내용을 다룬다. 또한 개인이나 집단 수퍼비전, 실시간이나 녹화, 또는 사례 자문 형식 등에 대한 선호도, 테크놀로지 사용 여부와 같은 구체적인 내용도 언급한다.

AAMFT(2014) 지침에 따르면 참고문헌이나 부록을 제외하고 줄 간격 1.0으로 4페이지(약 1,500~2,000 단어) 분량을 요구한다. 일부 교수 및 수퍼바이저 멘토는 수퍼비전의 중심 내용에 집중하고 분량을 제한하기 위해 용어집이나 치료법에 대한 자세한 설명을 부록에 기록하라는 요구를 할 수도 있다. 진술서는 수퍼비전 멘토링 과정의 일부로 초기에 작성할 수 있으며, 이를 권장한다. 수퍼바이저 후보자의 생각은 시간이 흐르면서 변할 수 있으므로 수퍼비전 멘토링 기간이 끝날 무렵에 진술서를 검토하고 수정하는 것이 현명할 것이다. 또한 치료자가 자신의 치료법을 주기적으로 검토하는 것이 유용한 것처럼 수퍼바이저 역시 자신의 접근법을 가끔 살펴보는 것이 유용할 것이다.

필수 내용

훈련생을 잘 평가하기 위해서 달성 목표를 명확히 하는 것부터 시작해야 하는 것처럼, 수퍼비전 철학 진술서도 마찬가지다. 즉, 진술서에서 기대하는 것과 채점 기준을 이해해야 한다. 다음은 수퍼비전 철학 진술서에 대한 AAMFT 인증 수퍼바이저 교육 지침이다.

① 체계론적 사고의 증거
② 수퍼비전의 목적과 목표의 명확성
③ 수퍼바이저 역할 및 관계의 명확성
④ 수퍼비전 계약 및 훈련생과 자신에 대한 평가의 증거
⑤ 수퍼바이저의 개인적 및 직업적 경험이 수퍼비전에 영향을 미침을 인식한다는 증거
⑥ 선호하는 수퍼비전 및 임상 모델과 후보자의 치료 모델 간의 연관성

⑦ 훈련생의 발달 단계, 수련 환경, 문화, 민족, 인종, 성적 지향, 연령, 성별, 경제력 등의 맥락적 요인에 대한 민감성과 주의의 증거
⑧ 수퍼비전 진행 방식(개인/그룹, 사례 상담, 라이브/오디오/비디오, IT 기술)에 대한 숙련도
⑨ 수퍼비전의 윤리 및 법적 요소에 대한 민감성 및 역량에 대한 증거
⑩ AAMFT 회원 자격 요건, 규제 기관 및 공인 수퍼바이저 지정 기준에 대한 인식
⑪ 통합된 MFT 수퍼비전 문헌(AAMFT, 2014)

마지막 영역인 통합된 MFT 문헌은 별도의 장이 아니어도 된다. 이는 수퍼바이저가 공인 수퍼바이저의 자격이나 활동과 관련된 문헌을 숙지하고 있어야 함을 나타낸다. 이러한 의미에서 진술서의 각 영역에는 적절한 인용문과 참고문헌이 포함되어 있어야 하며, 이를 통해 자기의 생각에 대한 근거를 입증할 수 있다. 일부 문헌에서 당신의 생각과 다른 내용이 있을 수도 있지만, 일반적인 주제는 일부 문헌에 포함되어 있다. 수퍼비전 과정을 가르치는 교수나 멘토는 이것이 과정이나 수퍼바이저 후보자 교육 기간을 완료하는 데 어떤 의미가 있는지 알려 줄 것이다.

각 영역을 평가하기 위한 기준은 AAMFT 『공인 수퍼바이저 지정에 관한 표준 핸드북Approved Supervisor Designation: Standards Handbook』에 요약되어 있다. 여기에는 매우 부적합(0)에서 매우 우수(4)까지의 5점 리커트 평가 척도가 포함되어 있다. 수퍼바이저 후보자는 자격인증 자료를 제출하기 전 최종 평가에서 각 영역에서 최소 2점('개념의 용어와 기본 정의를 제공하지만 설명하지 않음')과 전체 평균 3점('개념의 용어와 정의 및 설명을 함')을 받아야 한다. 수업을 진행하는 교수는 진술서가 통과되기 위한 자체적인 요구사항이 있을 수 있지만, 후보자가 자료를 제출할 준비가 된 시점에 진술서를 평가하는 수퍼바이저 멘토는 반드시 AAMFT 평가 기준을 사용해야 한다.

절차

당신은 어쩌면 개성적인 글쓰기 방식을 선호할지 모른다. 그러나 주어진 형식을 잘 따르는 것이 수업의 교수나 멘토가 진술서를 읽는 데 도움이 된다. 더욱이 이러한

방식으로 글을 작성하는 것이 당신에게도 더 쉬울 수 있다.

진술서에 사용할 수 있는 형식은 여러 가지가 있다(다음 참조). 일부 수업의 교수 또는 수퍼비전 멘토는 특정 형식을 요구할 수 있다. 반드시 미리 교수에게 확인하라. 필수 영역을 모두 포함하기만 하면 어떤 형식을 선택해도 될 때도 있다. 교수 또는 수퍼바이저 멘토의 선호 사항을 명확히 파악해야 한다.

맨 처음 해야 할 일은 첫 영역부터 쓰기 시작하든 이리저리 옮겨 다니든 형식을 선택하고 각 영역 내에서 아이디어를 적어 보는 것이다. 각 영역을 작성할 때 진술서의 다른 영역에서 사용할 수 있는 아이디어 목록과 메모를 작성해 두는 것이 도움이 될 수 있다. 이렇게 하면 각 영역을 간결하면서도 완벽하게 작성하고 각 영역의 주제에 집중하는 데 도움이 될 수 있다. 진술서를 평가할 때는 일반적으로 특정 아이디어의 용어, 설명 및 사례의 여부와 모든 영역이 어느 정도 포함되고 완성되었는지를 살펴본다. 사례 자료는 아이디어를 간결하게 설명하기 위해 최소한으로 사용해야 한다.

또한 큰 그림과 세부 사항을 오가는 것도 유용하다. 계약서 작성, 목표 설정, 평가 장치와 절차의 결정과 같은 세부적인 과정과 수퍼비전의 목적과 목표에 대해 전반적으로 생각해 보라. 수퍼비전의 과정을 머릿속에 그려 보고 특정 치료법을 사용하는 방법과 선호도에 대한 근거를 독자에게 설명하라.

글을 작성할 때 체계론적 관점을 유지하는 것이 중요하다. 체계론적 사고의 증거는 필수요건 중 하나이지만, 많은 수퍼바이저 후보생과 수업 참가자가 단순히 몇 가지 체계론 개념을 나열하는 것으로 이를 충족하려고 한다. 평가자는 체계론적 개념을 얼마나 잘 이해하고(가급적이면 수퍼비전에서 잘 정의하고 설명하며) 이를 진술서의 여러 영역에 걸쳐 통합하는지 살펴본다. 이는 큰 그림을 그리는 것이다.

이 진술서는 AAMFT가 감독하는 기초과목의 필수 요소Fundamentals of Supervision Course 이며, 과목 담당 교수가 해당 논문을 평가한다. 수퍼바이저 멘토가 요청하는 요건을 충족할 수도, 충족하지 않을 수도 있지만 과목 요건을 충족해야 한다. 멘토가 이 문서를 감독하거나 읽거나 승인할 필요는 없으며, 이 문서는 과목의 요건이다. 수련 요건을 거의 완료한 후에는 멘토의 요구에 맞게, 그리고 교육 과정 이후 더 많은 경험을 쌓고 자신의 철학에 대해 더 잘 알게 되었으므로 진술서를 수정해야 한다. 공인 수퍼바이저 자격을 신청하기 전 마지막으로 멘토가 진술서를 평가하고 승인하지만, 신청서와 함께 진술서를 제출하지는 않는다. 자세한 내용은 최신 핸드북을 참조하라.

형식

형식 중의 하나는 앞서 인용한 영역을 사용하는 것이다. 교수 또는 수퍼비전 멘토가 당신의 생각을 쉽게 이해할 수 있도록 각 요점을 제목으로 사용하고 각 영역에 대한 세부 사항을 추가한다.

초점을 추가할 수도 있다. 리Lee와 에버렛Everett(2004)은 다음과 같은 형식을 제안했다.

- 자신과 훈련생 모두를 위한 수퍼바이저의 역할 및 목표, 즉 수퍼비전의 기본 규칙
- 자신이 주로 따르는 CFT 모델
- 치료 모델과 치료법의 통합
- 자신과 훈련생의 발달에 관한 관심
- 맥락적 요인, 개인 및 환경적 요인(더 큰 체계의 영향)에 관한 관심
- 윤리적 및 법적 문제
- 계약 및 관리의 문제

진술서는 앞의 형식으로 해당 영역을 작성할 수 있지만, 한 사람의 철학은 여러 영역으로 나타나는 점에 유의하자. 따라서 '……와 같은 맥락적 요인에 대한 민감성'은 '이슈' 또는 단일 영역이 되어서는 안 된다. 대신, 이러한 요소는 여러 영역에서 중요하므로 이에 대한 근거가 있어야 한다. 예를 들어, 백인 남성 슈퍼바이저가 라틴계 여성을 훈련할 때의 역할과 관계 맺기가 백인 남성을 훈련할 때와 어떻게 다른지 설명해 보라. 또한 당신의 사고를 더 잘 반영할 수 있는 형식을 선택하라. 과목 담당 교수나 수퍼비전 멘토는 이를 허용할 것이다. 그러나 어떤 형식을 사용하든 필수 사항의 모든 영역을 포함해야 한다.

세부사항 채우기

가능한 한 수퍼비전 과정을 단계별로 시각화하라. 어디서부터 시작할 것인가? 이

를 위해 어떻게 준비할 것인가? 당신과 훈련생이 잘 맞는지 판단하는 초기 면접에서 어떤 점에 관심을 둘 것인가? 훈련생이 배정된 경우, 잘 맞지 않을 수 있는 영역에서는 무엇을 할 것이며 이를 어떻게 결정할 것인가?

수퍼바이저 멘토와 논의할 수 있는 수퍼비전 목표만이 아니라 훈련생과 수퍼비전 과정에 대한 목표에 대해 생각해 보라. 예를 들어, 대부분의 수퍼바이저는 훈련생의 장기적인 목표 중 하나가 유능한 치료자가 되는 것이라는 데 동의한다. 그 외에도 개인 철학에 따라 목표가 더 구체화될 수 있다. 배경이나 원가족 경험 탐색을 기반으로 한 치료자 자신의 성장이 철학에 포함되어 있다면(예: Aponte, 1994), 훈련생과 어떻게 할 것이며, 훈련생과 함께 치료 과정에서 벗어나지 않도록 경계를 어떻게 정의할 것인가? 목표에 대한 진전 또는 완료를 어떻게 평가할 것인가? 이 과정에 훈련생을 어떻게 참여시킬(또는 참여시키지 않을) 것인가?

수퍼바이저의 단기 목표에는 훈련생이 실수나 어려운 문제를 편안하게 얘기할 수 있도록 안전한 환경을 조성하는 것 등이 포함되곤 한다. 또한 훈련생의 직업적 성숙도를 높이고, CFT 직업에 대한 멘토링을 제공하며, 다음 단계의 직업적 준비도 목표에 포함될 수 있다(Lee & Nichols, 2010). 수퍼비전에서 넬슨의 개인적인 목표 중 하나는 훈련생에게서, 그리고 수퍼비전 과정에서 무언가를 배우는 것이다.

각 목표를 위한 당신의 역할은 무엇인가? 그 밖의 어떤 역할이 중요하다고 생각하며, 다른 역할과 얼마나 관련이 있는가? 훈련생이 체계적 사고 또는 맥락적 민감성을 배우도록 어떻게 도울 것인가(제8장 참조)? 수련의 다양한 발달 단계에 얼마나 집중할 것인가? 훈련생의 치료 외 생활에서 일어나는 일에 대해 얼마나 알고자 할 것인가? 훈련생과 얼마나 많은 것을 공유할 것인가?

수퍼비전 과정에 대한 철학과 아이디어를 이끄는 것은 무엇인가? 어떤 개인적 또는 직업적 경험인가? 초보 수퍼바이저이기 때문에 훈련생이 특정 내담자와의 작업을 돕는 데 더 집중하고 있는가? 아니면 수퍼바이저로서 경험이 많기에 훈련생의 전반적인 진행 상황에 집중하고 있는가? 훈련생이 특정 내담자 집단에 대해 배우도록 돕는 데 있어 여러분의 역할은 무엇이라고 생각하는가?

당신이 이미 수퍼비전을 실시하고 있다면, 그리고 이 책의 독자들이 앞으로 수퍼비전을 한다면, 이 글과 수퍼비전 과정의 다른 자료가 당신의 철학에 어떤 영향을 줬고, 생각을 강화하거나 변화시켰는가? 특정 환경, 훈련생 그리고 자신에 대한 이상과 현실에 대해 무엇을 배웠는가? 자신에 대해 무엇을 배웠는가?

진술서의 각 영역에 대해 구두 면접에서 받을 수 있는 질문과 이에 대한 답변을 생각해 보고, 이 책의 다른 장들을 다시 살펴보라. 길이에 얽매이지 말고 가능한 한 구체적으로 답하라. 예를 들어, 단순히 비디오 검토를 선호한다고 말하는 대신 그 근거와 그것으로 무엇을 하는지 설명하라. "실시간 관찰이 불가능하기에 비디오 검토를 선호하며, 치료에서 어떤 일이 일어나는지 볼 수 있는 좋은 방법이기 때문입니다." "저는 치료자에게 잘했다고 생각하는 부분에 대해 5분, 개선할 부분이나 막막함을 느낀 부분에 대해 5분 분량의 소감문을 준비해 오라고 합니다. 그런 다음 그 사례를 살피면서 다음에 어떻게 하면 좋을지 논의합니다." 그리고 인용문과 참고문헌을 반드시 기재하라.

치료와 수퍼비전을 연결하기

이제 단일 치료 모델을 수퍼비전 접근법으로 사용하는 수퍼바이저는 많지 않지만, 여전히 특정 모델의 특성을 치료방식에 통합하여 사용하곤 한다. 래틀리프Ratliff(2000)는 이러한 통합에 대한 흥미로운 글을 쓴 바 있다. 이 글을 찾을 수 있다면 시간을 내어 읽어 볼 가치가 있다(현재는 절판되어 대학 전자 도서관에서는 구할 수 없다. 참고문헌 참조). 그의 비유가 매우 유용하기 때문에 이를 재구성해 보려고 한다.

래틀리프는 '화병에 담긴 꽃cut flowers'이란 표현을 사용하여 이것저것을 조금씩 사용하되 연결하지는 않는 절충주의 치료 및 수퍼비전의 본질을 포착한다. '화분에 심긴 식물potted plants'은 특정 상황에 더 잘 맞을 수 있는 요소를 고려하지 않고 불완전하고 융통성 없는 단일 방식이다. 래틀리프는 13세 소녀가 가출한 재혼가족을 위한 구조적 치료의 예를 사용했다. 수퍼바이저 후보자는 치료자가 재혼가족에 관한 문헌을 사용하는 것을 막았는데, 그 이유는 그 정보가 구조적 접근법과 일치하지 않으며 가출은 체계의 변화이기 때문이었다. 이에 대응하여 체계가 바뀌어야만 했고, 따라서 이 사례는 성공적이었다. 래틀리프는 이러한 관점은 변화를 촉진하면서 구조적 안정성을 유지한다는 구조적 가족치료의 원리를 인정하지 않았기 때문에(Thomas, 1994 참조) 불완전하다고 지적했다.

래틀리프는 여러 개의 이론들을 유능하게 활용하는 것을 '이식된 꽃transplants'이라고 했다. 그는 이러한 종류의 통합을 새로운 환경에 뿌리가 잘 내린 식물에 비유했다.

이러한 접근법은 상황의 차이를 설명할 수 있는 유연성이 있다는 점에서 화분에 심은 방식보다 더 유연하다. 이 비유를 더 발전시키기 위해 래틀리프는 두 가지 접근법을 잘 연결하는 '접목된' 식물에 관해 쓴 바 있다. 접근법 간에는 상호작용이 있으며 기본 가정이 유사하여 식물들이 서로에게 어울리는데, 초기 접근법 간에 연결된 기술들의 강력한 기반이 있기 때문이다.

마지막으로, '씨앗에서 자란grown from seed' 통합에서 래틀리프는 노련한 임상가는 접근법을 명확하게 표현하기 어려울 정도로 내면화한 사람이라고 생각했다. 이론은 경험보다 영향력이 적다. 그럼에도 불구하고 수퍼바이저는 훈련생에게 절차의 근거를 설명해야 할 의무에서 결코 자유로울 수 없다.

피해야 하는 흔한 실수

수퍼바이저 지원자가 저지르는 가장 큰 실수는 한 영역을 완전히 생략하는 것이다. 또 다른 실수는 무언가를 언급했지만 정의하거나 설명하지 않는 것이다. 이렇게 하면 강사나 수퍼비전 멘토가 의미를 유추해야 하므로 혼란스럽거나 부정확할 수 있다. 때때로 응시자가 체계적 또는 맥락적 요소를 다른 영역에 통합하지 않는 경우도 있다. 우리 분야는 문화적 감수성 측면에서 많은 발전을 이루었지만, 훈련생이 임상에서 어떻게 문화를 고려하고 우리의 수퍼비전에서 어떻게 생각하는지 생각해 보는 것은 중요하다. 따라서 이러한 민감성이 수퍼비전에서 전체 수련체계로 동형적으로 전달될 수 있도록 명확하게 표현해야 한다. 대신, 일부 후보들은 맥락을 정의하거나 그 의미와 행동을 설명하지 않고 단순히 맥락에 주의를 기울인다고 진술하는 것을 적절하게 여겼다.

리와 에버렛(Lee & Everett, 2004)이 설명한 장을 사용하는 경우, 훈련생 개발과 치료와 수퍼비전에 대한 접근법 간의 동형성, 그리고 이상적으로는 체계의 모든 다른 수준 간의 동형성에 대한 아이디어를 포함해야 한다. 많은 사람이 자신의 치료 모델에 대해 글을 쓰지만 그러한 내용이 어떻게 수퍼비전으로 연결되는지 언급하지 않는다. 잉글링Yingling(2000)은 이 문제를 해결하기 위해 몇 가지 좋은 아이디어를 제시한다. 진술서 전체에 최신 문헌을 적절히 통합하되 인용을 정확하게 사용해야 한다. 엄격한 교수는 학생이 표절하거나 인용한 내용을 실제로 읽지 않은 것을 알아챌 것이다.

맺는말

진술서를 작성할 때 대상 독자를 생각하라. 지금 당신은 학술지 출판을 위해 글을 쓰는 것이 아니다. 대신 과목 교수, 수퍼바이저 멘토를 대상으로, 무엇보다도 자기 자신과 훈련생을 위해 글을 쓰는 것이다. 당신의 수퍼비전 방식에 대해 뭐라고 말할지 생각해 보라.

교수 및 수퍼바이저 멘토를 배려하여 제목과 부제목의 명확한 개요 내에서 자료를 분류한다. 이렇게 하면 독자가 자신의 생각의 흐름에 따라 글을 읽을 수 있다. 적절한 문법과 문장 부호를 사용하고, 글 전체에 걸쳐 자신의 생각을 뒷받침하는 참고 자료를 인용하는 데 최선을 다한다. 미국심리학회의 최신 버전(APA, 2020)과 같은 서식 스타일에 대해 교수의 지침을 따르라. 인용과 참고문헌이 서로 일치하고 참고문헌 목록이 완전한지 확인하라.

이 진술서의 다른 영역에 대해 수퍼바이저 멘토와 의견을 교환하라. 수퍼비전 철학 진술서가 벅찬 작업으로 보일 수 있지만, 이 책 또는 과목을 진행하면서 조금씩 접근하면 도움이 될 것이다. 과목이나 책을 마칠 즈음에는 진술서를 다듬고, 기존 문헌에 대한 적절한 지식을 확보하고, 경험을 쌓은 부분에서 아이디어를 업데이트할 수 있을 것이다.

연습

1. 개인 수퍼비전 진술서 형식을 두 가지 이상 비교하여 자신에게 가장 적합한 형식을 결정하라. 이를 미국부부가족치료학회의 요구사항과 비교하라.

2. 이것이 여러분의 개인적인 수퍼비전 철학이 되는 이유는 무엇인가?

3. 진술서 초안을 작성한 후, 학회 요건과 비교하라.

부록 A

주요 부부가족치료 모델

토라나 넬슨 박사와 학생들

구조적 치료

주요 인물	가정:
• 살바도르 미누친 • 찰스 피쉬맨	• 문제는 가족구조 내에 존재함(비록 반드시 구조에 의해 발생하는 것은 아니지만) • 구조를 변경하면 내담자의 경험이 바뀜 • 문제에서 해결책으로 옮겨 가지 말고, 우리는 단지 점진적으로 움직일 뿐임 • 자녀의 문제는 종종 부모 사이의 경계(부부 vs. 부모 하위체계)와 부모–자녀 사이의 경계와 관련이 있음
개념: 가족구조 • 경계선 –경직 –명확 –모호 –분리 –정상범위 –밀착 –역할 –누가 누구와 어떻게 언제 상호작용하는지 등에 대한 규칙 • 위계 • 하위체계 • 세대를 초월한 연합 • 부모화된 자녀	치료의 목표: • 구조적 변화 –명료화, 재정렬realign, 경계선 설정 • 가족 구성원의 개별화 • 가족 구성원들 간의 상호작용 패턴으로부터 경계를 추론함 • 패턴을 변경하여 경계를 재정렬함으로 더 닫히거나 열 수 있도록 함
치료자의 역할: • 구조가 너무 견고하거나(혼란하거나 폐쇄됨) 너무 모호하여(밀착됨) 체계를 교란시킴 • 체계의 재구조화를 용이하게 함 • 지도자이자 전문가인 치료자는 안무가와 같음 • 치료회기 내에서의 변화 참고, 과제는 변화를 공고히 함 • 지시적	사정: • 가족 구성원의 경계와 역할의 성격을 사정함 • 가족 상호작용/패턴을 관찰하기 위한 실연

<table>
<tr>
<td>
개입:
• 합류 및 수용
–모방mimesis
• 구조적 지도 그리기
• 상호작용 강조 및 수정
• 균형 깨뜨리기
• 비생산적인 가정 도전하기
• 체계가 변화되도록 강도 높이기

개입
• 체계를 해체하고 재조직하기
• 실연(치료자가 코치가 됨)을 통하여 역량 다듬기
</td>
<td>
변화:
• 체계를 변화시키기 위해 강도를 높이고 체계를 재구성하도록 돕기
• 변화는 회기 내에서 발생하며 행동적이므로 통찰이 필요하지 않음
• 개인의 맥락에 대한 경험이 변화함에 따라 정서가 변함
</td>
</tr>
<tr>
<td>
종결:
• 문제가 해결되고 구조가 변화됨(2차 변화)
• 문제는 해결되었지만 구조는 변화되지 않음(1차 변화)
</td>
<td>
치료자의 자기:
• 체계의 균형 깨뜨리기를 돕기 위해 치료자는 체계에 합류함
• 유도되지 않도록 주의할 것(일반적으로 개인적으로 민감한 내용에 빨려 들어가지 않도록 할 것)
</td>
</tr>
<tr>
<td colspan="2">
평가:
• 정신신체적psychosomatic 증상을 보이는 아동, 성인 약물중독, 거식증 환자와 작업할 때 강력한 지원이 됨
</td>
</tr>
<tr>
<td colspan="2">
자료:
Minuchin, S. (1974). Families and family therapy. Cambridge, MA: Harvard University Press.
Minuchin, S., & Fishman, H. C. (1981). Family therapy techniques. Cambridge, MA: Harvard University Press.
Minuchin, S., Rosman, B. L., & Baker, L. (1978). Psychosomatic families. Cambridge, MA: Harvard University Press.
Fishman, H. C. (1988). Treating troubled adolescents: A family therapy approach. New York: Basic Books.
Fishman, H. C. (1993). Intensive structural therapy: Treating families in their social context. New York: Basic Books.
</td>
</tr>
<tr>
<td colspan="2">
노트:
</td>
</tr>
</table>

전략적 치료(MRI)

<table>
<tr>
<td>주요 인물
• 존 위클랜드
• 돈 잭슨
• 폴 와츨라빅
• 리차드 피쉬</td>
<td>가정:
• 가족 구성원은 종종 자신의 행동(시도된 해결책)으로 문제를 영속시킴. 문제는 문제의 유지임(정적 피드백 상승)
• 특정 가족의 특정한 요구에 맞춘 지시는 때때로 갑작스럽고 결정적인 변화를 가져올 수 있음
• 사람들은 변화에 저항함
• 누구도 의사사통을 안 할 수 없음. 사람은 항상 의사소통을 함
• 모든 메시지에는 보고 및 명령의 기능이 있음. 내용을 다루는 것은 도움이 되지 않으며, 과정을 살펴보아야 함
• 증상은 메시지를 담고 있음. 증상은 체계가 생존하도록 도움(어떤 이들은 여기에 기능이 있다고 주장함)
• 가족이 문제라고 설명할 때만 문제가 됨
• 그레고리 배트슨과 밀튼 에릭슨의 연구에 기반을 둠
• 체계를 교란시켜야 함. 다름을 만드는 다름(체계에 수용될 정도로 충분히 유사해야 하지만 다름을 만들 정도로 충분히 달라야 함)
• 문제를 다루기 위해 정신역동을 살펴볼 필요가 없음</td>
</tr>
<tr>
<td>• 개념:
• 증상은 메시지를 담고 있음
• 가족 항상성
• 가족규칙–암묵적
• 사이버네틱스
–피드백 고리
–정적 피드백
–부적 피드백
• 1차 변화
• 2차 변화
• 재정의
• 내용 & 과정
• 보고 & 지시
• 역설
• 역설적 지시
• ‘천천히 하기’ 메시지
• 정적 피드백 상승
• 이중구속
• ‘한 단계 낮은’ 자세
• 환자 입장
• 시도된 해결책이 문제를 유지시키며 문세 자체가 됨</td>
<td>치료의 목표:
• 가족이 명확하고 달성 가능한 목표를 설정하도록 도움
• 패턴 끊기. 체계 교란시키기
• 1차 및 2차 변화. 이상적으로 2차 변화(이러한 변화가 발생하도록 만들 수는 없음. 이는 자발적으로 나타나는 것임)</td>
</tr>
</table>

<table>
<tr><td>치료자의 역할:
• 전문가 입장
• 변화 조건을 만드는 데 책임이 있음
• 내담자의 변화에 대한 저항 다루기
• 내용이 아닌 과정 다루기
• 지시적</td><td>사정:
• 문제를 명확히 정의하고 해결을 위해 무엇을 시도해 왔는지 알아내기
• 각 가족 구성원으로부터 목표를 끌어내어 하나의 동의된 목표로 재정의하기
• 순차적 패턴 사정하기</td></tr>
<tr><td>개입:
• 역설
• 지시
–패턴을 방해하는 과제('숙제')
• 도움이 되지 않는 상호작용 패턴 방해하기
• '천천히 하기' 메시지
• 증상 처방</td><td>변화:
• 어떤 방식으로든 패턴 방해하기
• 다름을 만드는 다름
• 변화는 회기 밖에서 나타남. 회기 내에서의 변화는 관점에 대한 것이고, 과제가 행동을 변화시킴
• 관점의 변화(재정의) 그리고/또는 행동(지시)의 변화
• 정서는 변화하고 이는 중요함. 그러나 이는 추측될 뿐 치료자에게 직접적으로 나타나지 않음</td></tr>
<tr><td>종결:
• 치료자의 도움을 받아 내담자가 언제 종결할지 결정함
• 패턴이 깨지고 내담자가 문제가 더 이상 존재하지 않는다고 보고할 때
• 치료자가 결정</td><td>치료자의 자기:
• 이 모델을 적용할 때 치료자는 윤리적 이슈를 매우 조심히 다루어야 함. 이 모델은 매우 조작적(역설적)일 수 있으며 전문가로서 치료자에게 많은 책임이 따름</td></tr>
<tr><td colspan="2">평가:
• 많은 연구가 이루어지지 않음
• 내담자가 변화를 보고하는가? 그렇다면 효과적인 것임</td></tr>
<tr><td colspan="2">자료:
Watzlawick, P., Weakland, J., &, Fisch, R. (1974). Change: Principles of problem formation andproblem resolution. New York: Norton.
Fisch, Richard, John H. Weakland, & Lynn Segal (1982). The tactics of change: Doing therapybriefly. San Francisco: Jossey-Bass.
Watzlawick, P., J. B. Bavelas, & D. J. Jackson. (1967). Pragmatics of human communication. New York: W. W. Norton.
Lederer, W. J., & Don Jackson. (1968). The mirages of marriage. New York: W.</td></tr>
<tr><td colspan="2">노트:</td></tr>
</table>

전략적 치료(헤일리 & 마다네스)

<table>
<tr>
<td>주요 인물
• 제이 헤일리
• 클로이 마다네스
• 미누친의 영향</td>
<td>가정:
• 가족 구성원은 종종 자신의 행동(시도된 해결책)으로 문제를 영속시킴. 문제는 문제의 유지임(정적 피드백 상승)
• 특정 가족의 특정한 요구에 맞춘 지시는 때때로 갑작스럽고 결정적인 변화를 가져올 수 있음
• 사람들은 변화에 저항함
• 누구도 의사사통을 안 할 수 없음. 사람은 항상 의사소통을 함
• 모든 메시지에는 보고 및 명령의 기능이 있음. 내용을 다루는 것은 도움이 되지 않으며, 과정을 살펴보아야 함
• 의사소통과 메시지는 가족기능을 은유적으로 표현함
• 증상은 메시지를 담고 있음. 증상은 체계가 생존하도록 도움
• 가족이 문제라고 설명할 때만 문제가 됨
• 그레고리 배트슨과 밀튼 에릭슨, MRI, 미누친의 연구에 기반을 둠
• 체계를 교란시켜야 함. 다름을 만드는 다름(체계에 수용될 정도로 충분히 유사해야 하지만 다름을 만들 정도로 충분히 달라야 함)
• 문제는 기울어진 위계에서 발전됨
• 동기는 힘(헤일리) 또는 사랑(마다네스)</td>
</tr>
<tr>
<td>개념:
• 증상은 메시지를 담고 있음
• 가족 항상성
• 가족규칙-암묵적
• 세대 간 공모
• 1차 변화 및 2차 변화
• 은유
• 재정의
• 증상은 기능을 수행함
• 내용 & 과정
• 보고 & 지시
• 조화롭지 못한 위계
• 시련(시련 처방)
• 역설
• 역설적 지시
• 위장 기법pretend technique
• '천천히 하기' 메시지</td>
<td>치료의 목표:
• 가족이 명확하고 달성 가능한 목표를 설정하도록 도움
• 패턴 끊기. 체계 교란시키기
• 1차 및 2차 변화. 이상적으로 2차 변화(이러한 변화가 발생하도록 만들 수는 없음. 이는 자발적으로 나타나는 것임)
• 위계 재정렬하기</td>
</tr>
</table>

<table>
<tr><td>치료자의 역할:
• 전문가 입장
• 변화 조건을 만드는 데 책임이 있음
• 내담자의 변화에 대한 저항 다루기
• 내용이 아닌 과정 다루기
• 지시적
• 변화에 회의적
• 변화에 대해 많은 공로와 책임을 져야 함. 그러나 치료자는 내담자에게 변화에 대한 책임이 있다고 말함
• 적극적</td><td>사정:
• 문제를 명확히 정의하고 해결을 위해 무엇을 시도해 왔는지 알아내기
• 문제의 은유적 성격을 가정함
• 각 가족 구성원으로부터 목표를 끌어내어 하나의 동의된 목표로 재정의하기
• 순차적 패턴 사정하기</td></tr>
<tr><td>개입:
• 역설
• 지시
–패턴을 방해하는 과제('숙제')
• 도움이 되지 않는 상호작용 패턴 방해하기
• 은유, 이야기
• 시련(헤일리)
• '천천히 하기' 메시지
• 증상 처방(헤일리)
• '위장' 기술(마다네스)</td><td>변화:
• 어떤 방식으로든 패턴 방해하기
• 다름을 만드는 다름
• 변화는 회기 밖에서 나타남. 회기 내에서의 변화는 관점에 대한 것이고, 과제가 행동을 변화시킴
• 관점의 변화(재정의) 그리고/또는 행동(지시)의 변화</td></tr>
<tr><td>종결:
• 치료자의 도움을 받아 내담자가 언제 종결할지 결정함
• 패턴이 깨지고 내담자가 문제가 더는 존재하지 않는다고 보고할 때
• 치료자가 결정</td><td>치료자의 자기:
• 이 모델을 적용할 때 치료자는 윤리적 이슈를 매우 조심히 다루어야 함. 이 모델은 매우 조작적(역설적)일 수 있으며 전문가로서 치료자에게 많은 책임이 따름</td></tr>
<tr><td colspan="2">평가:
• 많은 연구가 이루어지지 않음
• 내담자가 변화를 보고하는가? 그렇다면 효과적인 것임</td></tr>
<tr><td colspan="2">자료:
Madanes, C. (1981). Strategic family therapy. San Francisco, CA: Jossey-Bass.
Madanes, C. (1984). Behind the one-way mirror: Advances in the practice of strategic therapy. San Francisco, CA: Jossey-Bass.
Madanes, C. (1990). Sex, love, and violence: Strategies for transformation. New York: W. W. Norton.
Madanes, C. (1995). The violence of men: New techniques for working with abusive families. San Francisco: Jossey-Bass.
Haley, J. (1980). Leaving home. New York: McGraw-Hill.</td></tr>
</table>

Haley, J. (1984). *Ordeal therapy: Unusual ways to change behavior.* San Francisco, CA: Jossey Bass.
Haley, J. (1987). *Problem-solving therapy* (2nd ed.). San Francisco: Jossey-Bass.

• 노트:

밀란 가족치료

주요 인물 • 보스콜로 • 파라졸리 • 프라타 • 체친	가정: • 문제는 가족의 고치려는 노력으로 인하여 유지됨 • 치료는 짧게, 장기간에 걸쳐 진행될 수 있음 • 내담자는 변화에 저항함
개념: • 가족 게임(문제를 유지시키는 가족의 패턴) -더러운 게임 -사이코틱 게임 • 병리학적 결절점nodal point이 있음 • 불변의 처방 • 의식 • 긍정적 의미 • 다름을 만드는 다름 • 중립성 • 가설 세우기 • 치료팀 • 순환성, 중립성 • 변화를 위한 잠복기. 회기 사이에 오랜 시간이 필요함	치료의 목표: • 가족 게임 방해하기
치료자의 역할: • 전문가로서의 치료자 • 각 가족 구성원에게 중립적임-가족 게임이 빨려 들어가면 안됨 • 호기심 어린	사정: • 가족 게임 • 역기능적 패턴(문제를 유지시키는 패턴)

개입:	변화:
• 의식ritual 처방 • 의식 • 순환질문 • 반역설counter paradox • 홀수/짝수 날 • 긍정적 의미 • '데이트' • 반영팀 • 편지 • 체계 처방	• 가족은 증상을 포함하지 않는 다른 게임을 개발함(체계의 변화) • 잠복기가 필요함
종결:	**평가:**
• 치료자가 정함. 10~12 회기보다 짧음	• 자주 활용되지 않아 많이 연구되지 않음 • 후속조치 금지

• 자료:

Campbell, D., Draper, R., & Huffington, C. (1989). *Second thoughts on the theory and practice of the Milan approach to family therapy*. New York: Karnac.

Campbell, D., Draper, R., & Crutchley, E. (1991). The Milan systemic approach to family therapy. In A. S. Gurman & D. P. Kniskern (Eds.), *Handbook of Family Therapy (Vol. II)* (pp. 325-362). New York: Brunner/Mazel.

Cecchin, G. (1987). Hypothesizing, circularity, and neutrality revisited: An invitation to curiosity. *Family Process, 26*(4), 405-413.

Cecchin, G. (1992). Constructing therapeutic possibilities. In S. McNamee & K. J. Gergen (Eds.), *Therapy as social construction* (pp. 86-95). Newbury Park, CA: Sage.

Palazzoli, M. S., Boscolo, L., Cecchin, G., & Prata, G. (1978). *Paradox and counterparadox: A new model in the therapy of the family in schizophrenic transaction*. New York: Jason Aaronson.

Palazzoli, M. S., Boscolo, L., Cecchin, G., & Prata, G. (1978). A ritualized prescription in family therapy: Odd days and even days. *Journal of Marriage and Family Counseling, 48*, 3-9.

Palazzoli, M., & Palazzoli, C. (1989). Family games: *General models of psychotic processes in the family*. New York: W. W. Norton & Company.

• 노트:

해결중심단기치료

<table>
<tr><td>주요 인물
• 스티브 드 쉐이저
• 인수 김 버그
• 이본 돌란
• 이브 립칙</td><td>가정:
• 내담자는 변화를 원함
• 저항이라는 것은 존재하지 않음(내담자는 그들이 어떻게 협력하는지 알려 주는 것임)
• 과거의 예외상황을 발견할 때를 제외하고 현재와 미래에 초점을 맞춤. 원인 측면에서 과거에 초점을 맞추지 않음
• 문제대화에서 해결대화로 사람들이 그들의 문제에 대해 말하는 방식을 바꿈
• 언어는 현실을 만듦
• 치료자와 내담자 관계가 핵심
• 기술이나 이론이 아닌 철학
• 희망적임, '치어리더 효과'
• 병리화하지 않으며 병리학 또는 '역기능'에 관심을 두지 않음
• 문제의 원인에 초점을 맞추지 않음. 해결은 반드시 문제와 연결되어 있지는 않음
• 내담자가 강점과 자원을 가졌다고 가정함
• 작은 변화만 있으면 됨. 이는 큰 변화로 눈덩이처럼 불어날 수 있음
• 문제는 항상 발생하는 것이 아님</td></tr>
<tr><td>개념:
• 문제대화/ 해결대화
• 예외
• 차이를 만드는 가장 작은 차이
• 잘 구성된 목표(작고, 구체적이며, 측정 가능하고, 내담자에게 중요하고, 실행 가능하며, 무언가의 시작이며 끝이 아닌, 부재가 아닌 존재, 노력)
• 해결은 반드시 문제와 연결된 것은 아님
• 내담자는 자신의 삶과 경험에 대한 전문가임
• 치료적 관계: 고객형/치료자, 불평형/동조자, 방문형/호스트</td><td>치료의 목표:
• 내담자들이 자신의 삶의 만족도를 높이도록 다르게 생각하고 다르게 행동하도록 돕기
• 내담자의 목표 달성하기. '충분히 좋은'
• 내담자의 언어를 문제대화에서 해결대화로 변화시키기
• 적당한 목표(명확하고 구체적인)
• 목표를 더욱 구체적인 것으로 바꾸도록 도움(명료화)
• 문제에서의 언어를 해결대화로 바꾸기</td></tr>
<tr><td>치료자의 역할:
• 치어리더/코치
• 희망 고취
• 비지시적, 내담자 중심</td><td>사정:
• 예외 사정–문제가 발생하지 않은 때
• 문제와 반드시 연관되지는 않지만 과거에 잘 했던 것 사정하기. 내담자의 강점
• 문제가 사라졌을 때 무엇이 달라질지 사정하기(명시된 문제와 명확하게 관련되지 않은 목표가 됨)</td></tr>
</table>

개입:

- 명확하고 성취 가능한 목표를 세우도록 돕기(명료화)
- 내담자가 미래와 달라지기 원하는 것이 무엇인지에 대하여 생각하도록 돕기
- 예외: 문제가 없었거나 덜 심각했을 때 '효과가 있었던' 적을 더 자세히 진술하도록 함
- 첫 번째 회기 과제 공식: 계속하고 싶은 삶/관계에서 어떤 일이 일어나는지 관찰하기
- 기적질문
  - 내담자의 호소문제가 명확하지 않을 때 사용됨
  - 내담자가 문제로 인해 방해받고 있는 일을 하도록 도움
  - 문제가 사라지면 어떤 변화가 생길지에 대해 집중함
  - 관계질문
  - 기적의 날 질문과 척도질문으로 후속조치하기
  - 기적의 날이라고 가장하기
- 척도질문
- 칭찬
  - "어떻게 하셨나요?"
  - "와! 정말 어려운 일이었겠습니다!"
  - "그게 도움이 되었던 것 같은데 어떻게 그렇게 하실 수 있었나요?"
  - "~에 감동을 받았습니다."
  - "당신은 훌륭한 …… 같습니다."
- 회기 중반에 휴식(팀이 있거나 없거나)을 가짐. 이때 치료자는 회기를 요약하고, 칭찬, 연결문 및 과제(요즘은 과제가 덜 활용됨. 내담자가 스스로 과제를 개발함. 치료자는 제안을 하거나 '실험'을 제안함)를 구성함. 이는 종종 '피드백'(다름과 함께 치료에 정보 피드백을 제공하는 것)이라고 함.
- 다음 날을 예측해 보고 어떤 일이 일어나는지 살펴봄

종결:

- 내담자가 결정

치료자의 자기:

- 내담자/치료자 관계의 책임 수용하기
- 내담자의 삶이나 어려움의 경험에 대한 전문가가 아닌 치료대화의 전문가

평가:

치료/연구:

- 간단함(반드시 쉬운 것은 아님)
- 치료자를 민감하지 않은 '해결중심치료'로 인식할 수 있음
- 대화를 강점으로 전환하기 전에 내담자가 어려움을 충분히 표현하고 자신의 경험을 타당화할 수 있도록 하는 것이 중요함
- 기술은 치료자의 직관적인 인간성을 모호하게 할 수 있음
- 다수의 성과연구들은 효과성을 나타냄. 그러나 통제된 연구는 없음

치료의 과정:

- 내담자들이 예외를 발견할 수 있는가?
- 해결대화를 활용하고 있는가?

자료:

de Shazer, S. (1982). *Patterns of brief family therapy: An ecosystemic approach*. New York: Guilford.
de Shazer, S., Dolan, Y., Korman, H., Trepper, T., McCollum, E., & Berg, I. K. (2007). *More than miracles: The state of the art of solution-focused brief therapy*. New York: Haworth.
Berg, I. K., & Miller, S. (1992). *Working with the problem drinker*. New York: Norton.
Berg, I. K. (1994). *Family-based services: A solution-focused approach*. New York: Norton.
De Jong, P., & Berg, I. K. (2007). *Interviewing for solutions* (3rd ed.). Pacific Grove, CA: Brooks/Cole.
Dolan, Y. (1992). *Resolving sexual abuse*. NY: W.W. Norton.
Lipchik, E. (2002). *Beyond technique in solution focused therapy*. New York: Guilford.
Miller, S. D., Hubble, M. A., & Duncan Barry L. (Eds.). (1996). *Handbook of solution-focused brief therapy*. San Francisco: Jossey-Bass.
Nelson, T. S., & Thomas, F. N. (Eds.). (2007). *Handbook of solution-focused brief therapy: Clinical applications*. New York: Haworth.
Nelson, T. S. (2019). *Solution-focused brief therapy with families*. New York, NY: Routledge

• 노트:

내러티브 치료

주요 인물:	가정:
• 마이클 화이트 • 데이비드 엡스톤 • 질 프리드만 • 진 콤	• 개인의 경험은 여러 가지로 해석될 수 있음 • 실재는 그것을 묘사하기 위해 사용되는 언어에 의해 형성됨 • 언어와 경험(의미)은 되풀이됨 • 실제는 사회적으로 구성됨 • 진실은 역사적 진실 혹은 타인의 진실과 일치하지 않지만, 내담자에게는 진실임 • 문제의 원인이 아닌 영향에 초점을 둠(문제는 어떻게 가족에 영향 미치는가, 가족은 어떻게 문제에 영향 미치는가) • 이야기는 우리의 경험을 조직하고 우리의 행동을 형성함 • 문제가 문제임. 사람은 문제가 아님 • 사람은 그들이 말하는 이야기들임 • 우리가 우리 자신에 대해 말하는 이야기는 종종 사회나 우리의 가족으로부터 받은 메시지에 기초함(사회구성) • 사람들은 사회로부터 전달받는 메시지를 자기 방식으로 고유하게 걸러냄

개념:
- 지배적 담론: 지배적인 사회 문화에 기초한 신념, 가치, 실천
- 예속된 담론: 지배적 담론에 억눌린 개인의 이야기
- 대안적 이야기: 이미 존재하지만 인지하지 못한 이야기
- 해체: 문제로 가득 찬 이야기를 외재화와 재저작을 위해 분해하는 것(사라진 이야기의 조각들을 찾고 풀어내기)
- 문제로 가득 찬 이야기: 내담자를 수렁에 빠지게 하고 문제가 지속되게 하는 이야기
- 행동 영역: 사람들은 어떻게 무언가를 하는가?
- 의식 영역: 문제의 의미는 무엇인가(의미 영역)?
- 독특한 결과: 지배적 이야기나 문제로 가득 찬 이야기로 인해 예측되지 못한 해체된 이야기 조각들, 예외, 반짝이는 순간

치료의 목표:
- 내담자가 자신을 보는 관점을 변화하고 내담자들이 긍정적 관점으로 자신의 이야기를 재저작하는 것을 도움: 문제로 가득 찬 이야기가 아닌 대안적이고 선호하는 이야기를 발견함
- 문제를 포함하지 않는 다른 이야기를 선택할 수 있도록 함

치료자의 역할
- 진솔하고 호기심으로 가득 찬 경청자
- 그들의 가정에 질문하기
- 가능성을 위한 여지를 열어 놓기

사정:
- 가족의 이야기, 그들의 문제에 대한 경험 및 문제에 대한 추정을 알기
- 해체과정에서 대안적 이야기와 독특한 결과를 사정하기

개입
- 질문하기
  - 행동과 의미 영역
  - 의미 질문
  - 가능성 열어 두기

- 변화
- 가능성을 열어 둠으로써 인지적으로 변화가 일어남
- 내담자가 수많은 가능성이 있음을 볼 수 있음
- 자기 개념의 확장

개입
- 선호
- 이야기 발달
- 해체
- 이야기를 미래로 확장함
- 문제의 외재화
- 문제가 가족에게 미치는 영향: 가족이 문제에 미치는 영향
- 다시 이야기하기 혹은 재저작하기
  - 자기 이야기
- 치료적 문서
- 수료증

종결:	치료자의 자기:	평가:
• 내담자가 결정	• 치료자의 생각, 가치, 편견이 내담자에게 공개되고 투명해야 함 • 대화에 있어서 전문가	• 공식 연구 없음

자료:

Freeman, Jennifer, David Epston, & Dean Lobovits. (1997). *Playful approaches to serious problems: Narrative therapy with children and their families.* New York: W.W. Norton.

Freedman, Jill, & Gene Combs. (1996). *Narrative therapy: The social construction of preferred realities.* New York: W. W. Norton.

White, Michael, & David Epston (Eds.). (1990). *Narrative means to therapeutic ends.* New York: W.W. Norton.

White, Michael. (2007). *Maps of narrative practice.* New York: W.W. Norton.

인지행동치료

주요 인물:	가정:
• 이반 파블로브 • 왓슨 • 손다이크 • 스키너 • 밴두라 • 다틸리오	• 가족관계, 인지, 정서 행동은 상호 영향을 미침 • 인지적 추론은 정서와 행동을 환기시킴 • 정서와 행동은 인지에 영향 미침

개념:	치료의 목표
• 인지도식: 세상에 대한 핵심적 신념, 지식의 습득과 조직 • 인지: 선택적 주의, 지각, 기억, 자기 대화, 신념 및 기대 • 강화: 구체적 반응이 미래에 일어날 가능성을 증가시키는 사건 • 귀인: 행동의 동기나 원인을 설명하기 • 왜곡된 생각, 일반화가 명확한 생각과 행동을 방해함	• 현재 증상을 감소하기 위해 구체적인 행동이나 사고패턴을 수정하기

치료자의 역할	사정:
• 가정에 직접적으로 도전하지 않고 가정에 대해 일련의 질문을 함 • 가족에게 정서적 문제는 비현실적인 신념으로 인해 일어남을 가르침	• 인지적: 왜곡된 사고, 사고 과정 • 행동적: 전제, 결과 등

개입:
- 왜곡된 가정(가족 구성원이 비현실적으로 해석하고 평가하는)에 초점을 둔 질문
- 행동 과제
- 부모 교육
- 의사소통 기술 쌓기
- 모델을 훈련하기

변화:
- 강화의 조건이 수정될 때 행동 변화가 일어남
- 변화된 인지는 정서와 행동의 변화를 이끎

종결:
- 내담자와 치료자가 결정할 때

치료자의 자기:
- 논의되지 않음

평가:
- 특히 부부치료와 부모 역할에 관한 많은 연구

자료:

Jacobson, N. S., & Margolin, G. (1979). *Marital therapy: Strategies based on social learning and abehavior exchange principles*. New York: Brunner/Mazel.

Jacobson, N. S., & Christensen, A. (1998). *Acceptance and Change in Couple Therapy: A Therapist's Guide to Transforming Relationships*. New York: Norton.

Epstein, N. B., & Baucom, D. H. (2002). *Enhanced cognitive-behavioral therapy for couples*. Washington, DC: APA Books.

Dattilio, F. M. (1998). *Case studies in couple and family therapy: Systemic and cognitive perspectives*. New York: Guilford.

Dattilio, F. M., & Padesky, C. (1990). *Cognitive therapy with couples*. Sarasota, FL: Professional Resource Press.

Beck, A. T., Reinecke, M. A., & Clark, D. A. (2003). *Cognitive therapy across the lifespan: evidence and practice*. Cambridge, UK: Cambridge University Press.

맥락적 가족치료

주요 인물:
- 이반 보스조르메니-나지

가정:
- 가치와 윤리는 세대 간 전이됨
- 차원: (모든 차원은 서로 얽혀 있고, 사람들의 행동과 관계를 추동함)
  - 사실들
  - 심리적
  - 관계적
  - 윤리적
- 관계의 신뢰성(관계적 윤리): 관계를 신뢰할 수 없을 때, 갚아야 하는 빚과 권리가 축적됨: 불균형 원장은 개인과 관계, 후손에게 파괴적인 방식으로 균형을 이룸(예: 회전판, 파괴적 권리)

<table>
<tr><td colspan="2">개념:
• 충성심: 분열된, 보이지 않는
• 권리(개인이 신뢰성에 기초하여 갖게 되는 장점의 양)
• 원장(회계)
• 유산(우리는 프로그램된 대로 행동함)
• 관계 윤리
• 파괴적 권리(나쁜 장부를 받았고 불공평하므로 주변인에게 넘겨도 괜찮음–외현화 행동, 중요한 타자를 무시함)
• 회전판
• 후세(사람들과 작업할 때 미래 세대를 생각함)
• 재결합적이고 분리적인 노력</td><td>치료의 목표:
• 균형 잡힌 원장</td></tr>
<tr><td colspan="2">치료자의 역할:
• 지시적
• 사정에서의 전문가</td><td>사정:
• 빚
• 권리
• 보이지 않는 충성심</td></tr>
<tr><td colspan="2">개입:
• 과정과 관계적 질문
• 다방향적 편향성: 누구도 특별하다고 느끼지 않음–모든 사람이 관심을 받고 좀 더 특별한 사람이 없음
• 면죄부: 사람들이 어떤 유산과 부채 장부를 갖고 살아왔는지를 이해하도록 도움–타인의 무죄를 밝힘
• 재결합 노력을 향한 코칭</td><td>변화:
• 인지적: 유산, 빚, 권리에 대한 인식
• 행동적: 매우 행동지향적– 행동은 변해야만 함</td></tr>
<tr><td>종결:
• 내담자에게 전적으로 맡기기</td><td>치료자의 자기:
• 자신의 유산, 권리, 원장 균형 과정, 면죄부를 반드시 이해해야만 함</td><td>평가:
• 공식 평가 없음</td></tr>
<tr><td colspan="3">자료:
Boszormenyi-Nagy, I. (1987). Foundations of contextual therapy: Collected papers of Ivan Boszormenyi-Nagy. New York: Brunner/Mazel.
Boszormenyi-Nagy, I., & Krasner, B. (1986). Between give and take: A clinical guide to contextual therapy. New York: Brunner/Mazel.
Hargrave, T. D., & Pfitzer, F. (2003). The new contextual therapy: Guiding the power of give and take. New York: Brunner-Routledge.
van Heusden, A., & van den Eerenbeemt, E. (1987). Balance in motion: Ivan Boszormenyi-Nagy and his vision of individual and family. New York: Brunner/Mazel.</td></tr>
</table>

보웬 가족치료

<table>
<tr>
<td>주요 인물:
• 머레이 보웬
• 마이클 커(자연체계에 대한 작업)
• 에드윈 프리드만</td>
<td colspan="2">가정:
• 과거는 현재에 지속적으로 영향을 미침
• 변화는 일어날 수 있음: 개인은 자기분화 과정에 따라 발달할 수 있음
• 분화: 높은 수준의 불안에도 자기를 유지할 수 있는 능력(매우 높은 감정적 상황 속에서도 자율성을 유지하는 것)
–가족 체계 내에서 경험의 변화
–사고 체계와 정서 체계 사이에서 관계의 변화
• 분화는 내적이고 관계적임: 그들은 동형적이고 재귀적임
• 불안은 변화를 일어나지 못하게 하므로 변화 촉진을 위해 감소되어야 함
• 높은 수준의 친밀과 자율성이 이상적임
• 정서emotion는 생리적physiological 과정임. 느낌feeling은 정서를 명명하고, 중재하며 의미를 부여하는 사고임
• 증상은 스트레스, 불안, 낮은 분화수준의 지표임
• 충분한 스트레스가 있을 때 누구든 증상이 있을 수 있음: 분화수준이 높은 사람들은 스트레스를 더 잘 견디고, 증상이 있을 때 빨리 회복함</td>
</tr>
<tr>
<td colspan="2">개념:
• 친밀감
• 자율성
• 자기 분화
• 단절
• 삼각관계
• 형제자매 위치
• 융합(개인 내 및 관계 내)
• 가족투사과정
• 다세대전수과정
• 핵가족
• 정서과정
• 4개의 하위 개념(사람들이 불안을 다루는 방식, 이중 어떤 것도 나쁘지 않음. 남을 배제하는 데 익숙하거나 지나치게 익숙해지면 체계에 문제가 생길 수 있음)
–갈등
–개인의 역기능
–삼각관계
–거리두기
• 사회적 정서과정
• 미분화된 가족 자아 덩어리</td>
<td>치료의 목표:
• 최종: 자기분화 수준(사고/정서, 자기/타인)을 향상
• 중간: 탈삼각화, 자동적으로 상대에게 반응하기보다 불안을 감소
• 감정적 반응 감소: 사려 깊은 반응 증가
• 중요한 타자와 1대1의 친밀감 향상</td>
</tr>
</table>

치료자의 역할:
- 코치(객관적)
- 교육자
- 치료자는 체계의 일부(불안이 없고 분화된)
- 협력자가 아닌 전문가

사정:
- 감정반사
- 자기분화 수준
- 사람들이 불안과 가족의 주제를 관리하는 방식
- 삼각관계
- 반복되는 세대 간 패턴
- 가계도(사정 도구)

개입:
- 가계도(사정 및 변화 도구)
- 정서적으로 강렬한 상황에 대한 계획(상황이 격앙되면 무엇을 하는가? 사고, 과정 질문)
- 과정 질문-사고 질문: "그에 대해 어떻게 생각하세요?", "그게 어떻게 작동하죠?"
- 삼각관계에 있는 두 사람과 한 사람을 탈삼각화함
- 이론의 개념에 대해 내담자에게 교육함
- 감정반사를 감소: 사고적 반응 증가
- 침착한 자기로서 치료자 및 내담자와 치료적 삼각관계
- 원가족 내 패턴을 변화시키기 위한 코칭

변화:
- 사고와 정서의 분리를 통한 불안 감소: 인지적
- 감소된 불안은 대응적 사고와 행동, 변화된 관계를 이끎
- 우리가 생각(대응)할 때, 변화가 일어남(사고를 계획함): 당신이 어떤 정서적 상황에서 어떻게 행동해야 할지를 알 때, 당신은 그것을 계획할 수 있고, 다른 결과에 대해서도 좀 더 쉽게 받아들일 수 있음

종결:
- 지속적-우리는 결코 온전하게 분화될 수 없음

치료자의 자기:
- 이 모델에서 중요한 것: 분화되고, 침착한 치료자가 주된 도구
- 우리는 체계에 합류할 필요가 없음
- 우리는 분화수준이 높아야만 하는데 그래야 감정반사를 인식하고 줄일 수 있음
- 우리의 내담사는 우리만큼만 분화함: 우리는 우리의 분화수준을 높이기 위해 코칭이 필요함

평가:
- 타당성이 연구에서 제시됨: 많지는 않고, 결과가 많지 않음
- 증상 감소를 구체화하지 않음
- 내담자가 분화된 생각, 행동, 타인에 대한 반응을 보고하고 정서가 변화의 증거임

자료:

Bowen, M. (1978). *Family therapy in clinical practice.* New York: Jason Aaronson.

Friedman, E. (1987). *Generation to generation: Family process in church and synagogue.* New York: Guilford.

Kerr, M. E., & Bowen, M. (1988). *Family evaluation: An approach based on Bowen theory.* New York: W. W. Norton and Company.

정신역동 가족치료(대상관계)

주요 인물
- 프로이트
- 에릭 에릭슨
- 나단 애커맨
- 훈련은 받았지만 자신의 주요 모델로 정신역동이론을 사용하지 않았던 몇몇 학자들: 보웬, 휘태커 등
- 대상관계: 샤프와 샤프
- 애착이론: 보울비

가정:
- 성적 추동 및 공격성 추동이 인간 본성의 핵심에 있다.
- 모든 인간은 존중받고 싶어 한다.
- 증상은 성과 공격성에 대한 무의식적 갈등에 대처하기 위한 시도이다.
- 내재화된 대상은 중요한 타인에게 투사된다. 그리고 우리는 해당 대상에 맞는 반응을 그들로부터 이끌어 내며, 그들은 이에 순응하고, 우리는 실제 그 사람이 아닌 투사에 반응하게 된다.

개념:
- 내부 대상: 자기와 타인에 대한 정신적 이미지는 경험과 기대를 바탕으로 만들어지는 것
- 애착: 중요한 다른 사람들과의 연결
- 분리-개별화: 아동이 어머니와 분리되는 점진적 과정
- 반영: 부모가 이해와 수용을 보이는 것
- 전이: 다른 사람의 특성을 다른 사람의 특성으로 여기는 것
- 역전이: 치료자가 자신의 특성을 다른 이들의 것으로 여기는 것
- 가족신화: 행동을 유발하는 암묵적 규칙 및 신념, 다른 이들의 전체적인 이미지가 아닌 신념에 기반을 둔 것
- 고착과 퇴행: 가족이 문제에 갇히게 되었을 때 더 낮은 수준의 기능으로 돌아가는 것
- 보이지 않는 충성심: 개인에게 해가 되는 가족에 대한 무의식적인 헌신

치료의 목표:
- 가족 구성원이 건강한 개인들로서 상호작용할 수 있도록 그들을 무의식적 속박에서 해방시키는 것
- 분리-개별화
- 분화

치료자의 역할:
- 청자
- 전문가 입장
- 해석

사정:
- 애착관계
- 투사(비현실적 추정)

개입:
- 경청
- 공감
- 해석(특히 투사에 대한 해석)
  원가족 회기(프라모)
- 안전한 안아 주기 환경 만들기

변화:
- 변화는 가족 구성원들이 그들의 통찰을 확장하고 심리적 삶이 의식적 경험보다 크다는 것을 깨달아 자신들의 성격 중 억압하던 부분을 수용하도록 할 때 일어남
- 변화는 치료 안에서 타인의 더 많고 전체적이며 현실적인 측면이 드러나서 투사가 사라질 때도 일어남

<table>
<tr><td>
종결:
• 치료가 어떻게 종결되는지 확실하지 않음
평가:
</td></tr>
<tr><td>
자료:
Sander, F. (2004) Psychoanalytic Couples Therapy: Classical Style in Psychoanalytic Inquiry Issue on Psychoanalytic Treatment of Couples ed. By Feld, B and Livingston, M. Vol 24:373-386.
Scharff, J. (Ed.) (1989) Foundations of Object Relations Family Therapy . Jason Aronson, Northvale N.J.
Slipp, S. (1984). Object relations: A dynamic bridge between individual and family treatment. Northvale, NJ: Jason Aronson.
</td></tr>
</table>

경험적 가족치료

<table>
<tr><td>
주요 인물
• 칼 휘태커
• 버지니아 사티어
</td><td>
가정:
• 가족문제는 감정의 억압, 경직, 충동의 부정, 인식의 부족, 정서적 죽음, 그리고 방어기제의 과다사용에 뿌리를 두고 있다.
• 가족들은 그들의 진정한 감정과 접촉해야 한다.
• 치료는 내면(감정)에서부터 시작하여 외면(행동)으로 나아가야 한다.
• 개인의 경험을 확장 시키면 자신의 경험을 할 수 있게 되고, 가족 집단의 기능을 향상시키는 데 도움이 된다.
• 정서적 웰빙에 대한 헌신
</td></tr>
<tr><td>
개념:
• 정직한 감정
• 억압의 억제
• 가족신화
• 신화화
• 비난
• 회유
• 혼란
• 초이성
• 구조를 위한 투쟁
• 자발성을 위한 투쟁
</td><td>
치료의 목표:
• 성장, 변화, 창의성, 유연성, 즉흥성 및 장난스러움을 증진하는 것
• 은밀한 것을 명시적으로 만들기
• 부부간 정서적 친밀감을 늘리고 경직성을 중단하기
• 방어를 풀고 자아존중감을 증신하며 경험의 가능성 회복하기
• 개별화 증진하기
</td></tr>
</table>

치료자의 역할:
- 자신의 성격 활용하기
- 개방적이고 즉흥적이며, 공감적이고 민감하며, 관심과 수용을 보임
- 기꺼이 공유하고 위험을 감수하며, 진실하려 하고, 가족 내 스트레스를 증가시키기
- 감정을 전달할 수 있도록 가족에게 효과적인 의사소통 기술 교육하기
- 적극적이고 직접적

사정:
- 개인의 자기표현과 방어수준 사정하기
- 개별화와 건강한 상호작용을 증진하거나 억압하는 가족상호작용 사정하기

개입:
- 가족조각
- 안무
- 공동가족화
- 역할극
- 유머 사용하기
- 인형 인터뷰
- 재구성
- 정서공유 및 정서적으로 강렬한 분위기 만들기
- 모델링과 명확한 의사소통 기술 교육(I-message 사용)
- '입장' 도전하기challenge 'stances'(사티어Satir)
- 자기의 사용use of self

변화:
- 가족 구성원 사이에 스트레스를 높이는 것은 정서적 표현과 진실하고 개방된 의사소통을 높인다.
- 경험의 변화는 정서의 변화를 가져오기 때문에 머리에서 벗어나 정서로 들어가야 한다. 적극적 개입은 경험과 정서에 변화를 가져온다.

종결:
- 가족 구성원의 방어가 깨어짐
- 가족이 개방적으로 의사소통을 함
- 가족 구성원이 그들의 감정에 더 잘 접촉하게 됨
- 구성원들이 보다 솔직하게 서로와 연결함
- 가족 구성원의 개별화에 대한 개방

치료자의 자기:
- 유머와 즉흥성, 성격을 활용하여 치료자는 가족의 균형을 깨뜨리고 변화를 가져옴
- 치료자의 성격은 변화를 일으키는 핵심요소

평가:
- 이 모델은 감정의 경험에 중점을 두었지만, 감정조절에서 가족구조와 의사소통의 역할을 무시했기 때문에 80년대와 90년대에 인기를 잃음
- 정서중심커플치료(수 존슨)와 내면가족체계치료(리차드 슈워츠)가 현재 인기를 얻고 있음
- 종종 치료 바깥으로 일반화할 가능성이 있는 깊은 정서적 경험(과 성공적 회기)을 발생시키기 때문에 성과를 측정하기 위해 치료 중 결과를 사정해야 함

자료:

Satir, V. (1967). *Conjoint family therapy*. Palo Alto, CA: Science and Behavior Books.

Satir, V. (1972). *Peoplemaking*. Palo Alto, CA: Science and Behavior Books.

Napier, A. Y., & Whitaker, C. A. (1978). *The family crucible*. New York: Harper & Row.

정서중심치료

주요 인물	가정:
• 수잔 존슨 • 레스 그린버그	• "경험의 내면구조는 특정 방식으로 내면세계를 구성하는 상호작용 반응을 일으킨다. 이러한 상호작용 패턴은 내면 경험을 반영하고, 또 형성한다"(Johnson, 2008, p.109) • 개인 정체성은 타인과의 관계 및 상호작용에 의하여 형성되고 변형될 수 있음 • 치료에서의 새로운 경험은 내담자들이 자신들의 관점을 확장하고 새로운 방식으로 그 세계를 이해하도록 도움 • 비병리학적임. 병리학이나 '역기능'에 관심을 두지 않음 • 과거는 현재에 영향을 미치는 방식에서만 중요하게 여겨짐 • 정서는 변화의 대상이자 주체 • 일차 정서는 일반적으로 파트너들을 서로에게 더 가깝게 한다. 이차 정서는 파트너들을 서로에게 더 멀게 함 • 고통을 경험하는 커플들은 파트너들이 서로 일차 정서보다는 이차 정서를 표현하는 부정적이고 반복적인 상호작용 순서 패턴에 갇히게 됨
개념:	치료의 목표:
• 애착 욕구는 전생애에 걸쳐 존재 • 부정적 상호작용 패턴 • 일차 정서와 이차 정서 • 공감적 조율 • 고리의 약화cycle de-escalation • 비난자 순화blamer softening • 철회자 재참여withdrawer re-engagement	• 부정적 상호작용 패턴 발견하고 깨뜨리기 • 커플 사이에 정서적 참여 늘리기 • 부정적 상호작용 패턴의 맥락에서 일차 및 이차 정서 발견하기 • 핵심 정서 반응의 접근, 확장 및 재구성 • 파트너의 상호작용적 입장에 변화 만들기 • 관계를 재정의하는 새로운 상호작용적 사건을 만들어 파트너들 사이에 안정적 유대감 형성 돕기

<table>
<tr>
<td>치료자의 역할:
• 내담자 중심, 협력적
• 과정 컨설턴트
• 관계라는 춤의 안무가</td>
<td>사정:
• 예를 들어, 아래의 관계 요소 사정하기:
–순환적 사이클cycle
–행동 경향(행동)
–인식
–이차 정서
–일차 정서
–애착 욕구
• 관계 역사, 핵심 사건
• 간략한 개인 애착 역사
• 상호작용 방식
• 폭력/학대/약물사용
• 성적 관계
• 예후 지표:
–반응 및 확대escalation의 정도: 부정적 순환적 사이클cycle의 강도
–애착/헌신의 강도
–개방성: 치료자에 대한 반응–참여
–여성 파트너의 신뢰/믿음(그녀는 그가 그녀에 대해 관심을 가지고 있다는 것을 믿는가)</td>
</tr>
<tr>
<td>개입:
• 반영
• 타당화
• 연상시키는 질문들과 공감적 추측
• 자기개방</td>
<td>• 따라가기, 반영하기, 상호작용 재연하기
• 애착 틀 내에서 재구조화하기
• 실연enactment
• 순화softening
• 정서적 경험의 고조와 확장</td>
</tr>
<tr>
<td>종결:
• 치료자와 내담자가 협력적으로 다음의 변화가 일어났다고 결정할 때 치료가 종결됨
• 부정적 정서가 줄어들었고 다르게 조절됨
• 파트너들이 서로에게 더 접근 가능해지고 반응적이어짐
• 파트너들이 서로를 적이 아닌 더 가까워지고 싶어 하는 사람으로 인식함
• 부정적 사이클은 억제되고 긍정적 사이클이 일어남</td>
<td>치료자의 자기:
• 내담자/치료자 관계에 대한 책임감을 수용하기
• 내담자의 삶이나 어려운 경험 전문가가 아닌 치료과정에 대한 전문가
• 가끔은 이끌고, 가끔은 따라가는 협력자</td>
</tr>
</table>

평가: 치료/연구: • 배우기 어려운 모델 • 정서중심치료 모델을 사용할 때 치료과정을 천천히 진행하는 것이 중요함. 이 또한 어려울 수 있음 • 깊어진 감정에 머무는 법을 배우는 것은 가끔 버겁게 느껴질 수 있지만 치료자는 계속해서 반영하고 타당화해야 함 • 경험적으로 타당화된 20년의 연구가 뒷받침됨	변화: • 변화는 커플들이 서로 새로운 교정적 정서 경험을 하면서 발생함 • 변화는 커플이 자신의 정서, 욕구 및 두려움을 경험할 수 있게 되고, 서로에게 표현할 수 있게 되며, 접근 가능하고 반응적인 방식으로 이러한 정서, 욕구 및 두려움에 반응하는 상대방을 경험할 수 있게 될 때 발생함

자료:

Johnson, S. M. (2004). *The practice of emotionally focused couple therapy* (2nd ed.). New York: Brunner-Routledge.

Johnson, S. M., Bradely, B., Furrow, J., Lee, A., Palmer, G., Tilley, D., & Wolley, S. (2005). *Becoming an emotionally focused couple therapist: The workbook*. New York: Routledge.

Johnson, S. M. (2008). Emotionally focused couple therapy. In A. S. Gurman (Ed.), *Clinical handbook of couple therapy* (4th ed., pp. 107-137). New York: Guilford.

Johnson, S. M., & Greenburg, L. S. (1994). *The heart of the matter: Perspectives on emotion in marital therapy*. New York: Brunner/Mazel.

가트맨 커플치료

주요 인물 • 존 가트맨 • 줄리 가트맨	가정: • 치료는 주로 짝(dyadic)으로 이루어짐 • 커플이 감정 상태에 있어야 대처 방법을 배우고 변화될 수 있음 • 치료는 주로 긍정적인 정서적 경험이어야 함 • 의사소통과 정서의 변화를 위하여 긍정적 정서의 홍수와 우정의 기반이 필요함
개념: • 부정적인 상호작용(묵시록의 네 기사[1])은 치료의 시도에 대한 수용을 감소시킴 • 치료에 참여하는 대부분의 커플은 긍정적 정서 수준이 낮음 • 건강한 관계의 집 • 부드러운 시작 • 사랑의 지도	치료의 목표: • 커플에게 힘 실어 주기 • 문제 해결 능력 • 긍정적 정서 • 공유된 의미 만들기

1) 역자 주: 가트맨 박사는 결혼의 종말을 예고하는 네 가지 의사소통 방식인 비난, 방어, 경멸, 담쌓기를 성경에 나오는 묵시록의 네 기사(four horsemen of apocalypse)에 빗대어 표현함.

<table>
<tr><td>치료자의 역할:
• 코치
• 부부가 서로 함께 사용할 수 있는 도구를 제공하거나 스스로 만들기</td><td>사정:
• 묵시록의 네 기사가 나타난다면 치료가 효과적이지 않을 것임
• 긍정적 정서의 부재
• 건강한 관계의 집</td></tr>
<tr><td>개입:
• 건강한 관계의 집
• 갈등 속의 꿈
• 파괴적 패턴에 이름 붙이기
• 부부 사이의 우정 강화하기
• 감정의 홍수</td><td>변화:
• 영향 받아들이기
• 부정적 상호작용 줄이기
• 긍정적 정서 증가시키기</td></tr>
<tr><td>종결:
• 커플이 합리적으로 잘 작동하는 자체적인 중재방식을 지속적으로 개발할 수 있을 때</td><td>치료자의 자기:
• 논의되지 않음</td></tr>
<tr><td colspan="2">평가:
• 이론은 가트맨의 연구에 기반을 두고 있음</td></tr>
<tr><td colspan="2">자료:
The Marriage Clinic</td></tr>
<tr><td colspan="2">메모:</td></tr>
</table>

부록 B
AAMFT 핵심역량

번호	하위 영역	역량
영역 1		치료 시작 단계admission to treatment
1. 1. 1	개념	부부가족치료의 실제에 있어 기반이 되는 체계의 개념, 이론 및 테크닉을 이해한다.
1. 1. 2	개념	개인, 부부, 커플, 가족, 집단심리치료 이론과 기술을 이해한다.
1. 1. 3	개념	행동 건강관리 전달체계와 제공된 서비스에 미치는 영향, 체계 내의 장벽과 불평등을 이해한다.
1. 1. 4	개념	개인, 부부, 커플, 가족, 집단심리치료의 위험과 이점을 이해한다.
1. 2. 1	지각	맥락적, 체계적 역동(예:성별, 연령, 사회경제적 지위, 문화/인종/민족, 성적 지향, 영성, 종교, 더 큰 체계, 사회적 맥락)을 인지한다.
1. 2. 2	지각	내담자의 삶과 관련된 건강 상태, 정신 상태, 기타 치료와 다른 체계 및 내담자와 관련된 기타 체계(예: 법원, 사회서비스)를 이해한다.
1. 2. 3	지각	전문적 평가, 사정, 또는 돌봄을 위한 연계가 필요할 수 있는 이슈를 인지한다.
1. 3. 1	실행	개인, 가족, 지역사회, 문화적, 맥락적 요인에 대한 균형 잡힌 관심을 기울여 접수상담 정보를 수집하고 검토한다.
1. 3. 2	실행	누가, 어떤 형태(예: 개인, 커플, 가족, 가족 외)로 치료에 참여할지 결정한다.
1. 3. 3	실행	치료에 참여가 필요한 모두의 치료적 참여involvement를 촉진한다.
1. 3. 4	실행	개인정보, 비밀보호 정책, 내담자나 법적 보호자를 돌볼 권리를 포함한 실제practice 세팅의 규칙, 비용, 권리와 책임을 설명한다.
1. 3. 5	실행	책임이 있는 모든 사람으로부터 처치에 대한 동의를 얻는다.
1. 3. 6	실행	내담자와 적절하고 생산적인 치료적 동맹을 획득하고 유지한다.
1. 3. 7	실행	치료적 과정 전반에 걸쳐 내담자 피드백을 요청하고 사용한다.
1. 3. 8	실행	연계 자원, 내담자 돌봄과 관련된 다른 업무관련자practicioners, 비용 지불자와 협력적인 업무관계를 유지하고 발전시킨다.
1. 3. 9	실행	개인, 커플, 가족, 집단과의 회기 상호작용을 관리한다.
1. 4. 1	평가	실제와 역량의 전문적인 범위 내에서 치료의 적절성을 위한 사례를 평가한다.
1. 5. 1	전문성	취약한 이들(예: 미성년)과 작업할 때의 법적 요구사항 및 한계를 이해한다.
1. 5. 2	전문성	적시에 법률 및 정책에 따라 사례 문서 작성을 완료한다.
1. 5. 3	전문성	비용, 지불, 기록 보관 및 비밀유지를 위한 정책을 개발, 수립, 유지한다.

영역 2	임상 사정과 진단	
2. 1. 1	개념	인간발달의 원리, 섹슈얼리티, 성 발달, 정신병리학, 정신약리학, 커플 과정, 가족 발달(예: 가족, 관계적, 체계적 역동)을 이해한다.
2. 1. 2	개념	역학, 병인학, 현상학, 효과 치료, 과정 및 예후를 포함하는 주요 행동 건강 장애를 이해한다.
2. 1. 3	개념	동반질환 장애 (예: 약물 남용과 정신건강, 심장 질환과 우울)가 있는 이들의 임상적 욕구와 영향을 이해한다.
2. 1. 4	개념	제시된 문제, 실습 환경 및 문화적 맥락에 적합한 개인, 결혼, 부부 및 가족 평가 도구를 이해한다.
2. 1. 5	개념	정신건강 장애, 약물 사용 장애 및 관계 기능의 평가 및 진단에 대한 현재 모델을 이해한다.
2. 1. 6	개념	특히 서로 다른 문화, 경제, 민족 집단과의 관련성에 있어서 사정과 진단 모델의 강점과 제한점을 이해한다.
2. 1. 7	개념	신뢰도와 타당도의 개념, 사정 도구와의 관계, 치료적 의사결정에 미치는 영향을 이해한다.
2. 2. 1	지각	변화과정에서 각 내담자의 참여를 사정한다.
2. 2. 2	지각	사정과정을 가이드하는 데 있어 내담자와의 상호작용, 내담자 보고서, 내담자 행동관찰, 내담자 관계 패턴, 타 전문가의 보고서, 실험 절차로부터의 결과를 체계적으로 통합한다.
2. 2. 3	지각	관계 패턴, 문제에 대한 태도, 내담자 체계에 영향을 미치는 추가 치료적 요인에 대한 가설을 세운다.
2. 2. 4	지각	처치가 추가적 치료적 관계에 미치는 영향을 고려한다.
2. 2. 5	지각	정서적/대인관계적 증상을 야기하거나 악화시킬 수 있는 신체적/유기적 문제를 고려한다.
2. 3. 1	실행	내담자 행동적, 관계적 건강 문제를 체계적이고 맥락적으로 진단하고 사정한다.
2. 3. 2	실행	아동, 청소년, 노인, 특별한 도움이 필요한 이들과 같은 내담자에게 발달적으로 적절한 서비스를 전달하고 사정을 제공한다.
2. 3. 3	실행	효과적이고 체계적인 인터뷰기법과 전략 적용한다.
2. 3. 4	실행	사정 도구를 실시하고 결과를 해석한다.
2. 3. 5	실행	약물 남용, 아동과 노인학대, 가정폭력, 신체적 폭력, 자살 가능성, 자신과 타인에 대한 위험에 대해 적절한 안전 계획을 선별하고 개발한다.
2. 3. 6	실행	가계도나 기타 사정 도구를 사용하여 가족 역사와 역동을 사정한다.
2. 3. 7	실행	내담자 문제의 맥락을 이해하기 위해 적절하고 정확한 생물심리사회적 역사를 이끌어 낸다.
2. 3. 8	실행	내담자의 강점, 탄력성과 자원을 파악한다.

2. 3. 9	실행	치료적 체계로서 각 구성원의 관점에서 제시된 문제를 밝힌다.
2. 4. 1	평가	내담자의 욕구에 적절한 사정 도구를 평가한다.
2. 4. 2	평가	이슈와 치료적 과정을 체계적으로 보는 능력을 사정한다.
2. 4. 3	평가	행동 건강 및 관계 진단의 정확성과 문화적 관련성을 평가한다.
2. 4. 4	평가	치료 목표 및 진단에 대한 치료자와 내담자 동의를 평가한다.
2. 5. 1	전문성	상담과 수퍼비전을 효과적으로 활용한다.

영역 3	치료 계획 및 사례관리	
3. 1. 1	개념	어떤 모델, 방식과/혹은 테크닉이 제시된 문제에 가장 효과적인지 안다.
3. 1. 2	개념	청구 시 발생하는 책임, 환급에 필요한 절차, 그리고 이를 올바르게 사용하는 방법을 이해한다.
3. 1. 3	개념	향정신성 및 기타약물이 내담자와 치료 과정에 미치는 영향을 이해한다.
3. 1. 4	개념	회복 지향적 행동 건강 서비스(예: 자조 그룹, 12단계 프로그램, P2P 서비스, 고용 지원)를 이해한다.
3. 2. 1	지각	내담자 피드백, 사정, 맥락적 정보, 치료 목표와 계획의 진단을 통합한다.
3. 3. 1	실행	체계적 관점을 활용하여 내담자를 위한 측정 가능한 결과, 치료 목표, 치료 계획, 사후관리계획을 개발한다.
3. 3. 2	실행	치료 목표의 우선순위를 세운다.
3. 3. 3	실행	회기가 어떻게 진행될 것인지에 대한 명확한 계획을 수립한다.
3. 3. 4	실행	내담자의 욕구에 부응하도록 하고 체계적 변화를 촉진하기 위해 치료를 구조화한다.
3. 3. 5	실행	치료 목표를 향한 치료 진행상황을 관리한다.
3. 3. 6	실행	위험, 위기 및 긴급 상황을 관리한다.
3. 3. 7	실행	가족 구성원, 기타 중요한 이들과 참석하지 않은 전문가를 포함하여 다른 이해관계자들과 협력하여 일한다.
3. 3. 8	실행	돌봄의 복잡한 체계를 탐색하는 동시에 필요한 돌봄을 받을 수 있도록 내담자를 돕는다.
3. 3. 9	실행	종료 및 사후 관리 계획을 개발한다.
3. 4. 1	평가	치료 목표를 향한 회기 진행상황을 평가한다.
3. 4. 2	평가	치료 목표 및 계획의 수정이 필요한 시기를 인지한다.
3. 4. 3	평가	위험 수준을 평가하고 위험, 위기, 긴급 상황을 관리한다.
3. 4. 4	평가	정책 준수를 위한 회기 과정과 실습 환경의 절차를 사정한다.
3. 4. 5	평가	치료적 행동, 내담자와의 관계, 절차설명을 위한 과정과 성과에 있어서 내담자에 대한 개인적 반응과 치료 과정을 모니터링한다.

3. 5. 1	전문성	지역사회에서 양질의 돌봄, 적절한 자원과 서비스를 받도록 내담자를 옹호한다.
3. 5. 2	전문성	사례 관련 포렌식과 법률 과정에 참여한다.
3. 5. 3	전문성	실습 환경 정책, 전문적 기준, 주/지자체 법에 부응하는 다른 사례 문서와 계획을 작성한다.
3. 5. 4	전문성	치료 회기에서의 시간관리 기술과 다른 전문가 모임을 활용한다.

영역 4	치료적 개입	
4. 1. 1	개념	근거 기반 치료와 문화적으로 민감한 접근을 포함하는 개인과 체계의 다양한 치료 모델과 적용방법을 이해한다.
4. 1. 2	개념	가족 기능장애, 병리, 문화적 결핍이 수반되는 가정을 가진 모델과 관련된 피해의 위험을 포함하는, 특정 치료 모델의 강점, 제한점, 금기를 인지한다.
4. 2. 1	지각	서로 다른 테크닉이 치료 과정에 미치는 영향을 인지한다.
4. 2. 2	지각	내용과 과정 간의 차이와 치료에서의 이들의 역할과 치료적 성과에 미치는 이들의 잠재적 영향력을 구별한다.
4. 3. 1	실행	치료 방식과 테크닉을 내담자의 욕구, 목표, 가치에 부응하도록 선정한다.
4. 3. 2	실행	내담자의 특별한 욕구(예: 성별, 연령, 사회경제적 지위, 문화/인종/민족, 성적 지향, 장애, 개인사, 내담자의 더 큰 체계 이슈)에 민감한 방식으로 개입을 전달한다.
4. 3. 3	실행	문제와 순환적 상호작용 패턴을 재구성한다.
4. 3. 4	실행	치료실에서 관계적 질문과 반영적 코멘트를 한다.
4. 3. 5	실행	각 가족 구성원을 적절히 치료 과정에 참여시킨다.
4. 3. 6	실행	문제에 대한 내담자의 발달과 통합적 해결책을 촉진한다.
4. 3. 7	실행	모든 참여자의 안전을 위해 강렬하고 혼란스러운 상황을 완화시킨다.
4. 3. 8	실행	서로와 더 큰 체계와 함께 효과적인 관계를 구축하기 위해 내담자와 그들의 관계적 체계의 역량을 강화한다.
4. 3. 9	실행	심각한 정신 질환 또는 기타 장애가 있는 가족에게 심리 교육을 제공한다.
4. 3. 10	실행	더 알맞은 치료적 목표를 위해 잘 작동하지 않는 개입을 수정한다.
4. 3. 11	실행	치료 목표가 달성되면 건설적 종결로 넘어간다.
4. 3. 12	실행	치료에 수퍼바이저, 수퍼바이저/팀 의사소통을 통합한다.
4. 4. 1	평가	일관성, 치료 모델과 변화 이론의 합치, 문화적 맥락적 적절성, 치료 계획의 목표를 위한 개입을 평가한다.
4. 4. 2	평가	개입을 효과적으로 전달하는 능력을 평가한다.
4. 4. 3	평가	치료 과정으로서 치료 성과를 평가한다.
4. 4. 4	평가	내담자의 반동이나 개입에의 반응을 평가한다.

4. 4. 5	평가	치료 종결, 연계, 지속을 위한 내담자의 성과를 평가한다.
4. 4. 6	평가	치료 과정에 대한 반동(예: 전이, 원가족, 현재 스트레스 수준, 현재 삶의 상황, 문화적 맥락)과 효과적인 개입과 임상적 성과에 미치는 영향을 평가한다.
4. 5. 1	전문성	다양한 관점(예: 내담자, 팀, 수퍼바이저, 사례에 참여한 다른 학문 분야의 임상가를 존중한다.
4. 5. 2	전문성	적절한 경계를 설정하고, 삼각화 이슈를 관리하며 협력적 작업 관계를 발전시킨다.
4. 5. 3	전문성	치료목표와 계획과 관련된 개입, 사정 정보, 내담자의 맥락과 역동에 대한 체계적인 이해를 위한 이론적 해석을 명확히한다.

영역 5	법적 이슈, 윤리 및 기준	
5. 1. 1	개념	결혼과 가족 치료의 실제에 적용되는 주, 연방 및 지자체 법률 및 규정을 안다.
5. 1. 2	개념	결혼과 가족 치료의 실제에 적용되는 직업윤리와 실천기준을 안다.
5. 1. 3	개념	실제 세팅의 정책과 절차를 안다.
5. 1. 4	개념	윤리적 의사결정의 과정을 이해한다.
5. 2. 1	지각	윤리, 법률, 직업적 책임과 실제의 기준이 적용되는 상황을 인지한다.
5. 2. 2	지각	실제 세팅에서 윤리적 딜레마를 인지한다.
5. 2. 3	지각	언제 법률 상담이 필요한지 인지한다.
5. 2. 4	지각	임상 수퍼비전 혹은 상담이 언제 필요한지 인지한다.
5. 3. 1	실행	윤리, 법률, 규정 및 전문적 기준과 관련된 이슈를 모니터링한다.
5. 3. 2	실행	내담자의 비밀유지를 보호하고 관련 법률과 규정을 준수하기 위한 전문적 기준과 부합하는 정책, 절차와 양식을 개발하고 사정한다.
5. 3. 3	실행	비밀유지의 제한과 의무보고 사항에 대해 내담자와 법적 보호자에게 알린다.
5. 3. 4	실행	잠재적 자해, 자살, 학대, 폭력의 위험이 있는 내담자를 위한 안전 계획을 개발한다.
5. 3. 5	실행	윤리적 법적 딜레마가 발생하면 적절한 조치를 취한다.
5. 3. 6	실행	법으로 요구되는 관련 당국에 정보를 보고한다.
5. 3. 7	실행	정해진 실천 범위와 역량 내에서 실천한다
5. 3. 8	실행	효과적 임상 실제와 관련된 이론과 지식을 습득한다.
5. 3. 9	실행	면허와 전문 자격을 취득한다.
5. 3. 10	실행	전문적 역량을 유지하기 위한 개인 프로그램을 수행한다.
5. 4. 1	평가	윤리, 법적 이슈와 실제 기준과 관련된 활동을 평가한다.
5. 4. 2	평가	태도, 개인의 웰빙, 개인 이슈, 개인문제가 치료 과정에 부정적 영향을 주거나 취약성 문제를 만들지 않도록 모니터링한다.

5. 5. 1	전문성	시의적절하고 정확한 노트로 내담자 기록을 유지한다.
5. 5. 2	전문성	만약 개인적 이슈, 태도, 믿음이 임상작업에 악영향을 미친다면 동료와/또는 수퍼바이저와 상담한다.
5. 5. 3	전문성	자기 수퍼비전, 동료 사담, 전문적 독서와 지속적 교육활동을 통해 전문성 개발을 추구한다.
5.5.4.	전문성	전문적 윤리와 적절한 법과 정책에 부합하도록 내담자와 제3자 지급인에게 청구하고 보장 대상 서비스에 대해서만 상환을 청구한다.

영역 6	연구와 프로그램 평가	
6. 1. 1	개념	현존하는 부부가족치료 문헌, 연구, 근거 기반 실천을 안다.
6. 1. 2	개념	부부가족치료와 정신건강 서비스와 관련된 연구와 프로그램 평가 방법론과 양적 질적 연구를 이해한다
6. 1. 3	개념	임상적 연구와 프로그램 평가에 수반되는 법적, 윤리적, 맥락적 이슈를 이해한다.
6. 2. 1	지각	임상 연구에 참여할 수 있는 치료자와 내담자의 기회를 인지한다.
6. 3. 1	실행	최신 부부가족치료와 다른 전문 문헌을 읽는다.
6. 3. 2	실행	임상적 실제에 정보를 제공하는 최신 부부가족치료와 다른 연구를 활용한다.
6. 3. 3	실행	전문적 연구를 크리티컬하고 문헌의 프로그램 평가와 연구의 질을 사정한다.
6. 3. 4	실행	임상적 실제와 테크닉의 효과성을 결정한다.
6. 4. 1	평가	최신 임상 문헌의 지식과 이의 적용을 평가한다.
6. 5. 1	전문성	새로운 지식의 발전에 기여한다.

참고: 미국부부가족치료학회의 허가를 받아 인쇄함

참고문헌

Addis, M. E., Wade, W. A., & Hatgis, C. (1999). Barriers to dissemination of evidencebased practices: Addressing practitioners' concerns about manual-based psychotherapies. *Clinical Psychology: Science and Practice, 6*, 430-441.

Aducci, C. J., & Cole, C. L. (2011). Multiple relationships: Perspectives from training family therapists and clients. *Journal of Systemic Therapies, 30*(4), 48-63.

Aggarwal N. K. (2012). Adapting the cultural formulation for clinical assessments in forensic psychiatry. *Journal of the American Academy of Psychiatry and the Law, 40*, 113-118.

Alderfer, C. (2007). Triangulation—the core of the supervisory process. *Family Therapy Magazine, 65*(5), 32-34.

Almeida, R., Dolan-Del Vecchio, K., & Parker, L. (2007). Foundation concepts for social justicebased therapy: Critical consciousness, accountability, and empowerment. In E. Alarondo (Ed.), *Advancing social justice through clinical practice* (pp. 175-206). Mahwah, NJ: Lawrence Erlbaum.

Amanor-Boadu, Y., & Baptist, J. (2008). Meeting the clinical supervision needs of international student therapists. *Family Therapy Magazine, 7*(6), 46-47.

American Association for Marriage and Family Therapy. (2001). *Code of ethics*. Alexandria, VA: Author.

American Association for Marriage and Family Therapy. (2004). *Marriage and family therapy core competencies*. Retrieved from https://www.coamfte.org/Documents/COAMFTE/Accreditation%20Resources/MFT%20CORE%20Competencies%20(December%202004).pdf.

American Association for Marriage and Family Therapy. (2012). *Code of ethics*. Alexandria, VA: Author.

American Association for Marriage and Family Therapy. (2014). *Approved Supervisor designation: Standards handbook*. Alexandria, VA: Author.

American Association for Marriage and Family Therapy. (2015a). *Code of Ethics*. Alexandria, VA. Retrieved from www.aamft.org/Legal_Ethics/Code_of_Ethics.aspx.

American Association for Marriage and Family Therapy. (2015b). *User's guide to the 2015 AAMFT Code of Ethics*. Alexandria, VA: Author.

American Association for Marriage and Family Therapy. (2020). *The AAMFT blog: Legal & Ethics*. Retrieved from https://blog.aamft.org/ethics/.

American Psychological Association. (2020). *Publication manual of the American Psychological Association* (7th ed.). Washington, DC: Author.

Anderson, S. A., Schlossberg, M., & Rigazio-DiGilio, S. (2000). Family therapy trainees' evaluations of their best and worst supervision experiences. *Journal of Marital and Family Therapy, 26*, 79-91.

Aponte, H. J. (1994). How personal can training get? *Journal of Marital and Family Therapy, 20*, 3-15.

Aponte, H., & Ingram, M. (2018). Person of the therapist supervision: Reflections of a therapist and supervisor on empathic-identification and differentiation. *Journal of Family Psychotherapy, 29*, 43-57.

Aponte, H., & Kissil, K. (Eds.), (2016). *The Person of the Therapist training model: Mastering the use of self*. New York, NY: Routledge.

Aponte, H. J., Powell, F. D., Brooks, S., Watson, M. F., Litzke, C., Lawless, J., & Johnson, E. (2009). Training the person of the therapist in an academic setting. *Journal of Marital and Family Therapy, 35*, 381-394.

Association of Marital and Family Therapy Regulatory Boards. (2016). *Teletherapy guidelines: Telesupervision*. Retrieved from https://amftrb.org/wp-content/uploads/2017/05/Proposed-Teletherapy-Guidelines-DRAFT-as-of-09.12.16.pdf.

Association of Marital and Family Therapy Regulatory Boards. (2019). *2019 AMFTRB marital and family therapy national examination handbook for candidates*. Retrieved from https://ptcny. com/pdf/AMFTRB2020.pdf.

Association of Marital and Family Therapy Regulatory Boards. (2020). *2020 AMFTRB marital and family therapy national examination handbook for candidates*. Retrieved from https://ptcny. com/pdf/AMFTRB.pdf.

Baldwin, K. D. (2018). Faculty and supervisor roles in gatekeeping. In A. M. Homrich & K. L. Hendersons (Eds.), *Gatekeeping in the mental health professions* (pp. 99-125). Alexandria, VA: American Counseling Association.

Barker, P., & Chang, J. (2013). *Basic family therapy* (6th ed.). Hoboken, NJ: Wiley-Blackwell.

Bartle-Haring, S. M., Silverthorne, B. C., Meyer, K., & Toviessi, P. (2009). Does live supervision make a difference?: A multilevel analysis. *Journal of Marital and Family Therapy, 35*, 406-414.

Bateson, G. (1972). *Steps to an ecology of mind*. New York, NY: Ballantine Books.

Baucom, B. R., & Crenshaw, A. O. (2019). Evaluating the efficacy of couple and family therapy. In B. H. Fiese, M. Celano, K. Deater-Deckard, E. N. Jouriles, & M. A. Whisman (Eds.), *APA handbook of contemporary family psychology: Family therapy and training* (Vol. 3), (pp. 69-86). Washington, DC: American Psychological Association.

Becvar, D. S., & Becvar, R. J., (2012). *Family therapy: A systemic integration* (8th ed.). New York, NY: Pearson.

Becvar, R. J., & Becvar, D. S. (2017). *Systems theory and family therapy: A primer* (3rd ed.). Lanham, MD: Hamilton Books.

Bernard, J. M., & Goodyear, R. K. (2009). *Fundamentals of clinical supervision* (4th ed.). Upper Saddle River, NJ: Pearson.

Bernard, J. M., & Goodyear, R. K. (2019). *Fundamentals of clinical supervision* (6th ed.). New York, NY: Pearson.

Beutler, L. E. (2000). David and Goliath: When empirical and clinical standards of practice meet. *American Psychologist, 55*, 997-1007.

Beutler, L. E., & Harwood, T. M. (2000). *Prescriptive psychotherapy: A practical guide to systematic treatment selection*. New York, NY: Oxford University Press.

Bilot, J., & Peluso, P. (2009). The use of the ethical genogram in supervision. *The Family Journal: Counseling and Therapy for Couples and Families, 17*(2), 175-179.

Bitar, G. W., Bean, R. A., & Bermudez, J. M. (2007). Influences and processes in theoretical orientation development: A grounded theory pilot study. *American Journal of Family Therapy, 35*, 109-121.

Blow, A. J., & Karam, E. A. (2016). The therapist's role in effective marriage and family therapy practice: The case for evidence-based therapists. *Administration and Policy in Mental Health and Mental Health Services Research, 44*, 716-723.

Blow, A. J., & Sprenkle, D. H. (2001). Common factors across theories of marriage and family therapy. *Journal of Marital and Family Therapy, 27*, 385-401.

Blow, A. J., Sprenkle, D. H., & Davis, S. D. (2007). Is who delivers the treatment more important than the treatment itself? The role of the therapist in common factors. *Journal of Marital and Family Therapy, 33*, 298-317.

Blumer, M., Hertlein, K. M., & VandenBosch, M. (2015). Towards the development of educational core competencies for Couple and Family Therapy technology practices. *Contemporary Family Therapy, 37*, 113-121.

Bobele, M., Biever, J. L., Hassan Solorzano, B., & Bluntzer, L. H. (2014). Postmodern approaches to supervision. In T. C. Todd & C. L. Storm (Eds.), *The complete systemic supervisor: Context, philosophy, and pragmatics* (2nd ed., pp. 255-273). Hoboken, NJ: Wiley.

Bordin, E. S. (1979). The generalizability of the psychoanalytic concept of the working alliance. *Psychotherapy: Theory Research, and Practice, 168*, 252-260.

Boston, P. (2010). The three faces of supervision: Individual learning, group learning, and supervisor accountability. In C. Burck & G. Daniel (Eds.), *Mirrors and reflections: Processes of systemic supervision* (pp. 27-48). London, UK: Karnac.

Boszormenyi-Nagy, I., & Spark, G. (1973). *Invisible loyalties: Reciprocity in intergenerational family therapy*. New York, NY: Brunner/Mazel.

Bowen, M. (1978). *Family therapy in clinical practice*. New York, NY: Jason Aronson.

Bowen, M. (1985). *Family therapy in clinical practice*. Northville, NJ: Jason Aronson.

Boyd-Franklin, N. (2003). *Black families in therapy: Understanding the African American experience* (2nd ed.). New York, NY: Guilford.

Briggs, K., Fournier, D. G., & Hendrix, C. C. (1999). Evaluating trainees' skill development: The Family Therapy Skills Checklist. *Contemporary Family Therapy, 21*(3), 353-370.

British Association for Counselling and Psychotherapy. (2018). *Ethical framework for the counselling professions*. Retrieved from www.bacp.co.uk/events-and-resources/ethics-and-standards/ethical-framework-for-the-counselling-professions/.

Bronfenbrenner, U. (1979). *The ecology of human development*. Cambridge, MA: Harvard University Press.

Bronfenbrenner, U., & Morris, P. A. (2006). The bioecological model of human development. In R. M. Lerner & W. Damon (Eds.), *Handbook of child psychology* (6th ed., Vol.1, pp. 793-828). Hoboken, NJ: Wiley.

Brown, T. L., Bryant, C. M., Hernández, D. C., Holman, E. G., Mulsow, M., & Shih, K. Y. (2019). *What's your social location? Definitions and illustrations. National Council on Family Relations*. Retrieved from www.ncfr.org/ncfr-report/spring-2019/inclusion-and-diversitysocial-location.

Brunelli, L. M. (2019). *Five things to avoid when video conferencing from home*. Retrieved from www.thebalancecareers.com/things-to-avoid-when-video-conferencing-from-home-4150628.

Bubolz, M. M., & Sontag, M. S. (1993). Human ecology theory. In P. G. Boss, W. J. Doherty, R. LaRossa, W. R. Schumm, & S. K. Steinmetz (Eds.), *Sourcebook of family theories and methods: A contextual approach* (pp. 419-447). New York, NY: Plenum.

Busby, D. M., Crane, D. R., Larson, J. H., & Christensen, C. (1995). A revision of the Dyadic Adjustment Scale for use with distressed and nondistressed couples: Construct hierarchy and multidimensional scales. *Journal of Marital and Family Therapy, 21*, 289-308.

Caldwell, B. (2011, Sept/Oct). The dilemma: Can a religious therapist refuse to treat gay and lesbian clients? *Family Therapy Magazine, 50-52*.

Caldwell, B. E., Bischoff, R. J., Derigg-Palumbo, K. A., & Liebert, J. D. (2017). *Best practices in the online practice of couple and family therapy: Report of the online therapy workgroup*. Alexandria, VA: American Association for Marriage and Family Therapy.

Caldwell, K., & Claxton, C. (2010). Teaching family systems theory: A developmental constructivist perspective. *Contemporary Family Therapy, 32*, 3-21.

Campbell, C. (2018). Educating openness: Umberto Eco's poetics of openness as a pedagogical value. *Signs and Society, 6*, 305-331.

Carpenter, K. M., Cheng, W. Y., Smith, J. L., Brooks, A. C., Amrhein, P. C., Wain, R. M., & Nunes, E. V. (2012). "Old dogs" and new skills: How clinician characteristics relate to motivational interviewing skills before, during, and after training. *Journal of Consulting and Clinical Psychology, 80*, 560-573.

Castronova, M., ChenFeng, J., & Zimmerman, T. S. (2020). Supervision in systemic family therapy. In K. S. Wampler, R. B. Miller, & R. B. Seedall (Eds.), *Handbook of systemic family therapy* (Vol. 1, pp. 577-600). New York, NY: Wiley.

Celano, M. P., Smith, C. O., & Kaslow, N. J. (2010). A competency-based approach to couple and family therapy supervision. *Psychotherapy Theory, Research, Practice, Training, 47*, 35-44.

Chang, J. (2010). The reflecting team: A training method for family counselors. *The Family Journal: Counseling and Therapy for Couples and Families, 18*(1), 36-44.

Chang, J. (2013). A contextual-functional meta-framework for counselling supervision. *International Journal for the Advancement of Counselling, 35*(2), 71-87.

Charlés, L. L., & Nelson, T. S. (2019). Preface. In L. L. Charlés & T. S. Nelson (Eds.), *Family therapy supervision in extraordinary settings: Illustrations of systemic approaches in everyday clinical work* (pp. xv-xvii). New York, NY: Routledge.

Christiansen, A. T., Thomas, V., Kafescioglu, N., Karakurt, G., Lowe, W., Smith, W., & Witatenborn, A. (2011). Multicultural supervision: Lessons learned about an ongoingstruggle. *Journal of Marital and Family Therapy, 37*, 109-119. https://doi:10.1111/j.1752-0606.2009.00138.x.

Colapinto, J. (1988). Teaching the structural way. In H. A. Liddle, D. C. Breunlin, & R. C. Schwartz (Eds.), *Handbook of family therapy training and supervision* (pp. 17-37). New York,NY:Guilford.

College of Registered Psychotherapists of Ontario. (2012). *Entry-to-practice competency profile for Registered Psychotherapists*. Toronto, ON: Author.

Collins, S. (Ed.). (2019). *Embracing cultural responsivity and social justice: Reshaping professional identity in counselling psychology*. Counselling Concepts. Retrieved from https://www.researchgate.net/publication/331473611_Embracing_Cultural_Responsivity_and_Social_Justice_Reshaping_Professional_Identity_in_Counselling_Psychology?enrichId=rgreq-4684d21973d9ea16e66ac070063c8646-XXX&enrichSource=Y2

92ZXJQYWdlOzMzMTQ3MzYxMTtBUzo3MzIxMDY3NzkwMjk1MDRAMTU1MTU1OTI2NjQyNw%3D%3D&el=1_x_2&_esc=publicationCoverPdf.

Commission on Accreditation for Marriage and Family Therapy Education. (2017). *COAMFTE Accreditation Standards Version 12*. Alexandria, VA: Author.

Cook, R. M., Welfare, L. E., & Sharma, J. (2019). Exploring supervisees' in-session experiences of utilizing intentional nondisclosure. *The Clinical Supervisor, 38*, 202-221.

Coren, S., & Farber, B. A. (2019) A qualitative investigation of the nature of "informal supervision" among therapists in training. *Psychotherapy Research, 29*(5), 679-690. https://doi:10.1080/10503307.2017.1408974.

Craighead, W. W., Craighead, L. W., & Miklowitz, D. J. (Eds.) (2008). *Psychopathology: History, diagnosis, and empirical foundations*. New York, NY: Wiley.

Craven, P. A., & Lee, R. E. (2006). Therapeutic interventions with young foster children: A critical review. *Research on Social Work Practice, 16*, 287-304.

Cravens Pickens, J., Morris, N., & Johnson, D. L. (2019). The digital divide: Couple and family therapy programs' integration of teletherapy training and education. *Journal of Marital and Family Therapy, 46*, 186-200.

Cuijpers, P., Reijnders, M., & Huibers, M. J. H. (2019). The role of common factors in psychotherapy outcomes. *Annual Review of Clinical Psychology 15*, 207-231.

D'Aniello, C., & Fife, S. T. (2017). Common factors' role in accredited MFT training programs. *Journal of Marital and Family Therapy, 43*, 591-604.

Daniels, T. G., Rigazio-DiGilio, S. A., & Ivey, A. E. (1997). Microcounseling: A training and supervision paradigm for the helping professions. In C. E. Watkins, Jr. (Ed.), *Handbook of psychotherapy supervision* (pp. 277-295). Hoboken, NJ: Wiley & Sons.

Davis, D., Deblaere, C., Hook, J. N., & Owen, J. (2020). Integrating mindfulness in the real world. In D. Davis, C. Deblaere, J. N. Hook, & J. Owen (Eds.), *Mindfulness-based practices in therapy: A cultural humility approach* (pp. 177-193). Washington, DC: American Psychological Association.

De Jong, P., & Berg, I. K. (2013). *Interviewing for solutions* (4th ed.). Belmont, CA: Brooks/Cole.

de Shazer, S., Dolan, Y., Korman, H., Trepper, T., McCollum, E., & Berg, I. K. (2007). *More than miracles: The state of the art of solution-focused brief therapy*. New York, NY: Haworth.

Deblinger, E., & Heflin, A. H. (1996). *Treating sexually abused children and their nonoffending parents: A cognitive behavioral approach*. Thousand Oaks, CA: Sage.

Degges-Wite, S. E., Colon, B. R., & Borzumato-Gainey, C. (2013). Counseling supervision within a feminist framework: Guidelines for intervention. *The Journal of Humanistic Counseling, 10*, 92-105.

Denton, W. H., Burleson, B. R., Clark, T. E., Rodriguez, C. P., & Hobbs, B. V. (2000). A randomized trial of emotion-focused therapy for couples in a training clinic. *Journal of Marital and Family Therapy, 26*, 65-78.

DeRoma, V. M., Hickey, D. A., & Stanek, K. M. (2007). Methods of supervision in marriage and family therapist training: A brief report. *North American Journal of Psychology, 9*(3), 415-422.

Di Clemente, C. C. (1999). Motivation for change: Implications for substance abuse treatment. *Psychological Science, 10*(3), 209-213.

Domokos-Cheng Ham, M. (2014, July/August). Social responsibility: A commitment to an effective decision-making process. *Family Therapy Magazine, 16-20*.

Doyle, E., & Gosnell, F. (2019). Performing social justice in family therapy: Exploring the assumptions between the *isms and the *ings. In S. Collins (Ed.), *Embracing cultural responsivity and social justice: Reshaping professional identity in counselling psychology* (pp. 614-638). Victoria, BC: Counselling Concepts.

Drake Wallace, M. J., Wilcoxon, S. A., & Satcher, J. (2010). Productive and nonproductive counselor supervision: Best and worst experiences of supervisees. *Alabama Counseling Association Journal, 35*(2), 4-13.

Duncan, B. L., & Sparks, J. A. (2019). When meta-analysis misleads: A critical case study of a meta-analysis of client feedback. *Psychological Services, 1-10*. https://doi.org/10. 1037/ser0000398.

Duncan, B. L., Miller, S. D., & Sparks, J. A. (2004). *The heroic client: A revolutionary way to improve effectiveness through client-directed, outcome-informed therapy* (rev. ed.). San Francisco, CA: Jossey-Bass.

Duncan, B. L., Miller, S. D., Wampold, B. E., & Hubble, M. A. (Eds.) (2010). *The heart and soul of change: What works in therapy* (2nd ed.). Washington, DC: American Psychological Association.

Dwyer, T. F. (1999). "Barging in". In R. E. Lee & S. Emerson (Eds.), *The eclectic trainer* (pp. 133-143). Galena, IL: Geist & Russell.

Emerson, S. (1999). Creating a safe place for growth in supervision. In R. E. Lee & S. Emerson (Eds.), *The eclectic trainer* (pp. 3-12). Galena, IL: Geist & Russell.

Enlow, P. T., McWhorter, L. G., Genuario, K., & Davis, A. (2019). Supervisor-supervisee interactions: The importance of the supervisory working alliance. *Training and Education in Professional Psychology, 13*(3), 206-211.

Esmiol, E. E., Knudson-Martin, C., & Delgado, S. (2012). Developing a contextual consciousness: Learning to address gender, societal power, and culture in clinical practice. *Journal of Marital and Family Therapy, 38*, 573-588.

Falender, C. A., & Shafranske, E. P. (2004). *Clinical supervision: A competency-based approach*. Washington, DC: American Psychological Association.

Falender, C. A., & Shafranske, E. P. (2016). *Supervision essentials for the practice of competencybased supervision: Clinical supervision essentials*. Washington, DC: American Psychological Association.

Falicov, C. J. (1995). Training to think culturally: A multidimensional comparative framework. *Family Process, 34*, 373-388.

Falke, S. I., Lawson, L. Pandit, M. L., & Patrick, E. A. (2015). Participant supervision: Supervisor and supervisee experiences of cotherapy. *Journal of Marital and Family Therapy, 41*, 150-162.

Farber, B. A., & Hazanov, B. (2014). Informal sources of supervision in clinical training. *Journal of Clinical Psychology: In Session, 60*(11), 1062-1072.

Fear, R., & Woolfe, R. (1999). The personal and professional development of the counselor: The relationship between personal philosophy and theoretical orientation. *Counseling Psychology Quarterly, 12*(3), 253-262.

Fife, S. T., D'Anniello, C., Scott, S., & Sullivan, E. (2018). Marriage and family therapy students' experience with common factors training. *Journal of Marital and Family Therapy, 45*, 191-205.

Figley, C. R. (2000). Helping our supervisors in training (SITs) write their philosophy statement. In AAMFT (Ed.), *Readings in family therapy supervision: Selected articles from the AAMFT Supervision Bulletin* (pp. 46-48). Alexandria, VA: AAMFT.

Figley, C. R., & Nelson, T. S. (1989). Basic family therapy skills, I: Conceptualization and initial findings. *Journal of Marital and Family Therapy, 15*, 349-365.

Figley, C. R., & Nelson, T. S. (1990). Basic Family Therapy Skills, II: Structural family therapy. *Journal of Marital and Family Therapy, 16*, 225-239.

Fincham, F. D., Stanley, S. M., & Rhoades, G. K. (2011). Relationship education in emerging adulthood: Problems and prospects. In F. D. Fincham & M. Cui (Eds.), *Romantic relationships in emerging adulthood* (pp. 293-316). Cambridge, UK: Cambridge University Press.

Flemons, D., Green, S. K., & Rambo, A. H. (1996). Evaluating therapists' practices in a postmodern world: A discussion and a scheme. *Family Process, 35*, 43-56.

Fleuridas, C., Nelson, T. S., & Rosenthal, D. M. (1986). The evolution of circular questions: Training family therapists. *Journal of Marital and Family Therapy, 12*, 113-127.

Friedlander, M. L., Escudero, V., & Heatherington, L. (2006). *Therapeutic alliances in couple and family therapy: An empirically informed guide to practice*. Washington, DC: American Psychological Association.

Gehart, D. R. (2010). *Mastering competencies in family therapy*. Belmont, CA: Brooks/Cole.

Gehart, D. R. (2017). *Mastering competencies in family therapy: A practical approach to theory and clinical case documentation* (3rd ed.): Boston, MA: Cengage Learning.

Glenn, E., & Serovich, J. M. (1994). Documentation of family therapy supervision: A rationale and method. *American Journal of Family Therapy, 22*, 345-355.

Goodyear, R. K., Wertheimer, A., Cypers, S., & Rosemond, M. (2003). Refining the map of the counselor development journey: Response to Rø nnestad and Skovholt. *Journal of Career Development, 30*(1), 73-80. https://doi.org/10.1177/089484530303000105.

Green, K. (2020). Top 4 HIPAA email disclaimer examples. *The Email Signature Handbook*. Retrieved from www.exclaimer.com/email-signature-handbook/10128-hipaa-email-disclaimer-examples.

Green, M. S., & Dekkers, T. D. (2010). Attending to power and diversity in supervision: An exploration of supervisee learning outcomes and satisfaction with supervision. *Journal of Feminist Family Therapy, 22*(4), 293-312.

Green, S. L. (2011, Nov/Dec). Power or pattern? A brief, relational approach. *Family Therapy Magazine, 9-11*.

Greenwood, L. (2010, July/Aug). Legal concerns regarding impairment. *Family Therapy Magazine, 50-51*.

Haber, R., Carlson, R. G., & Braga, C. (2014). Use of an anecdotal client feedback note in family therapy. *Family Process, 53*, 307-317.

Haberstroh, S., Barney, L., Foster, N., & Duffey, T. (2014). The ethical and legal practice of online counseling and psychotherapy: A review of mental health professions. *Journal of Technology in Human Services, 32*, 149-157.

Hardy, K. V., & Laszloffy, T. A. (1995). The cultural genogram: Key to training culturally competent family therapists. *Journal of Marital and Family Therapy, 21*, 227-237.

Hare-Mustin, R. (1978). A feminist approach to family therapy. *Family Process, 17*, 181-194.

Hargrave, T., & Pfitzer, F. (2011). *Restoration therapy*. New York, NY: Taylor & Francis.

Harris, S. M. (2001). Teaching family therapists about sexual attraction in therapy. *Journal of Marital and Family Therapy, 27*, 123-128.

Harris, S. (2017). Systemic dual-developmental supervision: An approach for psychotherapy practitioners and supervisors. *The Family Journal, 25*, 84-90.

Hartman, A. (1995). Diagrammatic assessment in family relationships. *Families in Society, 76*(2), 111-122.

Hartwell, E. E., Serovich, J. M., Reed, S. J., Boisvert, D., & Falbo, T. (2017). A systematic review of gay, lesbian, and bisexual research samples in couple and family therapy journals. *Journal of Marital and Family Therapy, 43*, 482-501.

Haug, I. E., & Storm, C. L. (2014). Drawing the line in ethical dilemmas in systemic supervision. In T. C. Todd & C. L. Storm (Eds.), *The complete systemic supervisor: Context, philosophy, and pragmatics* (2nd edition, pp. 19-42). New York, NY: Wiley.

Hays, P. A. (1996). Addressing the complexities of culture and gender in counseling. *Journal of Counseling & Development, 74*, 332-338.

Health Insurance and Portability and Accountability Act (HIPAA). (1996). Washington, DC: US Department of Health and Human Services.

Heinlen, K. T., Welfel, E., Richmond, E. N., & Rak, C. F. (2003). The scope of web counseling: A survey of services and compliance with NBCC Standards for the ethical practice of WebCounseling. *Journal of Counseling & Development, 81*(1), 61-69.

Henggler, S. W., & Schaeffer, C. M. (2010). Treating serious emotional and behavioural problems using multisystemic therapy. *Australian and New Zealand Journal of Family Therapy, 31*(2), 149-164.

Henggler, S. W., & Sheidow, A. J. (2012). Empirically supported family-based treatments for conduct disorder and delinquency in adolescents. *Journal of Marital and Family Therapy, 38*, 30-58.

Henry, W. P., Strupp, H. H., Butler, S. F., Schacht, T. E., & Binder, J. L. (1993). Effects of training in time-limited dynamic psychotherapy: Changes in therapist behavior. *Journal of Consulting and Clinical Psychology, 61*, 434-440.

Hernández, P. (2008). The cultural context model in clinical supervision. *Training and Education in Professional Psychology, 2*(1), 10-17.

Hernández, P., & McDowell, T. (2010). Intersectionality, power, and relational safety in context: Key concepts in clinical supervision. *Training and Education in Professional Psychology, 4*(1), 29-35.

Hernández, P., Bunyi, B., & Townson, R. (2007). Interweaving ethnicity and gender in consultation: A training experience. *Journal of Family Psychotherapy, 18*(1), 57-75.

Hernández, P., Siegel, A., & Almeida, R. (2009). The Cultural Context Model: How does it facilitate couples' therapeutic change? *Journal of Marital and Family Therapy, 35*, 97-110.

Hertlein, K. M., Blumer, M. L., & Mihaloliakos, J. H. (2014). Marriage and family counselors' perceived ethical issues related to online therapy. *The Family Journal, 23*(1), 5-12.

Hicken, A. S. (2008). *Mentoring in marriage and family therapy programs: Graduate perspectives*. [Unpublished thesis] Utah State University.

Hildebrandt, C. (2009). *Marriage and family therapy interns' best and worst supervision experiences*. [Unpublished doctoral dissertation], Alliant International University.

Hill, E. W. (2009). Confronting anxiety in couple and family therapy supervision: A developmental supervisory model based on attachment theory. *Australian and New Zealand Journal of Family Therapy, 30*(1), 1-14.

Holloway, E. (1995). *Clinical supervision: A systems approach*. Thousand Oaks, CA: Sage.

Holloway, E. L. (2016). *Supervision essentials for a systems approach to supervision*. Washington, DC: American Psychological Association.

Hook, J. N., Davis, D. E., Owen, J., Worthington, E. L., Jr., & Utsey, S. O. (2013). Cultural humility: Measuring openness to culturally diverse clients. *Journal of Counseling Psychology, 60*, 353-366.

Huggins, R. (2016a). *What's coming and what's here in online therapy*. Free Presentations, Clinician Resources. Retrieved from https://personcenteredtech.com/2016/05/02/whatscoming-whats-online-therapy/.

Huggins, R. (2016b). *Use Square be HIPAA compliant! Ethics, HIPAA … and what about PayPal?* Retrieved from https://personcenteredtech.com/2016/02/21/square-hipaa-complia nt-ethics-hipaa-client-safety-considerations/.

Hughes, R. S. (2000). *Ethics and regulations of cybercounseling*. Greensboro, NC: ERIC Clearinghouse on Counseling and Student Services.

Imber-Black, E. (1988). *Families and larger systems: A family therapist's guide through the labyrinth*. New York, NY: Guilford.

Imel, Z., & Wampold, B. (2008). The importance of treatment and the science of common factors in psychotherapy. In S. D. Brown & R. W. Lent (Eds.), *Handbook of counseling psychology* (pp. 249-262). New York, NY: Wiley.

Inman, A. G. (2006). Supervisor multicultural competence and its relation to supervisory process and outcome. *Journal of Marital and Family Therapy, 32*, 73-85.

Inouye, B., Madsen, J., Palmer-Olsen, L., Faller, G., & Best, M. (2017). Emotionally focused therapy supervision. In J. Fitzgerald (Ed.), *Foundations for couples' therapy: Research for the real world* (pp. 415-425). New York, NY: Routledge.

Jacobs, S., Kissil, K, Scott, D., & Davey, M. (2010). Creating synergy in practice: Promoting complementarity between evidence-based and postmodern approaches. *Journal of Marital and Family Therapy, 36*, 185-196.

Jayarajan, D. (2020). *Secure your meetings with Zoom waiting rooms*. Retrieved from https://blog. zoom.us/secure-your-meetings-zoom-waiting-rooms/.

Jensen Oanes, C., Karlsson, B., & Borg, M. (2017). User involvement in therapy: Couples and family therapists' lived experiences with the inclusion of a feedback procedure in clinical practice. *Australian and New Zealand Journal of Family Therapy, 38*, 451-463.

Jethwa, J., Glorney, E., Adhyaru, J., & Lawson, A. (2019). A grounded theory of multisystemic therapist roles in achieving positive outcomes for young people and families. *Journal of Family Therapy, 41*, 1-19.

Johnson, E. A. (2017). *Working together in clinical supervision: A guide for supervisors and supervisees*. New York, NY: Momentum Press.

Johnson, L. N., Wright, D. W., & Ketring, S. A. (2002). The therapeutic alliance in home-based family therapy: Is it predictive of outcome. *Journal of Marital and Family Therapy, 28*, 93-102.

Johnson, S. M. (2003). The revolution in couple therapy: A practitioner-scientist perspective. *Journal of Marital and Family Therapy, 29*, 365-384.

Johnson, S. M. (2008). Emotionally Focused Couples Therapy. In A. S. Gurman (Ed.), *Clinical handbook of couple therapy* (4th ed., pp. 107-137). New York, NY: Guilford.

Johnson, S. M. (2019). *Attachment theory in practice: Emotionally Focused Therapy (EFT) with individuals, couples, and families*. New York, NY: Guilford.

Jordan, K. B. (2000). Live supervision of all therapy sessions: A must for beginning therapists in clinical practica. In AAMFT (Ed.), *Readings in family therapy supervision* (p. 116). Alexandria, VA: AAMFT.

Kaiser, T. L. (1992). The supervisory relationship: An identification of the primary elements in the relationship and an application of two theories of ethical relationships. *Journal of Marital and Family Therapy, 18*, 283-296.

Kaiser, T. L. (1997). *Supervisory relationships: Exploring the human element*. Pacific Grove, CA: Brooks/Cole.

Karam, E. A., Blow, A. J., Sprenkle, D. H., & Davis, S. D. (2015). Strengthening the systemic ties that bind: Integrating common factors into marriage and family therapy curricula. *Journal of Marital and Family Therapy, 41*, 136-149.

Karam, E., & Sprenkle, D. H. (2010). The research-informed clinician: A guide to training the next-generation MFT. *Journal of Marital and Family Therapy, 36*, 307-319.

Kaslow, N. J., Grus, C. L., Campbell, L. F., Fouad, N. A., Hatcher, R. L., & Rodolfa, E. R. (2009). Competency assessment toolkit for professional psychology. *Training and Education in Professional Psychology, 3*(4, Suppl), S27-S45. https://doi.org/10.1037/a0015833.

Kattari, S. K. (2019). The development and validation of the ableist microaggression scale. *Journal of Social Service Research, 45*, 400-417.

Keiley, M. K., Dolbin, M., Hill, J., Karuppaswamy, N., Liu, T., Natrajan, R., Poulson, S., Robbins, N., & Robinson, P. (2002). The cultural genogram: Experiences from within a marriage and family therapy training program. *Journal of Marital and Family Therapy, 28*, 165-178.

Killmer, J. M., & Cook, M. (2014). Providing systems-oriented clinical supervision in agency settings. In T. C. Todd & C. Storm (Eds.), *The complete systemic supervisor: Context* (2nd ed., pp. 108-130). Boston, MA: Wiley.

Kim, J. S., Smock, S., Trepper, T. S., McCollum, E. E., & Franklin, C. F. (2010). Is solution-focused brief therapy evidence-based? *Families in Society: The Journal of Contemporary Human Services, 91*, 300-306.

Kitchener, K. S. (2000). *Foundations of ethical practice, research, and teaching in psychology*. Mahwah, NJ: Lawrence Erlbaum.

Knerr, M., Bartle-Haring, S., McDowell, T., Adkins, K., Delaney, R. O., Gangamma, R., …

Meyer, K. (2011). The impact of initial factors on therapeutic alliance in individual and couples therapy. *Journal of Marital and Family Therapy, 37*, 182-199.

Knight, K., Kenny, A., & Endacot, R. (2016). From expert generalists to ambiguity masters: Using ambiguity tolerance theory to redefine the practice of rural nurses. *Journal of Clinical Nursing, 25*, 1757-1765.

Kniskern, D. P., & Gurman, A. S. (1988). Research. In H. A. Liddle, D. C. Breunlin, & R. C. Schwartz (Eds.), *Handbook of family therapy training and supervision* (pp. 368-378). New York, NY: Guilford.

Knobloch-Fedders, L. M., Pinsof, W. M., & Mann, B. J. (2004). The formation of the therapeutic alliance in couple therapy. *Family Process, 43*, 425-442.

Koltz, R. L., Odegard, M. A., Feit, S. S., Provost, K., & Smith, T. (2012). Parallel process and isomorphism: A model for decision making in the supervisory triad. *The Family Journal, 20*, 233-238. https://doi.org/10.1177/1066480712448788.

Korinek, A. W., & Kimball, T. G. (2003). Managing and resolving conflict in the supervisory system. *Contemporary Family Therapy, 25*(3), 295-310.

Kumar, A., Karabenick, S. S., Warnke, J. H., Hany, S., & Seay, N. (2019). Culturally Inclusive and Responsive Curricular Learning Environments (CIRCLEs): An exploratory sequential mixed-methods approach. *Contemporary Educational Psychology, 57*, 87-105.

Laszloffy, T. A., & Habekost, J. (2010). Using experiential tasks to enhance cultural sensitivity among MFT trainees. *Journal of Marital and Family Therapy, 36*, 333-346.

Le Roux, P., Podgorski, C., Rosenberg, T., Watson, W. H., & McDaniel, S. (2011). Developing an outcome-based assessment for family therapy training: The Rochester Objective Structured Clinical Evaluation. *Family Process, 50*, 544-560.

Lebow, J. L. (1987). Developing a personal integration in family therapy: Principles for model construction and practice. *Journal of Marital and Family Therapy, 13*(1), 1-14.

Lebow, J. (1996, November/December). Do-it-yourself research: The practical advantages of studying your own practice. *Family Therapy Networker, 61-63*.

Lebow, J. L. (1997a). The integrative revolution in couple and family therapy. *Family Process, 36*, 1-17.

Lebow, J. L. (1997b). Rejoinder: Why integration is so important in couple and family therapy. *Family Process, 36*, 23-24.

Lebow, J. L. (2006). *Research for the psychotherapist: From science to practice*. New York: Routledge.

Lee, M. M., & Vennum, A. V. (2010). Using critical incident journaling to encourage cultural awareness in doctoral marriage and family therapy students. *Journal of Family Psychotherapy, 219*, 238-252.

Lee, M. Y. (1997). A study of solution-focused brief family therapy: Outcomes and issues.

American Journal of Family Therapy, 25, 3-17.

Lee, R. E. (1999). Seeing and hearing in therapy and supervision: A clinical example of isomorphism. In R. E. Lee & S. Emerson (Eds.), *The eclectic trainer* (pp. 81-87). Galena, IL: Geist & Russell.

Lee, R. E. (2009). "If you build it, they may not come": Lessons learned from a funded proposal. *Research on Social Work Practice, 19*, 251-260.

Lee, R. E. (2013). *Growing stronger together: A wellness path to increase the resilience in your relationship*. Amazon Books.

Lee, R. E., Emerson, S., & Kochka, P. (1999). Using the Michigan State University Family Therapy Questionnaire for training. In R. E. Lee & S. Emerson (Eds.), *The eclectic trainer* (pp. 107-119). Galena, IL: Geist & Russell.

Lee, R. E., Eppler, C., Kendal, N., & Latta, C. (2001). Critical incidents in the professional lives of first year MFT students. *Contemporary Family Therapy, 23*(1), 51-62.

Lee, R. E., & Everett, C. A. (2004). *The integrative family therapy supervisor*. New York, NY: Brunner-Routledge.

Lee, R. E., & Nelson, T. S. (2014). *The contemporary relational supervisor*. New York, NY: Routledge.

Lee, R. E., & Nichols, W. C. (2010). The doctoral education of professional marriage and family therapists. *Journal of Marital and Family Therapy, 36*, 259-269.

Lee, R. E., Nichols, D. P., Nichols, W. C., & Odom, T. (2004). Trends in family therapy supervision. *Journal of Marital and Family Therapy, 30*, 61-69.

Lee, R. E., & Sturkie, K. (1997). The national marital and family therapy examination program. *Journal of Marital and Family Therapy, 23*(3), 255-269.

Lerner, R. M. (2018). *Concepts and theories of human development* (4th ed.). New York, NY: Routledge.

Lerner, R. M., Agans, J. P., DeSouza, L. M., & Hershberg, R. M. (2014). Developmental science in 2025: A predictive review. *Research in Human Development, 11*, 255-272.

Liddle, H. A. (1988). Systemic supervision: Conceptual overlays and pragmatic guidelines. In H. A. Liddle, D. C. Breunlin, & R. C. Schwartz (Eds.), *Handbook of family therapy training and supervision* (pp. 153-171). New York, NY: Guilford.

Liddle, H. A., Breunlin, D., & Schwartz, R. (Eds.), (1988). *Handbook of family therapy training and supervision*. New York: Guilford.

Lloyd-Hazlett J., & Foster, V. A. (2014). *Utilizing interpersonal process recall in clinical supervision to address counselor countertransference*. Vistas Online. American Counseling Association. Retrieved from https://www.counseling.org/docs/default-source/vistas/article_34. pdf?sfvrsn=40a07c2c_10

Long, J. K., & Bonomo, J. (2006). Revisiting the sexual orientation matrix for supervision:

Working with GLBTQ families. *Journal of GLBT Family Studies, 2,* 151-166.

Lorenz, T. (2020, 4/13). *A few easy steps to prevent 'Zoombombing.'* New York Times, B8.

Lowe, R., Hunt, C., & Simmons, P. (2008). Towards multi-positioned live supervision infamily therapy: Combining treatment and observation teams with first- and secondorder perspectives. *Contemporary Family Therapy, 30*, 3-14.

Machua, R., Johnson, T., & Moro, R. R. (2015). *Tablet-assisted live supervision: Eye-bug supervision*. VISTAS Online. Retrieved from www.counseling.org/docs/default-source/vistas/article_5547f227f16116603abcacff0000bee5e7.pdf?sfvrsn=d9e4472c_4.

Marovic, S., & Snyders, F. (2010). Cybernetics of supervision: A developmental perspective. *The Clinical Supervisor, 29*(1), 35-50.

Marshall, J. P., & Wieling, E. (2003). Marriage and family therapy students' phenomenological experiences of cross-cultural supervision. *Family Therapy, 30*, 167-187.

Marsiglia, F., & Booth, J. M. (2015). Adaptation of interventions in real practice settings. *Research on Social Work Practice, 25*, 423-432.

Martin, D. J, Garske, J. P., & Davis, M. K. (2000). Relation of the therapeutic alliance with outcome and other variables: A meta-analytic review. *Journal of Consulting and Clinical Psychology, 68*, 438-450.

Marziali, E., Mamar, C., & Krupnick, J. (1981). Therapeutic alliance scales: Development and relationship to psychotherapy outcome. *The American Journal of Psychiatry, 138*, 361-364.

Mastoras, S. M., & Andrews, J. J. W. (2012). The supervisee experience of group supervision: Implications for research and practice. *Training and Education in Professional Psychology, 51*(2), 102-111.

Maxwell, M. D., Davis, S. D., Miller, M. M., & Woolley, S. R. (2018). Covenant attachment: A constructivist grounded theory of Christian couples and God. *Journal of Marital and Family Therapy, 46*, 110-123.

McAdoo, H., & Younge, S. N. (2009). Black families. In H. A. Neville, B. M. Tynes, & S. O. Utsey (Eds.), *Handbook of African American psychology* (pp. 103-115). Thousand Oaks, CA: Sage.

McComb, J. L., Diamond, R. M., Breunlin, D. C., Chambers, A. L., & Murray, K. S. F. (2018). Introducing client feedback into marriage and family therapy supervision: A qualitative study examining the transition to empirically informed supervision. *Journal of Family Therapy, 41*, 214-231.

McCollum, E. E., & Wetchler, J. L. (1995). In defense of case consultation: Maybe 'dead' supervision isn't dead after all. *Journal of Marital and Family Therapy, 21*, 155-166.

McDowell, T., Knudson Martin, C., & Bermudez, J. M. (2018). *Socioculturally attuned family therapy*. New York, NY: Routledge.

McGeorge, C. R., Carlson, T. S., & Toomey, R. B. (2015). Assessing lesbian, gay, and bisexual affirmative training in couple and family therapy: Establishing the validity of the faculty version of the Affirmative Training Inventory. *Journal of Marital and Family Therapy, 41*, 57-71.

McGoldrick, M., Anderson, C., & Walsh, F. (Eds.), (1989). *Women in families: A framework for family therapy*. New York, NY: W.W. Norton.

McGoldrick, M., & Giordano, J. (Eds.). (1982). *Ethnicity and family therapy*. New York, NY: Guilford.

McGoldrick, M., Giordano, J., & Garcia-Preto, N. (Eds.). (2005). *Ethnicity and family therapy* (3rd ed.). New York, NY: Guilford.

McGoldrick, M., & Hardy, K. V. (2008). Introduction: Re-visioning family therapy from a multicultural perspective. In M. McGoldrick & K. V. Hardy (Eds.), *Re-visioning family therapy: Race, culture, and gender in clinical practice* (2nd ed., pp. 3-24). New York, NY: Guilford.

McGoldrick, M., & Hardy, K. V. (Eds.). (2019). *Re-visioning family therapy: Addressing diversity in clinical practice* (3rd ed.). New York, NY: Guilford.

McGregor, S. L. T. (2011). Home economics as an integrated, holistic system: revisiting Bubollz and Sontag's 1988 human ecology approach. *International Journal of Consumer Studies, 35*, 26-34.

McLain, D. L., Kefallonitis, E., & Armani, K. (2015). *Ambiguity tolerance in organizations: Definitional clarification and perspectives on future research*. Frontiers in Psychology, 6. Retrieved from https://doi.org/10.3389/fpsyg.2015.00344.

Messer, S. B. (2004). Evidence-based practice: Beyond empirically supported treatments. *Professional Psychology: Research and Practice, 35*, 580-588.

Midori Hanna, S. (2019). *The practice of family therapy: Key elements across models* (5th ed.). New York, NY: Routledge.

Miller, J. K. (2010). Competency-based training: Objective structured clinical exercises (OSCE) in marriage and family therapy. *Journal of Marital and Family Therapy, 36*, 320-332.

Miller, J. K., Linville, D., Todahl, J., & Metcalfe, J. (2009). Using mock trials to teach students forensic core competencies in marriage and family therapy. *Journal of Marital and Family Therapy, 35*, 456-465.

Miller, M. M., & Ivey, D. C. (2006). Spirituality, gender, and supervisory style in supervision. *Contemporary Family Therapy, 28*, 323-337.

Miller, M. M., Korinek, A., & Ivey, D. C. (2004). Spirituality in MFT training: Development of the Spiritual Issues in Supervision Scale. *Contemporary Family Therapy, 26*, 71-81.

Miller, S. D., Duncan, B. L., Brown, J., Sparks, J., & Claud, D. (2003). The Outcome Rating Scale: A preliminary study of the reliability, validity, and feasibility of a brief visual analog measure. *Journal of Brief Therapy, 2*, 91-100.

Mindell, A. (2001). *Metaskills: The spiritual art of therapy* (2nd ed.). Portland, OR: Lao Tse Press.

Minuchin, S. (1974). *Families and family therapy*. Cambridge, MA: Harvard University Press.

Minuchin, S., & Fishman, H. C. (1981). *Family therapy techniques*. Cambridge, MA: Harvard University Press.

Mittal, M., & Wieling, E. (2006). Training experiences of international doctoral students in marriage and family therapy. *Journal of Marital and Family Therapy, 32*, 369-383.

Morgan, M. M., & Sprenkle, D. H. (2007). Toward a common factors approach to supervision. *Journal of Marital and Family Therapy, 33*, 1-17.

Mowery, R. L. (2009a, Sept/Oct). Expanding from ethical compliance to ethical empowerment: Supervisors are key. *Family Therapy Magazine, 48-51*.

Mowery, R. L. (2009b, Nov/Dec). Expanding from ethical compliance to ethical empowerment: Supervisors are key (part 2). *Family Therapy Magazine, 32-33*.

Muran, J. C., & Barber, J. P. (2010). *The therapeutic alliance: An evidence-based guide to practice*. New York, NY: Guilford.

Murphy, M. J., & Wright, D. (2005). Supervisees' perspectives of power use in supervision. *Journal of Marital and Family Therapy, 31*, 283-295.

Mutchler, M., & Anderson, S. (2010). Therapist personal agency: A model for examining the training context. *Journal of Marital and Family Therapy, 36*, 511-525.

National Board for Certified Counselors (NBCC). (2016). *Policy regarding the provision of distance professional services*. Retrieved from https://EthicsNBCCPolicyRegardingPracticeofDistanceCounselingBoard.pdf.

Nelson, M. L., & Friedlander, M. L. (2001). A close look at conflictual supervisory relationships. *Journal of Counseling Psychology, 48*, 384-395.

Nelson, T. S. (1991). Gender in family therapy supervision. *Contemporary Family Therapy, 13*(4), 357-369.

Nelson, T. S. (2010). *Doing something different: Solution-focused brief therapy practices*. New York, NY: Taylor & Francis.

Nelson, T. S. (Ed.). (2014). *Education and training in solution-focused brief therapy*. New York, NY: Routledge.

Nelson, T. S. (2019). *Solution-focused brief therapy with families*. New York, NY: Routledge.

Nelson, T. S., Chenail, R. J., Alexander, J. F., Crane, D. R., Johnson, S. M., & Schwallie, L. (2007). The development of core competencies for the practice of marriage and family therapy. *Journal of Marital and Family Therapy, 33*(4), 417-438. https://doi.org/10.1111/j.1752-0606.2007.00042.x.

Nelson, T. S., & Figley, C. R. (1990). Basic Family Therapy Skills, III: Brief and strategic schools of family therapy. *Journal of Family Psychology, 4*(1), 49-62.

Nelson, T. S., & Graves, T. (2011). Core competencies in advanced training: What supervisors say about graduate training. *Journal of Marital and Family Therapy, 37*, 429-451.

Nelson, T. S., Heilbrun, G., & Figley, C. R. (1993). Basic skills in family therapy, IV: Transgenerational theories of family therapy. *Journal of Marital and Family Therapy, 19*, 253-266.

Nelson, T. S., & Johnson, L. N. (1999). The basic skills evaluation device. *Journal of Marital and Family Therapy, 25*, 15-30.

Nelson, T. S., & Prior, D. D. (2003). Theory of change projects in marriage and family therapy programs. *Contemporary Family Therapy, 25*, 133-151.

Nelson, T. S., & Smock, S. S. (2005). Challenges of an outcome-based perspective for marriage and family therapy education. *Family Process, 44*, 355-362.

Nichols, M. (2019). Supervision of therapists working with transgender client. In J. C. Wadley & R. Siegel (Eds.), *The art of sex therapy supervision* (pp. 202-221): New York, NY: Routledge.

Nichols, W. C. (1975). *Training and supervision* [Cassette recording 123]. Claremont, CA: AAMFT.

Nichols, W. C. (1988). An integrative psychodynamic and systems approach. In H. A. Liddle, D. C. Breunlin, & R. C. Schwartz (Eds.), *Handbook of family therapy training and supervision* (pp. 110-127). New York, NY: Guilford.

Nichols, W. C., & Everett, C. A. (1986). *Systemic family therapy*. New York, NY: Guilford.

Nichols, W. C., & Lee, R. E. (1999). Mirrors, cameras, and blackboards: Modalities of supervision. In R. E. Lee & S. Emerson (Eds.), *The eclectic trainer* (pp. 45-61). Galena, IL: Geist & Russell.

Niño, A., Kissil, K, & Apolinar Claudio, F. L. (2015). Perceived professional gains of master' s level students following a person-of-the-therapist training program: A retrospective content analysis. *Journal of Marital and Family Therapy, 41*, 163-176.

Niño, A., Kissil, K., Cooke, L. (2016). Training for connection: Students' perceptions of the effects of the person-of-the-therapist training on their therapeutic relationships. *Journal of Marital and Family Therapy, 42*, 599-614.

Norcross, J. C., & Wampold, B. E. (2011). Evidence-based therapy relationships: Research conclusions and clinical practices. In J. Norcross (Ed.), *Psychotherapy relationships that work: Evidence-based responsiveness* (2nd ed., pp. 420-445). New York, NY: Oxford University Press.

Northey, W. F., & Gehart, D. R. (2019). The condensed MFT core competencies: A streamlined approach for measuring student and supervisee learning using the MFT core competencies. *Journal of Marital and Family Therapy, 46*, 42-61. https://doi.org/10.1111/

jmft.12386. O'Brian, N., & Rigazio-DiGilio, S. A. (2016). Lesbian, gay, and bisexual supervisees'

experiences of LGB-affirmative and non-affirmative supervision in COAMFTE-accredited training programs. *Journal of Feminist Family Therapy, 28,* 115-135.

Okafor, E., Stevenson Wojciak, A., & Helfrich, C. M. (2014). Unheard voices: The experiences of supervisors in training. *Contemporary Family Therapy, 36,* 369-379.

Ormont, L. R. (2001). Cultivating the observing ego in the group setting. In L. R. Ormont (Ed.), *The technique of group treatment: The collected papers of Louis R. Ormont* (pp. 337-354). Madison, CT: Psychosocial Press.

Ostergard, O. K., Randa, H., & Hougaard, E. (2020). The effect of using the Partners for Change Outcome Management Systems feedback tool in psychotherapy: A systematic review and meta-analysis. *Psychotherapy Research, 30,* 195-212.

Overton, W. F., & Molenaar, P. C. M. (2015). Concepts, theory, and methods in development science: A view of the issues. In W. F. Overton & P. C. M. Molenaar (Eds.), *Handbook of child psychology and developmental science, theory and method* (7th ed., Vol. 1, pp 1-8). Hoboken, NJ: Wiley.

Owen, J. (2012). Systemic alliance in individual therapy: Factor analysis of the ITAS-SF and the relationship with therapy outcomes and termination status. *Journal of Marital and Family Therapy, 38,* 320-331.

Palmer-Olsen, L., Gold, L. L., & Woolley, S. R. (2011). Supervising emotionally focused therapists: A systematic research-based model. *Journal of Marital and Family Therapy, 37,* 411-426.

Peluso, P. R. (2003). The ethical genogram: A tool for helping therapists understand their ethical decision-making styles. *The Family Journal: Counseling and Therapy for Couples and Families, 11*(3), 286-291.

Peluso, P. R. (2006). Expanding the use of the ethical genogram: Incorporating the ethical principles to help clarify counselors' ethical decision-making styles. *The Family Journal: Counseling and Therapy for Couples and Families, 14*(2), 158-163.

Penn, P. (1982). Circular questioning. *Family Process, 219,* 267-280.

Pergamit, M., Gelatt, J., Stratford, B., Beckwith, S., & Martin, M. C. (2016). *Family interventions for youth experiencing or at risk for homelessness: Research report.* Washington, DC: Urban Institute. Retrieved from https://aspe.hhs.gov/system/files/pdf/205401/FamilyInterventions.pdf.

Perosa, L. M., & Perosa, S. L. (2010). Assessing competencies in couples and family therapy counseling: A call to the profession. *Journal of Marital and Family Therapy, 36,* 126-143.

Pierce, C. M., Carew, J. V., Pierce-Gonzales, D., & Wills, D. (1977). An experiment in racism: TV commercials. *Education and Urban Society, 10*(1), 61-87.

Piercy, F. P., Earl, R. M., Aldrich, R. K., Nguyen, H. N., Steelman, S. M., Haugen, E., Riger, D., Tsokodayi, R. T., West, J., Keskin, Y., & Gary, E. (2016). Most and least meaningful learning experiences in marriage and family therapy education. *Journal of Marital and Family Therapy, 42*, 584-598.

Piercy, F. P., & Sprenkle, D. H. (1986). Family therapy theory building: An integrative training approach. In F. P. Piercy (Ed.), *Family therapy education and supervision* (pp. 5-14). New York, NY: Haworth.

Piercy, F. P., & Sprenkle, D. H. (1988). Family therapy theory-building questions. *Journal of Marital and Family Therapy, 14*(3), 307-309.

Pinsof, W. M. (1983). Integrative problem-centered therapy: Toward the synthesis of family and individual psychotherapies. *Journal of Marital and Family Therapy, 19*, 19-35.

Pinsof, W. M. (1994). An integrative systems perspective on the therapeutic alliance: Theoretical, clinical, and research implications. In A. O. Horvath & L. S. Greenberg (Eds.), *The Working alliance: Theory, research, and practice* (pp. 173-195). New York, NY: Wiley.

Pinsof, W. (1995). *Integrative problem-centered therapy: A synthesis of biological, individual, and family therapy*. New York, NY: Basic Books.

Pinsof, W. M., Breunlin, D. C., Russell, W. P., Lebow, J. L., Rampage, C., & Chambers, A. L. (2018). *Integrative systemic therapy: Metaframeworks for problem solving with individuals, couples, and families*. Washington, DC: American Psychological Association.

Pinsof, W., & Chambers, A. L. (2009). Empirically informed systemic psychotherapy: Tracking client change and therapist behavior during therapy. In J. H. Bray & M. Stanton (Eds.), *The Wiley-Blackwell handbook of family psychology* (pp. 431-446). New York, NY: Wiley-Blackwell.

Podsakoff, P. M., MacKenzie, S. B., Lee, J-Y., & Podsakoff, N. P. (2003). Common method biases in behavioral research: A critical review of the literature and recommended remedies. *Journal of Applied Psychology, 88*, 879-903.

Pratt, K. J., Palmer, E., Cravens, J. D., Ferriby, M., Balk, E., & Cai, Y. (2016). Marriage and family therapy trainees' reports of explicit weight bias. *Journal of Marital and Family Therapy, 42*, 288-298.

Probst, T., Jakob, M., Kaufmann, Y. M., Müller-Neng, J. M. B., Bohus, M., & Weck, F. (2018). Patients' and therapists' experiences of general change mechanisms during bugin-the-eye and delayed video-based supervised cognitive-behavioral therapy. A randomized controlled trial. *Journal of Clinical Psychology, 74*, 509-522.

Proctor, B. (2000). *Group supervision: A guide to creative practice*. Thousand Oaks, CA: Sage.

Protinsky, H. (1997). Dismounting the tiger: Using tape in supervision. In T. C. Todd & C. L. Storm (Eds.), *The complete systemic supervisor: Context, philosophy, and pragmatics* (pp.

298-307). Boston, MA: Allyn & Bacon.

Prouty, A. M., Thomas, V., Johnson, S., & Long, J. K. (2007). Methods of feminist family therapy supervision. *Journal of Marital and Family Therapy, 27*, 85-97.

Purtilo, R., Doherty, R., & Haddad, A. (2019). *Health professional and patient Interaction* (9th ed.). New York, NY: Elsevier.

Quinn, W. H. (1996). *The client speaks out: Three domains of meaning. Journal of Psychotherapy, 7*(2), 71-83.

Quinn, W. H., Nagirreddy, C., Lawless, J., & Bagley, R. (2000). Utilizing clients' voices in clinical supervision. In AAMFT (Ed.), *Readings in family therapy supervision* (pp. 98-100). Alexandria, VA: AAMFT.

Ratliff, D. A. (2000). Theoretical consistency: Cut flowers or living plants. In AAMFT (Ed.), *Readings in family therapy supervision: Selected articles from the AAMFT Supervision Bulletin* (pp. 39-42). Alexandria, VA. (Out of print. Used copies available at www.amazon.com).

Reed, G. M., Kihlstrom, J, F., & Messer, S. B. (2006). What qualifies as evidence of effective practice? In J. C. Norcross, L. E. Beutler, & R. F. Levant (Eds.), *Evidence-based practices in mental health: Debate and dialogue on the fundamental questions* (pp. 13-55). Washington, DC: American Psychological Association.

Reinhardt, R. (2019). *Tame your practice*. Retrieved from www.tameyourpractice.com/blog/cloud-practice-management-system-table-contents/.

Rigazio-Digilio S. A. (2016). MFT supervision: An overview. In K. Jordan (Ed.), *Couple, marriage, and family therapy supervision* (pp. 25-49). New York, NY: Springer.

Riva, M. T., & Cornish, J. A. (2008). Group supervision practices at psychology predoctoral internship programs: 15 years later. *Training and Education in Professional Psychology, 23*, 18-25.

Rober, P. (2010). The interacting-reflecting training exercise: Addressing the therapist's inner conversation in family therapy training. *Journal of Marital and Family Therapy, 36*(2), 158-170.

Rober, P. (2017). Addressing the person of the therapist in supervision: The therapist's inner conversation method. *Family Process, 56*, 487-500.

Robyak, J. E., Goodyear, R. K., & Prange, M. (1987, June). Effects of supervisors' sex, focus, and experience on preferences for interpersonal power. *Counselor Education and Supervision, 26*, 299-309.

Rogers, C. (2003). *Client-centered therapy: Its current practice, implications, and theory*. London, UK: Constable & Robinson.

Romans, J. S. C., Boswell, D. L., Carlozzi, A. F., & Ferguson, D. B. (1995). Training and supervision practices in clinical, counseling, and school psychology programs.

Professional Psychology: Research and Practice, 26, 407-412.

Rønnestad, M. H., & Skovholt, T. M. (2003). The journey of the counselor and therapist: Research findings and perspectives on professional development. *Journal of Career Development, 30*(1), 5-44. https://doi.org/10.1177/089484530303000102.

Rosenberg, T., & Pace, M. (2010, July/Aug). When a bad day is more than just a bad day: Guidelines for burnout for early career therapists and supervisors. *Family Therapy Magazine, 44-48*.

Rothwell, J. D. (2010). *In the company of others: An introduction to communication*. New York, NY: Oxford University Press.

Rousmaniere, T., Goodyear, R., Miller, S. D., & Wampold, B. E. (Eds.) (2017). *The cycle of excellence: Using deliberate practice to improve supervision and training*. T. Rousmaniere, R. K. Goodyear, S. D. Miller, & B. Wampold (Eds., pp. 267-275). New York, NY: Wiley.

Routon, M. (2018). *A phenomenological inquiry into counseling trainees' experiences of reviewing videorecorded psychotherapy sessions in supervision*. [Unpublished doctoral dissertation] Fielding Graduate University.

Rubin, A., & Parrish, D. (2007). Challenges to the future of evidence-based practice in social work education. *Journal of Social Work Education, 43*, 405-428.

Ruscio, A. M., & Holohan, D. R. (2006). Applying empirically supported treatments to complex cases: Ethical, empirical, and practical considerations. *Clinical Psychology: Science and Practice, 13*, 146-162.

Russell, C. S., DuPree, W. J., Beggs, M. A., Peterson, C. M., & Anderson, M. P. (2007). Responding to remediation and gatekeeping challenges in supervision. *Journal of Marital and Family Therapy, 33*, 227-244.

Safran, J. D., Muran, J C., Demario, A., Boutwell, C., Eubanks-Carter, C., & Winston, A. (2014). Investigating the impact of alliance focused training on interpersonal process and therapists' capacity for experiential reflection. *Psychotherapy Research, 24*, 269-285.

Sager, C. J. (1994). *Marriage contracts and couple therapy: Hidden forces in intimate relationships*. Lanham, MD: Rowman & Littlefield.

Sahebi, B. (2020). *Clinical supervision of couple and family therapy during COVID-19*. Family Process. Retrieved from https://onlinelibrary.wiley.com/doi/full/10.1111/famp.12591.

Sapyta, J., Riemer, M., & Bickman, L. (2005). Feedback to clinicians: Theory, research, and practice. *Journal of Clinical Psychology, 61*, 145-153.

Saunders, B. E., Berliner, L., & Hanson, R. F. (Eds.) (2004). *Child physical and sexual abuse: Guidelines for treatment* (revised report, April 26, 2004). Charleston, SC: National Crime Victims Research and Treatment Center.

Schanche, E., Hjeltnes, A., Nielsen, G. H., Stige, S. H., & Stiegler, J. R. (2019). "Nothing is just smooth or perfect": What can students learn from intensively reviewing psychotherapy conducted by experienced therapists whilst being focused on emotional processes? *Counselling and Psychotherapy Research, 19*, 366-376.

Schiavone, C. D., & Jessell, J. C. (1988). Influence of attributed expertness and gender in counselor supervision. *Counselor Education and Supervision, 28*, 29-43.

Schomburg, A. M., & Prieto, L. R. (2011). Trainee multicultural case conceptualization ability and couples therapy. *Journal of Marital and Family Therapy, 37*, 223-235.

Schur, T. J. (2002). Supervision as a disciplined focus on self and not the other: A different systems model. *Contemporary Family Therapy, 24*(3), 389-422.

Segal, E. A. (2018). *Social empathy: The art of understanding others.* New York, NY: Columbia University Press.

Selicoff, H. (2006). Looking for good supervision: A fit between collaborative and hierarchical methods. *Journal of Systemic Therapies, 25*(1), 37-51.

Selvini Palazzoli, M., Boscolo, L., Cecchin, G., & Prata, G. (1980). Hypothesizing, circularity, and neutrality revisited: An invitation to curiosity. *Family Process, 195*, 3-12.

Sexton, T. L. (2009). Functional Family Therapy: Traditional theory to evidence-based practice. In J. H. Bray & M. Stanton (Eds.), *The Wiley-Blackwell handbook of family therapy* (pp. 327-340). Hoboken, NJ: Wiley-Blackwell.

Sexton, T., Gordon, K. C., Gurman, A., Lebow, J., Holtzworth-Munroe, A., & Johnson, S. (2011). Guidelines for classifying evidence-based treatments in couple and family therapy. *Family Process, 50*, 377-392.

Shajani, Z., & Snell, D. (2019). *Wright and Leahey's nurses and families: A guide to family assessment and intervention*. Philadelphia, PA: F. A. Davis.

Sharpless, B. A., & Barber, J. P. (2012). Corrective emotional experiences from a psychodynamic perspective. In L. G. Castonguay & C. E. Hill (Eds.), *Transformations in psychotherapy: Corrective experiences across cognitive behavioral, humanistic, and psychodynamic approaches* (pp. 31-49). Washington, DC: American Psychological Association.

Shelef, K., & Diamond, G. (2008). Short form of the revised Vanderbilt Therapeutic Alliance Scale: Development, reliability, and validity. *Psychotherapy Research, 18*(4), 433-443.

Shipman, D., & Martin, T. (2017). Clinical and supervisory considerations for transgender therapists: Implications for working with clients. *Journal of Marital and Family Therapy, 45*, 92-105. https://doi:10.1111/jmft.12300.

Skovholt, T. M., & Rønnestad, M. H. (1995). *The evolving professional self: Stages and themes in therapist and counselor development*. New York, NY: Wiley.

Smith, R., Cornish, J., & Riva, M. (2014). Contracting for group supervision. *Training and Education in Professional Psychology, 8*, 236-240.

Smith, R. D., Riva, M. T., & Cornish, J. A. (2012). The ethical practice of group supervision: A national survey. *Training and Education in Professional Psychology, 6*(4), 238-248.

Snyder, D. K., & Aikman, G. G. (1999). Marital satisfaction inventory-revised. In M. E. Maruish (Ed.), *The use of psychological testing for treatment planning and outcomes assessment* (2nd ed., pp. 1173-1210). Mahweh, NJ: Erlbaum.

Soloski, K. L., & Deitz, S. L. (2016). Managing emotional responses in therapy: An adapted EFT supervision approach. *Contemporary Family Therapy: An international Journal, 38*, 361-372.

Sparks, J. A., & Duncan, B. L. (2018). The Partners for Change Outcome Management System: A both/and system for collaborative practice. *Family Process, 57*, 800-816.

Sparks, J. A., Kisler, T. S., Adams, J. F., & Blumen, D. G. (2011). Teaching accountability: Using client feedback to train effective family therapists. *Journal of Marital and Family Therapy, 37*, 452-467.

Sperber, E. (2015). *The architecture of psychotherapy*. Retrieved from https://opinionator.blogs.nytimes.com/2015/06/09/the-architecture-of-psychotherapy/.

Sprenkle, D. H. (2005). *What is responsible for therapeutic change: The common factors alternative*. Invited address presented at the AAMFT, Kansas City, MO.

Sprenkle, D. H., & Blow, A. (2004). Common factors are not islands—they work through models: A response to Sexton, Ridley, & Kleiner. *Journal of Marital and Family Therapy, 30*, 151-157.

Sprenkle, D. H., & Blow, A. (2007). The role of the therapist as the bridge between common factors and therapeutic change: More complex than congruency with a worldview. *Journal of Family Therapy, 29*, 109-113.

Sprenkle, D. H., Davis, S. D., & Lebow, J. L. (2009). *Common factors in couple and family therapy: The overlooked foundation for effective practice*. New York, NY: Guilford.

Spring, B., Pagoto, S., Kaufmann, P. G., Whitlock, E. P., Glasgow, R. E., Smith, T. W., Trudeau, M. A., & Davidson, K. W. (2005). Invitation to a dialogue between researchers and clinicians about evidence-based behavioral medicine. *Annals of Behavioral Medicine, 30*, 125-137.

St. Louis County. (2014). *Treating each other in good ways: Respect in the workplace*. Retrieved from www.greenleaf.org/wp-content/uploads/2014/09/Respect-in-the-Workplace-for-Greenleaf-conference.pdf.

Stanton, M. (1981). An integrated structural/strategic approach to family therapy. *Journal of Marital and Family Therapy, 7*, 427-439.

State of Florida. (2018). *Board of clinical social work, marriage and family therapy, and mental health counseling*. Title XXXII, Chapter 491, Section 004.

Sterner, W. R. (2009). Influence of the supervisory working alliance on supervisee work satisfaction and work-related stress. *Journal of Mental Health Counseling, 3*(3), 249-263.

Stoltenberg, C. D., & McNeill, B. W. (2010). *IDM supervision: An integrative developmental model for supervising counselors and therapists* (3rd ed.). New York, NY: Routledge.

Stone Fish, L., & Busby, D. M. (2005). The Delphi method. In D. S. Sprenkle & F. P. Piercy (Eds.), *Research methods in family therapy* (2nd ed., pp. 238-253). New York, NY: Guilford.

Storm, C. L. (2000a). Greasing your pen: Showing you know the literature. In AAMFT (Ed.), *Readings in family therapy supervision: Selected articles from the AAMFT Supervision Bulletin* (pp. 43-45). Alexandria, VA: AAMFT. (Out of print. Used copies available 07/2020 at www.amazon.com).

Storm, C. L. (2000b). Live supervision as a window: An interview with Braulio Montalvo. In AAMFT (Ed.), *Readings in family therapy supervision* (pp. 238-248). Alexandria, VA: AAMFT. (Out of print. Used copies available 07/2020 at www.amazon.com).

Storm, C. L. (2007). What is unique about supervising couple therapists? A beginning answer. *Journal of Couple and Relationship Therapy, 6*(1/2), 219-230.

Sturkie, K., & Paff Bergen, L. (2000). *Professional regulation in marital and family therapy*. Boston, MA: Allyn & Bacon.

Sude, M. E., & Gambrel, L. E. (2017). A contextual therapy framework for MFT educators: Facilitating trustworthy asymmetrical training relationships. *Journal of Marital and Family Therapy, 43*, 617-630.

Sue, D. W. (2010/2020). *Microaggressions in everyday life: Race, gender, and sexual orientation*. Reissued as Kindle ebook (2020). Hoboken, NJ: Wiley.

Sung, S. Y., Antefelt, A., & Choi, J. N. (2017). Dual effects of job complexity on proactive and responsive creativity: Moderating role of employee ambiguity tolerance. *Group & Organization Management, 42*, 388-418.

Szapocznik, J., & Hervis. O. (2020). *Brief strategic family therapy*. Washington, DC: American Psychological Association.

Tanner, M., Gray, J. L., & Haaga, D. A. F. (2012). Association of cotherapy supervision with client outcomes, attrition, and trainee effectiveness in a psychotherapy training clinic. *Journal of Clinical Psychology, 68*, 1241-1252.

Taylor, B. A., Hernández, P., Deri, A., & Rankin, P. R., IV, & Siegel, A. (2006). Integrating diversity dimensions in supervision: Perspectives of ethnic minority AAMFT Approved Supervisors. *The Clinical Supervisor, 25*(1/2), 3-21.

Taylor, S. E., Peplau, L. A., & Sears, D. O. (2006). *Social psychology* (12th ed.). Upper Saddle River, NJ: Pearson Education.

Tervalon, M., & Murray-Garcia, J. (1998). Cultural humility versus cultural competence: A critical distinction in defining physician training outcomes in multicultural education. *Journal of Health Care for the Poor and Underserved, 9*(2), 117-165.

Thomas, F. N. (1994). Solution-oriented supervision: The coaxing of expertise. *The Family Journal, 2*, 11.

Thomas, F. N. (2010). Impaired, or compromised? Plan for the worst, hope for the best. *Family Therapy Magazine, 7*, 32-36.

Thomas, F. N. (2013). *Solution-focused supervision: A resource-oriented approach to developing clinical expertise*. New York, NY: Springer Science.

Thomas, J. T. (2007). Informed consent through contracting for supervision: Minimizing risks, enhancing benefits. *Professional Psychology: Research and Practice, 38*(3), 221-231.

Thomas, J. T. (2010). Mandated supervision: Ethical challenges for supervisors and supervisees. In J. T. Thomas (Ed.), *The ethics of supervision and consultation* (pp. 183-210). Washington, DC: American Psychological Association.

Thurber, S. L. (2005). *The effects of direct supervision on therapist behavior: An initial functional analysis*. [Unpublished doctoral dissertation]. ProQuest Information & Learning. AA13161356.

Tilden, T., Wampold, B. E., Ulvenes, P., Zahl-Olsen, R., Hoffart, A., Barstad B., Olsen, I. A., Gude, T., Pinsof, W. M., Zinbarg, R. E., Nilssen, H. H., & Håland, A. T. (2021). Feedback in couple and family therapy: A randomized clinical trial. *Family Process, 59*, 36-51.

Todd, T. C. (1997). Problems in supervision: Lessons from supervisees. In T. C. Todd & C. L. Storm (Eds.), *The complete systemic supervisor: Context, philosophy, and pragmatics* (pp. 241-252). Boston, MA: Allyn & Bacon.

Todd, T., & Storm, C. (Eds.). (2014). *The complete systemic supervisor: Context philosophy, and pragmatics* (2nd ed). Chichester, UK: Wiley.

Tomm, K. (1984). One perspective on the Milan systemic approach: Part II. Description of session format, interviewing style, and interventions. *Journal of Marital and Family Therapy, 10*, 253-271.

Tomm,K.M., & Wright, L. M. (1979). Training in family therapy: Perceptual, conceptual, and executive skills. *Family Process, 18*, 227-250. http://dx.doi.org/10.11575/PRISM/34892.

Totsuka, Y. (2014) 'Which aspects of social GGRRAAACCEEESSS grab you most?' The social GGRRAAACCEEESSS exercise for a supervision group to promote therapists' self-reflexivity. *Journal of Family Therapy, 36*, 86-106.

Tremblay, N., Wright, J., Mamodhoussen, S., McDuff, P., & Sabourin, S. (2008). Refining therapeutic mandates in couple therapy outcome research: A feasibility study. *American Journal of Family Therapy, 36*, 137-148.

Trepal, H., Haberstroh, S., Duffey, T., & Evans, M. (2007). Considerations and strategies for teaching online counseling skills: Establishing relationships in cyberspace. *Counselor Education and Supervision, 46*(4), 266-279.

Tromski-Klingshirn, D. (2006). Should the clinical supervisor be the administrative supervisor?

The Clinical Supervisor, 25(1), 53–67.

Truax, C. B., Shapiro, J. G., & Wargo, D. G. (1968). The effects of alternate sessions and vicarious therapy pretraining on group psychotherapy. *International Journal of Group Psychotherapy, 18*(2), 186–198.

Tsai, M., Callaghan, M., Kohlenberg, R. J., Follette, W. C., & Darrow, S. M. (2009). *A guide to functional analytic psychotherapy: Awareness, courage, love, and behaviorism*. New York, NY: Springer Science.

Uman, L. S. (2011). Systematic reviews and meta-analyses. *Journal of the Canadian Academy of Child and Adolescent Psychiatry, 20*, 56–59.

Ungar, M. (2006). Practicing as a postmodern supervisor. *Journal of Marital and Family Therapy, 32*, 59–71.

Ungar, M., & Costanzo, L. (2007). Supervision challenges when supervisors are outside supervisees' agencies. *Journal of Systemic Therapies, 26*(2), 68–83.

US Department of Health and Human Services. (1996). *Understanding health information privacy*. Retrieved from www.hhs.gov/ocr/privacy/under-standing/index.html.

US Department of Health and Human Services (2017). *HIPAA for Professionals*. Retrieved from www.hhs.gov/hipaa/for-professionals/index.html.

VMware Workstation 3.2. (2020). *Host only networking*. Retrieved from www.vmware.com/support/ws3/doc/ws32_network6.html.

von Bertalanffy, L. (1968). *General system theory: Foundations, development, applications*. New York, NY: Norton.

Vygotsky, L. S. (1986). *Thought and language* (rev. ed.). Cambridge, MA: MIT Press.

Walsh, F. (2012), Clinical views of family normality, health, and dysfunction: From deficit to strengths perspective. In F. Walsh (Ed.), *Normal family processes* (4th ed., pp. 27–54). New York, NY: Guilford Press.

Walsh, F. (2016). *Strengthening family resilience* (3rd ed.). New York, NY: Guilford.

Wampold, B. E. (2010). The research evidence for common factors models. In B. L. Duncan, S. D. Miller, B. E. Wampold, & M. A. Hubble (Eds.), *The heart and soul of change: Delivering what works in therapy* (2nd ed., pp. 49–81). Washington, DC: American Psychological Association.

Wampold, B. E., Ollendick, T. H., & King, N. J. (2006). Do therapies designated as empirically supported treatments for specific disorders produce outcomes superior to non-empirically supported treatment therapies? In J. C. Norcross, L. E. Beutler, & R. F. Levant (Eds.), *Evidence-based practices in mental health: Debate and dialogue on the fundamental questions* (pp. 299–328). Washington, DC: American Psychological Association.

Wark, L. (2000). Research: Trainees talk about effective live supervision. In AAMFT (Ed.), *Readings in family therapy supervision* (p. 119). Alexandria, VA: AAMFT.

Watkins, C. E. (2018). Educationally corrective experiences as a common factor in psychotherapy supervision. *Journal of Psychotherapy Integration, 28*, 242-252.

Watzlawick, P., Bavelas, J. B., & Jackson, D. J. (1967). *Pragmatics of human communication*. New York, NY: W. W. Norton.

Watzlawick, P., Weakland, J., & Fisch, R. (1974). *Change: Principles of problem formation and problem resolution*. New York, NY: W. W. Norton.

Watts Jones, T. D. (2016). Location of self in training and supervision. In K. V. Hardy & T. Bobes (Eds.), *Culturally sensitive supervision and training: Diverse perspectives and practical applications* (16-24). New York: Routledge.

Wedge, M. (1996). *In the therapist's mirror: Reality in the making*. New York, NY: W. W. Norton.

Westen, D., Novotny, C. M., & Thompson-Brenner, H. (2004). The empirical status of empirically supported psychotherapies: Assumptions, findings, and reporting in controlled clinical trials. *Psychological Bulletin, 130*, 631-663.

Wetchler, J. L., & McCollum, E. E. (1999). Case consultation: The cornerstone of supervision. In R. E. Lee & S. Emerson (Eds.), *The eclectic trainer* (pp. 62-75). Galena, IL: Geist & Russell.

Whipple, J. L, Lambert, M. J., Vermeersch, D. A., Smart, D. W., Nielsen, S. L., & Hawkins, E. J. (2003). Improving the effects of psychotherapy: The use of early identification of treatment failure and problem-solving strategies in outcome. *Journal of Counseling Psychology, 50*, 59-68.

White, M., & Russell, C. (1995). The essential elements of supervisory systems: A modified Delphi study. *Journal of Marital and Family Therapy, 21*, 33-54.

White, M. B., & Russell, C. S. (1997). Examining the multifaceted notion of isomorphism in marriage and family therapy supervision: A quest for conceptual clarity. *Journal of Marital and Family Therapy, 23*, 315-333.

Whitman, S. M., & Jacobs, E. G. (1998). Responsibilities of the psychotherapy supervisor. *American Journal of Psychotherapy, 52*, 166-175.

Wiebe, S. A., & Johnson, S. M. (2016). A review of the research in Emotionally Focused Therapy for couples. *Family Process, 55*, 390-407.

Williams, L. (1994). A tool for training supervisors: Using the supervision feedback form (SFF). *Journal of Marital and Family Therapy, 20*, 311-315.

Willie, C. V., & Reddick, R. J. (2010). *A new look at Black families* (6th ed.). Lanham, MD: Rowan & Littlefield.

Winston, E. J., & Piercy, F. P. (2010). Gender and diversity topics taught in Commission on Accreditation for Marriage and Family Therapy Education programs. *Journal of Marital and Family Therapy, 36*, 446-471.

Withers, M. C., & Nelson, T. S. (2015). A method for creating individualized practicebased evidence. *Journal of Family Psychotherapy, 26*, 210-225.

Wood, A. (2004). *Therapists who do not seek therapy: An examination of marriage and family therapists in three western states* [Unpublished master's thesis]. Utah State University.

Woodside, D. B. (2000). Reverse live supervision: Leveling the supervisory playing field. In AAMFT (Ed.), *Readings in family therapy supervision* (pp. 113-114). Alexandria, VA: AAMFT.

Wrape, E. R., & McGinn, M. M. (2019). Clinical and ethical considerations for delivering couple and family therapy via telehealth. *Journal of Marital and Family Therapy, 45*, 296-308.

Wright, L. M., & Leahey, M. (2009). *Nurses and families: A guide to family assessment and intervention* (5th ed.). Philadelphia, PA: F. A. Davis.

Yalom, I. D. (2005). *Theory and practice of group psychotherapy* (5th ed.). New York, NY: Basic Books.

Yingling, L. C. (2000). What is a systemic orientation—really? In AAMFT (Ed.), *Readings in family therapy supervision: Selected articles from the AAMFT Supervision Bulletin* (pp. 36-38). Alexandria, VA: AAMFT.

York, C. D. (1997). Selecting and constructing supervision structures: Individuals, dyads, cotherapists, groups, and teams. In T. C. Todd & C. L. Storm (Eds.), *The complete systemic supervisor: Context, philosophy, and pragmatics* (pp. 320-333). Boston, MA: Allyn & Bacon.

Zimmerman, T., Castronova, M., & ChenFeng, J. (2016). Diversity and social justice in supervision. In K. Jordan (Ed.), *Couple, marriage, and family supervision* (pp. 121-150). New York, NY: Springer.

Zinbarg, R. E., & Goldsmith, J. (2017). *Report on the Systemic Therapy Inventory of Change (STIC) feedback system*. Evanston, IL: The Family Institute at Northwestern University.

Zür, O. (2007, July/August). The ethical eye: Don't let "risk management" undermine your professional approach. *Psychotherapy Networker, 48-55*.

Zür, O. (Ed.). (2017). *Multiple relationships in psychotherapy and counseling: Unavoidable, common, and mandatory dual relations in therapy*. New York, NY: Routledge.

Zygmond, M. J., & Boorhem, H. (1989). Ethical decision making in family therapy. *Family Process, 28*, 269-280.

찾아보기

인명

내용

저자 소개

Robert E. Lee는 선임가족 과학 연구자이자 커플 및 가족 임상가이다. 주요 학술 커플가족치료 수련 프로그램을 구성하였고 기관 및 정부 패널과 위원회에서 봉사하였다.

Thorana S. Nelson은 커플 및 가족 치료사이자 수퍼바이저이며 교육가이다. 미국부부가족치료학회의 가족치료 수퍼비전의 기초AAMFT Foundations of Family Therapy Supervision 온라인 과정을 개발하고 가르쳤다.

역자 소개

이규호(Lee, Kyuho)
Iowa State University 인간발달 및 가족학 박사
현) 대구대학교 웰라이프 · 헬스케어학과 조교수
WePlus가족연구소 소장

〈대표 저 · 역서〉
결혼과 가족(공저, 신정, 2023)
위두(신정, 2023)

김성은(Kim, Seongeun)
University of Delaware 가족학 박사
전) Pennsylvania State University, Brandywine 부교수
현) 상명대학교 통합심리치료 대학원 초빙교수

〈대표 저 · 역서〉
좋은 아버지로 산다는 것(소울메이트, 2015)
가족치료의 최신 임상연구방법(공역, 학지사, 2023)

민주홍(Min, Joohong)
University of Southern California 노년학 박사
전) University of Alberta 조교수
현) 제주대학교 생활환경복지학부 부교수

〈대표 저 · 역서〉
결혼과 가족(공저, 신정, 2023)
가족치료의 최신 임상연구방법(공역, 학지사, 2023)

안미옥(Ahn, Meeock)
Luther Seminary 목회상담학 박사
현) 상명대학교 통합심리치료 대학원 초빙교수
마음나루심리상담연구소 소장

〈대표 저 · 역서〉
내러티브상담(공저, 학지사, 2023)
통합적 접근으로 바라보는 커플 · 가족치료(공역, 학지사, 2023)

천연미(Cheon, Yuenmi)
서울대학교 아동가족학 박사
전) 명지대학교 아동학과 조교수
현) 전남대학교 생활복지학과 조교수

〈대표 저 · 역서〉
전생애 놀이치료(공저, 학지사, 2021)
가족치료의 최신 임상연구방법(공역, 학지사, 2023)

최연실(Choi, Younshil)
서울대학교 문학 박사
전) 상명대학교 인문사회과학대학 학장, 통합심리치료대학원 원장
현) 상명대학교 가족복지학과 교수

〈대표 저 · 역서〉
가족상담 및 치료(공저, KNOU Press, 2020)
커플가족치료에서의 공통요인: 효과적 개입의 토대(신정, 2021)

가족치료 수퍼비전: 관계론적 관점

The Contemporary Relational Supervisor, 2nd Edition

2024년 9월 10일 1판 1쇄 인쇄
2024년 9월 20일 1판 1쇄 발행

지은이 • Robert E. Lee · Thorana S. Nelson
옮긴이 • 이규호 · 김성은 · 민주홍 · 안미옥 · 천연미 · 최연실
펴낸이 • 김진환
펴낸곳 • ㈜학지사
04031 서울특별시 마포구 양화로 15길 20 마인드월드빌딩
대표전화 • 02-330-5114 팩스 • 02-324-2345
등록번호 • 제313-2006-000265호

홈페이지 • http://www.hakjisa.co.kr
인스타그램 • https://www.instagram.com/hakjisabook

ISBN 978-89-997-3207-2 93180

정가 24,000원